영어 어휘 지식 백과

이지연 영어연구소 소장 이력

미국 남가주대(USC) 영어교육학 TESOL 석사
'93-'98　　L.A. RADIO SEOUL 영어 한마디 진행자
2002　　월드컵 조직위원회 외신 보도 과장
　　　　REUTERS NEWS AGENCY SEOUL 월드컵 Logistics Manager
2005-현재　영어교재 100여권 저술가 및 강연자
　　　　에세이 작가

도표와 이미지 출처: 셔터스톡(shutterstock)

영어 어휘 지식 백과 인문 교양 편

초판 1쇄 발행 2022년 11월 12일
초판 2쇄 발행 2022년 12월 13일

지은이 이지연
발행인 박효상 | **편집장** 김현 | **기획·편집** 장경희, 김효정 | **디자인** 임정현
편집 진행 강윤혜 | **조판** 조영라
마케팅 이태호, 이전희 | **관리** 김태옥

종이 월드페이퍼 **인쇄·제본** 한영문화사 | **출판등록** 제10−1835호
펴낸 곳 사람in | **주소** 04034 서울시 마포구 양화로11길 14−10(서교동) 3F
전화 02) 338−3555(代) **팩스** 02) 338−3545 | **E-mail** saramin@netsgo.com
Website www.saramin.com

ISBN 978-89-6049-977-5 14740
　　　978-89-6049-976-8 세트

우아한 지적만보, 기민한 실사구시 사람in

영어 어휘 지식 백과

어휘에서 어원으로,
어원에서 배경으로
배경에서 교양으로 이어진

이지연 지음

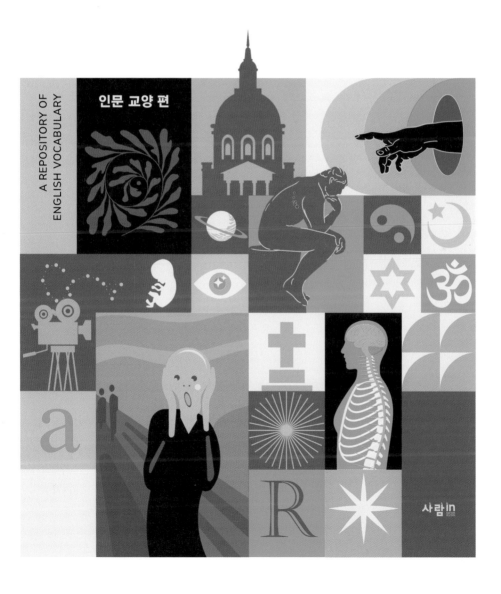

A REPOSITORY OF ENGLISH VOCABULARY

인문 교양 편

사람in

언어는 참지식을 맛볼 수 있는 통로입니다

SNS 시대에 영어는 권력입니다

언어는 권력입니다. 언어에 익숙해야 필요한 정보에 접근할 수 있고, 그 정보를 우리 생활에 녹여내고 활용할 수 있습니다. 언어에 익숙해야 자유롭게 소통할 수 있고, 그 러한 소통을 통해 우리 생활은 더욱 풍부해지고 살맛납니다. 즉 누릴 수 있는 것이 그 만큼 많아진다는 얘기이죠.

'글로벌(global)'이란 말이 일상적으로 쓰이고 '세계인'이라는 개념이 일반화된 시대입 니다. 교통의 발달로 돈만 있으면 세계 어디든 갈 수 있는 시대이지만, 굳이 돈이 없어 도 이제는 SNS로 전 세계 어떤 문화든 접하고 소통할 수 있는 시대이죠. 마치 겉과 안 이 연속적인 흐름을 갖는 뫼비우스의 띠처럼 SNS로 전 세계가 하나의 띠로 이어졌습 니다. 여기에 영어라는 언어가 없다면 SNS가 있다 한들 전 세계는 하나로 연결될 수 없었을 것입니다. 서로의 정보를 공유하고 소통할 수는 없었을 것입니다.

다국 공용어이자 우리에게는 제2외국어인 영어가 세계인과 소통하고 다른 문화를 이 해하는 데 그 어느 때보다도 가장 중요한 수단이 되었습니다. 영어를 알면 누릴 수 있 는 것이 더더욱 많아졌습니다. 그야말로 영어가 권력입니다.

영어는 참지식을 맛볼 수 있는 통로입니다

물질적인 풍요와 권력만으로는 채울 수 없는 정신적인 풍요와 행복도 우리는 무시할 수 없습니다. 삶의 본질과 진리를 추구하는 마음, 단순히 지식을 쌓는 것이 아니라 참 지식을 맛보고 삶의 통찰력과 지혜를 갈구하는 마음, 이 또한 '지적 생물'인 우리에게 는 무시할 수 없는 아주 근본적이고도 중요한 부분이죠. 그런데 말입니다. 이러한 마 음을 충족시키는 데 필요한 가장 기본적인 도구 역시 '언어'라는 것입니다. 그리고 우리가 접하는 철학, 종교, 사회, 정치, 경제, 스포츠, 예술, 과학, 놀이문화 등에 모두 삶의 진리가 알알이 박혀 있습니다. 어떤 이는 옛 철학자의 말을 통해 삶의 지혜를 찾고, 어떤 이는 정치와 경제 속에서 인류의 모습을 들여다보며, 어떤 이는 과학을 통해 우주와 인간의 본질을 찾기도 합니다. 사람마다 자신에게 맞는 분야, 끌리는 분야가 있기 마련이니까요. 영어를 알면 전 세계 곳곳에 널려 있는 그 분야의 지식과 정보를 접할 수 있는 기회가 더욱 넓어집니다. 영어는 참지식을 맛볼 수 있는 멋진 통로입니다. 따라서 현 시대를 살아가는 '지적 생물'인 우리가 참지식을 맛볼 기회를 잡기 위해서는 그에 맞는 영어 학습을 병행해야 합니다. 해당 분야의 어휘를 모르는데 어떻게 해당 분야의 영어로 된 기사나 책을 읽고 강연을 이해할 수 있을까요? 지식 습득에 토대를 둔 영어학습이 더더욱 필요한 시대가 되었습니다.

그래서 《영어 어휘 지식 백과》를 선물합니다

또 하나! 언어는 '배움'의 수준을 넘어서 '습득(acquisition)'의 수준에 이르러야 자유롭게 구사할 수 있습니다. 남가주대학교(USC) 대학원에서 TESOL 석사과정에 재학 중 운 좋게도 세계적인 언어학자 크레션(Krashen) 교수의 수업을 듣게 되었습니다. 교수님의 습득-학습(acquisition-learning) 이론에 따르면 '습득'은 아이들이 모국어를 습득할 때처럼 문법 같은 언어의 형식에 집중하지 않고 '의사전달'에 중점을 두고 외국어를 습득하는 것입니다. '의사전달'에 중점을 두고 대화를 하기 위해선 모국어로 이미 '충분한 지식'을 습득하고 있어야 하죠. 그래서 우리 삶의 전반에 영향을 미치는 모든 것들에 대한 영어 어휘를 담은 이 책 《영어 어휘 지식 백과》를 준비한 것입니다.

뿌리를 알면 어휘의 개념을 더 잘 이해하고 습득할 수 있습니다

산스크리트어, 라틴어, 그리스어, 프랑스어, 스페인어, 이탈리아어, 독일어, 영어 등의 언어가 원시 인도게르만공통조어에서 파생하여 각기 다른 언어의 형태로 발전하였지만 이 또한 뫼비우스의 띠처럼 하나의 띠로 묶여 있습니다. 영어라는 세계어를 알려면 그 뿌리인 인도게르만공통조어에서부터 그리스어, 라틴어, 게르만어 등의 어근을 살피며 발전의 흔적을 파악하고, 그리하여 영어에 도달하는 여정을 경험해 보세요. 《영어 어휘 지식 백과》에서는 어휘의 뿌리를 찾아가며 그 어휘의 개념을 이해하고자 합니다. 그 어휘가 왜 그런 모양, 그런 의미로 쓰이게 되었는지 그 뿌리와 서사를 알면 그 어휘는 물론이고 그 어휘와 연관된 어휘까지 줄줄이 쉽게 습득되고 이해됩니다. 생소한 여정이어서 여정의 첫걸음은 힘들고 낯설게 느껴질지도 모릅니다. 꼭 다 완벽하게 알아야 한다는 부담감을 버리고 그저 새로운 여정을 즐긴다는 기분으로 책을 펼쳐 함께해 보세요. 그러면 서서히 힘들고 낯설었던 자리가 재미있는 이야기와 즐거움으로 채워질 것입니다.

언젠가, 새벽에 도서관 자리를 잡아 공부를 하다 늦은 밤 귀가할 때 맛본 참지식을 얻었을 때의 환희를 기억합니다. 그런 환희를 독자들과 공유하고 싶었습니다. 배움은 눈을 뜨게 해주고 진실을 볼 수 있게 해줍니다. 생명이 다하는 날까지 계속 배우고 깨닫고 실천하며 앞으로 나아가야 할 것입니다.

여러분이 익숙해 있던 배움의 방법에서 벗어나 새로운 방법으로 지식에 접근할 수 있도록 이 책을 썼습니다. 이 책이 완성되기까지 저술과 편집에 총 7년의 세월이 소요되었습니다. 그 7년 동안 너무 많은 시련들을 겪게 되어 순간순간 손을 놓고 싶었지만 그럴 때마다 알 수 없는 힘에 이끌려 써내려 갔습니다.

언어는 마치 건물의 토대를 세우듯 기초를 튼튼히 해야 확장·발전시킬 수 있습니다. 하나의 어휘를 습득하는 데 그저 암기에만 의존하기보다는 다양한 통로로 그 어휘를 접해봐야 진정한 내 것이 됩니다. 삶의 여정에서 겪게 되는 시련에 무너지지 말고 굳건히 삶을 살아내야 하듯이 하나의 언어에 유창해지기 위해선 포기하지 말고 계속 갈고 닦아야 합니다.

끝으로, 제가 작가이자 영어교육자로 정신적으로 성장하는 데 도움을 주신 남가주대 교육학 대학원의 제 지도교수이셨던 고(故) David E. Eskey님과 영어교육의 대가 Stephan Krashen 교수님께 감사드립니다. 또한 인생의 여정을 함께해온 나의 가족과 친구들에게 감사를 전하며 마지막으로 하느님께 감사를 드립니다.

이 책을 마치는 여러분에게 들려주고 싶은 성경구절이 있습니다.
"시작은 미약하였으나 끝은 창대하리라." (욥기 8장 7절)

이지연 영어연구소 소장
이지연

이 책은 성격이나 가치관에서부터 철학, 종교, 사회, 정치, 경제, 스포츠, 예술, 과학, 놀이 등 태어나 죽는 순간까지 우리와 관계하며 삶과 죽음의 전반에 영향을 미치는 모든 것들에 대한 영어 어휘를 인문 교양 편, 생활 교양 편 총 2권에 걸쳐 다룹니다. 관심 있는 분야를 그때 그때 골라 읽어도 좋고, 처음부터 끝까지 죽 훑은 다음 필요할 때마다 관련 분야를 찾아보셔도 좋습니다.

필요할 때마다, 관심이 갈 때마다 반복해서 찾아 읽고 이해하는 가운데 저절로 어휘를 습득해야 하는 책입니다. 의무적으로 억지로 외우기를 강요하지 않습니다.

CHAPTER

인문 교양 편은 '성격 · 가치관'에서부터 '자연과 우주'에 이르기까지 총 7개의 큰 챕터로 구성되어 있습니다.

UNIT

챕터의 문을 열면 또 다시 세부 주제별로 나뉜 유닛이 등장합니다.

본문 이제 본격적으로 해당 주제의 '지식백과어휘'를 습득하는 자리입니다.

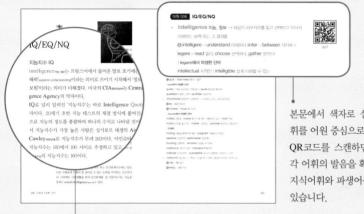

본문에서 색자로 설명되어 있는 지식어
휘를 어원 중심으로 정리해 놓았습니다.
QR코드를 스캔하면 원어민의 음성으로
각 어휘의 발음을 확인할 수 있습니다.
지식어휘와 파생어를 중심으로 녹음되어
있습니다.

지식어휘의 개념을 설명을 통해 익힐 수 있습니다.
어원 정리가 되어 있는 어휘는 색자로 표시되어 있습니다.

그 밖의 관련 표현들 필요에 따라 기타 관련 표현들을 수록해 두었습니다.

책 속의 부록 개념입니다.
필요한 어휘만 골라 참고하세요.
녹음은 되어 있지 않습니다.

알아두기

어원표시 라 라틴어 그 그리스어 히 히브리어 게 게르만조어 인 인도게르만공통조어
           힌 힌두어 프 프랑스어 영 영어 스 스페인어 독 독일어

품사표시 명 명사 동 동사 형 형용사 부 부사

Contents

PERSONAL TRAITS

1

성격 · 가치관

Personality
Values & Attitude

당신에게는 어떤 매력이 있는가?

Do you have a magnetic aura?

시대를 초월해 매력적인 여성으로 거론되는 클레오파트라!
그녀가 뿜어내는 범접할 수 없는 아우라는
권력의 정상에 있는 남성들조차 매혹시켰다.
그녀의 진짜 매력은 외모가 아닌 성격이었다.

성격과 기질

외향적인 성격

내성적인 성격

완벽주의 성격

충동적이고 즉흥적인 성격

우유부단한 성격

진실성

겸손한 성격

과묵한 성격

수다스러운 성격

역사적 인물들의 성격

Unit 01 사람의 성격

어원표시 [라] 라틴어 [그] 그리스어 [히] 히브리어 [게] 게르만조어 [인] 인도게르만공통조어
[힌] 힌두어 [프] 프랑스어 [영] 영어 [스] 스페인어 [독] 독일어

품사표시 [명] 명사 [동] 동사 [형] 형용사 [부] 부사

Chapter 1
성격 · 가치관

사람의
성격

Personality

일찍이 철학자 파스칼은 말했다.
클레오파트라의 코가 1센티만 낮았어도
세계 역사는 달라졌을 것이라고.

클레오파트라는 로마 공화정의 영웅인 카이사르와 안토니우스를
홀린 세기의 미녀이자 요부로
언제나 그녀의 외모가 부각되어 표현되곤 한다.
하지만 후에 밝혀진 바로는 클레오파트라는
외모가 그렇게 매력적이지는attractive 않았다.

부인할 수 없는 사실은
그녀가 권력을 가진 남성들이 매력적으로attractively 느낄 만큼
자신감이 있는confident 성격의 소유자이자
여성다운feminine 매력까지 겸비한 사람이었다는 점이다.
외모보다는 성격적인 면에서 대단히 매력적인 기운magnetic aura을
뿜어내는 존재였던 것이다.

외모가 사람에게 크게 어필하는 것은 부인할 수 없는 현실이다.
하지만 진정한 매력은 '내가 어떤 사람이냐?',
즉 어떤 성격의 소유자이며 어떤 가치관과 태도로 삶을 살아나가고
있는가에서 나온다는 사실도 부인할 수 없는 현실이다.
오히려 이런 부분이 내가 나답게 온전히 살아가는 데
더 큰 영향력을 미치는 것이 아닐까?

성격과 기질

인품, 개성, 성격, 기질, 성미 등등, 한 사람의 성격이나 성향을 나타내는 표현은 다양하면서도 미세한 의미상의 차이가 있다. 영어로는 personality, character, temperament, disposition 같은 단어들이 이에 해당된다. 문맥 속에서 우리말로 옮길 때는 경우에 따라 모두 '성격', '기질' 같은 말로 옮길 수 있지만 의미상의 뉘앙스와 차이는 분명하게 구분하고 보아야 한다.

personality는 '한 사람의 전반적이고 자연적인' 성격, 우리말로는 보통 '인품, 인격, 성격, 개성' 등으로 표현되는 단어이다.

우리말화된 캐릭터, character는 '다른 사람과 차별되는' 성격이나 특성, 기질, 개성을 의미한다.

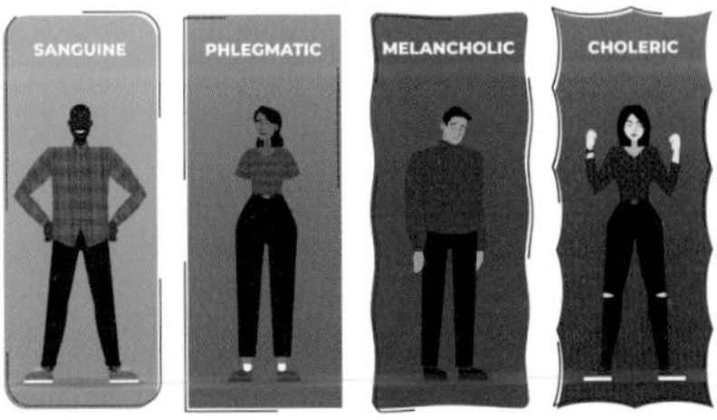

temperament는 '행동으로 나타나는' 성격이나 기질을 의미하는데, 그 출발은 sanguine 낙관적인, choleric 화를 잘 내는, phlegmatic 침착한, melancholic 우울한이란 형용사로 표현되는 사람의 네 가지 성격적 요소의 혼합을 가리키는 말이었다. 참고로, '성미, 욱하는 성질'을 의미하는 temper도 temperament와 같은 어근에서 태어났다.

disposition은 '어느 한 쪽으로 흐르는 습관적인' 성격이나 기질을 의미하는 표현으로 My disposition is to always think positively. 나는 늘 긍정적으로 생각하는 기질이 있다.처럼 사용할 수 있다.

어원 001 성격과 기질

- **personality** 인품, 성품, 개성 ← 한 사람의 전반적이고 자연적인 성격
  [라] personalis = pertaining to a person 한 사람에 관한
  [ex.] She has a strong **personality**. 그녀는 성격이 강해.
- **character** 캐릭터, 성격 ← 한 사람에게 새겨진 다른 사람과 구별되는 성격
  [그] kharassein = engrave 새기다
  [ex.] He is quite a **character**. 그는 대단한 인물이야.

001

- **temperament** 기질 ◂◂ 행동으로 나타나는 성격이나 기질로, '낙관, 분노, 침착, 우울'의 혼합

  ㉔ tempere = blend 뒤섞다
- **disposition** 성향, 기질 ◂◂ 정돈되어 어느 한 쪽으로 흐르는 습관적인 성격이나 기질

  ㉔ disponere = put in order 정돈하다

외향적인 성격

사교적이고 외향적인 사람들을 보통 extrovert라고 부른다. extro-vert는 철자를 extravert로 쓰기도 하는데 심리학자 칼 융C. G. Jung이 turned outward라는 의미로 만들어낸 신조어이다. 이들은 살아가는 활력을 주로 외부에서 얻기 때문에 심신이 지쳤을 때 집에서 혼자 조용히 쉬는 것보다는 누군가를 만나거나 밖에서 야외 활동을 하는 타입이다. 미국의 42대 대통령인 빌 클린턴이나 조지 부시와 같은 사람들이 대표적인 외향적 인물들로 꼽힌다.

무리와 사회성

양, 사슴, 닭 등의 공통점은 모두 무리를 지어 사는 군서동물들gregarious animals이라는 점이다. 이렇게 '떼를 지어 사는' 동물의 특성을 gregarious 군서의, 군집성의란 단어로 표현할 수 있다.

gregarious는 떼를 지어 사는 동물들의 특성을 가리키기도 하지만, 무리 속에서 서로 어우러져 살아가는 특성을 빗대어 남과 어울리기 좋아하는 사교적이고sociable 외향적인outgoing 사람들을 묘사하는 표현으로도 사용되고 있다. 집단 협업으로 거대한 개미집을 만들어내는 과정에서 보여주는 개미들의 집단 응집성(group cohesiveness)집단 구성원 간에 느끼는 매력 또는 집단 구성원으로 남아 있으려는 정도을 gregarious하다 하기도 한다.

어원 002 외향적인 성격

002

- **extrovert** 외향적인 사람 ← 외부 활동에서 활력을 찾는 사람

  [라] extra = outside 밖으로

  [라] vertere = turn 돌(리)다

- **gregarious** 남과 어울리기 좋아하는, 사교적인 ← 양들처럼 무리지어 다니길 좋아하는 [cf.] social 사회적인, 사교의

  [라] grex = flock 무리

  | grex에서 파생한 단어

  congregate 모이다, 회동 (com = together 함께)

  segregate 분리하다 (se = apart from ~에서 따로)

- **cohesiveness** 응집 ← 엉겨서 뭉침

  [라] com = together 함께

  [라] haerere = adhere 들러붙다

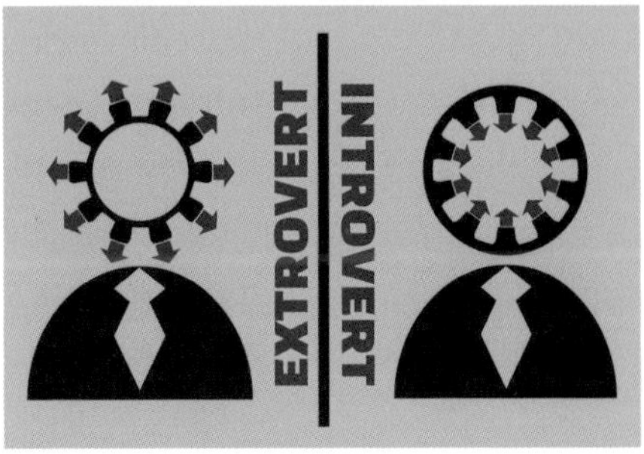

내성적인 성격

introvert는 말 그대로 관심이 자신의 내면을 향한 사람들을 가리킨다. 외향적인 사람들과는 반대로 친구들과 즐거운 모임을 가지고 나서 집에 돌아오면 피곤해져서 주말에는 홀로 시간을 보내며 재충전을 해야 하는 부류이다. 내성적인 사람들은 성격이 꼼꼼하거나(scrupulous) 세심하다는(meticulous) 말을 듣는 경우가 많다. 마치 소들이 되새김질을 하듯이 생각을 하고 또 하는, 즉 반추(rumination)를 하는 특성이 있다.

부끄러움

내성적인 성격이 부끄럼을 타는(shy) 성격은 아니다. 아인슈타인과 빌 게이츠는 내성적인 인물로 잘 알려져 있지만 그들은 고독 속에서 창의성을 발휘한 천재들이지 부끄럼을 타는 소심한 성격과는 거리가 멀다. 무도회에서 인기가 없어 춤을 추지 못하고 앉아 있는 샌님

wallflower이나 부끄럼을 잘 타는 사람은 내성적인 성격의 한 특성을 지닌 것일 뿐이라고 이해하자.

어원 003 내성적인 성격

003

- **introvert** 내성[내향]적인 사람 ← 내면 활동에서 활력을 찾는 사람
  [라] intro = within 안으로
  [라] vertere = turn 돌(리)다
- **scrupulous** 꼼꼼한 ← 남들이 불편하게 여길 정도로 걱정스런 부분들에 꼼꼼하게 구는
  [라] scrupulus = uneasiness 불편함, anxiety 염려
- **meticulous** 세심한 ← 실수하는 것이 두려워 세세한 것도 신경 쓰는
  [그] metus = fear 두려움
- **rumination** 반추 ← 소가 여물을 되새김질하듯 반복해 생각함
  [라] ruminare = chew the cud 되새김질하다
- **shy** 부끄러움을 타는 ← 스스러움을 느끼어 수줍어하는 마음이 있는
  [게] skeukh(w)az = afraid 두려워하는
  | **skeukh(w)az에서 파생한 외국어**
  (네덜란드어) schuw 수줍어하는 | (독일어) scheu 겁많은, 수줍은
  (독일어) scheuchen 겁을 주어 몰아내다
  | **유의어**
  timid 소심한 | withdrawn 내성적인 | retiring 내성적인
  reserved 내성적인 | demure 얌전한

완벽주의 성격

집요함

어떤 일을 해낼 때까지 고집스럽고 끈질기게 몰두하는 사람들을 집요하다(persistent)라고 한다. 집요한 성격을 가진 사람들은 자신을 향해 높은 기준을 설정하고 높은 성취감을 얻기 위해 끊임없이 노력하는 완벽주의자(perfectionist)이기 쉽다.

강박적인 행동과 신경과민

비정상적으로 어떤 생각이나 행동에 사로잡혀 있을 때는 강박적 (obsessive)이라고 한다. 손을 계속 씻고 또 씻는 등 정해진 대로 뭔가를 하지 않으면 불안해지는 심리 상태를 일컫는다. 불결을 병적으로 두려워하는 상태를 정신의학 용어로 mysophobia불결 공포증라고 한다. a nervous wreck신경 쇠약자은 신경질적인 사람을 가리키거나 큰일을 앞두고 불안하고 초조한 상태를 표현할 때 일상적으로 쓰는 구어적인 표현이다.

스탈린의 편집증

"한 명의 죽음은 비극이지만 백만 명의 죽음은 통계이다." A single death is a tragedy; a million deaths is a statistic.라는 명언으로도 유명한 러시아의 최고 권력자이자 독재자인 이오시프 스탈린 Joseph Stalin이 주변의 모든 사람을 의심하고 아무도 믿지 않는 편집적(paranoid) 성향을 지닌 대표적 인물로 꼽힌다. 편집증은 괴이하지는 않지만 쉽게 변하지 않는 망상을 가지고 있는 병적 상태이다. paranoid는 para~를 넘어선에 noos정신가 더해져 '정신의 상태가 정상을 벗어난' 상태를 의미한다.

어원 004 완벽주의 성격

004

- **persistent** 집요한 ·ㄴ 멈추기 전까지 계속 철저히 파고드는
  - (라) per = completely 완벽히
  - (라) sistere = come to stand 멈추다
- **perfectionist** 완벽주의자 ·ㄴ 모든 일을 완벽히 해야 직성이 풀리는 사람
  - (라) per = completely 완벽히
  - (라) facere = do 하다
- **obsessive** 강박적인 ·ㄴ 같은 생각이나 행동을 계속 하는
  - (라) obsidere = stay 머물다
- **mysophobia** 불결 공포증, 결벽증 ·ㄴ 불결을 견디지 못하는 병적 상태
  - (그) mysos = uncleanliness 불결
  - (그) phobos = fear 두려움
- **paranoid** 편집증, 피해망상적인 ·ㄴ 체계적이고 논리적인 망상을 지속적으로 고집하는 병적 상태
  - (그) para = beyond ~를 넘어서

ⓒ noos = mind 마음

| noos에서 파생한 단어

nous 지성, 상식

충동적이고 즉흥적인 성격

충동적인 성격

도널드 트럼프 대통령은 말과 행동이 독단적이며authoritarian 충동적인 (impulsive) 인물로 자주 언급되었다. 구글에서 트럼프와 impulsive 란 단어를 연계해서 검색하면 무수한 기사들이 뜰 정도이다. 그의 성격은 충동조절장애impulse control disorder 치료가 필요할 정도로 보여졌다. 중국은 한 나라의 국가원수인 트럼프 대통령이 정책 결정을 할 때 충동적이라는 것을 지적하며 무역협상에서 손을 떼려고 했을 정도였다.

즉흥적인 성격

트럼프 대통령은 충동성뿐 아니라 트위터에 걸러내지 않고 즉흥적으로spontaneously 자신의 감정을 쏟아내는 것으로도 악명이 높았다. 이렇듯 충동성과 가장 잘 어울리는 단어가 즉흥성이다. 트럼프는 이런 즉흥적인(spontaneous) 면모를 SNS를 통해 드러내기도 했지만 즉흥적인 연설을 할 때도 곧잘 드러냈다. 즉 그는 타고난 능변가orator 였던 것이다. 그러나 주어진 대본을 읽어야 할 땐 그 즉흥성이 빛을 발하지 못했다.

어원 005 충동적이고 즉흥적인 성격

005

- **impulsive** 충동적인 ·· ‹ 욕구가 표출되어 나오는 행동인

  몡 impulse 충동, 자극

  라 in = into 안으로

  라 pellere = push 밀다

| pellere에서 파생한 단어

impel ~해야만 하게 하다 | expel 몰아내다, 퇴학시키다

propel 나아가게 하다 | repel 격퇴하다 | dispel 떨쳐버리다

pelt 공격하다, 맹렬히 달리다 | appeal 호소하다, 호소

compel 강요하다 | compulsory 강제적인

pulsate 고동치다 | pulse 맥박 | pulsation 맥박, 박동

- **spontaneous** 즉흥적인, 자발적인 ‣◂ 즉석에서 자연스럽게 나오는 행동인

  ㉥ sponte = willingly 기꺼이

  | 유의어

  impromptu (사전 준비 없이) 즉석에서 하는 | extemporaneous 즉석의

  improvising 즉흥적으로 하는 | unpremeditated 사전에 준비하지 않은

우유부단한 성격

"To be, or not to be, that is the question."
죽느냐 사느냐 그것이 문제로다.

햄릿 증후군

"To be, or not to be, that is the question." 죽느냐 사느냐 그것이 문제로다. 셰익스피어의 작품 속 햄릿Hamlet이 결단을 내리지 못해 갈팡질팡하는 고뇌를 토로하는 대사이다. 현대인들은 정보 과잉의 시대에 넘쳐나는 콘텐츠와 상품들 사이에서 쉽게 결단을 내리지 못하고 선택에 어려움을 겪고 있다. 이렇게 선택의 폭이 넓어지면서 결정 장애problem with decision-making를 앓는 현대인을 가리켜 햄릿 증후군Hamlet syndrome이라고 한다.

우유부단한 성격

사회적인 현상과 상관 없이 매사에 결단력이 부족한 우유부단한 (indecisive) 성격이나 물에 물 탄 듯 술에 술 탄 듯한 미온적이고 확고하지 못한wishy-washy 성격도 있다.

006

어원 006 **우유부단한 성격**

- **indecisive** 우유부단한 ◦ ⟨ No라고 거절하며 잘라내지 못하는

  @ in = not ~이 아닌

  @ de = off ~에서 떼어내

  @ caedere = cut 자르다

  | 유의어

  faltering 비틀거리는, 주저하는 | halting 멈칫거리는

  irresolute 결단력 없는 | undetermined 결단을 못내리는

  hesitating 주저하는

진실성

어떤 사람이 주변에서 incorruptible부패하지 않은, honest정직한, upright똑바른, conscientious양심적인 등의 평판을 듣는다면 그 사람에 대한 평판은 한 마디로 '진실한 사람'a man of integrity이다. 라틴어 integer온전한에서 유래한 integrity는 '진실성, 성실, 청렴, 온전함'의 뜻을 가지고 있다. "Your level of integrity, ethical behaviour and sense of fairness will contribute to your success — or lack of it — over the long term." 결국에는 당신이 얼마나 진실한지, 얼마나 윤리적으로 행동하는지, 얼마나 정의로운지에 성공 여부가 달려 있다. 유명 사업가이자 저술가인 로스 윌슨Ross Willson이 한 말이다.

오만함

이렇게 자신의 신념에 따라 사는 '올바른' 사람들은 자칫 융통성이 없어(inflexible) 보일 수도 있고 때론 오만한(arrogant) 사람으로 오해받을 수도 있다.

제인 오스틴의 소설 ≪오만과 편견≫ 중의 대사 "Men are either eaten up with arrogance or stupidity." 남자들은 오만함이나 어리석음 둘 중 하나에 사로잡혀 있지를 함께 기억해두자.

- **integrity** 진실성, 온전함 ‥‹ 높은 도덕적 원칙을 가지고 있으며 정직함

  ㉯ integer = whole 온전한

- **inflexible** 융통성 없는 ‥‹ 구부러지지 않는 대나무처럼 유연성이 없는

  ㉯ in = not ~가 아닌

  ㉯ flexibilis= pliant 나긋나긋한

- **arrogant** 거만한 ‥‹ 남을 업신여기고 건방진

  ㉫ arrogance 오만

  ㉯ ad = to ~에게

  ㉯ rogare = ask 요청하다

  | rogare에서 파생한 단어

  interrogative 질문하는 (inter = between ~ 사이에)

  derogatory 경멸하는 (de = away 멀리로)

  prorogue 의회를 휴회하다 (pro = before ~전에)

  supererogation 여분의 노력, 직무 이상의 업무 (super = over ~ 이상의)

  surrogate 대리의 ㏄ surrogate mother 대리모

  abrogate 폐지하다 (ab = away 멀리로) | prerogative 특혜, 특권

  rogue 악당

겸손한 성격

겸손과 겸허

능력이 뛰어나거나 큰 성공을 거두었지만 자기를 드러내거나 스스로
높이 평가하지 않고 오히려 겸손한(modest) 사람들이 있다. modest
는 '적절한 선을 지키는'이라는 뜻의 라틴어 modestus에서 온 말로
크기나 양 등이 '그다지 대단하지 않은, 보통의'라는 뜻으로 쓰이거나
옷 차림 등이 '수수한, 단정한'demure이라는 뜻으로도 쓰인다.
알버트 아인슈타인이 도쿄에서 벨보이에게 팁 대신에 써 준 A calm
and modest life brings more happiness than the pursuit of suc-
cess combined with constant restlessness. 평온하고 소박한 인생이 계속 불안 속에 성

공을 쫓는 것보다 더 행복하다.란 쪽지가 한 경매에서 1백 3십만 달러에 팔린 사실이 있다. modest를 둘러싸고 결코 소박하지 않은 일이 벌어졌던 것이다. 사회마다 구성원들 사이에 따라야 하는 윤리와 행동 양식이 존재하기 마련인데 말이나 행동이 바르고 품위가 있어 사회적으로 적합할 때 예의 바른(decent) 사람이라고 한다.

겸손과 초라함

라틴어 humilis낮은에서 생겨난 humble겸손한은 '몸을 낮추어 상대를 대한다'라는 어원의 의미처럼 '겸손한'과 '보잘것 없는'이라는 의미로 쓰인다. a humble man이라고 하면 '겸손한 사람'이라는 칭찬이지만 a humble house는 '초라한 집', a humble background는 '사회적 지위가 낮은 출신'이라는 뜻이다.

어원 008 **겸손한 성격**

008

- **modest** **겸손한, 보통의** ← 자기 평가가 과도하지 않은, 수치가 적당한

  [라] modestus = keeping due measure 적절한 선을 지키는

  [라] modus = manner 매너, measure 방책

  | **modus에서 파생한 단어**

  modus 방식 | mode 유형 | modicum 약간 | module 모듈

  turmoil 혼란 | modify 수정하다 | moderate 적절한

  mold 거푸집, 틀 | model 모델 | modern 현대적인 | manner 예절

- **decent** **예의 바른** ← 사회에서 용납되는 상식에 부합하는

  [라] decere = be suitable 적합하다 ★decere는 고대인도게르만공통조어 dek(take 받다)에서 파생함

  | **dek에서 파생한 단어**

  docere 가르치다 | docile 유순한 | docent 대학강사

  document 서류 | decorate 장식하다

  | **유의어**

  courteous 예의바른 | polite 친절한 | respectful 존중하는, 정중한

- **humble** **겸손한, (지위가) 낮은, 변변찮은** ← 땅에 닿을 정도로 몸을 낮춘

  [라] humilis = lowly 낮은

  | **연관 어근 humus(earth 땅)에서 파생한 단어**

  exhume 발굴하다 (ex = out 밖으로) | inhume 매장하다 (into 안으로)

과묵한 성격

스파르타 사람들의 성격

스파르타 사람들은 엄격한 교육 방식으로 유명하지만 과묵한 성격과 간결한 말씨로도 잘 알려져 있다. laconic말수가 적은은 스파르타가 속해 있는 그리스 펠로폰네소스 반도 남부에 위치한 라코니아Laconia 주의 이름에서 유래했다. 동의어로 taciturn과 reticent가 있다.

간결하고 직설적인 말투

말수가 적으면 말투도 간결하거나(terse, pithy) 직설적(blunt)이기 마련이다.

어원 009 **과묵한 성격**

009

- **laconic** 말수가 적은 ·‹ 말이 거의 없는 ★라코니아 지방의 스파르타 사람들은 말수가 적음

  라 Laconia 라코니아. 그리스 남부에 위치한 주로 이곳의 수도가 스파르타임

- **taciturn** 과묵한 ·‹ 말이 없는. 무뚝뚝한

  라 tacitus = silent 침묵하는

  cf tacit 암묵적인

- **reticent** 과묵한 ·‹ 말이 없는

  라 re = again 라 tacitus = silent 침묵하는

- **terse** 간결한 ·‹ 말이나 글이 군더더기가 없는

  라 tersus = clean 간결한

  | 연관 어근 tergere(rub 문지르다)에서 파생한 단어

  detergent 세제

  | 유의어

  concise 간결한. 명료한 | succinct 간단명료한

  trenchant 정곡을 찌르는 | compendious 요점을 간결하게 잘 잡은

- **pithy** 함축적인 ·‹ 깊이 압축하여 담고 있는

  게 pithan = pith 골자 ★게르만조어 pithan에서 piba(pith of plant 중과피. 오렌지 등의 껍질 속 하얀 부분을 가리키는 말)란 고대영어가 생겨남

- **blunt** 직설적인 ←(꾸미거나 둘러대지 않고 바른대로 말하는
  [고대노르웨이어] blundra = shut one's eyes 눈을 감다

수다스러운 성격

그리스의 전령 스텐토

호메로스의 《일리아스》에는 목소리가 50명의 함성과 맞먹을 정도로 큰 그리스의 한 전령이 나오는데 그 전령의 이름이 스텐토Stentor이다. Stentor는 그리스어 stenein신음하다에서 나온 말로 '목소리가 매우 큰'이라는 뜻을 가진 stentorian의 어원이다. 참고로 mentor멘토라는 단어 또한 호메로스의 《오디세이아》에 나오는 오디세이 아들의 조언자advisor의 이름인 Mentor에서 생겨났다.

수다스러움

수다스러운 사람들한테 verbose, garrulous, loquacious라는 표현을 쓴다. 병적 다변증(logorrhea)이 있는 사람들은 말이 봇물처럼 쏟아져 나와 멈추지 못하기도 한다.

어원 010 수다스러운 성격

010

- **stentorian** 목소리가 매우 큰 ←(전령처럼 큰 소리로 메시지를 전달하는
  [그] Stentor 그리스의 한 전령 [그] stenein = groan 끄응하며 신음하다
- **verbose** 장황한 ←(수다스러운
  [라] verbum = word 말
  [cf.] verb 동사
- **garrulous** 수다스러운 ←(계속 떠들어대는
  [라] garrire = chatter 수다떨다 ★garrire는 인도게르만공통조어 gar(cry 외치다)에서 파생함
- **loquacious** 수다스러운 ←(계속 떠들어대는
  [라] loqui = speak 말하다

colloquy 대화 (com = together 함께 + locution 말투, 어구)

obloquy 악평, 오욕 (ob = against ~에 반대하여)

soliloquy 독백 (solus = alone 혼자서)

somniloquy 잠꼬대 (somni = sleep 잠)

ventriloquy 복화술 (venter = belly 배)

circumlocution 에둘러 말하기 (circum = around 둘러서)

interlocutor 교섭 담당자 (inter = between 사이에)

eloquence 능변 (ex = out 밖으로)

grandiloquent 말을 거창하게 하는 (grandis = big 큰)

magniloquent 호언장담하는 (magnus = great 대단한)

| 유의어

talkative 수다스러운 | gabby 수다스러운 | mouthy 말이 많은

- **logorrhea** 병적 다변증 ‹ 병적으로 말을 쉬지 않고 계속 하는 증상

  ⓐ logos = word 말 ⓐ rhein = flow 흐르다

  | rhein에서 파생한 단어

  diarrhea 설사 (dia = through 통하여)

역사적 인물들의 성격

클레오파트라

천재 수학자이자 철학자였던 블레르 파스칼이 클레오파트라의 코가 조금만 낮았어도 세계 역사가 달라졌을 거라는 말을 남겼을 정도로 클레오파트라는 뭇 남성들을 반하게 만드는 치명적인 관능미에만 관심이 집중되곤 한다. 그렇지만 일부 사료 속에 등장하는 클레오파트라의 얼굴은 상상과 전혀 다르게 커다란 매부리코에 주걱턱이었을 가능성도 있다.

클레오파트라는 아름다운 외모는 아니었을지 모르지만 성격적인 면에서 대단히 매력적인 기운(magnetic aura)의 소유자였다. 대담하면서도(confident) 여성스러운(feminine) 성격은 당대 최고의 권력

자 카이사르와 안토니우스 두 사람을 모두 매혹시키기에 충분했다.

헤롯 대왕과 측천무후

Character is destiny.성격이 운명이다.라는 말도 있지만 최고의 자리까지 올랐던 역사적 인물들 중에는 성격에 결함이 있었던 이들도 많았다. 고대 유대의 헤롯 대왕기원전 37~4과 중국의 측천무후625~705년의 공통점이 무엇인지 아는가? 바로 그들의 잔인성brutality이다. 헤롯 대왕은 예수가 태어날 시기에 베들레헴에 사는 두 살 아래 남자아이들을 모조리 죽였고, 측천무후는 날마다 살인을 저질렀는데 황후, 숙적, 가족, 친지 등 상대를 가리지 않고 사지를 절단하거나, 독살하거나 교살하였을 뿐 아니라 산 채로 물에 끓이기도 했다.

부루투스

brute짐승 같은 사람는 brutal에서 생겨난 말인데 만화 ≪뽀빠이Popeye≫에 나오는 힘만 세고 아둔하고 거친 캐릭터의 이름이 Brutus부루투스이다. 율리우스 카이사르Julius Caesar를 암살한 로마의 정치가 마르쿠스Marcus Julius Brutus의 성도 Brutus이다.

011

어원 011 **역사적 인물들의 성격**

- **magnetic** 매력적인, 자석같은 ‹ 사람을 잡아끄는 기운이 강한
  라 magnetum = lodestone 자철석
- **aura** 어떤 사람의 독특한 기운 ‹ 다른 사람은 흉내낼 수 없는 독특한 분위기
  그 Aura 아우라 (그리스 신화의 산들바람의 여신)
- **confident** 자신감 있는 ‹ 잘할 수 있다는 느낌이 드는
  라 com = intensive 강조 접두사
  라 fidere = trust 믿다
- **feminine** 여성적인 ‹ 여성적 성향을 가진
  라 femina = woman 여성
- **destiny** 운명 ‹ 인간을 지배하는 필연적 힘
  라 destinare = make firm 견고하게 하다
- **brutal** 잔인한 ‹ 고의로 사람이나 동물에게 정신적·육체적 해를 가하는 폭력적인 성질의 ★잔인함은 어리석음에 기인한다는 맥락에서 유래된 표현
  라 brutus = heavy 무거운, stupid 어리석은
  cf. brute 짐승 같은 사람

그 밖의 성격을 나타내는 표현들

- **말과 관련된 성격**

prolix 장황한 | tautological 중언부언하는

grandiloquent 말을 거창하게 하는, 허풍떠는

circumlocutory 에둘러 말하는 | periphrastic 에두르는, 우회적인

cogent 설득력 있는 | thrusting 공격적인, 주장이 강한

- **부정적인 성격**

assertive 자기주장이 강한 | stubborn 고집 센

haughty 콧대가 센 | stuck-up (구어체) 콧대가 센

lofty 거만한 | snooty (구어체) 거만한

capricious 변덕스러운 | mercurial 변덕스러운 | fickle 변덕스러운

erratic 엉뚱한 | insane 제정신이 아닌 | eccentric 별난 | weird 이상한

sullen 시무룩한 | morose 뚱한 | sulky 뾰루퉁한

picky 까탈스러운, 까다로운 | choosy 가리는 게 많은 | fastidious 깐깐한

frivolous 경박한 | flippant 경솔한 | featherheaded 경솔한

clumsy 덤벙거리는 | supercilious 남을 얕보는

snobbish 속물적인 | spurious 겉으로만 그럴싸한

demanding 요구가 많은, 쉽게 만족하지 않는

spoiled 버릇이 없는 | rude 무례한 | ill-mannered 예의 없는

unpredictable 예측할 수 없는, 변덕스러운

hot-tempered/short-tempered 욱하는 성질이 있는

temperamental 신경질적인 | sensitive 예민한

outspoken 직선적인 | straightforward 직선적인

prim 고지식한 | straight-arrow 고지식한

가치관
과
삶의
태도
Values &
Attitude

인간이 자신의 삶이나 세상에 부여하는 중요한 가치나 의의를
가치관values이라고 한다.
그리고 이 가치관이 삶에 대한 나의 태도attitude에 영향을 미친다.

Attitude is everything.
모든 것은 자세, 태도에 달려 있다.

어떤 태도로 상황과 사람과 사물을 마주하느냐에 따라
우리가 마주하는 세상이, 나의 인생이 바뀐다.
에너지가 충만해지고, 새로운 가능성이 보인다.
그리고 행동하기 시작하며, 생각지도 못한 성과가 나의 손에 잡힌다.
그렇게 나의 인생과 나의 세계가 바뀌는 것이다.
당신은 지금 어떤 가치관과 자세로 세상과 마주하고 있는가?

가치관과 태도

인간이 자신의 삶이나 세상에 부여하는 중요한 가치나 의의를 가치관(values)이라고 한다. 어떤 일이나 상황을 대하는 마음가짐과 자세는 태도(attitude)라고 한다. 사회학이나 사회심리학 용어로 '태도'는 타고난 특성이라기보다는 주변 환경에 적응하면서 형성된 일관된 사고방식이나 행동양식으로서 '행동을 결정하는 마음가짐'a settled behavior reflecting feeling or thinking을 일컫는데 논리적인 수준의 '신념'과는 구분되지만, 가치관이나 신념이 행동을 결정하는 태도에 영향을 미친다는 사실 또한 부인할 순 없다.

attitude는 aptitude적성와 함께 라틴어 aptitudinemfitness 적합함에서 온 말이다. 영어에서 attitude가 처음 쓰이기 시작한 것은 17세기 프랑스어에서 '조각상의 자세 또는 자태'posture of a figure in art를 뜻하는 미술 용어로 들어오면서부터이다. 그 후 상대에 대한 감정이나 의견을 뜻하는 '마음의 자세'attitude of mind를 가리키게 되었다.

사람을 평가하면서 태도를 언급할 때 "He is friendly and has a good attitude."그는 친절하고 태도가 좋다. "He has a very good attitude toward work."그는 일하는 태도가 매우 좋다. "He has a serious attitude problem."그 사람은 태도에 문제가 많다.처럼 말한다. 상대방을 격려할 때 "Great attitude."훌륭한 자세야.라고도 한다.

어원 001 **가치관과 태도**

012

- **values** 가치관 (value 가치) ← 자신과 세상에 대한 견해나 태도
  [라] valere = be strong 강하다
- **attitude** 태도 ← 상황에 대해 임하는 자세
  [라] aptitudinem = fitness 적합함
  [cf.] 이탈리아어에서는 attitudine가 disposition(기질)과 posture(자세)란 뜻이다.
- **aptitude** 적성 ← 어떤 일에 적합한 능력이나 소질
  [라] aptitudinem = fitness 적합함

| 연관 어근 aptus에서 파생한 단어

apt 적절한

이타주의

이타주의(altruism)라틴어 alter = other 다른는 말 그대로 내가 아닌 '다른 사람'을 위해 희생하고 배려하는 것을 미덕으로 여기는 원리이다. 이타적인 사람들은 보통 사려깊고(considerate), 동정심이 있으며 (sympathetic), 관대하다(generous).
generous는 보통은 '후한'의 뜻으로 사용되지만 generous wine은 맛이 풍부한 풀바디 와인을 가리키므로 주의하여 사용하자.

상호 이타주의와 이타적 행동

상호 이타주의(reciprocal altruism)는 다른 사람을 도우면 보답이 있을 거라는 것을 알고 돕는, 즉 서로 도움을 주고받는다는 주의이다. 상호 이타주의적 사람들의 대표적 행동이 자선기부(charitable donation)이다. '기부'란 남에게 기꺼운 마음으로 선물을 주는 행위이다. 하지만 이타주의가 극단으로 치우쳐 베푸는 사람이나 받는 사람에게 도움이 되지 않고 오히려 해harm가 되는 것을 병적인 이타주의pathological altruism라고 한다.

- **altruism** 이타주의 ·‹ 다른 사람을 먼저 생각하는 주의

  @ alter = other 다른

- **considerate** 사려 깊은 ·‹ 여러 가지로 주의깊게 하는 ★작은 망원경으로 별을 같이 보려면 배려심이 필요

  @ considerare = observe 관찰하다 (com = together 함께 + sidus = star 별)

  cf. considerable 상당한

- **sympathetic** 동정심 있는, 공감하는 ·‹ 함께 감정을 나누는

  @ syn = together 함께

  @ pathos = feeling 감정, suffering 고통

  | pathos에서 파생한 단어

  apathy 무관심 (a = without 없이)

  psychopath 싸이코패스 (psykhe = mind 마음)

  osteopathy 접골요법 (osteon = bone 뼈) | pathology 병리학

  antipathy 반감 (anti = against 반대하여)

  empathy 감정이입 (en = in 안에)

- **generous** 관대한, 후한 ·‹ 마음이 너그럽고 큰, 베푸는 데 꺼리낌이 없는 ★같은 태생이라고 생각하면 관대해짐

  @ genus = race 인류, birth 탄생

  cf. genus(생물 분류군 속)도 같은 어근임

  | genus에서 파생한 단어

  general 일반적인 | generate 생산하다

  degeneration 퇴보, 타락 (de = away from ∼에서 멀리 떨어져)

  genuine 진짜의 | genius 천재 (genius = guardian deity which watches over each person from birth 한 사람을 출생할 때부터 지켜주는 수호신)

  benign 온순한, 양성의 (bene = well 잘)

  progeny (사람, 동식물의) 자손 (pro = forth 밖으로)

  congenial 마음이 맞는 (com = with 함께)

  malignant 악성의, 악의에 찬 (mal = badly 안 좋게)

  genitive 소유격 | homogenous 동질의 (homos = same 같은)

  heterogenous 외래의, 비균질의 (heteros = different 다른)

genealogy 족보 | primogenitor 조상 (primus = first 처음의)

eugenics 우성학 (eu = well 잘) | ingenuous 천진한, 솔직한

indigenous 토착의 (indu = within ~내에)

endorphin 엔도르핀 (endon = wthin ~내에)

generic 포괄적인 | generical 속에 관한

- **reciprocal 상호의** ↔ 시계추가 양쪽을 왔다 갔다 하듯 쌍방이 관여된

  [라] reciprocus = alternating 번갈아 하는

  [cf.] reciprocity 호혜

  | **유의어**

  complementary 상호보완적인 | mutual 상호간의

  convertible 호환되는

- **charitable 자선의** ↔ 은혜를 베풀고 도와주는

  [라] carus = valued 소중한

  | **carus에서 파생한 단어**

  caress 애무하다 | cherish 소중히 여기다

- **donation 기부** ↔ 자선 단체에 재물을 아무 조건 없이 공짜로 내줌

  [라] donum = gift 선물

이기주의

이타주의의 반대말은 이기주의(egoism)인데 나밖에 모르는 이기적(selfish)이고, 자기중심적인self-centered 특성을 갖는다.

자존감과 열등감

이기적인 것과 자존감self-esteem이 강한 것은 다르다. 자존감은 스스로를 사랑받을 만한 소중하고precious 가치있는worthy 존재로 여기는 자기 평가이다. '자존감이 높다'는 have high self-esteem이라 하고, 반대로 '자존감이 낮다'는 have low self-esteem이라고 말한다. 또, 다른 사람에 비해 뒤떨어졌다거나 능력이 없다고 생각하는 만성적인 감정이나 의식을 열등감(inferiority complex)이라고 한다.

어원 003 **이기주의**

014

- **egoism** 이기주의 ↢ 자신밖에 모르는 태도

  [라] ego = I 나
- **selfish** 이기적인 ↢ 자신의 이익만 생각하는 [cf.] tacit 암묵적인

  [게] selbaz = self 자신

  | **selbaz에서 파생한 외국어**

  (네덜란드어) zelf 자신

  (독일어) selb 동일한 | (독일어) Selbst 자신
- **inferiority** 열등감 ↢ 자신이 남보다 못하다는 생각

  [라] infra = below 밑에

  | **infra에서 파생한 단어**

  infrastructure 기반시설 | infernal 지옥의

  inferno 지옥 (infernus = hell 지옥)

낙천주의

낙천주의(optimism)는 세상을 긍정적으로 바라보는 태도이며 낙천주의자들은 물컵 속의 물이 반 남아 있을 때 The glass is half full. 즉 "물이 반이나 남아 있네."라고 생각하는 사람들이다.
낙천적인 사람들의 특성은 긍정적(positive)이고, 자신감 넘치며(sanguine), 열정적(enthusiastic)이고, 쾌활하다(jolly)는 점이다.

어원 004 **낙천주의**

015

- **optimism** 낙천주의 ↢ 세상과 인생을 즐겁고 밝게 생각하는 경향

  [라] optimus = the best 최고
- **positive** 긍정적인 ↢ 어떤 생각이나 사실 따위를 좋게 보고 옳다고 인정하는

  [라] positivus = settled by agreement 합의가 이루어진
- **sanguine** 자신감 넘치는 ↢ 스스로의 능력으로 충분히 감당할 수 있다고 여기는

ㄹ sanguis = blood 피

ℂ sangria 붉은색 칵테일 상그리아

· **enthusiastic** 열정적인 ·ᴇ 어떤 일에 열렬한 애정을 가지고 열중하는

ㄱ en = in 안에 ㄱ theos = god 신

| 유의어

ardent 열렬한 | avid 열심인 | anxious 열망하는 | eager 간절한

exuberant 활기 넘치는, 잘 자라는 | fervent 강렬한, 열광적인

fanatical 광신적인 | passionate 격정적인, 열정적인

rabid 과격한 ('광견병에 걸린'이란 뜻도 있음)

rhapsodic 열광적인 ('서사시의'란 뜻으로 잘 알려진 단어)

zealous 열정적인 | ebullient 패기만만한 | fervid 열렬한

vehement 격렬한

· **jolly** 즐거운 ·ᴇ 흐뭇하고 기쁜

ㅍ jolif = merry 즐거운 ★현대 프랑스어 joli(예쁜)와도 연관이 있음

비관주의

비관주의(pessimism)는 낙천주의와 다르게 The glass is half empty. 즉 "컵에 물이 반밖에 없네."라고 세상을 바라보는 태도이다. 즉 우리가 최악의 세상에 살고 있다고 여기는 냉소적sardonic이며, 부정적cynical이고, 회의적인skeptical 태도를 가리킨다.

냉소주의의 어원

그리스인들이 sardonion지중해의 섬 Sardinia에서 온 식물이라 불리는 식물을 먹으면 그 독성분 때문에 얼굴이 일그러지며 죽어간다고 믿었던 것에 기인해 sardonic냉소적인이란 단어가 생겨났다. sardonion을 먹은 후에 얼굴이 고통에 일그러진contorted 모습과 '냉소적인' 웃음을 지을 때의 모습을 연관시킨 것이다.

한편, 그리스의 철학자이자 소크라테스의 제자인 안티스테네스Antisthenes는 키니코스kynikos학파의 창시자이다. 키니코스 학파를 영어로는

Cynic school이라고 하는데, 안티스테네스가 처음으로 강의를 한 아테네 외곽의 경기장 이름이 kynosarge silver dog 은빛 개였던 것에서 이 학파의 이름이 유래했다는 설이 있다. 여기에서 cynical 부정적인, 냉소적인이란 단어가 생겨났다.

회의론의 어원

skeptical 회의적인은 그리스의 철학자이자 회의론의 시조인 피론 Pyrrhon 의 추종자들인 skeptikos에서 생겨난 단어로 inquiring 의문을 제기하는이 란 뜻을 내포하고 있다. 그래서 회의론은 신의 존재와 같은 영역에 의문 doubt을 제기하는 것이다.

어원 005 **비관주의**

016

- **pessimism** 비관주의 ·‹ 세상이나 인생을 어둡게만 보는 경향 ★발만 쳐다보며 걷는다는 느낌

  어 pes = foot 발

- **sardonic** 냉소적인 ·‹ 쌀쌀한 태도로 비웃는 ★사르디아 섬에서 온 식물 을 먹으면 죽는다는 생각에서 비롯

  어 Sardonia 사르디아. 이탈리아 서쪽의 섬

- **Cynic** 키니코스학파(의) ·‹ 그리스의 철학자이자 소크라테스의 제자인 안티스테네스가 창시한 고대 철학의 한 파

  어 kynosarge = silver dog 은빛 개 ★kynosarge는 아테네 외곽의 경 기장 이름이었음

- **cynical** 부정적인, 냉소적인 ·‹ 소위 옳다고 하는 기존 질서와 관념에 대 해 삐딱한 태도로 바라보는

  어 kynikos = dog-like 개 같은

  어 kyon = dog 개, a follower of Antisthenes 안티스테네스의 제자

- **skeptical** 회의적인 ·‹ 확신을 갖지 못하고 의심을 품는 ★그리스 철학자 피론의 추종자들을 the Skeptics라고 부름

  어 skeptikos = inquiring 의문을 제기하는

  | 유의어

  incredulous 회의적인 | suspicious 의심하는

  dubious 수상쩍은, 불확실한 | unconvinced 납득하지 못하는

금욕주의

금욕주의(asceticism)는 세속적인 쾌락을 삼가는eschew 삶의 방식이다. 마치 승려와 같이 자제하는(abstinent) 삶, 금욕적(austere)이며 검약하는(frugal) 삶을 추구하는 것이다.

라마단과 사순절

이슬람교에서 회교력으로 제 9월에 해당하는 라마단Ramadan에 일출부터 일몰까지 금식(fasting)을 행하고 성 행위를 금지하는 것도 모두 금욕주의에 기반을 둔다.
기독교인들이 예수의 고행을 기리는 부활절 전 40일간의 금식기간은 사순절(Lent)이라고 한다.

어원 006 **금욕주의**

017

- **asceticism** **금욕주의** ↞ 세속적 욕망을 억제해야 한다는 태도
  [그] asketes = monk 승려
- **abstinent** **자제하는** ↞ 하고 싶으나 참고 하지 않는
  [라] abstinere = refrain from ~을 삼가다
- **austere** **금욕적인, 소박한, 근엄한** ↞ 세속적 욕망을 억제하는
  [라] austerus = dry 마른
- **frugal** **검약하는, 검소한** ↞ 절약하는
  [라] frugi = useful 유용한, economical 실속 있는
  ★frugi는 frux(fruit 과일)에서 파생한 어근임

  | **유의어**

  stingy 인색한 | thrifty 검약하는, 알뜰한 | abstemious 절제하는
  niggardly 인색한 | penny-pinching 돈 한푼에도 덜덜 떠는
  parsimonious 인색한 | sparing 조금만 쓰는 | spartan 검소하고 엄격한
  provident (미래를 대비해) 절약하는, 검소한
- **fasting** **금식, 단식** ↞ 굶는 것
  [게] fastan = observe abstinence 금욕을 실천하다

| fastan에서 파생한 외국어

(독일어) fasten 단식하다

- **Lent** 사순절 ‥< 부활 주일 전 40일 동안의 기간

  〔서게르만어〕 langitinaz = long days 오랜 날들 (langaz = long 긴 + tina
  = day 일) ★라틴어 dies도 day란 뜻임 ⓔ diurnal 주행성의

향락주의

에피쿠로스학파와 키레네학파

향락주의(hedonism, epicureanism)는 최고의 쾌락pleasure을 추구
하는 것을 목표로 한다. 고통이 없는 수준을 넘어서 쾌락을 최고의
선이라고 여기는 에피쿠로스Epicurus학파와 맞닿아 있다.
기원전 4세기 소크라테스의 제자였던 그리스의 아리스티포스Aristippus
는 자신의 출생지인 Cyrene의 지명을 따서 키레네학파The Cyrenaics를
세웠다. 이 학파도 향락주의를 주창하였다.

향락주의와 난봉꾼의 삶

향락주의의 특성은 향락적(sybaritic)이고, 흥청망청대며(bacchana-
lian), 관능적인(voluptuous) 삶을 추구한다는 점이다. 지나친 향락
주의는 outrageous흥청망청하는란 형용사로도 그 성격을 표현할 수 있다.
hedonism향락주의이 철학에 기반을 둔 행동 양식이라면 방탕이나 난봉
(debauchery)이란 표현은 성관계, 술, 마약을 절제하지 못하고 탐
닉하는(indulgent) 일상적 행위이다. 특히 성적으로 자유분방한 난
봉꾼은 libertine이라고 한다. 참고로 성경에는 성적 퇴폐로 인해 신
이 멸망시킨 소돔Sodom과 고모라Gomorraph라는 도시가 나온다.

어원 007 향락주의

- **hedonism** 향락주의 ‥< 쾌락을 추구하는 인생의 태도

  ⓐ hedone = pleasure 즐거움

- **epicureanism 쾌락주의** ↔ 쾌락을 삶의 목적으로 여기는 태도
  ★에피쿠로스는 향락주의를 최고의 선이라 여김
  [그] Epicurus 에피쿠로스. 그리스 아테네 출신의 철학자
- **sybaritic 향락적인** ↔ 쾌락을 즐기는
  [그] Sybaris 축제로 유명했던 남부 이탈리아의 고대 그리스 도시
- **bacchanalian 흥청망청대는** ↔ 흥에 겨워 마음껏 즐기는
  [그] Bacchus 그리스 신화의 파티와 와인의 신
- **voluptuous 관능적인** ↔ 성적인 욕망을 자극하는
  [라] voluptas = satisfaction 만족, enjoyment 즐거움
- **debauchery 방탕, 난봉** ↔ 술, 성적 쾌락, 노름 등에 과도하게 빠짐
  [프] desbaucher = lead astray ~을 잘못된 방향으로 이끌다
- **indulgent 탐닉하는** ↔ 몹시 즐겨서 중독된
  [라] indulgere = be complaisant 선뜻 남의 말을 따르다
- **libertine 난봉꾼** ↔ 주색잡기를 즐기는 사람
  [라] liber = free 자유로운
  [cf.] liberal 자유분방한

복종하는 태도

복종(obedience)은 자신의 의사와는 관계없이 권위 있는 사람authority figure의 명령이나 의사에 그대로 따르는 것을 말한다. 권위에 복종하는 것은 위계 서열이 강한 군대와 같은 조직뿐만 아니라 일상생활에서도 얼마든지 일어나는데 스탠리 밀그램Stanley Milgram의 복종 실험은 권위에 취약한 인간의 모습을 널리 알린 실험으로 유명하다.
복종의 속성이 드러나는 표현에는 yield굴복하다, docile유순한, submissive순종적인 등이 있다.
지나친 복종은 때론 비굴하고(servile) 굽실거리는(truckling) 모습으로 비춰질 수도 있다.
compliance준수, conformity순응는 제도화된 법이나 규칙 등을 따르는 것을 의미한다.

가부장제

가부장제(patriarchy)는 가장(家長)이 가족 구성원을 강력한 권한으로 지배하고 통솔하는 가족 형태이다. 역사상 가장 강력한 권한을 가지고 있었던 고대 로마 시대의 가장은 아이들에 대한 생살권, 매각권, 징계권과 더불어 혼인이나 이혼의 강제권이 있었다고 한다.

어원 008 **복종하는 태도**

019

- **obedience** 복종 ‥‹ 상대의 말을 경청하여 따름
  - 라 ob = to ~에게
  - 라 audire = listen 경청하다
- **docile** 유순한 ‥‹ 부드럽고 순한
  - 라 docere = teach 가르치다
  - | docere에서 파생한 단어
  - doctor 의사
- **submissive** 순종적인 ‥‹ 다른 사람보다 나를 낮추어 따르는
  - 라 sub = under 아래로, 아래에서
  - 라 mittere = send 보내다
- **servile** 비굴한 ‥‹ 노예처럼 구는
  - 라 servus = slave 노예
  - | servus에서 파생한 단어
  - service 봉사
- **truckling** 굽신거리는 ‥‹ 비위를 맞추느라고 비굴하게 행동하는
  - 게 trokhos = wheel 바퀴
  - cf. truckle bed 시종들이 잠자던 바퀴 달린 침대
  - | 유의어
  - cringing 아첨하는, 굽실거리는 | sycophantic 알랑거리는
  - obsequious 아부하는
- **compliance** 준수 ‥‹ 규정대로 따름
  - 라 complere = fill up 꽉 채우다
- **conformity** 순응 ‥‹ 주위 환경에 잘 맞추어 대응함
  - 라 conformare = form 형성하다
- **patriarchy** 가부장제 ‥‹ 아버지가 가정의 중심인 제도
  - 라 pater = father 아버지

㉣ arkhein = rule 지배하다

반항적인 태도

정치적인 권력에 저항하는 격렬한 반대 행위나 기존 질서와 통념에 맞서는 행동을 rebellion반란, 반항이라고 한다. 행동이나 태도가 반항적이라고 말할 때 resistant저항하는, ~에 잘 견디는, defiant반항하는, contumacious 반항하는 등의 표현을 쓴다.

사보타주(sabotage)는 항의의 표시로 장비나 시설 등을 고의로 파괴하는 행위를 말한다. 전복subversion이나 파괴destruction를 통해 사보타주를 일으키는 사람은 saboteur파괴공작자라고 한다.

어원 009 반항적인 태도

020

- **rebellion** 반항, 반란 ↔ 어떤 대상에 대드는 것

  ㉣ re = against ~에 대항하여

  ㉣ bellare = wage war 전쟁을 일으키다

  cf. rebel 반역자

- **resistant** 저항하는 ↔ 거역하는 태도를 보이는

  ㉣ re = against ~에 대항하여

  ㉣ sistere = take a stand 태도를 취하다

  cf. fire-resistant 불에 잘 견디는 (불에 저항하여)

- **defiant** 반항하는 ↔ 맞서서 대드는

  ㉣ dis = away 멀어져

  ㉣ fidus = faithful 충실한

- **contumacious** 반항하는 ↔ 맞서서 대드는

  ㉣ contumax = insolent 무례한 (com = 강조 접두사 + tumere = swell 부풀다)

  | **tumere에서 파생한 단어**

  tumid 부어오른

- **sabotage** 사보타주 ·‹ 태업을 벌임 ★노동자가 기계에 나막신을 던지던 행위를 연상하기 바람

  cf. saboteur 사보타주를 일으키는 사람

  유 savate = old shoe 낡은 신발

근면함

"Diligence is the mother of good luck."

근면은 행운의 어머니이다.

모든 종교에서 삶의 가장 중요한 덕목virtue으로 여기는 것이 근면성 (diligence)이다. 근면성을 나타내는 형용사로는 assiduous근면한, industrious부지런한 등이 있다. 근면은 단순히 열심히 일하는hard-working 정도를 넘어서 시간을 엄수하고(punctual) 끈기있게 버텨내는(persevere) 삶의 태도도 포함한다.

벤자민 프랭클린은 "근면은 행운의 어머니이다.Diligence is the mother of good luck."라는 명언을 남겼는데 근면한 사람이야말로 행운을 거머쥘 자격을 갖춘 사람이란 뜻이다.

어원 010 근면함

021

- **diligence** 근면 ·‹ 부지런함

  라 diligere = value highly 높이 평가하다 (dis = apart 떨어져 + legere = choose 선택하다)

  | legere에서 파생한 단어

  lecture 강연 | election 선거

- **assiduous** 근면한 ·‹ 부지런한

  라 ad = to ~에게

  라 sedere = sit 앉다

  | sedere에서 파생한 단어

  sedentary 주로 앉아서 지내는

- **industrious** 부지런한 ↔ 게으름을 피우지 않고 열성적으로 하는

  [라] indu = within ~내에

  [라] struere = build 짓다

  | **struere에서 파생한 단어**

  structure 구조물

- **punctual** 시간을 엄수하는 ↔ 시간을 잘 지키는

  [라] punctus = pricking 따끔따끔 찌름

- **persevere** 끈기있게 버티다 ↔ 계속 참고 버티다

  [라] per = very 매우

  [라] severus = strict 엄격한

  | **severus에서 파생한 단어**

  severe 엄격한

  | **유의어**

  endure 견디다 | persist 집요하게 계속하다 | hang in 버티다, 견디다

  stand firm 꿋꿋하다 | hold on 계속 잡고 있다 | hold fast 굳게 지키다

나태함

행동이나 성격이 느리고 게으른 사람을 나태하다고 하며 lazy, idle, indolent, supine 등으로 표현한다. 가톨릭교회의 교리에서는 일곱 가지 죄 중의 하나로 '나태'sloth, acedia를 꼽기도 한다. 만약, 해야 할 일을 계속 미루는 습관(procrastination)이 있다면, 결국 일도 제대로 마무리 못하고 마음은 마음대로, 몸은 몸대로 상하기 십상이다. 이런 습관을 고치기 위해서는 자제력self-control을 기르는 훈련과 수양discipline이 필요할지도 모른다.

couch potato는 소파에 앉아 감자칩을 먹으며 하루 종일 텔레비전만 보는 사람을 말하고, 직장에서 일은 안 하고 인터넷만 하는 사이버 농땡이를 치는 사람은 cyberslacker라고 한다.

- **lazy** 게으른 ••◦ 아무것도 안 하려 하고 늘어지는

  ㉠ (s)leg = slack 느슨한

- **idle** 나태한 ••◦ 신경도 안 쓰고 게으른

  ㉖ idla = useless 쓸모없는

  cf. idle에는 '가동되지 않는'이란 뜻도 있다.

  (*ex.* The facilities sit **idle**. 그 시설들은 가동되지 않고 있다.)

- **indolent** 게으른, 나태한 ••◦ lazy의 formal한 표현

  ㉰ in = without ~ 없는

  ㉰ dolentem = grieving 슬픔

- **supine** 게으른, 반듯이 누운 ••◦ 몸을 뒤로 젖히고 널부러져 있는 것처럼

  게으르게 행동하는

  ㉰ supinus = bend backwards 뒤쪽으로 굽힌

- **procrastination** 미루기, 미루는 버릇 ••◦ 내일 하면 되지 하며 미루

  는 태도

  ㉰ pro = forward 앞으로

  ㉰ crastinus = belonging to tomorrow 내일에 속하는

  cf. '빈둥거리다'는 의미의 표현들

  fool (around) | mess (around) | fiddle (around)

  loaf (about/around)

겸 허 함

"We must not confuse humility with false modesty or servility."
우리는 겸허함을 거짓된 겸손이나 비굴함과 혼동해서는 안 된다.

유명한 소설가 파울로 코엘료Paulo Coelho는 We must not confuse
humility with false modesty or servility.라고 말하였다. '우리는
겸허함을 거짓된 겸손이나 비굴함과 혼동해서는 안 된다.'는 의미이
다. 세상 어디에서나 미덕virtue이라고 여겨지는 겸허함의 반대말은 자

만심(vanity)이다. 겸손한 것은 아니지만 상황 상 사람들 눈에 띄지 않게 행동하는 것은 keep a low profile이라고 한다.

023

어원 012 **겸허함**

- **humility** 겸허함 ·‹ 자만심 없는 겸손한 태도
  - ⓡ humilis = lowly 낮은, humble 겸손한
- **modesty** 겸손 ·‹ 남을 존중하고 자신을 낮추는 예의 바른 태도
  - ⓡ modus = manner 예의
- **servility** 비굴함 ·‹ 용기 부족으로 남에게 굽히는 태도
  - ⓡ servus = slave 노예
  - | servus에서 파생한 단어
  - servitude 노예 상태 | servant 하인 | service 서비스
- **vanity** 자만심, 허영심 ·‹ 스스로 뽐내는 태도
  - ⓡ vanus = empty 비어 있는 ★그래서 빈 수레가 요란하다고 하는 것
  - | vanus에서 파생한 단어
  - vanish 사라지다 | vain 헛된 | vaunt 허풍 떨다

거저 얻으려는 태도

Don't overstay your welcome.너무 오래 머물지 말라.이라는 말이 있다. 직역하면 상대가 당신을 반갑게 맞는 마음을 갖고 있는 시간보다 더 오래 머물러 그 마음이 사라지게 하지 말라는 뜻이다. 상대방의 환대(hospitality)를 이용해서 계속 거저 얻어먹는 사람을 freeloader빈대라고 하며, 속어로 schnorrer, moocher라고도 한다. free rider는 '무임 승차자'라는 말로 대가 없이 이득을 얻는 사람이나 기업 등의 불로 소득자 등을 가리킬 때도 쓰인다.

어원 013 **거저 얻으려는 태도**

024

- **hospitality** 환대 ·‹ 기쁜 마음으로 맞이함
  - ⓡ hospes = guest 손님, host 주인

- **schnorrer** 빈대 ‥‹ 남에게 빌붙어 사는 사람

  ㉠ schnurren = go begging 구걸하러 가다
- **moocher** 빈대 ‥‹ 남에게 빌붙어 사는 사람

  ㉙ mucier/muchier = hide 숨기다

❧

비판과 비난

비평(criticism)은 어떤 대상이나 현상에 대해 이치에 맞게 옳고 그름을 분석하고 가치를 논하는 것을 뜻하는데 특히, 안 좋은 점을 지적하는 일 또는 책이나 영화 등에 대한 평론이라는 말로 쓰인다. critical비판적인, 중대한은 비평하는 경향이 있거나 반대 또는 부정적인 관점을 가지고 있다는 의미로 쓰인다. 신랄하거나(caustic) 가슴에 사무치는(poignant) 가혹한(acerbic) 폭언이 오가는(acrimonious) 등의 부정적인 감정이 동반되기도 한다. 이것이 아슬아슬 선을 넘어버리면 건전하고 합리적인 비평이나 비판이 아닌 인신공격성에 가까운 비난이나, 트집 잡아 거북할 정도로 따지는 힐난이 되어버린다.

어원 014 **비판과 비난**

025

- **criticism** 비평, 비판 ‥‹ 사물의 옳고 그름 등을 논함

  ㉠ krinein = decide 결정하다
- **caustic** 신랄한, 부식성의 ‥‹ 매우 매섭고 날카로운

  ㉠ kaustos = burnt 탄
- **poignant** 가슴에 사무치게 하는 ‥‹ 가슴을 후벼파는

  ㉙ pungere = prick 찌르다 ★pungere는 더 거슬러 올라가면 고대인도게르만공통조어 peuk(prick 찌르다)에서 파생

  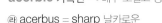 pugnacious 싸우기 좋아하는 ★인도게르만공통조어 pung(stick 찌르다)에서 파생한 단어로, pung는 peuk의 비음화된 형태임
- **acerbic** 가혹한 ‥‹ 매우 모질고 냉정한

  ㉙ acerbus = sharp 날카로운

| 유의어

harsh 혹독한

- **acrimonious** 폭언이 오가는 ‧ ‹ 난폭한 말을 주고받는

  ㉡ acer = sharp 날카로운

  ㉡ monia 행동 (상태 접미사)

  | acer에서 파생한 단어

  acrylic 아크릴의 (olere = smell 냄새나다)

  acrid 매케한 | acetic 신맛나는

  exacerbation 악화 (ex = thoroughly 철저히)

  mediocre 보통밖에 안 되는 (medius = middle 중간의)

  eager 열렬한

설득과 태도 변화

설득은 상대방의 태도를 변화시키는 일이므로 입바른 말보다 서로 공감하는 태도와 감정이 더 중요할 수 있다. 고대 아테네 사람들은 설득력 있고(persuasive), 타당한(cogent) 웅변술의 대가들이었다. 그들은 세련되고 미묘한 농담과 통렬하지만 재치있는 연설(oratory)을 즐겼다. 이와 같은 고대 아테네 사람들의 점잖은 재담을 attic salt라고 하는데 소금 간을 한 듯 맛깔나는 연설이라는 뜻이다.

고대 아테네 교육의 중심은 정치 연설이나 법정 변론을 위한 효과적 인 화법을 연구하는 수사학(rhetoric)이었다. rhetoric은 그리스어 rhetor_{speaker 연설자}에서 나온 말로 수사법은 청중을 설득하는 미사여구로 가득했다. 중세에 크게 발달하면서 음악, 산술, 기하, 천문, 문법, 논리와 함께 대학의 7개 전인 교육 기초 교과목에 포함되었다.

어원 015 **설득과 태도 변화**

026

- **persuasive** 설득력 있는 ‧ ‹ 상대편이 이쪽 편의 뜻을 따르게 만드는

  ㉡ per = thoroughly 철저히

  ㉡ suadere = urge 촉구하다 ★suadere는 더 거슬러 올라가면 고대인도

게르만공통조어 swad(sweet 달콤한)에서 생겨남

| 유의어

compelling 설득력 있는 | convincing 설득력 있는

convictive 납득이 가게 하는 | irresistible 거부할 수 없는

- **cogent** 타당한 ⋅⋅ʿ 형편이나 사리에 맞는

  ㉥ com = together 함께

  ㉥ agere = drive 몰다

  | 유의어

  pertinent 적절한 | relevant 적절한 | well-grounded 근거가 타당한

- **oratory** 능변 ⋅⋅ʿ 말을 잘하는 것

  ㉥ orare = speak 말하다, pray 기도하다

  | orare에서 파생한 단어

  orator 연설가 | oration 연설 | oracle 신탁을 받는 곳

  peroration 장황한 연설의 끝부분 (per = to the end 끝으로)

  adore 흠모하다 (ad = to ~에게)

  inexorable 가차없는 (in = not 아닌 ex = out 밖으로)

- **rhetoric** 수사학, 수사법 ⋅⋅ʿ 말과 글을 꾸미고 다듬어 미적으로 만드는 것

  ㉥ rhetor = speaker 연설자

취향과 취미

취향

한 사람이 한 사물에 대해 갖는 태도나 의견, 기호를 취향이라고
한다. 이를 나타내는 표현 중 하나인 preference는 '선호도'를 의미
하며 동사형은 prefer이다. 〈preference for 사물〉~를 더 좋아함/선호함이나
〈prefer A to B〉B보다 A를 더 좋아하다와 같은 식으로 사용된다.

우리말의 '취향'에 딱 떨어지는 표현은 taste이다. taste는 고대 프랑
스어 taster에서 발전한 단어인데 원래는 '감촉으로 느끼다'에서 '맛
보다'로 뜻이 변했으며, 더 거슬러 올라가면 tax세금와 마찬가지로 라
틴어 taxare evaluate 평가하다에서 생겨난 단어이다. taste는 suit one's

taste취향에 맞다, taste in clothing옷에 대한 취향처럼 사용할 수 있다. appeal to me내 취향에 맞다, not my cup of tea내 취향이 아닌와 같은 표현도 함께 알아두자.

취미

취미는 밥벌이 외의 시간에 놀이로 하는 활동으로 hobby라고 한다. hobby horse는 아이들이 타고 노는 장난감 말을 가리키다가 '좋아하는 화제'란 의미로 발전하였다.

hobby의 유의어로 pastime이 있으며, 사람들이 일하지 않고 편히 쉬며 즐기는 여가는 leisure라고 한다. 따라서 집안일domestic chores을 하며 보내는 시간은 여가 시간free time이라고 볼 수 없다.

고대 로마인들도 여가 시간을 즐기는 취미 활동들이 있었는데 특히 원형경기장인 콜로세움(Colosseum)을 중심으로 대중들이 함께 스포츠와 오락을 즐겼다.

027

어원 016 **취향과 취미**

- **preference** 취향, 선호(도) ·◁ 선호하여 마음이 기우는 방향

  ㉞ prae = before 앞에

  ㉞ ferre = place 놓다

  | 유의어

  inclination 성향, 경향 | predilection 매우 좋아함, 편애

  propensity 경향 | cup of tea 기호에 맞는 일, 취향

- **taste** 취향, 맛보다 ·◁ 선호하여 마음이 기우는 방향

  ㉥ taster = taste 맛보다, enjoy 즐기다

- **hobby** 취미 ·◁ 좋아서 즐겨 하는 일 ★처음에는 아이들이 놀이로 타는 장난감 말을 가리켰음

  ㉵ hobi = hobyn = a small, active horse 작고 활동적인 말

- **pastime** 여가, 취미 ·◁ 잠시 쉴 수 있는 짬

  ㉥ passer = pass 보내다

  ㉥ tempus = time 시간 ★tempus는 라틴어 temps(time 시간)에서 파생

| temps에서 파생한 외국어

(프랑스어) printemps (계절) 봄

- **leisure** 여가 ᐧᐠ 자신에게 허용된 자유로운 시간

  ⓕ leisir = freedom 자유, ability 능력

  ⓛ licere = be allowed 허용되다

  | licere에서 파생한 단어

  license 면허증 | licit 합법적인 | illicit 불법적인

  elicit 이끌어내다 (ex = out 밖으로)

  🆑 라틴어 otium도 여가(leisure)의 뜻이었는데 여기에서 otiose(쓸데없는)
  와 negotiation(협상)이란 단어가 생겨났다.

- **colosseum** 콜로세움 ᐧᐠ 고대의 원형 경기장 ★원형 경기장은 엄청난
  크기를 자랑하는 조각상 같음

  ⓛ colosseus = a statue larger than life 실물보다 큰 조각상

  ⓖ kolossos = gigantic statue 거대한 조각상

INNER
SPACE

2

관계 · 정신
Interpersonal Relationship
Mentality

지금 당신은 사람들 속에서 행복한가?

Are you happy with your people?

우리는 자의에서건 타의에서건 다양한 관계 속에 놓여 있다.
살아간다는 것은, 생존한다는 것은
어쩌면 이런 관계 속에서 나를 잘 지켜간다는 것을
의미하는 것일지도 모른다.

Unit 03 인간관계

- 사회성과 관계
- 친구관계
- 연인관계
- 가족관계

Unit 04 관계 속에서 비롯되는 문제와 감정

- 또래집단 및 연인관계에서 발생하는 문제
- 사랑의 감정
- '사랑'이 담긴 단어
- 혐오와 차별
- 적대감
- 정신질환
- 신경증과 우울증
- 인격장애
- 조현병
- 정신병을 앓은 유명인들

Chapter 2
관계 · 정신

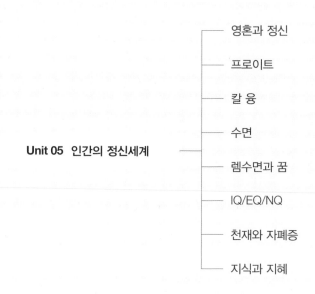

어원표시 라 라틴어 ㉭ 그리스어 히 히브리어 게 게르만조어 인 인도게르만공통조어
㿄 힌두어 프 프랑스어 영 영어 스 스페인어 독 독일어

품사표시 명 명사 동 동사 형 형용사 부 부사

3

인간
관계
Interpersonal
Relationship

아리스토텔레스는 인간은 본질적으로 사회적 동물이라고 믿었다.
굳이 아리스토텔레스의 말을 빌리지 않더라도
우리는 살아가면서 직관적으로 이 사실을 알고 있다.
왜냐하면 혼자서는 생존survival 자체를 할 수 없다는 것을 알기에.

우리는 엄마 뱃속에서부터 이미
부모와 자식이라는 가족family 관계를 맺게 된다.
태어나자마자 나의 선택과는 상관없이
자연스럽게 형성되는 이런 가족관계를 비롯해 각종 사회생활을 통해
친구friend관계 및 연인관계romantic relationship 등을 맺게 된다.

생존을 위해서 우리는 어떤 식으로건 사람 속에 있어야 하며
사람 속에 있다는 건 관계를 맺으며 살아간다는 것을 의미한다.
혼자서는 살아갈 수 없는 세상이라지만
때로는 이런 관계가 나를 옥죄는 족쇄가 되기도 하고
죽고 싶을 만큼 괴로운 일이 되기도 한다.

사람 때문에 울고
사람 때문에 웃으며
사람이 때로는 내게 기적miracle으로 다가오기도 한다.

지금 당신은 사람들과 어떤 관계를 맺고 있는가?

사회성과 관계

아리스토텔레스는 인간은 본질적으로 사회적 동물이라고 믿었다. 이런 인간의 사회성을 유지시켜주는 것이 바로 인간관계인데 인간관계는 흔히 그 사귐의 정도와 유형에 따라 분류될 수 있겠다.

연인이나 부부관계 등 성적 관계를 포함한 친밀한 관계를 intimate relations라고 한다. 이웃이나 친구의 친구와 같은 아는 사이는 acquaintance라고 한다.

그 외 가족관계, 친구관계, 고용주와 고용인의 관계 및 고객과의 관계와 같은 비즈니스 관계 등 우리 생활을 채우고 있는 다양한 인간관계가 있다. 요즘엔 심지어 적과의 관계도 일종의 인간관계라서 동지처럼 행동하지만 실제로는 적인 frenemy프레너미 friend + enemy와 같은 용어도 생겨났다. 즉, 이해관계로 인해 한편에서는 서로 협력하면서 다른 편에서는 경쟁하는 전략적인 관계를 뜻하며, 개인 간에 '사랑'과 '미움'을 오가며 유지되는 친구관계 현상을 가리키기도 한다. 인간은 심지어 기르는 동물과도 우정(friendship)이나 사랑love의 감정을 쌓아간다.

어원 001 **사회성과 관계**

028

- **intimate** 친밀한 ← 매우 친하고 잘 아는 사이인
  [cf.] intimate는 '성관계가 포함된 관계'란 뜻도 있으니 주의 바란다.
  [라] intimus = inmost 가장 깊은 곳의
- **acquaintance** 아는 사이 ← 서로 알고 지내는 사이
  [라] ad = to ~에게
  [라] com = with ~와 함께
  [라] gnoscere = know 알다
- **friendship** 우정 ← 친구끼리의 사랑
  [게] frijōjands = lover 사랑, friend 친구
  | frijōjands에서 파생한 외국어
  (네덜란드어) vriend 친구 | (독일어) Freund 친구

친구관계

'친구'는 friend, 혹은 구어체로 좀 더 친근함을 표현해주는 buddy 란 단어를 사용한다. 유년기에 상상 속에서만 존재하는 가상의 친구 는 imaginary friend라고 한다. 예전 초등학교 시절엔 편지(corre-spondence)로 친구를 사귀는 펜팔pen pal이 유행했지만 요즘엔 인터 넷 상으로 친구를 사귀거나 심지어는 애인을 사귀기도 한다.

인터넷에서 자신의 정체(identity)를 밝히지 않고 사람들에게 접근 할 수 있다는 점을 이용해 남을 속일 목적으로 거짓 신분을 꾸미는 행위인 catfishing이라는 신조어도 생겨났다.

우정 중에는 fraternization간친이란 것이 있는데 이것은 어울려서는 안 되는 다른 계급의 사람들이나 적과 친구를 맺는다는 뜻이다. 청렴 성(integrity)을 담보로 임무를 수행해야 하는 조직에 속해 있는 경 우엔 이런 관계가 금지된다.

우정을 나누는 관계는 대상이나 지속성, 강도 등이 매우 다양하기 때 문에 한 마디로 정의하기기 어렵지만, 명예와 의리를 지키는 기사도 (chivarly)도 일종의 우정으로 볼 수 있다.

 **어원 002** **친구관계**

029

- **imaginary** 상상의, 공상의 ·◦ 마음 속에 그려본 상인
    - 래 imago = image 상
    - cf. imitation 모방
- **correspondence** 서신, 편지 왕래 ·◦ 주고받는 편지(특히 공식적이 거나 비즈니스 관련), 또는 편지를 주고받는 것
    - 래 com = together 함께
    - 래 respondere = answer 대답하다
    - cf. correspondent 기자, 특파원
- **identity** 정체성, 정체, 신분 ·◦ 존재의 참모습
    - 래 idem = the same 마찬가지
    - cf. identification 신분증명, 신분증
- **fraternization** 간친 ·◦ 형제같이 다정하고 친밀한 사이

㉘ frater = brother 형제

| frater에서 파생한 단어

fratricide 형제(자매) 살인죄 (cide = kill 죽이다)

fraternity 마치 사교클럽처럼 운영되는 미국 대학교의 남학생 사립 기숙사

(그들만의 끈끈한 우정과 문화로 운영됨)

- **integrity** 무결성, 온전함, 고결, 청렴 •‹ 결점이나 문제없이 완벽함

  ㉘ integer = whole 온전한

  | 유의어

  honesty 정직성 | probity 정직성 | rectitude 청렴, 강직

  sincerity 성실성, 정직 | candor 허심탄회, 정직

  incorruption 부패하지 않음 | righteousness 의, 정의

  straightforwardness 단도직입, 솔직함

- **chivalry** 기사도 •‹ 용기와 명예 등을 겸비해야 하는 기사의 덕목

  ㉘ caballarius = horseman 승마인 ★이 라틴어에서 고대 프랑스어

  chevalerie(knighthood 나이트 작위)란 단어가 생겨나고 여기서 영어

  chivalry가 파생함

   knight 기사

연인관계

사랑

친구는 때론 연인관계romantic relationship로 발전하기도 한다. 로맨스는
흔히 eros관능적 사랑, agape형제애적 사랑, platonic love정신적 사랑을 포함한 감
정으로 이해된다. 그리스 신화에서 아프로디테의 아들이자 사랑의
신으로 활과 화살을 들고 다니는 어린애로 그려지
는 신이 에로스로마 신화의 큐피드이다. 그가 들고 다니는
금화살에 맞으면 사랑의 열병을 앓게 된다. 아가
페는 '거룩하고 무조건적인 사랑'을 의미하는 그리
스어로 기독교에서는 신의 인간에 대한 무조건적
이고 절대적인 사랑을 가리키며, 이로부터 타인을

위해 자기를 희생하는 형제애적 사랑이란 뜻이 생겨났다. 흔히 정신적 사랑이라 불리는 플라토닉 러브는 철학자 플라톤이 《심포지엄》의 글 중에서 '한 사람의 영혼을 고무시키는 것'이라고 표현된 바 있다.

썸

요즘은 너무 진지한 관계보다 썸을 타는 관계를 더 즐기는 듯하다. 부담스럽게 만나지 않는 가벼운 관계는 casual relationship이라고 한다. 또, 우리말의 썸을 타는 관계는 상황에 따라 We are stuck in a situationship.우린 친구 사이보단 더 친한데 딱히 사귀는 건 아닌 관계야. 또는 We have been talking for a year now.우린 1년째 그냥 만나보고 있어. 정도로 표현할 수 있다. be talking만나보고 있다이 썸을 타고 있다는 우리말 뉘앙스에 적합하다. 사귀지는 않지만 일시적 성관계를 즐기는 사이에는 have a fling이란 표현을 사용한다.

케미스트리

chemistry는 라틴어 alkimiaalchemy 연금술에서 생겨난 말로 비금속을 금으로 변환시키는 연금술처럼 아무 감정도 없던 두 사람 사이에 강한 본능적인 이끌림(instinctual attraction)이 생기는 것을 의미한다. 남녀 사이 이외에 a team chemistry처럼 좋은 인간관계를 유지하는 능력을 의미하기도 한다.
첫눈에 반하는 사랑처럼 갑작스러운 사랑의 열병은 infatuation이란 단어를 쓰면 된다.

키스

연인 사이의 애정 표현인 프렌치 키스French kiss는 deep kiss라고도 한다. 볼에 하는 cheek kiss는 친구나 가족 사이에 나누는 인사로 축하, 위로, 존경심을 표하는 제스처이기도 하다. 에스키모 키스Eskimo Kiss는 가족이나 연인 사이에 눈을 마주치고 코를 비비는 에스키모인들의 인사법으로 추운 기후 환경에 적합하게 발달하였다.

> **어원 003** **연인관계**

- **eros** 에로스, 관능적 사랑 ← 그리스 신화의 사랑의 신, 성적인 이끌림을 동반한 사랑

030

[그] eros = sexual love 성애

- **agape** 형제애적 사랑 ↔ 종교적, 무조건적 사랑

  [그] agapan = receive with friendship 우정으로 받아들이다

- **platonic** 정신적인 사랑의 ↔ 관능적 사랑을 넘어선 이상주의적 사랑의

  [그] Platōnikos = of Plato 플라톤의

- **instinctual** 본능적인 ↔ 마음에 와닿는 대로 행동하는

  [라] stinguere = prick 찌르다

- **infatuation** 열병 ↔ 마치 사람을 놀리듯이 갑자기 뭔가에 푹 빠지게 된 상태

  [라] infatuare = make a fool of ~를 놀리다

  [cf.] **연애 관련 표현**

  go out with / date with ~와 데이트를 하다

  fix somebody up with 누구를 ~와 소개팅시켜주다

  fall for ~에게 사랑에 빠지다

  get stood up 바람맞다 | break up with ~와 헤어지다

가족관계

부모, 자식, 배우자, 형제자매까지를 immediate family직계가족라고 한다. 여러 대 혹은 조부모, 삼촌, 이모, 고모, 조카, 사촌 등이 한 집에 모여 사는 경우, 다시 말해 식구 수가 많은 경우를 대가족, 즉 extended family핵가족은 nuclear family라고 한다.

결혼을 통해 형성되는 사돈in-law 등의 관계는 affinity인척관계라고 하며, 이종, 고종, 외종, 내종 등 모든 친인척을 포함한 넓은 의미의 가족관계를 relative(일가)친척라고 부른다. clan문명사회에서는 '문중', 원시사회에서는 '씨족'은 공동의 조상을 가지며 혈연으로 맺어진 집단을 가리키는 말이다.

참고로 tribe부족는 일정 영역에 함께 거주하는 언어나 문화를 공유한 집단이다. 라틴어 tribustri = three 셋는 로마국의 세 개 분할 지역 중 하나란 뜻이었다가 초기 영어에서 고대 히브리족의 열두 지역 중 하나란 뜻으로 변모하였다가 현재의 '부족'이란 뜻이 되었다.

031

어원 004 가족관계

- **immediate** 직계의, 즉각적인 ← 직접 이어진

[라] in = not 아닌

[라] mediatus = in the middle 중간에

- **extended** 확장된, 늘어난 ← 범위가 늘어난

[라] ex = out 밖으로

[라] tendere = stretch 뻗다

| **tendere에서 파생한 단어**

tensile 늘어뜨릴 수 있는 | tensor 긴장근

tense 긴장된 | tension 긴장 상태 | detente 긴장 완화

tend (~하는) 경향이 있다 | tendency 성향 | tendon 힘줄

tender 제출하다 | tendril 덩굴손 | tent 천막

portend 불길한 징조이다 | ostensible 표면적으로는

distend 내부 압력으로 팽창하다 | distention 팽창작용

attend 참석하다 | attention 주의, 관심

contend 주장하다 | intend 의도하다 | pretend ~인 척하다

- **affinity** 인척관계 ← 혼인으로 친척이 된 관계

[cf.] affinity에는 '친화력'이란 뜻도 있다.

[라] ad = to ~에 맞닿은

[라] finis 경계, 끝

- **relative** (일가)친척 ← 고종, 이종, 외종, 내종 등 모든 친인척을 포함한 가족관계

[라] referre = refer 조회하다

- **clan** 씨족 ← 공동의 조상을 가진 혈연 공동체

[게일] clann = family 가족, offspring 자손

- **tribe** 부족 ← 원시사회의 지역적 생활 공동체

[라] tribus = one of the three political divisions of the original Roman state 로마의 세 행정구역 중 하나 (tri = three 셋 + bheue = be 있다)

| **tribus에서 파생한 단어**

tribune 호민관 | tribute 헌사

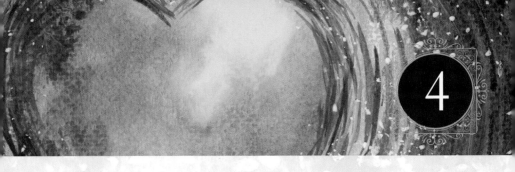

관계 속에는 다양한 감정emotion과 문제들이 혼재되기 마련이다.
관계 속에서 우리는 따뜻한 감정을 느끼기도 하고
뜨거운 사랑의 감정을 느끼기도 한다.

또 관계 속에는 늘 두려움fear이 동반된다.
때로는 편견prejudice이 관계에 흠집을 내기도 하며,
이런저런 이유로 끊임없이 상처를 주고받게 되기도 한다.
두려움과 편견은 혐오감hatred을 초래하고
차별discrimination을 야기하며,
깊은 상처는 병illness이 되기도 한다.

따뜻한 온기가, 뜨거운 사랑이 당신을 감싸기를…
두려움과 편견과 상처가 당신을 잠식하지 않기를…

관계 속에서 비롯되는
문제와
감정
Problems
& Emotion

또래집단 및 연인관계에서 발생하는 문제

또래간 압박과 왕따

같은 또래, 동년배를 영어로 peer라고 하는데, 이 또래들 사이에는 유사한 가치판단과 행동, 말투, 옷차림 등을 따르게끔 하는 암묵적인 압박감이 생겨나기 마련이다. 그런 또래집단이 주는 압박감을 peer pressure라고 한다. 친구 따라 강남 간다는 말처럼, 청소년 시기에는 또래집단으로부터 따돌림 당하지be left out 않고 인정받기 위해 때로는 무모한 선택을 하기도 하고 극단적으로 비행 청소년(juvenile delinquent)의 길로 들어서기도 한다.

다툼과 폭력

인간관계를 하다 보면 한 번쯤 다툼이 이는 것은 당연지사. 특히 연인관계, 부부관계에서 말다툼은 그냥 일상생활이다. quarrel은 '말다툼하다'는 뜻으로 누구와 말다툼을 했는지 대상을 밝힐 때는 전치사 with를 활용한다. 약속해놓고 바람맞히거나stand someone up 말다툼 등의 일이 있은 후에는 화해를 잘하는 것이 중요하다. 말다툼도 하고 가끔은 사소한 잘못을 저질러도 서로 진심으로 사과하고 화해하면 make up with 건전하고 발전적인 관계를 이어갈 수 있다.

하지만 hit치다, 때리다, punch주먹으로 때리다, smack세게 내려치다 등의 폭력(violence)이 동반되는 경우는 그 자체로 심각한 문제이며, 폭력이 벌어진 순간 그 관계는 이미 끝났다는 것을 빠르게 받아들이고 대처해야 할 것이다. 물리적 폭력뿐 아니라 헤어지면break up with 자해 및 자살하겠다며 협박하는 정신적 폭력이나, 심지어 감금, 납치 등을 통한 성적 폭력 등 연인간의 데이트 폭력dating abuse 범죄가 늘고 있는 안타까운 현실이다.

어원 001 또래집단 및 연인관계에서 발생하는 문제

- **peer** 동년배 · ‹ 같은 또래인 사람
  - 라 par = equal 똑같은
  - cf. par 액면 가격, 기준 타수

032

- **delinquent** 비행의, 비행소년 ·◦ 그릇된 행위를 하는

  cf. delinquent는 '채무를 이행하지 않는', '체납자'란 의미로도 쓰인다.

  (*ex*) credit delinquent 신용불량자)

  🔲 de = completely 완전히

  🔲 linquere = leave 떠나다

- **quarrel** 말다툼하다 ·◦ 시시비비를 가리며 말로 싸우다

  🔲 queri = complain 불평하다

- **hit** 치다 ·◦ 부딪히다

  (고대노르웨이어) hitta = meet with ~와 만나다, strike 치다

- **punch** 주먹으로 치다, 구멍을 뚫다 ·◦ 딱딱한 곳에 구멍을 뚫듯 세게
  내리치다

  🔲 peuk = prick 찌르다 ★여기에서 라틴어 pungere(prick 찌르다)가 생
  겨났다 다시 고대 프랑스어 ponchon(pointed tool 뾰족한 도구)이란 단어
  가 생겨나고 이것이 영어 punch로 파생함

- **smack** 손바닥으로 후려치다 ·◦ 손을 이용해서 때리다

  (저지독일어) smacken = strike 치다

  | smacken에서 파생한 외국어

  (스웨덴어) smak 손바닥으로 치다

  (네덜란드어) smakken 내동댕이치다

  | 유의어

  jab 잽을 먹이다 | slap 철썩 때리다 | bash 세게 후려치다

  belt 강타하다 | clout 손으로 세게 때리다

  nudge 쿡 찌르다, 살살 밀다 | poke 쿡 찌르다, 쑥 내밀다

  prod 뾰족한 것으로 들이 쑤시다 | rap 톡톡 치다

  pummel 주먹으로 계속 치다 | slam 세게 밀다, 쾅 닫다

  slug (주먹으로) 세게 치다 | smash 박살내다 | strike (손 등으로) 때리다

  thrust 밀치다 | thump 쾅치다 | wallop 힘껏 때리다

- **violence** 폭력 ·◦ 주먹이나 도구를 이용해 상대를 무력으로 제압함

  🔲 violentus = vehement 격렬한

  | 유의어

  assault 폭행, 공격 | attack 공격 | bloodshed 유혈의 참사

  brutality 만행 | clash 충돌 | ferocity 흉포한 행동

사랑의 감정

사랑의 신 큐피드

로마 신화에서 사랑과 욕망의 신인 큐피드cupid(그리스 신화의 Eros)는 두 종류의 화살(arrow)을 갖고 다니는데 끝이 뾰족한 금빛 화살을 맞으면 주체할 수 없는 욕정(desire)에 휩싸이게 되고 납으로 된 끝이 무딘 화살을 맞게 되면 혐오감(aversion)을 느끼고 도망치게 된다. 큐피드는 날개를 단 아기의 모습으로 묘사되는데 날개는 사랑하는 사람의 마음이 바뀌기 쉽다, 즉 날아가 버리기 쉽다는 것을 나타낸다.

관능적인 사랑, 에로스

다양한 사랑의 감정 중 '관능적인 사랑'을 얘기할 때는 그리스 신화의 신 에로스Eros가 거론된다. 즉, 그리스 신화 속 사랑과 욕망의 신인 에로스의 이름을 딴 eros가 바로 관능적인 사랑을 의미한다. 앞서 언급한 바와 같이 사랑의 신 에로스를 로마 신화에서는 큐피드로 부르는데, eros를 라틴어로 amor아모르 또는 cupid큐피드라고 한다. 아모르는 '사랑', 큐피드는 '애욕'이라는 뜻을 가지고 있다.

정신적 사랑과 절대적 사랑

플라토닉 러브(platonic love)는 육체를 무시한 순수하고 정신적인 연애를 의미한다. 이런 종류의 사랑을 처음으로 설명한 고대 그리스의 철학자 플라톤Platon의 이름을 딴 것이다.

아가페(agape)는 '거룩하고 무조건적인 사랑'을 의미하는 그리스어로 기독교에서는 신의 인간에 대한 무조건적이고 절대적인 사랑을 가리키며, 여기서 타인을 위해 자기를 희생하는 형제애적 사랑을 의미하게 되었다.

어원 002 **사랑의 감정**

033

- **arrow** 화살 ← 활시위를 이용해 날아가게 하는 것
  [이탈리아어] arku = arrow 화살
  cf. a bow and arrow 활과 화살

- **desire** 욕망 ‥ᐸ 결핍으로 인해 탐하는 것

  ㉭ desiderare = long for ∼를 염원하다
- **aversion** 혐오 ‥ᐸ 싫어하여 외면함

  ㉭ avertere = turn away 외면하다

  | 유의어

  animosity 적대감 | antagonism 반목 | antipathy 반감

  hostility 적개심, 교전 | loathing 혐오, 증오 | revulsion 혐오감, 섬뜩함

  abhorrence 질색, 혐오 | abomination 혐오스러운 것

  detestation 몹시 싫어함 | disfavor 탐탁찮게 여김 | disgust 역겨움

  hatred 미움, 증오 | odium 증오 | repugnance 강한 반감 | repulsion 거부감
- **eros** 에로스, 관능적 사랑 ‥ᐸ 그리스 신화의 사랑의 신. 성적인 이끌림을
  동반한 사랑

  ㉢ eros = sexual love 성애

  | eros에서 파생한 단어

  eroticism 성애 | erogenous zone 성감대 (genous = producing 일으키는)
- **platonic** 정신적인 사랑의 ‥ᐸ 관능적 사랑을 넘어선 이상주의적 사랑의

  ㉢ Platōnikos = of Plato 플라톤의
- **agape** 형제애적 사랑 ‥ᐸ 종교적, 무조건적 사랑

  ㉢ agapan = receive with friendship 우정으로 받아들이다

'사랑'이 담긴 단어

Philadelphia

Philadelphia는 미국 펜실베니아 주의 최대 도시로, 미국 독립혁명
과 산업혁명의 중심지였다. '사랑'을 뜻하는 그리스어 philos와 '형
제'를 뜻하는 adelphos의 합성어로 '형제애'를 뜻한다. 이런 숨은 뜻
때문인지 동성애homosexuality를 다룬 영화의 제목으로 쓰이기도 했다.
또한 영어에 -philia가 붙으면 abnormal attraction to∼에 대한 비정상적 애착
란 뜻으로 pedophilia소아성애증와 같이 쓰인다. 이때 -philia도 그리스
어 philos에서 유래했다.

paramour

paramour는 원래 프랑스어의 par amour가 변형된 단어로 여성들 입장에서는 '그리스도', 남성들 입장에서는 '성모 마리아'를 뜻하다가, '애인' 혹은 '정부(情婦, 情夫)'로 의미가 변한 특이한 단어이다. 과거 시대에 본부인 외에 집에 들인 첩이나 소실은 concubine이라고 한다.

mania와 stalking

mania는 강한 관심을 보이는 '열광'이나 '열기' 또는 무분별하고 지나치게 심혈을 기울이는 '광기'라는 의미가 있다. 다양한 단어와 결합하여 열렬한 추종자 또는 정신적 장애를 가리키는 말로 쓰인다. 상대방에게 미쳐 병적으로 쫓아다니면서 집요하게 정신적으로, 육체적으로 괴롭히는 범죄를 stalking스토킹이라고 하는데 '은밀히 다가서다'라는 뜻의 stalk에서 파생했다.

어원 003 **'사랑'이 담긴 단어**

034

- **Philadelphia** 필라델피아 ← 형제애란 뜻을 가진 미국 펜실베니아 주의 최대 도시

  [그] philos = loving 사랑

  [그] adelphos = brother 형제

  | **philos에서 파생한 단어**

  philosopher 철학자 (sophos = wise 현명한)

  philology 언어학 (logos = word 말)

  paraphilia 성도착 (para = aside 한쪽으로)

  scopophilia 남의 나체나 성행위를 훔쳐보며 즐기는 관음증 (skopia = observation 관찰)

  pedophilia 어린이를 대상으로 하는 성도착인 소아성애증 (pais = child 아이)

  hemophilia 선천성 출혈성 질환인 혈우병 (hemo = blood 피)

  philharmonic 음악을 사랑하는

- **paramour** 정부(情婦, 情夫) ← 배우자가 있으면서 따로 정을 통하는 상대

  [라] amare = love 사랑하다

| amare에서 파생한 단어

amiable 정감 있는 | amicable 우호적인 | amity 우호

amateur 애호가 | amorous 육욕적인

amenity 편의시설 (amoenus = pleasant 쾌적한)

enemy 적 (en = not 아닌 + amicus = friend 친구)

- **mania** 마니아 ↔ 광기에 가까울 정도로 뭔가에 미쳐 있는 사람

[그] mania = madness 광기

| mania에서 파생한 단어

golf maniac 골프광 | monomaniac 한 가지 일에만 집착하는 사람

hypermania 조증 (hyper = over 지나치게)

pyromania 방화광 (pyro = fire 불)

erotomania 섹스광 (eros = sexual love 관능적 사랑)

kleptomania 도벽광 (klep = steal 훔치다)

[cf.] '~광'을 나타내는 표현

bookworm 독서광 | travel bug 여행광

sports enthusiast 스포츠광 | film enthusiast 영화광

ardent/keen enthusiast 열렬한 팬

a big/huge fan of ~의 열렬한 팬

drug addict 약물 중독자 | nicotine addict 니코틴 중독자

health freak 건강 염려증 환자

control freak 만사를 자신이 조정하려 드는 사람

- **stalking** 스토킹 ↔ 고의적으로 쫓아다니며 괴롭히는 행위 ★현대 영어에서 스토킹은 집착하여 괴롭힘(harassing obsessively)이란 뜻

[인] stel = walk warily 슬그머니 접근하다

혐오와 차별

차별

미국의 남북전쟁1861~1864은 표면적으로는 인종차별적인 노예제도를 반대하고 노예 해방을 주장한 북부와 이에 대립하는 남부 사이에서

벌어져 북부의 승리로 끝난 전쟁이었다. 남북전쟁을 계기로 미국에선 discrimination차별이란 단어가 많은 사람들에게 각인되어 있다. 현재까지도 우리 사회를 지배하는 대표적인 차별에는 인종차별racial discrimination, 종교차별religious discrimination, 성차별gender discrimination 등이 있다.

혐오

차별 행위는 흔히 타인이나 다른 집단에 대한 혐오(hatred, abomination)나 편견(prejudice)으로 인해 발생한다. 자신을 보호하기 위해 나와 다른 것을 경계하고 배척하고자 하는 정서가 발동하는 것 또한 자연스러운 인간의 본능일 수 있겠으나, 대개의 경우 혐오나 편견은 비이성적이고 비합리적인 감정으로, 극단으로 치닫는 경우 생명을 경시하는 감정을 넘어 생명을 짓밟는 행위로까지 이어지는 무서운 결과를 낳을 수 있다.

사람이 우리 삶의 원동력이자 기적이 되기도 하지만, 한편으론 사람이 제일 끔찍하고 무서워 내가 사람임에도 사람을 싫어하고 혐오하는 정서 속에 갇히는 경우도 비일비재한데, 이것을 misanthropy인간 혐오라고 한다. mis-는 '혐오'라는 뜻의 접두어로 그리스어 misoshatred 혐오에서 생겨났다.

두려움

두려움(fear)은 어떤 대상에 대해 위협감을 느낄 때 나타나는 감정이다. 위험 요소를 피하려는 인간의 생존과 안전에 없어서는 안 될 감정이기도 하면서, 비이성적인 두려움은 공포와 혐오의 감정으로 발전할 수 있는 양면성이 있다.

비이성적인 두려움이 심해지면 병이 되는데, 이로 인해 생겨나는 '병적인 공포나 혐오의 감정', 즉 '공포증'은 영어로 phobia라고 한다. arachnophobia거미 공포증, agoraphobia광장 공포증처럼 phobia 앞에 공포의 대상을 붙여 활용된다.

[어원 004] **혐오와 차별**

- **discrimination** 차별 ← 다른 수준으로 구별하여 대우함
  [라] discrimen = distinguish 구별하다 [cf.] discern 식별하다

035

inequity 불공평 | injustice 불공정 | unfairness 불공정, 부당

bigotry 심한 편견, 편협성 | favoritism 편애, 편파

intolerance 편협성, 불관용 | partiality 편파성 | prejudice 편견

- **hatred** 혐오 ·◦ 싫어하고 미워함

  ⑪ kad = sorrow 슬픔, hatred 혐오 ★kad에서 그리스어 kedos(sorrow 슬픔)가 파생함

- **abomination** 싫어함 ·◦ 괜히 안 좋은 일이 생길 듯하여 싫어함

  ⑭ ab = away 피하는

  ⑭ omen = omen 나쁜 징조

- **prejudice** 편견 ·◦ 공정하지 못하게 미리 판단해버림

  ⑭ prae = before 미리

  ⑭ iudicium = judgment 판단

  cf. judicious 판단력 있는

- **misanthropy** 인간 혐오 ·◦ 사람이란 존재를 싫어함

  ㉠ misos = hatred 혐오

  ⑭ anthropos = man 인간

  | misos에서 파생한 단어

  misandry 남성 혐오 (andros = of man 남자의)

  misogyny 여성 혐오 (gyny = woman 여성)

  misogamy 결혼을 싫어함 (gamos = marriage 결혼)

- **fear** 두려움 ·◦ 무서워하여 마음이 불안함

  ㉮ feraz = danger 위험

  | feraz에서 파생한 외국어

  (네덜란드어) gevaar 위기, 위험 | (독일어) Gefahr 위험

- **phobia** 공포증 ·◦ 병적으로 무서워하거나 싫어하는 증세

  ㉠ phobos = fear 두려움

  | phobia를 붙인 단어

  acrophobia 고소 공포증 (akros = at the top 꼭대기에서)

  hydrophobia 공수병, 광견병 (hydro = water 물)

  claustrophobia 폐소 공포증 (claustrum = closed 닫힌)

  xenophobia 외국인 혐오증 (xeno = foreigner 외국인)

  androphobia 남성 혐오, 남성 공포증 (andro = man 남성)

적대감

적과 라이벌, 그리고 적대감
서로 싸우거나 해치려는 상대, '적'을 enemy 또는 foe라고 한다. 줄리아 로버츠 주연의 영화《적과의 동침》1991 영어 원제목은 말 그대로 *Sleeping with the Enemy*이다. 또, 같은 분야에서의 맞수는 라이벌(rival)이다. 적이나 라이벌에게 흔히 느끼는 적대적인 감정은 hostility적대감라 한다. 같은 류의 표현으로 antagonism적개심과 animosity반감도 있는데, 이 두 단어는 매우 강한 반대나 적개심, 혐오의 감정을 나타낸다.

연합국과 추축국
군대에서 둘 이상의 국가가 연합을 하면 연합국, 영어로는 allied power라고 한다. 제2차 세계대전에서 연합국과 전쟁을 벌인 적을 추축국이라고 하는데, 영어로는 axis-power이다. 영국, 프랑스, 미국, 소련 등을 중심으로 한 연합국과 독일, 이탈리아, 일본이 동맹을 맺은 추축국이 대립했던 제2차 세계대전은 전 세계적으로 수천만 명에 이르는 인류 역사상 가장 큰 인명 피해를 낳았을 뿐만 아니라 세

계의 정치, 경제, 사회, 문화 모든 분야에 커다란 변동을 가져왔다. 이후 axis란 표현은 미국 대통령 조지 부시가 북한을 가리켜 axis of evil악의 축이라고 말하는 데 사용하기도 했다.

어원 005 적대감

036

- **enemy** 적 ← 싸우는 상대

  [라] in = not 아닌

  [라] amicus = friend 친구

  | **amicus에서 파생한 단어**

  amigo 친구 | amity 우호, 친선

  amicable 우호적인 | amiable 정감 있는, 쾌활한

- **foe** 적 ← 싸우는 상대

  [게] faihaz = enemy 적

- **rival** 라이벌 ← 서로 겨루며 경쟁하는 상대

  [라] rivalis = rival 라이벌, neighbor 이웃

- **hostility** 적대감 ← 적으로 여기는 감정

  [라] hostilis = inimical 적대적인 ★hostilis는 인도게르만공통조어 ghos-ti(stranger 낯선 사람)에서 생겨난 단어로 ghos-ti에서 게르만조어 gastiz(guest 손님)와 영어 guest(손님)가 파생함

- **antagonism** 적개심 ← 적으로 생각하여 느끼는 분노와 증오

  [동] antagonize 적개심을 불러일으키다

  [명] antagonist 적대자 ★그런 사람을 뜻하는 접미사 -ist가 붙어 '적대자'란 의미의 명사가 됨

  [그] anti = against 반대하여

  [그] agon = contest 시합

  | **agon에서 파생한 단어**

  agony 극도의 괴로움 | agonize 고뇌하다

  agonist 투쟁자, 주인공 (그리스 드라마에서 적에게 공격당하는 영웅을 가리켰다.) | protagonist 주인공

- **animosity** 반감 ← 적극적으로 반항할 정도의 감정

  [라] animosus = bold 대담한 ★animosus는 animus(life 생명)에서 생겨남

- **ally** 연합하다, 동맹하다 ← 서로 묶여 조직이 되다

ally는 명사로도 쓴다.

@ ad = to ~에게

@ ligare = bind 묶다

| ligare에서 **파생한 단어**

ligate 묶다 | ligament 인대 | ligation (의학) 잡아매기

ligature 묶는 데 쓰는 실 | deligation 붕대

legato 음을 부드럽게 이어서 | league 연맹

lien 유치권 | liaison 연락 담당자

liable 믿을 만한 | rely 의지하다. 믿다

alloy 합금하다 | colligate 결부시키다 | oblige 의무적으로 ~하게 하다

- **axis 중심축** ·‹ 활동이나 회전의 중심점

@ axis = pivot 중심점

정신질환

정신 기능에 이상이 생겨 개인생활 및 사회생활에 문제를 초래하는 병적 상태를 정신질환, 정신장애 등의 말로 표현하는데, 영어로는 일반적으로 mental illness, mental disorder, mental disease 등의 말로 표현한다. 특히 현실 인지능력이 상실되는 보다 심각한 병적 상태를 나타내는 경우의 psychosis정신병라는 표현도 있다.

중세 시대까지는 이런 정신이상의 원인을 악마의 소행으로 보며 종교적 차원에서 비이성적으로 접근하는 분위기가 만연했으나, 지식과 과학이 발달한 현대에는 이를 질병의 하나로 보며 연구하고 치료하고자 하는 분위기이다. 감당하기 힘든 심각한 스트레스의 영향으로 인해 후천적으로 정신질환을 앓게 되는 경우가 있는가 하면, 선천적인 뇌의 문제로 정신질환을 앓는 경우도 있다. 물론 아직까지 원인이 불분명한 경우가 많다. 어쨌든 이런 정신질환은 심각하게 뒤틀린 인간관계 속에서 싹트고 발병하는 경우가 많으며, 그렇게 발병한 정신질환이 인관관계 자체를 무너뜨리는 결과를 낳을 수 있다.

- **psychosis** 정신병 ← 정신이 비정상적인 상태

  ㉢ psykhe = mind 정신

  ㉢ osis 비정상적인 상태

  | psykhe에서 파생한 단어

  pshchiatry 정신의학 (iatreia = care 치료)

  psychology 심리학 (logia = study 연구)

037

신경증과 우울증

신경증

신경증(neurosis)은 심리적 갈등이나 외부 스트레스에서 생긴 불안 심리가 일으키는 다양한 증상을 말한다. 심리적으로 어려움을 겪고 있긴 하지만 현실 인지능력이 상실되지는 않은 경우이므로 오늘날 신경증을 정신병으로 취급하지는 않는다. 물론 신경증이 극도로 치달아 현실 인지능력을 상실하는 정신병으로 발전할 가능성도 있다. 따라서 일상생활을 하는 데 지장을 초래할 정도의 신경증을 겪고 있다면 심리 상담 등의 정신과적 치료가 필요할 수 있다.

대표적인 신경증의 일종인 hysteria히스테리는 자궁womb이란 뜻의 **hystera**를 이용해 고대 그리스인들이 만들어낸 용어로, 여성의 자궁 기능 장애dysfunction가 원인이 되어 생기는 신경증이라 여긴 데에서 비롯되었다. 이런 황당한 이유로 19세기 초에는 여성의 히스테리를 치료하기 위해 의사들이 **vibrator**진동 마사지기를 사용하여 자궁을 마사지하기도 했다. 참고로, 라틴어로는 uterus가 '자궁'에 해당되며 영어는 라틴어 어원을 그대로 받아들여 uterus자궁를 지금까지 사용하고 있다.

우울증

마음의 감기라고도 불리는 우울증(depression)은 오늘날 흔한 정신질환 중 하나이다. 고대 그리스인들은 우울증을 흑담즙의 과잉 분비로 생겨난 질병으로 보고 '검정'black이란 뜻의 **melanos**와 '담즙'bile이란 뜻의 **khole**을 합성하여 melancholy우울감라고 했다. 참고로 콜레라균도 '담즙'의 타우린과 연관이 있다고 보아 **cholera**라는 질병 명칭이 생겨났다.

038

어원 007 신경증과 우울증

- **neurosis** 신경증 ← 신경이 비정상적인 상태

  ㉠ neuron = nerve 신경

- **hysteria** 히스테리 ← 심리적 원인에 의한 비정상적인 흥분 상태 ★히스테리는 자궁의 이상이 원인이라고 봄

  ㉠ hystera = womb 자궁

- **uterus** 자궁 ← 수정된 난자가 착상하여 태아로 성장하는 여성 생식기관

  ㉵ uterine 자궁의

  ㉺ uterus = womb 자궁

  cf. 자궁 관련 단어

  　endometrium 자궁내막 (endo = within ~안에 + metra = uterus 자궁)

  　vagina 질 (sheath = covering 싸개)

  　menses 월경 (mensis = month 한 달 ★생리는 한 달이 주기)

  　matrix 모체, 기반 (matrix = a pregnant animal 새끼를 밴 동물)

  　dolphin 돌고래 (delphys = womb 자궁 ★돌고래는 새끼를 자궁에 임신하는 포유동물임)

- **depression** 우울증 ◂⟨ 기분이 가라앉는 상태가 지속됨
  - 라 de = down 아래로
  - 라 premere = press 누르다
  - | 유의어
  - dejection 실의, 낙담 | desperation 절망
  - despondency 실망, 의기소침 | discouragement 낙담, 좌절
  - dispiritedness 의기소침 | distress 괴로움 | dole 슬픔, 비탄
  - dolor 슬픔, 비탄 | sorrow 슬픔 | desolation 적막함
  - dreariness 황량함 | disconsolation 암담함, 절망적임
  - ennui 권태감 | gloom 침울 | gloominess 음산, 우울
- **melancholy** 우울감 ◂⟨ 기분이 가라앉은 상태 ★고대 그리스인들이 우
  울증을 흑담즙의 과잉 분비가 원인이라고 여긴 데서 유래함
  - 그 melanos = black 검정
  - 그 khole = bile 담즙

인격장애

personality disorder는 '인격장애' 또는 '성
격장애'를 뜻한다. 시간이 지나면 자연스럽게
사라질 수 있는 정신장애가 있는 반면, 성격
장애는 그 사람의 성격이기 때문에 쉽게 변하
지 않는다. 이런 점에서 다른 정신장애에 비
해 치료가 어렵다.

Compulsive

Paranoid

Narcissism

Avoidant

**Personality
Disorders**

Depressive

Antisocial

Schizoid

Borderline

자기애적 인격장애
자기애적 인격장애(narcissistic personality disorder)는 병적인 자
기도취증narcissism으로 자기를 특별한 재능이 있는 중요한 사람으로
인식하고 타인에게 지속적인 인정과 칭찬을 받고 싶어 하는 한편,
사소한 일에도 좌절하여 분노와 열등감, 모욕감 등에 빠져 우울해
지기도 한다.

요정들의 구애에는 무관심한 채 물속에 비친 자신의 모습을 보고 사랑에 빠져 이룰 수 없는 사랑을 갈망하다 죽었다는 그리스 신화의 미소년 Narkissos_{나르키소스}. 그가 죽은 자리에 꽃이 피었는데, 그 꽃을 그의 이름을 따서 Narcissus_{수선화}라고 불렀다. 자기애적 인격장애를 뜻하는 narcissistic personality disorder의 narcissistic과 '자기애, 자기도취증'을 의미하는 narcissism 역시 Narkissos에서 비롯된 표현이다. 참고로 그리스 신화의 미소년 나르키소스의 사랑을 목말라 하며 여위어가다 결국 목소리만 남게 된 산의 요정이 echo_{에코}이다. 바로 echo가 '메아리'로 쓰이게 된 어원이다.

반사회적 인격장애

사이코패스(psychopath)와 소시오패스(sociopath)로 대표되는 반사회적 인격장애_{antisocial personality disorder}는 타인의 권리나 사회적인 질서에 대한 존중, 후회, 양심의 가책 등이 없다. 거짓말과 사기, 범법 행위를 반복하며, 감정적으로 폭발하거나 폭력적인 성향이 있다. 사이코패스의 특징은 자기감정에 미숙하고 타인과 정서적 관계를 맺지 못하며, 윤리나 법에 대한 개념이 없어 범죄 행위를 인지하지 못한다. 이와 달리 소시오패스는 감정 조절 능력이 뛰어나 타인의 감정을 자기에게 유리하게 이용하며, 자신의 성공을 위해서라면 잘못된 행동인지 알면서도 서슴없이 저지른다.

여러 형태의 인격장애

이 밖에도 말도 안 되는 생각에 사로잡혀 타인에 대해 끊임없이 의심하고 불신하는 편집성 인격장애(paranoid personality disorder: PPD), 병적으로 완벽을 추구하는 강박성 인격장애_{obsessive-compulsive personality disorder: OCPD}, 타인으로부터 자신이 버려질 수 있다는 불안감이나 거절당하는 것에 대한 두려움으로 대인관계에 필사적인 경향을 보이는 경계성 인격장애_{borderline personality disoder: BPD} 등 여러 형태의 인격장애가 있다.

어원 008 **인격장애**

039

- **narcissistic** 자기 도취적인 ᐨᐸ 자기 자신에게 마음이 쏠려 빠져드는
  ⓐ Narkissos 나르키소스. 물에 비친 자신의 모습과 사랑에 빠진 그리스 신

화의 미소년

cf. echo 나르키소스를 짝사랑한 요정

- **psychopath** 사이코패스 ‥‹ 반사회적 성격장애자의 일종

  ㉭ psykhe = mind 정신

  ㉭ pathos = suffering 고통, 질병

- **sociopath** 소시오패스 ‥‹ 반사회적 성격장애자의 일종

  ㉛ socio = society 사회

  ㉭ pathos = suffering 고통, 질병

- **paranoid** 편집적인, 망상성의 ‥‹ 말도 안 되는 생각에 사로잡혀 자꾸
  초조해지는

  ㉫ paranoia 편집증, 피해망상증

  ㉭ para = beyond ~를 넘어서

  ㉭ noos = mind 정신

조현병

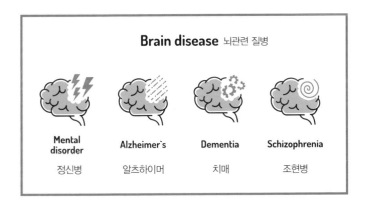

조현병(schizophrenia)은 신경전달물질에 이상이 생기는 질환으로 적절한 치료만 받으면 얼마든지 일상생활이 가능하다. 외부 자극이 없어도 소리, 형체, 냄새, 촉감 등을 지각하는 환각(hallucination) 증상과 비합리적이고 괴이한 망상(delusion)이 특징이다. 현실에 맞

지 않는 잘못된 생각을 하는 망상장애delusional disorder는 조현병 외에
우울증 등에도 나타난다.

040

어원 009 조현병

- **schizophrenia** 조현병 ‹ 정신 분열 증상
  - ㉝ shkizein = split 분열되다
  - ㉝ phren = mind 정신
- **hallucination** 환각 ‹ 외부 자극이 없는데도 마치 어떤 사물이 있는
  것처럼 느낌
  - ㉝ alucinari = wander 배회하다
  - **cf.** auditory hallucination 환청
- **delusion** 망상 ‹ 병적으로 생긴 잘못된 생각
  - ㉝ deludere = deceive 속이다, mock 놀리다

정신병을 앓은 유명인들

로마황제 티베리우스와 네로

세계를 지배하거나 인기를 떨쳤던 사람들 중 의외로 많은 사람들이
정신병을 겪었다. 로마 2대 황제인 티베리우스BC 42~AD 37는 편집적
성도착자sexual deviant였고, 로마 황제 네로37~68는 히스테리적 성격장
애로 그리스교도들을 박해하고 자신을 스스로 신God이라 일컬었다.

영국의 조지 3세와 고흐

헤모글로빈 합성에 중요한 역할을 하는 포르피린porphyrin이 과다 축적
되면 신체에 이상이 나타나는데 이를 포르피린증(porphyria)이라고
한다. 이 질환은 피부가 창백하고 햇빛에 노출되면 화상을 입기도 하
며, 우울증, 환각, 경련, 발작 등의 정신적인 이상 증상이 나타나기도
한다. 영국의 조지 3세1738~1820는 광적인 분노와 환영, 환청에 시달
렸는데, 바로 포르피린증을 앓고 있었다.

천재 화가 고흐Vincent Van Gogh는 간질(epilepsy)과 조울증(bipolar

disorder), 경계성 인격장애borderline personality disorder가 있었다. 물감을 씹어먹는가nibble 하면 자신의 귀를 잘라내는 이상 행동을 보였다. 자신의 귀를 자른 모습을 그린 자화상은 그의 대표작 중 하나이다.

어원 010 정신병을 앓은 유명인들

041

- **porphyria** 포르피린증 ← 포르피린 이상 과다에 의한 유전병
  [그] porphros = purple 자주색의
- **epilepsy** 간질, 뇌전증 ← 경련이 일고 의식 장애를 일으키는 발작 증상이 반복해서 나타나는 병
  [그] epi = upon ~에다가
  [그] lepsis = seizure 발작
- **bipolar** 양극성의 ← 축 양쪽 끝의. 정신의학에서는 정신이 흥분된 상태와 우울한 상태가 교대로 나타나는
  [라] bi = two 둘
  [라] polus = an end of an axis 한 축의 끝

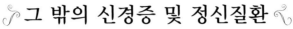

그 밖의 신경증 및 정신질환

• 신경증

anorexia nervosa 거식증
(an = without 없음 + orexis = appetite, desire 식욕)

insomnia 불면증
(in = not 아닌 + somnus = sleep 수면)

somnolence 졸림, 비몽사몽
(Somnus는 로마 시대의 잠의 신으로 그리스 신화의 Hypnos에 해당)

somnambulism 몽유병
(somnus = sleep 잠 + ambulare = walk 걷다)

• 정신질환

paraphilia 성도착
(para = beside 옆에 + philos = loving 사랑)

pedophilia 소아성애자
(pais = child 어린이 + philos = loving 사랑)

우리의 정신을 지배하는 것은 무엇일까?
우리가 말하는 영혼soul, spirit의 실체는 또한 무엇일까?
지능지수IQ, 감성지수EQ, 지식knowledge, 지혜wisdom 같은 지적 능력이
우리의 정신을 지배하는 것일까?

인간은 잠을 자지 않고는 건강한 육신과 정신을 유지할 수가 없다.
우리는 왜 잠을 자야만 하게 설계가 되었을까?
잠을 자는 동안 우리는 왜 꿈을 꿀까?
사실은 내가 잠을 자면서 꾸는 꿈속이 실재하는 곳이고,
내가 현실이라고 믿고 사는 이 세계가 꿈이 아닐까?

육체와 대비되는 개념으로 정신과 영혼을 이야기하지만,
육체의 건강이 정신건강에도 지대한 영향을 미치고
정신의 건강이 육체건강에도 지대한 영향을 미친다는 것을 생각하면
나라는 인간 자체가 참으로 신비한 우주universe로 여겨진다.

나와 세상에 대해 끊임없이 의구심을 가지는 우리 인간에게
정신이라는 세계는 참으로 미지의 세계이다.
일찍이 수많은 석학들이 철학과 심리학을 통해
끊임없이 정신세계를 탐구했고, 지금도 탐구하고 있으며,
오늘날에는 '뇌'에서 그 해답을 찾고자 하는 뇌과학 분야에서도
끊임없이 정신세계의 신비를 탐구하고 있다.

인간의
정신
세계
Mentality

영혼과 정신

영혼은 인간의 정신세계를 이야기할 때 빼놓을 수 없는 부분이며 육신이 사라져도 영원히 존재하는 그 무언가로 인식되는 개념이다. 우리말 '영혼'에도 '영혼', '혼', '얼', '정신' 등 여러 의미가 내포되어 다양한 상황에서 복잡다단하게 쓰이는 것처럼 영어도 마찬가지. soul, spirit, anima, psyche 등의 표현이 있다.
soul은 '영혼'의 가장 일반적인 영어 표현으로, 우리말로도 요새 '소울이 있네 없네'할 때의 그 '소울'이다. spirit은 육체와 대비되는 '영혼, 정신적 태도'를 가리키며, 육체를 떠난 '영혼, 혼백'을 의미하는 표현으로도 잘 쓰인다. 인간뿐 아니라 세상만물에도 이와 같은 '혼'이 깃들어 있다고 할 때는 anima아니마라고 한다. soul, spirit, anima는 상황에 따라 '영혼, 혼, 넋, 얼, 정신' 등 다양한 우리말로 옮길 수 있다.
Psyche프시케는 그리스 신화 속 사랑의 신 에로스가 사랑한 여자의 이름이자 영혼의 화신이다. 그리스어에서 파생한 영어 psyche영혼, 심리, 정신는 [sáiki]로 발음하며, 심리적인 것으로 인간의 내면에 깊숙이 자리잡고 있는 것을 의미한다. '심리학'을 뜻하는 psychology가 바로 이 psyche와 어떤 주제를 연구한다는 의미의 logos가 합쳐진 단어로, '영혼에 대한 탐구'라는 개념에서 출발한 학문이다.

어원 001 영혼과 정신

042

- **soul** 혼 ← 사람의 몸 안에서 몸과 정신을 다스리는 무형의 실체
  [게] saiwalō = animate existence 살아 숨쉬는 존재
  | **saiwalō에서 파생한 외국어**
  (네덜란드어) ziel 영혼 | (독일어) Seele 혼백
- **spirit** 정신 ← 신이 주신 생명력
  [라] spiritus = breath of a god 신의 숨결
- **anima** 영혼 ← 세상만물에 깃들어 있는 무형의 실체
  [라] animus = life 생명
  | **anima에서 파생한 단어**
  animate 생기를 불어넣다 | animism 물활론

anima mundi 세계 영혼 ★세계 영혼은 세계 전체에 퍼져서 그 전체를 구성하고 있는 영혼의 본질임
(mundus = universe 우주, world 세계 [cf.] mundane 세속적인)

- **psyche** 영혼, 심리, 정신 ↔ 인간의 내면에 깊숙이 자리잡고 있는 무형의 실체
[그] psykhē = breath 호흡
[cf.] psychology 심리학

프로이트

프로이트의 성격 이론

프로이트Sigmund Freud(1856~1939)는 성격 이론에서 과거의 경험이 현재 내 행동의 원인이 된다고 본 정신결정론psychic determination을 주장하였다. 그는 또한 이와 더불어 무의식unconsicious과 리비도libido가 인간의 행동을 지배한다고 보았다. 프로이트는 인간의 행동이 의식이 아니라 무의식에 훨씬 더 큰 영향을 받으며 모든 행동에는 항상 원인과 의미가 있다고 보았다.

무의식과 정신의 구조

프로이트 당시 '정신'은 곧 하나의 '의식'을 의미했는데 프로이트는 정신을 의식consciousness, 전의식preconsciousness, 무의식(unconscious)으로 나누었다. 무의식(無意識)은 의식이 없는 상태가 아니라 '의식화되지 않는' 의식이다. 프로이트가 말하는 무의식은 의식이란 표면에 드러나지 않고 억눌려 있는(repressed) 생각, 욕망, 정신적 외상 등의 저장고(repository)를 말한다. 프로이트는 인간이 스스로 무의식을 들여다볼 수는 없지만 꿈이나 정신 분석을 통해서 접근할 수 있다고 보았다.
무의식은 실현하고 싶은 욕망을 의식으로 내보내려는 역동성이 있는데 전의식은 의식과 무의식 사이의 연결 통로로 무의식에서 의식으로 밀어내는 원초적인 욕망들을 순화하고 사회화시키는 역할을 한다고 봤다.

무의식의 구성요소와 리비도

무의식은 원초적인 본능과 욕구로 채워져 있기 때문에 현실에서 용납되지 않는 욕망과 상상들이 들어 있다. 또한 기억에서 지워진 어린 시절의 추억, 트라우마, 상처, 콤플렉스 등이 사라지지 않고 존재한다.

프로이트는 무의식이 성충동과 밀접한 관련이 있다고 보았으며 인간에게 내재된 성적 욕구를 리비도(libido)라고 했다. 인간은 태어날 때부터 성적 욕구를 지니고 있다고 보았는데, 이 심리 성적 욕구를 다섯 단계로 구분했다.

그 첫 단계는 oral입의에서 알 수 있듯 아이가 젖을 빠는 등의 행위를 통해 욕구를 충족하는 구강기oral stage이다.

두 번째 단계는 anal항문의에서 알 수 있듯 아이가 대변의 배출과 소변의 배출에 관심을 갖는, 즉 성감발생대에 관심을 갖는 항문기anal stage이다.

세 번째 단계는 phallic남근의에서 알 수 있듯 아이들이 성기에 관심을 보이는 남근기phallic stage이다.

네 번째 단계는 latency잠복에서 알 수 있듯 내재된dormant 성욕libido이 무의식에 잠복해 있는 단계이며, 다섯 번째 단계는 genital생식기의이 말해주듯 아이들이 가족 외 사람들에게 성적 관심을 갖게 되는 생식기genital stage이다. 이 시기가 사춘기 즈음에 시작된다.

구강기, 항문기, 남근기, 잠복기는 각각 1세, 2~3세, 4~6세, 7~사춘기 연령에 발생한다. 프로이트는 또한 남의 성행위를 보고 쾌감을 느끼는 관음증 혹은 절시증(scopophilia, voyeurism)을 시각을 통한 리비도의 실현으로 해석하였다.

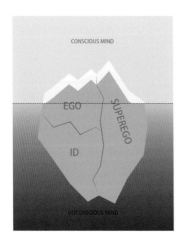

id, ego, superego

프로이트는 인간이 태어나 어린 시절을 거치며 형성되는 성격 발달에 가장 큰 역할을 하는 세 가지 구성요소로 id원초아, ego자아, superego초자아를 들고 있다.

id원초아는 원초적 본능으로, 충동(impulse), 본능(instinct), 만족(gratification)을 추구하는 쾌락 원리에 의해 작용한다.

ego자아는 id와 superego를 모두 부분적으로 만족시키는 타협점을 찾아 id를 이성(ration)으로 지배하여 합리적 판단을 통해 외부 세계와 연결시켜주는 매개체이다. id가 선천적이고 무의식적인 데 비해 ego는 후천적이고 주로 의식적이다.

superego초자아는 사회의 가치와 도덕이 내면화된 것으로 도덕(morality) 원칙, 즉 양심의 소리에 따른다.

어원 002 프로이트

043

- **unconscious** 무의식, 무의식의 ← 스스로 잘 알지 못하는 정신의 상태

  [라] un = not 아닌

  [라] con = thoroughly 철저히

  [라] scire = know 알다

  | **scire에서 파생한 단어**

  plebiscite 국민투표 (plebs = the common people 국민)

  prescience 예지 (pre = before 미리)

  nescient 무지한 (ne = not 없는) | conscience 양심

  [cf.] conscious 의식, 의식적인 | subconscious 잠재의식

  preconscious 전의식

- **repressed** 억압된 ← 억눌러진

  [라] premere = press 누르다

- **repository** 저장고 ← 보관 장소

  [동] repose 특정 장소에 보관하다

  [라] reponere = store 저장하다

  | **유의어**

  archive 기록 보관소 | depository 보관소

  storehouse 창고 | depot 대규모 창고

  magazine 무기고 | safe 금고

  stockroom 물품 보관소 | vault 지하 납골당, 보관소

- **libido** 성욕 ← 인간에게 내재된 성적 욕구

  [라] libido = lust 욕구

  | **연관어근 libire(please 기쁘게 하다)에서 파생한 단어**

  ad lib 애드리브 (ad libitum = at one's pleasure 마음내키는 대로)

  [cf.] libire는 인도게르만공통조어 leubh(love 사랑하다)에서 유래했는데 이 어근에서 파생하여 오늘날 영어 단어 love가 생겨났다. 또한 독일어 liebe(사랑)도 같은 어근에서 파생한 단어이다.

- **oral** 구강의 ↔ 입의
  [라] or = mouth 입
- **anal** 항문의 ↔ 위창자관 가장 아랫부분의
  [라] anus = ring 고리, anus 항문
- **phallic** 남근의 ↔ 음경의
  [명] phallus 남근
  [그] phallos = penis 남근 ★phallos는 인도게르만공통조어 bhel(swell 부풀다)에서 파생함
- **latency** 잠복 ↔ 몰래 숨어 있음
  [형] latent 잠복한
  [라] latere = lie hidden 숨겨져 있다
- **genital** 생식기의 ↔ 생식과 관련된 기관의
  [라] gignere = beget 아비가 되다
  | **gignere에서 파생한 단어**
  congenital 선천적인, (특정) 질병을 타고난
  malignity 악의, 악성 (male = badly 좋지 않게)
  malignant 악성의, 악의에 찬
  oncogene 종양유전자 (onco = tumor 종양)
  primogenitor 조상 (primus = first 처음의) | primogeniture 장자상속제
  progenitor 조상, 창시자 | progeny 자손 (pro = forth 밖으로, 앞으로)
  benign 양성의, 온순한 (bene = well 잘)
  genuine 진짜의, 진품의
  indigenous 원산의, 토종의 (indu = within ~내에)
- **scopophilia** 관음증, 절시증 ↔ 다른 사람의 성교를 몰래 지켜보며 쾌락을 느낌
  [그] skopia = observation 관찰 ★skopia는 인도게르만공통조어 spek(observe 관찰하다)에서 파생함
  | **skopia에서 파생한 단어**
  conspicuous 눈에 잘 띄는 | circumspect 신중한
- **voyeurism** 관음증 ↔ 음란한 마음으로 성교를 몰래 보는 행위
  [라] videre = see 보다
  | **videre에서 파생한 단어**
  vista 경치 | provide 제공하다 (pro = before 미리)

advice 충고 (ad = to 에게)

clairvoyant 천리안의 (clair = clear 분명한)

video 비디오 | view 관점

visual 시각적인 (visus = had seen 보았다) | visible 눈에 보이는

vision 시력 | visage 얼굴 (vis = face 얼굴)

visa 비자 | visit 방문하다

evident 명백한

interview 인터뷰 (entre = between 사이에)

prevision 예지 (prae = before 전에)

review 검토하다 (re = again 다시)

supervise 감독하다 (super = over 위에)

- **id** 이드 ·◦ 무의식의 원초적 본능

  郞 id = it 그것 ★인도게르만공통조어의 명사를 한정하는 관형어 i가 라틴어에 사용되면서 id는 그것(it)을 가리키게 됨 *ex.* (라틴어) idem = the same 같은 것

- **impulse** 충동 ·◦ 갑자기 치고 나오는 감정

  郞 pellere = push 누르다

- **instinct** 본능 ·◦ 자연스레 마음을 찌르는 본연의 감정

  郞 in = into 안으로

  郞 stinguere = prick 찌르다 ★stinguere는 인도게르만공통조어 steig(prick 찌르다)에서 파생함 *ex.* stick 찌르다

- **gratification** 만족 ·◦ 흡족한 마음

  郞 gratus = pleasing 기쁨

- **ego** 자아 ·◦ 자기 자신에 대한 의식

  郞 ego = I 나 자신 ★인도게르만공통조어 eg(I 나)가 라틴어에서 ego로 사용됨. 고대 영어에서는 ic로 변형되었다가 현재의 I가 되었으며, 독일어 ich도 같은 어근에서 파생된 것

- **ration** 이성 ·◦ 계산하듯 개념적으로 생각할 수 있는 능력

  郞 rationem = calculation 계산

- **superego** 초자아 ·◦ 자아가 도덕적으로 행동하도록 통제하는 힘

  郞 super = above 위에

- **morality** 도덕성 ·◦ 선악의 견지에서 볼 때 선을 바탕으로 한 가치

  郞 moralis = goodness 선

칼 융

#Analytical psychology
#Archetypes
#Complex
#introversion
#extraversion
#Synchronicity
#Collective unconscious

집단 무의식

칼 융Carl Jung(1875~1961)은 무의식 중에는 개인이 체험하고 억압한 것 외에 어느 종족이 오랜 세월을 통해 체험한 것이 누적되어 종족의 구성원이 공유하게 된 무의식도 있다고 주장했다. 전자를 개인의 무의식, 후자를 집단 무의식(collective unconsicious)이라고 하였다.

페르소나

융은 진정한 자신의 모습을 감추고 타인에게 감명을 주기 위해 만들어낸 집단 무의식 속의 가면성 인격을 persona라고 불렀다. 참고로 라틴어 persona는 mask가면란 뜻인데 이 어근에서 personality인격란 단어도 생겨났다. 즉 인격은 자신의 본성에 가면을 씌운 것인 셈이다. 필자는 코로나 시대에 사람들이 마스크를 착용해야만 하는 것을 보고 '인격이란 마스크에 마스크를 한 겹 더 씌웠네.'라고 생각했던 적이 있다.

아니마와 아니무스

융은 이런 집단 무의식의 원형(archetype)들을 분석하여 남성들에게 내재된 여성적 요소인 anima와 여성들에게 내재된 남성적 요소인 animus의 존재를 밝혀냈다. 아니마와 아니무스 또한 집단 무의식의 요소이며 페르소나와 달리 내면에 내재되어 있는 것이 특징이다.

어원 003 칼 융

044

- **collective** 집단의 ·‹ 여러 사람이 모인

  라 colligere = gather together 함께 모이다 (com = together 함께 + legare = gather, choose 모으다, 고르다)

- **persona** 페르소나 ·‹ 가면성 인격

  라 persona = mask 가면

| persona에서 파생한 단어

personage 유명인사 | personal 개인적인

impersonate 가장하다 (im = into 안으로) | personality 인격, 성격

- **archetype 원형** ↔ 최초의 모습

[그] arkhe = first 처음의

| 유의어

form 유형, 형태 | model 모델 | original 원본 | paradigm 전형적인 예

pattern 양식, 패턴 | prototype 원형 | standard 기준

- **anima 남성의 여성적 특성** ↔ 남성의 내면에서 숨쉬는 여성적 특성

[라] animus = rational soul 지성 ★animus는 인도게르만공통조어

ane(breathe 숨쉬다)에서 파생함

| ane에서 파생한 단어

anemone 아네모네 (허무한 사랑이란 꽃말을 지님)

animalcule 극미동물 (culus 작은 것을 나타내는 극소사)

animation 생기, 활기

animatronic 사람이나 동물을 닮은 로봇에 대한 (animation 생기 + electronic 전자기기)

animism 물활론 (우주만물에 영혼이 있음) | animosity 적대감

equanimity 침착 (equa = equal 같은)

magnanimous 도량이 넓은 (magnus = great 큰)

unanimous 만장일치의 (unus = one 하나)

- **animus 여성의 남성적 특성** ↔ 여성의 내면에서 숨쉬는 남성적 특성

[라] animus = rational soul 지성

수면

잠은 몸과 마음이 휴식을 취하는 반복적, 주기적 생리 기능이다. 심신의 건강을 지키기 위해서는 양질의 수면, 충분한 수면이 필요하다. '잠, 잠을 자다'는 sleep, slumber선잠, 선잠 자다, catnap토막잠을 자다, doze잠깐 잠, 졸다 등의 표현이 있다. 구어체 표현 중 slumber party는 십대들이 친구 집

에 모여 파자마 차림으로 밤새 노는 것, 일명 '파자마 파티'를 말한다.

잠의 신과 망각의 강
그리스 신화에서는 Hypnos힙노스, 로마 신화에서는 Somnus솜누스가 잠의 신으로, 힙노스는 죽음의 신인 타나토스와, 솜누스는 죽음의 신인 모르스와 쌍둥이 형제였다. 힙노스가 사는 산 속 동굴에는 침묵의 강으로도 불리는 망각forgetfulness의 강 레테Lethe가 흘렀는데 죽은 자들이 저승에서 건너야 하는 다섯 개 강 중에 마지막으로, 이 물을 마시고 이승의 기억을 지웠다고 한다.

수면 시간
사람의 수면 시간sleeping hours은 평균적으로 하루 8시간이다. 코알라는 20시간, 호랑이는 15시간, 소와 코끼리는 4시간, 기린은 2시간 정도를 잔다. 북극곰polar bear과 같은 동물들은 겨울에 수 주에서 수개월에 이르는 동면(hibernation)을 취한다. 동면 기간에 일부 동물들은 새끼를 출산하기도 한다.
잠을 자는 시간에 대한 환경적응이론 등 여러 가지 이론이 있긴 하지만, 아직까지 잠을 자는 이유나 수면 시간에 대해서는 정확히 증명된 바는 없다. 다만, 잠을 며칠 자지 못하면 집중력이 떨어지고 기억력이 감퇴하며, 장기화되면 정서적으로 불안해지고 환각 상태에 빠질 수도 있다는 것은 경험을 통해서라도 이미 잘 알고 있는 사실이다.

낮잠
그리스, 스페인, 이탈리아와 같은 지중해 국가나 라틴아메리카는 날씨가 무더워 뜨거운 한낮에는 일의 능률이 오르지 않기 때문에 점심 시간에 낮잠을 잔다. 이를 siesta라고 부르는데, 라틴어 sextasixth hour 여섯 번째 시간에서 생겨난 단어로 로마 시대에 일출 후 여섯 시간 후인 정오를 가리키다가 '낮잠'이란 뜻이 되었다. 실제로 낮잠이 집중력을 높일 뿐 아니라 건강에도 좋은 영향을 준다는 연구 결과가 있다.

수면 자세
인간은 잠을 잘 때 등을 바닥에 대고(supine) 자는데, 이렇게 똑바로 누운 자세처럼 몸이 좌우대칭을 이루는 게 좋은 자세라고 한다. 물론

배를 바닥에 대고 자는sleep on one's stomach 경우도 많다. 어쨌든 인간은 누운 자세로 잠을 자는 반면, 동물 중에는 기린이나 말처럼 서서 자는 경우도 있고, 해양 동물들은 물에 가라앉지 않도록 헤엄을 치며 잔다. 특히 돌고래는 번갈아가며 뇌의 한쪽만 잠이 든다. 그래서 항상 한쪽 눈은 뜬 채로 자신을 포식 동물로부터 보호한다.

코골이

수면 중에 기도가 약해지거나, 살이 찌는 등의 여러 가지 이유로 코를 골게 되며(snore) 나이를 먹어가며 코를 고는 빈도도 늘어난다. 자다가 상기도가 막혀 숨을 못 쉬는 수면 무호흡증은 sleep apnea라고 한다.

어원 004 **수면**

045

- **slumber** 선잠, 선잠을 자다 ← 깊이 들지 못하는 잠, 또는 그런 잠을 자다

  영 sluma = light sleep 얕은 잠

  | sluma에서 파생한 외국어

  (네덜란드어) sluimeren 선잠자다 | (독일어) schlummern 졸다

  | 유의어

  catnap 선잠, 토막잠을 자다 | doze 잠깐 잠, 졸다

  snooze 선잠, 선잠을 자다

- **Hypnos** 힙노스 ← 그리스 신화 속 동굴에 사는 잠의 신

  그 hypnos = sleep 수면

  | hypnos에서 파생한 단어

  hypnosis 최면 | hypnotic 최면을 거는 듯한

- **Somnus** 솜누스 ← 로마 신화 속 잠의 신

  라 somnus = sleep 수면, drowsiness 졸림

  | somnus에서 파생한 단어

  somnolence 비몽사몽 | insomnia 불면증 (in = not 아닌)

  somnambulism 몽유병 (ambulare = walk 걷다)

- **hibernation** 동면 ← 겨울잠

  라 hiems = winter 겨울

  | hiems에서 파생한 단어

  hiemal 겨울의 | hibernacle 동면 장소

  | 유의어

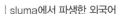

dormancy 휴면 | torpor (동면 동물 등의) 휴면 상태

- **siestа** **낮잠** ↔ 낮에 잠깐 자는 잠 ★해가 뜬 여섯 시간 후가 정오이며 이때 낮잠을 잠

  [라] sexta = sixth 여섯 번째의

  | **유의어**

  nap 낮잠 | snooze 낮잠

- **supine** **등을 바닥에 대고 반듯이 누운** ↔ 등이 아래로 가슴이 위로 온 채 누운

  [라] supinus = lying on the back 등을 대고 누운

  [cf.] prone 배를 바닥에 대고 엎어져 있는 | prostrate 바닥에 엎어져 있는

- **snore** 코를 골다 ↔ 수면 중 호흡에서 잡음이 나다

  [게] snu = nose 코

  | **snu에서 파생한 단어**

  snout 돼지 주둥이 | snort 코웃음

  | **snu에서 파생한 외국어**

  (네덜란드어) snorken 코를 골다 | (독일어) schnarchen 코를 골다

  (스웨덴어) snarka 코를 골다

- **apnea** 무호흡증 ↔ 숨을 쉬지 않음

  [그] a = not 없는 [그] pneіn = breathe 숨을 쉬다

렘수면과 꿈

렘과 비렘

수면은 그 상태에 따라 렘(REM)Rapid Eye Movement의 약자과 비렘(NON-REM)으로 구별된다. NON-REM비렘은 심장 박동과 호흡 등의 신체 활동과 반응이 더뎌지는 상태이다. REM렘은 잠을 자고 있지만 뇌파가 깨어 있고 안구가 빨리 움직이며 대부분의 근육은 움직이지 않고 심장박동과 호흡의 변화가 심한 상태이다. NON-REM과 REM의 한 주기는 90분 간격이며 성인의 경우 잠을 자는 시간이 길어질수록 REM 상태도 길어진다.

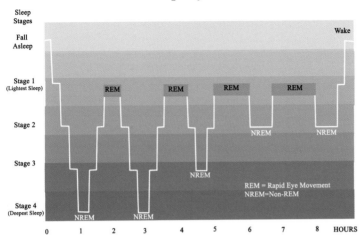

Sleep Cycles

꿈과 꿈의 신

사람들은 자는 동안 주로 렘 상태에서 꿈을 꾸는데, 프로이트는 꿈을 인간 무의식에 잠재된 욕망의 발현이라고 해석한 반면 융은 꿈이 꿈을 꾸는 사람에게 보내는 메시지라고 설명했다. 사람뿐 아니라 원숭이나 개와 같은 포유류, 조류, 파충류도 꿈을 꾼다고 알려져 있다. 잠의 신 힙노스의 아들 중 Morpheus모르페우스와 Phantasos판타소스는 꿈의 신으로 알려져 있다. 모르페우스는 인간의 모습을 하고 꿈에 나타나고, 판타소스는 돌이나 나무 같은 사물의 형태로 꿈에 나온다.

백일몽과 악몽

백일몽(daydream)은 한낮에 꾸는 꿈이라는 뜻으로 헛된 공상을 말한다. 악몽(nightmare)은 스트레스, 불안, 우울, 죄책감 등과 관련 있는 것으로 알려져 있다. 특히 외상을 입었을 때 스트레스 장애의 주요 증상으로 나타난다.

어원 005 렘수면과 꿈

- **REM** 렘 (역설수면) ·‹ 뇌파가 깨어 있고 눈이 빨리 움직이며 혈압, 맥박, 호흡의 변화가 심한 수면 상태

  ★Rapid Eye Movement의 약자

046

- **NON-REM 비렘** ↔ 근육이 이완되고 근전도 활성이 감소된 수면 상태, 비몽사몽

  [라] non = non 아닌

- **Morpheus 모르페우스** ↔ 잠의 신의 아들로 꿈의 신

  [그] morphē = form 형태, 형상

  | **morphē에서 파생한 단어**

  morpheme 영문법의 형태소 | morphosis 형태 형성 과정

  morphine 모르핀

  endomorphe 체형이 둥글고 지방이 많은 내배엽성 사람 (endo = inside 안으로)

  mesomorph 중간 체격의 사람 (meso = middle 중간의)

  dimorphous 동종이형의 (di = two 둘)

  amorphous 무정형의 (a = without ~이 없는)

  isomorphic 동일 구조의 (iso = equal 똑같은)

- **Phantasos 판타소스** ↔ 잠의 신의 아들로 꿈의 신

  [그] phantasia = power of imagination 상상력의 힘

  | **phantasia에서 파생한 단어**

  fantasy 공상 | pant 숨을 헐떡이다

- **daydream 백일몽** ↔ 한낮에 꾸는 꿈처럼 비현실적이지만 기분 좋아지는 공상

  [게] draugmas = deception 속임수

  | **draugmas에서 파생한 외국어**

  (덴마크어) drom 꿈 | (네덜란드어) droom 꿈, 몽상 | (독일어) Traum 꿈

- **nightmare 악몽** ↔ 악령에 시달리는 것 같이 무서운 꿈

  [게] maron = goblin 마귀

  | **maron에서 파생한 외국어**

  (독일어) Mahr 악몽 (= Nachtmahr)

♪그 밖의 '잠' 관련 표현들 ♫

- **'잠' 관련 명사 표현들**

  sleep head 잠꾸러기 | sleepiness/drowsiness 졸음

  forty winks 잠시 눈붙임 | shut-eye 잠

  repose 휴식, 수면 | lethargy 무기력, 기면

  red-eye 잠을 제대로 잘 수 없는 야간 항공편

- **'잠' 관련 동사 표현들**

  nod off/doze off 꾸벅꾸벅 졸다

  get some sleep 잠을 자다 | get some z's 잠을 좀 자다

  have a sound/deep sleep 한숨 푹 자다

  sleep like a log/dog/baby 세상모르고 자다

  not sleep a wink 한숨도 못 자다 | toss and turn 뒤척이다

  sleep fitfully 잠을 설치다 | stay up all night 밤을 새다

  sleep in 늦잠을 자다 | oversleep 늦잠 자다

  have a lucky dream 길몽을 꾸다

  listen to pink noise 핑크 노이즈(빗소리 같은 잡음)를 듣다

  listen to white noise 화이트 노이즈(텔레비전 백색소음 등)를 듣다

- **'잠버릇' 관련 동사 표현들**

  drool in one's sleep 침 흘리며 자다

  talk in one's sleep 잠꼬대하다

  snore terribly 심하게 코를 골다

  sleep on one's stomach 엎드려 자다

  lie on the stomach 배를 대고 눕다

IQ/EQ/NQ

지능지수 IQ

intelligence지능.정보는 프랑스어에서 들어온 말로 초기에는 '탁월한 이해력'superior understanding이라는 의미로 쓰이기 시작해서 '정보, 뉴스, 정보원'이라는 의미가 더해졌다. 미국의 CIA중앙정보부는 Central Intelligence Agency의 약자이다.

IQ로 널리 알려진 '지능지수'는 바로 Intelligence Quotient의 약자이다. 20세기 초반 지능 테스트의 채점 방식에 붙여진coined 표현으로 지능의 정도를 총괄하여 하나의 수치로 나타낸 것이다. 세계에서 지능지수가 가장 높은 사람은 싱가포르 태생의 Ainan Celeste Cawley1999년생로 지능지수가 무려 263이다. 아인슈타인Albert Einstein의 지능지수는 160에서 190 사이로 추정하고 있고, 스티븐 호킹Stephen Hawking의 지능지수는 160이다.

감성지수 EQ

EQ(Emotional Quotient)는 감성지수 또는 감정적 지능지수라고도 한다. 자신과 타인의 감정을 이해하고 조절할 수 있는 능력과 실패를 극복할 수 있는 능력, 원만한 인간관계를 구축할 수 있는 능력 등을 나타내는 지수이다. 다니엘 골만D. Goleman이 저서 《감성지능(Emotional Intelligence)》에서 언급하면서 대중화되기 시작했다. 실험 결과 지능지수와 학교 성적grade이 반드시 일치하지는 않는다는 것이 밝혀졌고 특히 사회에서의 성공은 직무수행능력이나 타인과의 공감 등에 영향을 미치는 감성지수가 더 중요하다는 인식이 생겨났다.

공존지수 NQ

NQ(Network Quotient)는 공존지수 또는 인간관계지수라는 말로 다른 사람들과 더불어 잘 살아갈 수 있는 능력을 의미하는 신조어이다. 이외에도 사회생활을 하며 인간관계를 잘 이끌어나가는 지능을 뜻하는 social intelligence사회적 지능도 있다.

어원 006 IQ/EQ/NQ

047

- **intelligence** 지능, 정보 ↢ 세상의 이모저모를 읽고 선택하고 모아서 이해하는 능력 또는 그 결과물

  [라] intelligere = understand 이해하다 (inter = between 사이에 + legere = read 읽다, choose 선택하다, gather 모으다)

  | **legere에서 파생한 단어**

  intellectual 지적인 | intelligible 쉽게 이해할 수 있는

  legible 읽을 수 있는 | lectern 독서대 | lecture 강의 | lector 대학강사

  legal 법적인 | legend 전설 | legion 군단, 부대

  select 선택하다 | collect 수집하다 | neglect 소홀히 하다 (nec = not 아닌)

- **quotient** 몫 ↢ 어떤 수나 양을 나누었을 때 한 부분의 크기

  [라] quot = how many 얼마나 많은

  | **quot에서 파생한 단어**

  quote 가격을 제시하다, 인용하다 | quota 할당량, 할당제

  quotation 인용구, 견적 | quotidian 일상적인

- **emotional** 감정적인, 감동적인 ↢ 마음이 크게 느끼어 움직이는

  [라] ex = out 밖으로

  [라] movere = move 움직이다

  | **movere에서 파생한 단어**

  motility 운동성 | motive 움직이게 하는, 원동력이 되는 | motif 주제

  mutiny 반란을 일으키다 | mobile 이동하는 | promote 촉진하다, 홍보하다

  | **유의어**

  moving 가슴을 뭉클하게 하는 | poignant 가슴에 사무치는

  sensitive 감성적인 | sentimental 감상적인

  touching 감동적인 | emotive 감정을 자극하는

  impetuous 성미가 급한 | impulsive 충동적인

  irrational 비이성적인 | susceptible 쉽사리 감동하는, 민감한, 다감한

- **network** 네트워크 ↢ 특정 기능을 하기 위해 긴밀하게 엮여진 체계나 망

  [인] ned = tie 묶다

  [인] werg- = do 하다

천재와 자폐증

천재

genius천재는 라틴어로는 '사람이 태어날 때부터 보호해주는 수호신guardian deity이라는 뜻이었다. 그래서인지 우리는 천재는 타고난다고 생각하는 경향이 짙다.

prodigy영재, 신동는 어린 나이에 뛰어난 재능을 보이는 사람을 가리키는 말로 '예언의 징조'라는 뜻의 라틴어 prodigium에서 온 말이다.

자폐증

지적장애intellectual disability는 선천적, 후천적 요인으로 정신발달이 뒤처져 지적 기능과 사회 적응 행동에 심각한 제한이 있는 상태를 말한다. 지적장애인을 mentally challenged person이라고 하는데, 교육심리학에서는 retardee지진아, 지능지체자라는 표현도 쓴다. 일상생활에서는 retardee나 retarded정신지체의 같은 표현은 모욕적일 수 있으므로 금기시한다.

자폐증(autism)은 사회적 관계 맺기나 언어적 표현력과 이해력이 현저히 떨어지는 반면 특정 영역에 집요한 관심을 보이면서 같은 행동을 반복하는 특징이 있다. 1988년 상영된 영화 *Rain Man*의 더스틴 호프만Dustin Hoffman이 연기한 레이먼은 천재적인 기억력을 발휘한다. 이처럼 극히 일부 자폐증 환자에게는 특수한 능력이 발견되는데 이를 Savant Syndrome서번트 증후군이라 하고, 이런 자폐증 환자를 autistic savant라고 한다.

선천적, 후천적 요인으로 조금은 다른 모습이나 행동을 보이는 사람들에게 생각 없이 idiot바보, 멍청이나 moron바보, 멍청이이라는 모욕적인 말은 하지 않도록 주의하기 바란다.

어원 007 천재와 자폐증

048

- **genius** **천재** ← 태어난 순간부터 어떤 분야에 놀라울 정도로 뛰어난 능력을 가진 사람
  [라] gen 발생, 탄생
- **prodigy** **영재, 신동** ← 재능이 남달리 특출한 아이
  [라] prodigium = prophetic sign 예언의 징조
- **retardee** **지진아, 지능 지체자** ← 정신발달의 속도가 느린 사람
  [라] re = back 뒤로
  [라] tardare = slow 느리게 하다
- **autism** **자폐증** ← 심리적으로 현실과 동떨어져 자기 자신에 갇혀 있는 상태 ★1912년대 초 스위스 정신과 의사 Paul Bleuler가 만들어낸 독일어 Autismus에서 파생한 단어
  [그] autos = self 자신
  [그] ismos 접미사
- **savant** **석학, 병적으로 한 부분에만 탁월한 사람** ← 학식이 많고 깊은 사람
  [라] sapere = be wise 똑똑하다, taste 맛을 보다
  | sapere에서 파생한 단어
  sapid 맛있는 | insipid 맛없는 | savor 풍미 | sapient 박식한
  savvy 지식, 요령, 요령 있는, 전문지식을 갖춘 | sage 현인
  savoir-faire 재치, 수완
  Homo Sapiens (현생 인류의 분류상 학명) 호모 사피엔스 (homo = man 인간 + sapiens 현명한 ★인간은 생각하고 도구를 만들고 언어를 사용하므로 똑똑함)
  | 유의어
  academic 교수 | bookworm 책벌레 | egghead 인텔리
  expert 전문가 | intellect 식자, 지식인 | intellectual 지식인
  master 거장 | philosopher 철학자 | pundit 전문가, 권위자 | sage 현자
- **moron** 바보, 멍청이 ← 아둔하고 어리석은 사람
  [그] mōros = foolish 어리석은

지식과 지혜

지식과 지혜의 신
그리스 신화에서는 태양의 신이자 음악과 시의 신인 아폴로Apollo가
또한 지식(knowledge)의 신이기도 하다. 전쟁의 여신인 아테네
Athene는 지혜(wisdom)의 신인데, 아테네의 어머니이자 제우스의 최
초 아내인 메티스Metis 또한 지혜의 여신이었다.

지식과 지혜의 차이
지능이 높다는 것은 선천적, 후천적으로 습득된 정보가 축적되어 생
기는 지식knowledge이 많아지는 것이지만 그것이 반드시 지혜wisdom로
연결되지는 않는다. 지식은 정보일 뿐이지만 지혜는 지식이 기반이
되건 아니건 상황을 이해하여 슬기롭게 처신하는 것이다.
소크라테스가 남긴 유명한 명언 '너 자신을 알라.'는 다양한 의미로
해석되지만 '자신이 무엇을 모르는지를 아는 사람이 지혜롭다.'라는
지혜의 본질을 강조하는 말이기도 하다. 플라톤소크라테스의 제자의 제자인
아리스토텔레스는 《형이상학》에서 지식의 여러 형태 중에 지혜를 최
상의 단계라고도 했다.

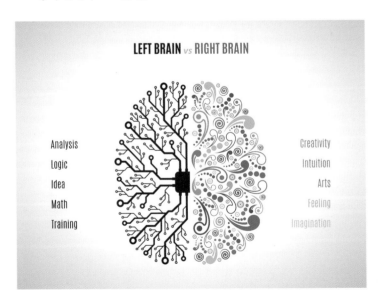

- **knowledge** 지식 ← 배워서 알게 됨

  ㉠ gno = know 알다

  | gno에서 파생한 단어

  acknowledge 인식하다 | acquaint 익히다 | agnostic 불가지론자

  cognition 인식 | cognizance 인지, 이해 | connoisseur 감정가

  diagnosis 진단 | gnome 금언 | gnosis 영적 인식

  ignoble 비열한 | ignorant 무지한 | ignore 무시하다

  incognito 신분을 숨기고, 가명으로 | narration 이야기를 서술하기

  notice 알아채다 | notify 통고하다 | notion 개념

  notorious 악명 높은 | physiognomy 골상 | prognosis 예측

  recognize 인식하다 | reconnoiter 정찰하다 | reconnaissance 정찰

- **wisdom** 지혜 ← 사물의 이치를 빨리 깨닫고 슬기롭게 대처하는 능력

  ㉞ wissaz = wise 현명한

  | wissaz에서 파생한 외국어

  (네덜란드어) wijs 현명한 | (독일어) weise 현명한

그 밖의 '지적 능력' 관련 표현들

- **'지성과 지식' 관련 형용사 표현들**

  knowledgeable 아는 것이 많은

  well-informed 정통한, 박식한 (in = into 안으로 + formare = form 형성하다)

  sophisticated 수준 높은, 세련된, 교양 있는

  erudite 박학다식한

- **'지혜와 통찰력' 관련 형용사 표현들**

  sagacious 현명한, 지혜로운 (sagire = perceive keenly 예리하게 감지하다)

  sapient 아주 지적인, 지혜로운 (sapere = taste 맛보다, be wise 현명하다)

  prescient 선견지명이 있는 (prae = before 미리 + scire = know 알다)

  ex. a prescient warning 선견지명이 있는 경고

  perspicacious 예리한, 통찰력 있는 (perspicax = sharp-sighted 통찰력이 예리한)

  prudent 사리분별력 있는 (providere = foresee 예측하다)

  cf. imprudent 현명하지 못한 | senseless 몰상식한, 무분별한

  perceptive 지각 있는, 통찰력 있는 (per = thoroughly 완전히 + capere = grasp 잡다)

- **'똑똑하거나 영악한' 표현들**

  clever 똑똑한, 영리한 | smart 똑똑한 (smerd = pain 고통)

  shrewd 기민한, 상황 판단이 빠른

  astute 영악한, 약삭빠른

  artful 기교 있는, 교묘한 (artem = practical skill 실용적 기술)

  ex. an artful dodger 교묘히 발뺌하는 사람

  adroit 대인관계에 노련한 (directus = straight 똑바른)

  canny 약삭빠른, 영리한 (kunnjanan = be mentally able 정신적으로 할 수 있다)

  sly 교활한 | a nimble mind 민첩한 머리

- '지성과 지식' 관련 명사 표현들

  noesis (철학) 순수지성 (noesis = intelligence 지능)

  noesis and noema 의식의 작용과 그 대상

   nous (철학) 지성, (속어) 기지, 재치, 상식 (noos = thought 생각)

  brilliance 뛰어난 재기, 광택

  hindsight 뒤늦은 깨달음

  artificial intelligence 인공지능

  gray matter 지능 (원래는 뇌의 '회백질')

- 함부로 쓰지 않되 알아들을 수는 있어야 하는 표현들

  inanity 어리석음, 우둔함, 공허, 헛됨 (inanitas = emptiness 비어 있음)

  stupid 멍청한 | feeble-minded 정신박약의 (flere = weep 울다)

  cretin 백치 a cretin and a lunatic 백치와 미치광이

  bozo 멍청이 (bozal = one who speaks Spanish poorly (스페인어)
  스페인어를 잘 못하는 사람)

   bozo explosion 무능한 대표가 고용되어 결과적으로 무능한 임직원이
      넘쳐나는 현상

  boob 얼뜨기 | idiot 멍청이

  dimwit 멍청이, 얼간이 | dolt 멍청이

  dope 멍청이 (속어로 '마약', '미약환자'라는 의미로도 쓰임)

  prick 멍청한 놈

  dork 바보 | dunce 머저리, 지진아 | fool 바보, 멍청이

  pinhead 멍청한 사람 | numbskull 멍청한 녀석

  ignoramus 무지한 자 | imbecile 천치, 저능아

  nerd 괴짜 (머리는 좋으나 세상물정 모르는 사람)

  blockhead/bonehead/brickhead/rockhead 돌대가리

  loony 괴짜 loony bin '정신병원'을 가리키는 속어

  loser 루저, 낙오자 | simpleton 팔푼이

  intellectual disability 지적장애 | crippled 지체장애인

THE TRUTH OF LIFE

3

철학과 종교

Philosophy
Religion

어떻게 살 것인가?

How should I
live my life?

"어떻게 살 것인가?"
아주 식상하면서도
살면서 꼭 한 번은 스스로에게 묻게 되는 질문이다.
그리고, 생활 속 철학과 종교를 통해
우리는 끊임없이 이에 대한 해답을 갈구한다.

Unit 06 철학

삶과 철학

인간관

고대 철학자들: 피타고라스에서 아리스토텔레스까지

중세 철학자들: 성 아우구스티누스, 토마스 아퀴나스

근대 철학자들: 데카르트, 스피노자와 베이컨

근대 철학자들: 칸트와 헤겔

근대 철학자들: 쇼펜하우어와 니체

현대 철학자들: 소쉬르, 데리다, 푸코, 라캉

어원표시 [라] 라틴어 [그] 그리스어 [히] 히브리어 [게] 게르만조어 [인] 인도게르만공통조어
[힌] 힌두어 [프] 프랑스어 [영] 영어 [스] 스페인어 [독] 독일어

품사표시 [명] 명사 [동] 동사 [형] 형용사 [부] 부사

Chapter 3
철학과 종교

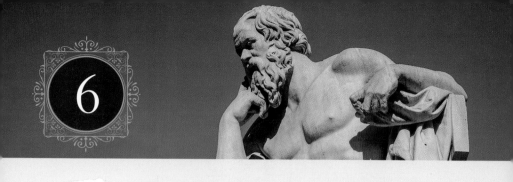

6

철학
Philosophy

일찍이…

피타고라스는 "철학이란 지혜에 대한 사랑이다."라고 했고,

소크라테스는 "철학이란 무지로부터의 탈출이다."라고 했으며,

스피노자는 "철학을 한다는 것은 사는 방법을 배우는 것이다."라고

했다.

철학, 영어로 philosophy는

그리스어의 '사랑, 사랑하는 것'을 뜻하는 philo와

'지혜'를 뜻하는 sophia가 결합해 생겨난 말이다.

그리스어를 그대로 옮겨보면 철학자들의 역설대로

'지혜에 대한 사랑'을 의미한다.

우리를 둘러싸고 있는 세상만물의 이치에 대해 고민하고 사색하며,

그 세상 한가운데 존재하는 인간으로서의 나는

'어떻게 살 것인가?'를

고민하고 방법을 찾아가는 것은

어찌 보면 인간의 생존 본능인지도 모르겠다.

'삶의 지혜'는 곧 '행복한 삶', '진정한 행복'과 연결되어 있으니까.

이왕 태어난 이상 누구든 행복하게 살고 싶으니까.

태어난 이상 누구든 어쩔 수 없이 마주하게 되는

고통 속에서 벗어나고 싶으니까.

당신은 오늘 어떤 철학적 사색 속에서 삶의 지혜를 추구하고 있는가?

삶과 철학

철학(philosophy)은 세상이 돌아가는 이치와 진리, 그 속에서 살아가는 인간의 삶에 대해 끊임없이 '지혜'를 모색하는 학문이다. 고대 철학자들은 지혜로운 자를 sage현자라고 했다.
모든 학문이 그렇듯 철학 역시 인간의 역사와 함께 형이상학(metaphysics), 인식론(epistemology), 존재론(ontology), 논리학(logic) 등 고도로 다양하게 분화되었다.

[어원 001] 삶과 철학

050

- **philosophy** 철학 ↔ 삶의 본질 등을 연구하는 학문

  [그] philo = loving 사랑

  [그] sophia = knowledge, wisdom 지식, 지혜

  | sophia에서 파생한 단어

  theosophy 신학 (theos = god 신) | Sophia 소피아 (여성 이름)

- **sage** 현자 ↔ 어질고 슬기로운 사람

  [라] sapere = be wise 현명하다

  | sapere에서 파생한 단어

  sapient 박식한 | savvy 실질적인 지식, 실질적인 지식이 있는

  savoir-faire 재치, 수완 | savant 석학, 병적으로 한 부분에만 탁월한 사람

  Homo Sapiens (현생 인류의 분류상 학명) 호모 사피엔스 (homo = man 인간 + sapiens 현명한 ★인간은 생각하고 도구를 만들고 언어를 사용하므로 똑똑함)

  [cf.] sapere에 taste(맛보다)란 뜻도 있어서 이로부터 sapid(맛있는), savor(풍미) insipid(맛이 없는)와 같은 단어들이 생겨났다.

- **metaphysics** 형이상학 ↔ 경험을 초월한 더 높은 대상을 연구하는 학문

  [라] meta = higher 더 높은

  [라] physica = natural things 자연현상들

- **epistemology** 인식론 ↔ 인식의 본질 등을 자세히 연구하는 학문

  [그] epi = near 근처에

[그] histasthai = stand 서 있다

- **ontology 존재론** ↔ 인간의 존재를 연구하는 학문

  [cf.] oncology 종양학

  [그] on = being 존재, word 말

  [그] logos = reasoning 추리

  | logos에서 파생한 단어

  philology 문헌학 (philo = loving 사랑)

  analogy 유추 (ana = upon ~에 근거하여)

  trilogy 삼부작 (tri = three 3)

  doxology 짧막한 찬가 (doxa = glory 영광)

  apology 사과 (apo = from ~로부터)

  monologue 독백 (monos = alone 혼자서)

  prologue 도입부 (pro = before 전에)

  epilogue 끝맺는 말 (epi = upon ~에 근거하여)

  apologue 교훈담 (apo = away from ~로부터 떨어져)

  syllogism 삼단논법 (syn = together 함께)

  neologism 신조어 (neos = new 새로운)

  homologous 상응하는 (homos = same 같은)

- **logic 논리학** ↔ 사유와 추리에 관한 학문

  [그] logos = reasoning 추리

인간관

개인주의

개인주의individualism (*cf.* individuality 개성)는 다양한 의미로 쓰이는데 일반적으로 르네상스 이후 근대 유럽에서 개인(individual)의 가치와 존엄성(dignity)을 사회나 국가보다 중요하게 여기기 시작했던 사상이다. 말 그대로 개인을 더 이상 나눌 수 없는 실체로 본다.

불교에서는 무아no-self 사상을 중심으로 우리가 자신이라고 여기는 사람, 즉 한 명 한 명의 개인individual이 실제로는 존재하지 않는다고 여긴다.

인본주의

인본주의humanism는 인간주의, 인문주의라고도 부른다. 신이 아니라 인간이 세상만물의 중심이 된다는 사상이다. 고대 그리스·로마 문예를 통해 중세의 신 중심 사회에서 벗어나 인간을 인간답게 만드는 인간성(humanity)을 회복하고자 했다. 무신론적 실존주의는 대표적인 인본주의 철학 사조이다.

인본주의에 지나치게 치우치다 보면 인간 아닌 뭇 생명에 대해서는 하찮게 여기는 마음이 자신도 모르게 자리잡을 수 있다. 인간성을 잘 나타내는 단어로 '인도적인, 인간미가 있는'이란 의미의 humane에는 고통에 신음하는 뭇 생명에 대해서도 '인정과 자비로운 마음이 드는'이란 의미도 있다.

박애주의

박애주의(philanthropy)는 인종, 종교, 국적 등 모든 것을 초월한 인간애를 의미하는 말로 고대 스토아학파의 사상의 바탕이었다. 사해동포주의(cosmopolitanism)는 전 인류가 인간의 본성 측면에서 모두 동포이며 신 앞에서는 누구나 평등하다고 보는 태도이다.

어원 002 인간관

051

- **individual** 개인 ·◁ 개개의 사람 (더 이상 나눌 수 없는 인간 실체의 단위)
  - 라 in = not 아닌
  - 라 dividuus = divisible 나눌 수 있는
- **dignity** 존엄 ·◁ 감히 범할 수 없는 존중받아 마땅한 가치
  - 라 dignus = worth 가치
- **humanity** 인간성 ·◁ 인간다움
  - 라 humanus = of man 인간의
- **philanthropy** 박애주의 ·◁ 인류가 서로 평등하며 사랑하여야 한다고 보는 견지
  - 그 phil = loving 사랑하는
  - 그 anthropos = mankind 인류
- **cosmopolitanism** 사해동포주의 ·◁ 인류 전체가 하나의 세계 시민 이라는 견지
  - 그 kosmos = world 세계

고대 철학자들: 피타고라스에서 아리스토텔레스까지

Pythagorus's Theorem

Pythagorus

피타고라스(BC 570~495)와 수

서양 철학은 고대 그리스 자연 철학자들의 현상적인 세상 이면에 있는 본질에 대한 물음에서 출발한다. 피타고라스Pythagoras는 모든 존재와 만물의 근원을 '수(number)'로 보았다.

소크라테스(BC 470~399)식 반어법과 문답법

소크라테스는 기원전 5세기경 그리스의 철학자로, 문답을 통해 절대 불변의 진리에 도달할 수 있다고 보았다. 소크라테스식 반어법(Socratic irony: 사실을 모르는 척 질문을 던지며 상대방의 무지가 드러나게 하는 변론법)이나 소크라테스식 문답법(Socratic method: 양자 간에 질문과 대답을 통해 비판적 사고를 촉진시키는 대화법)으로 유명하다. 그는 영혼 불멸설immortality을 주창하였으며 말년에 독배를 받고 죽었다. 대중에게 가장 많이 알려져 있는 소크라테스의 Know thyself.너 자신을 알라.란 금언은 그리스어로 gnōthi seauton인데 아폴로 신전에 새겨져 있는 세 개의 금언 중 하나이다. 나머지 두 개는 Nothing to excess과유불급와 Surety brings ruin확실하다고 생각하지 말 것이다.

> THE ONLY TRUE WISDOM IS IN KNOWING YOU KNOW NOTHING.
> Socrates (470-399 BC)

플라톤(BC 427~347)의 이데아

스승 소크라테스의 절대주의 진리관을 계승한 플라톤Plato은 세상의 모든 사물 너머에 있는 본질을 찾고자 했다. 순수한 이성적 사고를 통해 인식되는 절대 불변의 실체를 이데아(Idea)라고 하고, 감각적으로 경험하는 물질적이고 잠정적인 현실 세계는 이데아를 불완전하게 복사한 그림자라고 생각했다. 피타고라스의 수학적 정리를 확장하여 이데아에 적용시키기도 했다.

아리스토텔레스(BC 384~322)의 목적론

플라톤의 제자로 '인간은 사회적 동물이다.'란 명언을 남겼으며 중용을 중요시하고 목적론적 세계관(teleology)을 주장한 철학자가 아리스토텔레스Aristotle이다. 목적론은 말 그대로 만물은 그 존재하는 목적이 있다고 보는 것이다.

어원 003 **고대 철학자들: 피타고라스에서 아리스토텔레스까지**

052

- **number** 수, 숫자 ‥‹ 양을 셀 때 나타내는 표현
  - ④ numerus = number 숫자
  - *cf.* 라틴어 numerus는 인도게르만공통조어 nem(allot 할당하다)에서 파생했는데 이 어근에서 파생한 그리스어 nemein(allot 할당하다)에서 nemesis(인과응보)란 단어가 생겨났다. 인과응보란 인간 각자에게 할당된 죄값인 셈이다.

- **Socratic** 소크라테스의 ‥‹ 소크라테스와 관련된
  - ⑨ Sokratikos = pertaining to Socrates or his school 소크라테스나 그의 학파와 관계된

- **idea** 이데아, 이상 ‥‹ 현상계를 초월한 비물체적이며 보편적인 영원 불변의 참 실체
  - ⑨ idea = form 형상, the look of a thing 사물의 모양 ★idea의 어원은 인도게르만공통조어 weid(see 보다)로 거슬러 올라갈 수 있음
  - | idea에서 **파생한 단어**
  - idea 생각 | ideology 관념

- **teleology** 목적론 ‥‹ 모든 존재는 목적을 실현하기 위해 존재한다는 논리
  - *cf.* telic 목적을 나타내는
  - ⑨ telos = goal 목적
  - ⑨ logia = theory 이론

중세 철학자들: 성 아우구스티누스, 토마스 아퀴나스

성 아우구스티누스

사도시대Apostolic Age 열두 사도들의 시대 말경부터 싹튼 중세 교부 철학(Patristic Philosophy)의 대표 주자가 성 아우구스티누스St. Augustine이다. 그는 신이 무로부터 모든 우주만물을 한꺼번에simultaneously 창조하였다고 주장하였으며 플라톤에게 영향 받아 신을 절대적 선이라는 이데아의 근원이라고 보았다. 신은 자유의지free will를 가진 인간을 창조하였기 때문에 인간은 선과 악good and evil을 스스로 선택할 수 있으며 악은 존재하는 것이 아니라 선의 결핍(deficiency)이라고 보았다.

토마스 아퀴나스

중세 스콜라 철학(Scholastic Philosophy)의 대표 주자가 토마스 아퀴나스Thomas Aquinas이다. 아퀴나스는 아리스토텔레스 철학의 대가로 일컬어지는데 아리스토텔레스가 영혼은 신체가 소멸하면(perish) 더불어 소멸한다고 주장한 반면 아퀴나스는 인간 외의 생명living things에 대해서는 아리스토텔레스의 의견에 동의하지만 지성(intellect)이 있는 인간의 영혼은 불멸하다고immortal 주장하였다. 또한 아퀴나스는 모든 만물은 항상 움직이는데moving 제1 동작자(unmoved mover)가 절대 존재인 신이며 그가 우주를 창조하였다고 보았다. 이렇듯 그는 우주의 여러 현상들을 예로 들어 신의 존재(existence)를 증명하려 하였다.

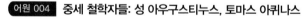

어원 004 **중세 철학자들: 성 아우구스티누스, 토마스 아퀴나스**

053

- **patristic** 교부학의 ·< 성 아우구스티누스를 필두로 한 중세 유럽의 신학 중심 철학

  레 pater = father 아버지

- **deficiency** 결핍 ·< 모자라거나 부족함

  레 de= away 떨어져

  레 facere = do 하다, make 하다

- **scholastic** 스콜라학파의 ·< 토마스 아퀴나스를 필두로 한 아리스토텔

레스와 신학 중심의 철학

ㄱ skholastikos = devoting one's leisure to learning 배움에 여가 시
간을 쏟는 ★skholastikos는 skholē(leisure 여가)에서 파생함

| skholē에서 파생한 단어

school 학교

- **perish** 죽다, 소멸하다 ·ᶜ 목숨이 끊어지다

  라 perire = to be lost 상실되다

- **intellect** 지성 ·ᶜ 지각된 것을 토대로 진위를 결정하고 문제를 해결하는

  인간의 정신적 능력

  라 intelligere = understand 이해하다, discern 식별하다

- **unmoved mover** 제1 동작자 ·ᶜ 토마스 아퀴나스가 신을 가리켜

  사용한 표현

  라 un = not 아닌

  라 movere = move 움직이다

  | movere에서 파생한 단어

  mobile 이동하는 | mobility 기동성

  movement 동작 | motion 운동, 동작

  motif 디자인, 주제 | motive 동기

  mutiny 반란 | commotion 소란

  promotion 촉진, 승진

  promote 촉진하다, 승진시키다

  remove 제거하다 | remote 외딴

- **existence** 존재 ·ᶜ 실재하는 것

  라 ex = forth 밖으로, 앞으로

  라 sistere = cause to stand 있게 하다

근대 철학자들: 데카르트, 스피노자와 베이컨

근대 철학의 합리론과 경험론은 모두 진리에 도달하는 방법을 탐구
하는 인식론으로 각각 이성과 경험을 방법으로 제시했다.

합리주의 철학의 창시자 데카르트(1596~1650)
"I think, therefore I am. (Cogito ergo sum.)"

나는 생각한다. 고로 존재한다.

근대 철학은 합리론(rationalism)의 창시자이자 I think, therefore I am. (Cogito ergo sum.)나는 생각한다. 고로 존재한다.이란 명언으로 유명한 데카르트Descartes 로부터 시작된다. cogito는 라틴어 cogitarethink 생각하다의 1인칭 형태이며, ergo는 라틴어 ergotherefore 그러므로, sum은 esseexist 존재하다의 1인칭 형태이다.

스피노자(1632 ~ 1677)의 범신론과 심신병행론
"True virtue is life under the direction of reason."

진정한 미덕은 이성이 인도하는 삶이다.

합리주의 철학의 거두로 꼽히는 스피노자Baruch Spinoza는 데카르트가 말하는 합리론의 모순을 해결하려 노력하며, 세계의 모든 것이 신이라는 범신론(pantheism)을 주창했다.

또, 정신과 육체는 동전의 동일 구조의(isomorphic) 양면처럼 서로 드러나는 속성이 다를 뿐 둘로 가를 수 없는 본질적으로는 하나라는 심신평행론(psycho-physical parallelism)을 주창했다.

경험주의 철학의 선구자 베이컨(1561~1626)
"By far the best proof is experience."

경험은 거짓말하지 않는다.

데카르트와 함께 근대 철학의 개척자로 평가받는 베이컨Francis Bacon 은 경험주의 철학의 선구자이다. 합리주의와 달리 지식의 근원을 이성에서 찾지 않고 직접 관찰하고 실험하면서 과학적 지식을 쌓는 것을 중요하게 여겼다.

어원 005 근대 철학자들: 데카르트, 스피노자와 베이컨

054

- **rationalism** 합리주의 ← 이성(logos, ratio)에 의한 사유 · 인식을 강조하는 주의

[라] ratio = calculation 계산, reason 이유

| ratio에서 파생한 단어

ratio 비율 | ration 배급량, 이성

- **pantheism** 범신론 ← 모든 자연이 신이며 신이 곧 자연이라는 주의

[그] pan = all 모든

[그] theos = god 신

| pan에서 파생한 단어

pandemic 전 세계 유행병 (demos = people 사람들)

panacea 만병통치약 (akos = cure 치료)

pandora 판도라의 상자 (doron = gift 선물)

pandemonium 대혼란 (daimon = demon 악마)

- **isomorphic** 동일 구조인 ← 형태가 같은

[그] isos = equal to ~와 같은

[그] morphe = form 형태

| isos에서 파생한 단어

isosceles 이등변 (skelos = leg 다리)

isocracy 권력평등주의 (kratia = rule 통치)

isometric 몸 전체를 움직이지 않고 근육만 움직이는 (metron = measure 측정)

isotope 동위원소 (topos = place 장소)

isostasy 지각의 균형 (stasis = standing 고정)

- **parallelism** 평행 ← 나란히 옆에 놓인 상태

[그] para = beside 옆에

[그] allos = other 다른

| allos에서 파생한 단어

alias ~라는 가명으로 알려진

| para에서 파생한 단어

paranormal 초자연적인 | parapsychology 초심리학

paralegal 준법률가 | paramedic 준의료활동종사자

parenteral 비경구의, 근육 또는 정맥을 통해 투약되는 (enteron = intestine 장기)

parapet 난간 (pectus = breast 가슴 *cf.* pectoral 가슴의)

paraleipsis 역역설, 강조하고 싶은 것을 오히려 간단히 말하는 화법 (lei-pein = leave 남겨두다)

paramecium 짚신벌레 (mekos 길이)

paresis 진행성 불완전 마비 (hienai = throw 던지다)

paronychia 화농균이 들어간 급성염증, 손톱 주위염 (onyx = nail 손톱)

parados 참호 후면의 방호벽 (dos = back 뒤)

paraplegia 양측 하지 마비 (plessein = strike 치다)

parhelion 햇무리 밖의 광륜 (helios = sun 태양)

paraphrase 바꿔 말하다 (phraezein = tell 말하다)

parasol 파라솔 (sol = sun 태양)

parasite 기생충 (sitos = food 음식)

parachute 낙하산 (chute = fall 떨어지다)

paradigm 전형적인 예 (deiknynai = show 보여주다)

paradox 모순 (doxa = opinion 견해)

paraphernalia 특정 활동에 필요한 비품 (pherne = dowry 지참금)

parody 패러디 (oide = song 노래)

paragon 귀감 (akone = whetstone 숫돌)

paralysis 마비 (lyein = loosen 헐거워지다)

parameter 한도 | paranoia 편집증 (noos = mind 정신)

palsy 중풍 (lyein = loosen 느슨해지다)

paregoric 진정시키는, 진통제 (agora = public assembly 집회)

paragraph 단락 (graphein = write 쓰다)

parable 우화 (bolē = casting 던짐, beam 광선)

parenthesis 괄호 (tithenai = place 두다)

parish 부랑아 (oikos = house 집 *cf.* ecology 생태계)

paraphilia 성도착증 (philos = loving 사랑)

paramount 다른 무엇보다 중요한 (amont = up 위에)

근대 철학자들: 칸트와 헤겔

칸트(1724 ~1804)의 종합적 인식론

"Thoughts without intuitions are empty, intuitions without concepts are blind."

직관 없는 사상은 공허하고, 개념 없는 직관은 맹목적이다.

'직관 없는 사상은 공허하고, 개념 없는 직관은 맹목적이다.'란 명언에서 알 수 있듯 칸트Immanuel Kant는 종합적 인식론을 주장하였다. 합리론의 주관적 이성주의에만 치우치지도 않으면서 경험론의 객관적 경험주의에만 치우치지도 않는, 두 가지를 종합적으로 활용해 현상을 판단하고 인식한다는 관념이다. 또한, 인간은 모두 개별적으로 세상을 경험하지만 선험적 지식(a priori knowledge)이라고 불리는 보편적인 사고 구조를 가지고 있기 때문에 거기서 보편적인 세계, 진리가 드러난다고 보았다.

헤겔(1770 ~ 1831)의 변증법

헤겔Georg Wilhelm Friedrich Hegel의 변증법(dialectic)은 소크라테스의 문답법처럼 문답을 통해 진리에 도달하는 방법이다. 증명되지 않은 가설(thesis)에서 모순(contradiction)을 찾아 대립되는 가설(antithesis)을 세우고, 다시 이 둘을 통합하는 가설(synthesis)을 세우는 대화 방법이다. 즉 정반합의 논리이다.

어원 006 **근대 철학자들: 칸트와 헤겔**

- **a priori** 선험적인 ‥◁ 우선 경험하는

  @ a priori = from what comes first 먼저 오는 것으로부터

  cf. prior 우선인

- **dialectic** 변증법 ‥◁ 정반합의 논리를 통한 진리에 도달하는 방법

  ⓖ dialektos = discourse 담화

| dialektos에서 파생한 단어

dialect 방언

- **thesis** 가설 ·◦ 입증되지 않은 명제

  ⊃ thesis = proposition 명제

  | 유의어

  contention 주장 | hypothesis 가설 | opinion 의견

  premise 전제 | proposition 명제, 과제 | supposition 추정

  theory 이론 | postulation 가정, 선결조건 | presumption 추정

  principle 원칙 | proposal 제안, 제의 | surmise 추측, 추정

  view 견해 | apriorism 선험적 추론

- **contradiction** 모순, 반박 ·◦ 이치상 어긋남

  ⅋ contra = against ～에 반대하여

  ⅋ dicere = say 말하다

  | contra에서 파생한 단어

  contraception 피임 (concipere = become pregnant 임신하다)

  contraband 밀수품 (bannum = command 명령)

  contretemps 사소한 언쟁 (tempus = time 시간)

  controversy 논쟁 (versus = turned towards ～를 향해 방향을 바꾼)

  contrary 반대되는, 대립되는

  contrapuntal 대위법의 (punto = point 점)

  countermand 철회하다 (mandare = order 명령하다)

  counterfeit 위조의, 위조하다 (faire = make 만들다)

  countervail 상쇄하다 (valere = be worth 가치가 있다)

  countersign 부서하다 | encounter 마주치다

- **antithesis** 대립되는 가설 ·◦ 애초의 가설에 반대되는 가설

  ⊃ anti = against ～에 반대하여

- **synthesis** 종합, 통합하는 가설 ·◦ 가설과 반대 가설의 통합

  ⊃ sym = together 함께

근대 철학자들: 쇼펜하우어와 니체

염세주의자 쇼펜하우어(1788~1860)
"The world is my representation."
세계는 나의 표상이다.

쇼펜하우어Arthur Schopenhauer가 말한 The world is my representation. 세계는 나의 표상이다.이란 표현은 '나'라는 주체가 있어야 세상의 객체를 인식할 수 있다는 뜻이다. 그는 세계의 본질이 비합리적 의지(will)로 구성되어 있고 이성도 비합리적인 의지의 산물이라고 보았다. 흔히 염세주의 철학자로 불린다.

허무주의자 니체(1844~1900)
"God is dead."
신은 죽었다.

허무주의(nihilism)의 대표 주자로 언급되곤 하는 니체Friedrich Nietzsche는 God is dead.신은 죽었다.라고 말한다. nihilism은 이 세상에 본질적 중요성을 띤 것은 아무것도 없고 진리는 문화의 결과라고 여기는 것이다. 니체는 신은 죽었다는 말을 통해 인간 존재의 가치를 더 드높이 평가하였으며 천국을 동경하지 않고 현실 삶에 충실한 사람인 초인(superman)의 필요성을 강조하였다. superman은 독일어 Übermensch를 번역한 것으로 니체에 의하면 선과 악을 초월한 고도로 진화된 인간 (highly evolved human being that transcends good and evil) 이라는 뜻이다.

어원 007 　근대 철학자들: 쇼펜하우어와 니체

- **representation** 표상 ··〈 대표로 제시되는 상 ★철학에서는 감각기관을 통해 지각하고 인식하는 외부 세계의 상을 의미

056

cf. representation은 '표현, 묘사', '대표'라는 의미로도 자주 쓰인다.

⒭ praesentare = present 제시하다

- **will** 의지 ‥‹ 결정하는 개인의 마음

  ⒢ wiljon = will 의지

  | **wiljon에서 파생한 외래어**

  (네덜란드어) wil 의지, 의사 | (독일어) Wille 의사

  cf. will의 '유서'란 뜻은 14세기 후반에 생겨난 것이다.

- **nihilism** 허무주의 ‥‹ 삶의 무의미성을 주장한 철학사상

  ⒭ nihil = nothing at all 전혀 아무것도 없는

  cf. annihilate 무효로 하다

- **superman** 초인 ‥‹ 일반적인 인간의 능력을 초월한 인간 ★니체가 말한 Übermensch(선과 악을 초월한 인간, 초인)를 번역하여 조지 버나드쇼가 만든 단어

  ⒭ super = beyond 초월한

  ⒤ man = man 인간

- **evolved** 진화된 ‥‹ 점점 눈에 띄게 발달된

  ⒭ ex = out 밖으로

  ⒭ volvere = roll 구르다

- **transcend** 초월하다 ‥‹ 일반적으로 생각하는 한계를 뛰어넘다

  ⒭ trans = across ~을 가로질러

  ⒭ scandere = climb 기어오르다

  | **trans에서 파생한 단어**

  transgender 성전환의 | transcontinental 대륙횡단의

  transsexual 성전환자 | transducer 변환기 (ducere = lead 이끌다)

  transmit 전송하다 (mittere = send 보내다)

  transect 자르다 (sectus = cut 잘린)

  transmute 변환시키다 (mutare = change 변환시키다)

  translucent 반투명한 (lucere = shine 빛나다)

  transcribe 기록하다 (scribere = write 쓰다)

  transit 수송, 환승 (ire = go 가다)

  transfer 옮기다, 갈아타다 (ferre = carry 운반하다)

  transverse 가로지르다 (vertere = turn 돌다)

  transfuse 수혈하다 (fundere = pour 퍼붓다)

transplant 이식하다 (plantare = plant 심다)

transform 변형시키다 (formare = change 바꾸다)

transgress 벗어나다 (gradi = walk 걷다)

transport 운송하다 (portare = carry 운반하다)

transparent 투명한 (parare = appear 나타나다)

transient 일시적인 (ire = go 가다)

transpose 뒤바꾸다 (ponere = put 두다)

transpire 발생하다 (spirare = breathe 호흡하다)

transact 거래하다 (agere = do 하다)

travesty 졸렬한 모방 (vestire = clothe 옷을 입히다)

translate 번역하다 (latus = carried 운반된)

trajectory 탄도, 궤도 (icere = throw 던지다)

trance 무아지경 (ire = go 가다)

trespass 무단침입하다 (passer = go by 지나가다)

traffic 교통 (fricare = rub 문지르다)

현대 철학자들: 소쉬르, 데리다, 푸코, 라캉

구조주의와 소쉬르

스위스의 언어학자 소쉬르Saussre, Ferdinand de는 구조주의의 대표 주자이다. 그는 기표signifier 언어에서 소리의 부분/기의signified 언어에서 의미의 부분와 같은 이분법적 대립(binary opposition) 개념을 위주로 전체 구조 내의 관계를 파악하였다. 이렇듯 구조주의는 문화/언어의 개개 요소보다 전체 구조 내에서 서로 맞물린 관계를 파악하는 데 역점을 두는 철학적 사상의 흐름이다.

포스트 구조주의와 데리다, 푸코, 라캉

후기 구조주의자인 알제리 출신의 프랑스 철학자 자크 데리다Jacque Derrida는 남성/여성, 자연/문화와 같은 이분법적 대립 구조가 대립되는 개념보다 나머지 하나에 더 큰 특권을 부여한다고 보았고 이를 해체하였다. 또 한 명의 대표적 후기 구조주의자인 프랑스 철학자 미셸 푸코Paul-Michel Foucault는 권력power과 지식knowledge이 사회적 통제의 수단으로 이용되었다고 보았고, 광기(madness) 또한 권력을 유지하려는 사회적 목적에 의해 탄생하였다고 봤다. Man's desire is the desire of the Other.인간은 타자의 욕망을 욕망한다.란 구절로도 유명한 정신분석학자 자크 라캉Jacques Lacan도 가장 유명한 후기 구조주의자이다.

어원 008 **현대 철학자들: 소쉬르, 데리다, 푸코, 라캉**

057

- **binary** 2항의, 이진법으로 이루어진 ·〈 두 개의 항이 있는
  - 라 bis = double 두 배로

  | bis에서 파생한 단어

  biscuit 비스킷 (bis coctus = twice baked 두 번 구워진)

  biceps 이두박근 (caput = head 머리)

  bissextile 윤년(의)

- **opposition** 반대 ·〈 의견에 맞섬
  - 라 opponere = oppose 반대하다 (ob = in front of ～의 앞에 + ponere = put 두다)

- **madness** 광기, 미침 ·〈 머리가 돌아 이상해지는 것
  - 게 gamaidaz = changed 바뀐, abnormal 비정상적인

  | 유의어

  fanaticism 광신 | lunacy 미친 짓, 정신병

  delusion 망상 (ex delusion of persecution 피해망상)

  derangement 착란 | delirium 섬망, 망상

- **desire** 욕망 ·〈 무언가를 탐하는 마음
  - 라 desiderare = long for ～를 염원하다 (de = from ～로부터 + sidus = star 별)

  | sidus에서 파생한 단어

  consider 고려하다 (com = together 함께)

  considerable 상당한 | considerate 사려 깊은 | sidereal 별의

그 밖의 '인간과 철학' 관련 표현들

- **'인간의 품위'를 나타내는 단어들**

  decency 품위, 체면 | decorum 예의 | propriety 예법, 적정성

  grace 우아함 | grandeur 위엄 | honor 명예

  morality 도덕성 | ethics 윤리 | etiquette 에티켓

  poise 침착성, 품위 | prestige 위신 | quality 품격

  stature 지명도, 위상 | status 신분, 지위 | rank 지위, 신분

  virtue 덕목, 장점 | distinction 차이, 탁월함 | eminence 명성, 탁월

  gravity 위엄, 무게감 ('중력'으로 잘 알려진 단어)

  hauteur 거만함 | loftiness 고상함

  majesty 위풍당당함 ('폐하'로 잘 알려진 단어)

- **기타 철학 용어**

  sensorium 두뇌, 마음, 지각을 포괄하는 의식 (sentire = feel 느끼다)

  geist 철학의 영혼, 지적 감수성 ★독일어로 Geist는 spirit(영혼)을 의미

   ghost 귀신

  intuition 직관 | sensibility 감수성, 감성 | cognition 인식, 인지

  insight 통찰력 | virtue 덕목 | assumption 가정

  inductive 귀납적인 (개별적 사실을 전제로 일반적 사실을 결론으로
  이끌어내는)

  deductive 연역적인 (일반적 사실을 전제로 개별적 사실을 결론으로
  이끌어내는)

  rational 합리적인, 이성적인 | logical 논리적인, 이성적인

  empirical 경험에 의거한 | verified 입증된

  transcendental 초월적인 | perceivable 인지할 수 있는

  absolute 절대적인 | relative 상대적인

  valuable 가치 있는 | evolving 서서히 전개되는

종교
Religion

인간은 참으로 강한 존재이면서
동시에 참으로 나약한 존재이다.

지진, 홍수 등의 자연재해 앞에 무력하며
인간관계 속에서 비롯되는 고통과 아픔 앞에 무력하며
사고나 불치병 등, 예기치 않은 불운 앞에 절망하고 아파하며…
눈물짓는다.

과학과 지성의 힘으로 이런 것들을 극복하려 무던히 애쓰지만
그러다 환경파괴와 기후변화를 초래해
또 다른 재앙을 불러오는 지경에 이르기도 했다.
무력하다. 그리고 두렵다.

그래서 이 모든 것을 넘어서는 전지전능한 힘, 초자연적인 존재,
혹은 세상의 진정한 이치, 즉 진리를 찾게 되는 것인지도 모른다.
그래서 우리의 두려운 마음을 보듬어주는
각자의 신, 각자의 종교를 따르게 되는 것인지도 모른다.

당신을 지배하는 종교 안에서 오늘 당신은 어떤 가치를 추구하며
살아가고 있는가?
당신의 종교 안에서 진리를 탐구하며 살아가고 있는가?
아니면 남보다 편하고 더 잘살기 위한 목적의 도구로 종교를
이용하고 있는가?

신화와 종교

신화
신화란 신(God)이나 초자연적 인간(supernatural humans)을 주인공으로 하는 이야기로 최고의 신인 제우스(Zeus)_{로마 신화에서는 아폴로(Apollo)}를 중심으로 하는 그리스 신화처럼 특정 문화나 국가의 정체성과 관계가 있다. 신화에는 우주 기원 신화, 인류 기원 신화처럼 원초기 생성 과정을 다루는 기원 신화(origin myth)도 포함된다. 대부분의 신화는 종교적_{religious}이다.

종교
종교(religion)는 신이나 초자연적인 존재에 대한 신앙 체계_{belief system}를 나타내는 포괄적 용어로 각 종교마다 특정한 우주관(cosmology), 세계관, 종교의식(ritual), 기도, 의무사항과 금기사항 등이 정해져 있다.

어원 001 신화와 종교

058

- **God** 신 ·‹ 하나님(하느님)

  ㉚ guthan = god 신

  | guthan에서 파생한 외국어

  (네덜란드어) god 신 | (독일어) Gott 신

- **supernatural** 초자연적인 ·‹ 자연적인 현상이라고는 이해하기 힘든

  ㉜ super = above ~을 넘어선

  ㉜ natura = nature 자연

- **Zeus** 제우스 ·‹ 그리스 신화 속 최고의 신

  ㉕ dewos = god 신 ★라틴어 deus(god 신)가 dewos에서 파생함

  | deus에서 파생한 단어

  Deo volente = God willing 신의 뜻이라면

  Deo vindice = (with) God (as our) defender 우리의 수호신인 주와 함께

  diva 오페라의 주연 여가수, 프리마돈나(prima donna)

  deist 이신론자 (이신론은 하느님이 우주를 창조하긴 했지만 우주는 자체의 법칙에 따라 돌아간다는 사상)

divine 신성한 | deity 신

- **origin** 기원 ↔ 사물의 근원

  [라] originem = beginning 시작, rise 발생
- **religion** 종교 ↔ 신을 믿음으로써 삶의 궁극적 의미를 추구하는 것

  [라] religionem = respect for what is sacred 신성한 존재에 대한 존경
- **cosmology** 우주론 ↔ 우주의 기원과 근본 원리를 연구하는 형이상학

  [그] kosmos = order 질서
- **ritual** 의식 ↔ 일정한 절차와 격식에 따라 치르는 행사

  [라] ritus = religious observance of ceremony 종교의식

유일신교와 다신교

종교는 크게 보면, 오로지 하나의 신이 존재한다고 믿는 유일신교(monotheism)와 여러 신의 존재를 믿는 다신교(polytheism)로 구분된다.

유일신교

그리스도교Christianity: 가톨릭교(Catholicism)와 개신교(Protestantism), 유대교Judaism, 이슬람교Islam, 조로아스터교Zoroastrianism 등의 종교는 유일신교이다. 전 세계 인구의 2/3 이상이 가톨릭교, 개신교, 유대교, 이슬람교 신자들이다.

다신교

고대 그리스와 로마의 종교는 다신교였으며 오늘날에는 가장 오래된 종교이자 인도의 주요 종교인 힌두교Hinduism 또한 다신교이다.

무신론

한편, 신의 존재를 부정하는 무신론은 atheism이라고 한다. 물론 허무주의nihilism는 종교를 포함한 철학, 문화, 생활양식 전체를 부정한다.

유일신교와 다신교

059

- **monotheism** 일신교 ‥‹ 하나의 신을 믿는 종교

  ⑲ monotheistic 일신교의

  ⑭ monos = single 하나의

  ⑭ theos = god 신

- **polytheism** 다신교 ‥‹ 여러 신을 믿는 종교

  ⑭ polys = many 많은

- **atheism** 무신론 ‥‹ 신의 존재를 믿지 않음

  ⑭ a = without ∼ 없이

  | theos에서 **파생한 단어**

  theologist 신학자 | theosophy 신지학 (종교적 신비주의의 일종)

  theophany 신의 출현 (phainein = show 보여주다)

  theist 유신론자 | atheist 무신론자 (a = without ∼ 없이)

  Pantheon 만신전 (pan = all 모두) | pantheism 범신교

유일신교: 그리스도교란

그리스도교(Christianity)는 예수 그리스도(Jesus Christ)의 가르침을 토대로 한 세계 최대 규모의 종교이다. 이 안에 로마가톨릭(Catholic Church), 동방정교 혹은 그리스정교(Eastern Orthodox Church), 개신교(Protestant Church)의 세 교단이 포함되어 있다.

그리스도교의 기본 교리: 성육신과 부활

예수가 성령에 의하여 마리아의 몸을 빌어 인간의 몸을 갖고 잉태된 것을 성육신(the Incarnation)이라고 하며 예수가 죽은 지 3일 만에 살아난 것을 부활(the Resurrection)이라고 한다. 그리스도교는 예수의 탄생과 부활을 공통적으로 인정하고 있다.

060

어원 003 유일신교: 그리스도교란

- **Christianity 그리스도교** ⇠ 예수 그리스도를 중심으로 하는 종교

  [그] khristos = the anointed 성수를 바른 자들
- **Catholic 가톨릭교** ⇠ 그리스도교의 정통 교의를 믿는 종교

  [그] kath' holou = on the whole 전체적으로
- **orthodox 정통의** ⇠ 바른 계통의

  [그] orthos = right 옳은

  [그] doxa = opinion 의견
- **protestant 신교도** ⇠ 카톨릭의 모순에 반기를 들고 일어난 신교를 신봉하는 교도

  [라] pro = forth ~ 앞으로

  [라] testari = testify 증명하다

  [cf.] protest 저항하다, 시위하다
- **Incarnation (그리스도교) 성육신** ⇠ 신이 인간의 몸으로 세상에 온 것, 즉 예수가 성령에 의해 마리아의 몸을 빌어 인간으로 세상에 온 것

  [cf.] incarnation은 일반적으로는 '화신'이란 의미로 쓰인다.

  [라] in = again 다시

  [라] caro = flesh 살

  | caro에서 파생한 단어

  carnivorous 육식성의 | carrion 썩어가는 고기 | carcass 시체, 죽은 동물

  carnage 대학살 | carnival 카니발, 축제

  carnal 육욕적인 | charnel 납골당 같은, 오싹한
- **Resurrection 그리스도의 부활** ⇠ 예수가 죽은 지 3일 만에 되살아남

  [cf.] 일반적인 의미의 '부활'은 소문자로 resurrection이라고 쓴다.

  [라] re = again 다시

  [라] surgere = rise 일어나다

  | surgere에서 파생한 단어

  insurgent 반란을 일으킨 사람

유일신교: 그리스도교 ❶ 가톨릭

로마가톨릭교

우리가 보통 천주교라고 하는 그 종교이다. 그리스도교의
교의religious doctrine를 믿으며 바티칸에 총 본부를 두고 전 세
계에 퍼져 있다. 교황(pope)을 수장으로, 그 다음 고위 성
직자에는 추기경(cardinal), 대주교(archbishop), 주교
(bishop) 등이 있다. 추기경은 교황 선출 선거Conclave 콘클라베
권을 갖고 있고 교황의 최고 자문역할을 한다. 대주교는 한
개 이상의 관구를 관할하는 성직자이며, 주교는 한 관구의
수석 성직자이다. 소교구의 신자들을 담당하며 미사를 집전
하는 신부 전체를 일컬어 priest 또는 Father라고 하며, 수
녀는 nun이라고 한다.

Priest   Bishop   Cardinal

주기도문

그리스도교의 대표적 기도문(prayer)은 주를 경배(adoration)하는
주기도문the Lord's prayer이며, 가톨릭교의 대표적 기도문은 주기도문과
더불어 성모송(Hail Mary)이 있다.

신부가 세례를 해줄 때 I baptize you in the name of the Father,
and of the Son, and of the Holy Spirit.라고 말하면서 세례를 시
작하는데, 이는 "성부와 성자와 성령의 이름으로 세례를 베푸노라."
라는 뜻이다. 마태복음Matthew의 Go therefore and make disciples
of all nations baptizing them in the name of the Father and
the Son and the Holy Spirit.너희는 가서 아버지와 아들과 성령의 이름으로 세례를 베풀어 모든 민
족을 제자로 삼아라.라는 내용의 일부를 사용한 것이다. 하느님은 한 분이시
나 성부, 성자, 성령의 세 위격(位格)으로 되어 있다는 삼위일체(the
Trinity)를 강조한 부분이다.

아멘

모든 기도의 끝에는 "Amen!아멘"이라고 하는데, amen은 히브리어
의 부사로 '참으로, 진실로'라는 뜻의 동의나 확언을 할 때 사용하는

표현이다. 즉, 앞서 읊은 기도가 진실로 이루어지기를 바란다는 의미로 붙이는 말이다. 묵상(meditative **prayer**)과 찬송가(hymn)도 기도의 한 형태이다.

061

어원 004 유일신교: 그리스도교❶ 가톨릭

- **pope** 교황 ·‹ 가톨릭교 최고위 성직자

  형 papal 교황의

  그 papas = bishop 주교

- **cardinal** 추기경 ·‹ 교황 다음 직위의 성직자

  그 cardinalis = chief 최고 권위자

- **archbishop** 대주교 ·‹ 대교구를 관할하는 성직자

  그 arkhi = first 처음의

- **bishop** 주교 ·‹ 한 교구를 관할하는 성직자

  그 epi = over ~에 대해 그 skopos = one that watches 관찰하는 사람

  | skopos에서 파생한 단어

  scope 범위, 시야 | telescope 망원경 | horoscope 점성술

  scopophilia 관음증, 절시증

- **priest** 신부 ·‹ 한 성당이나 교회의 운영을 맡은 성직자

  그 presbyteros = elder 장로

  cf. Presbyterian 장로교회

- **nun** 수녀 ·‹ 독신으로 수도생활을 하며 신부를 보좌하는 여성

  라 nonna = nun 수녀, tutor 가정교사 ★nonna는 원래는 나이 든 사람을 지칭하는 통칭임 cf. (이탈리아어) nonna 할머니

- **prayer** 기도, 기도문 ·‹ 신에게 간청하는 행위

  라 precari = beg 간청하다

  | precari에서 파생한 단어

  precatory 기원하는 | deprecate 비난하다 | imprecation 저주, 욕설

- **adoration** 경배 ·‹ 존경과 사랑

  cf. 아기 예수의 구유 경배 adoration of Jesus Christ in manger

  라 adorare = worship 숭배하다

- **Hail Mary** 성모 마리아시여! ·‹ 군주 등을 칭송하며 맞이할 때 쓰는 hail (만세)을 붙여 성모 마리아가 우리 가운데 오시기를 바라는 간절한 마음을 담음 ★Hail Mary는 Ave Mary(아베 마리아)와 같은 의미로, 이때 ave는 '어

서 오소서'란 의미

[고대노르웨이어] heill 건강, 행운

- **baptize** 세례를 주다 ↔ 물에 담그는 침례의식을 하다

  [그] baptizein = dip in water 물에 담그다

- **holy** 신성한 ↔ 거룩하고 성스러운

  [게] hailaga = holy 신성한

  [cf.] (독일어) heilig 거룩한

- **Trinity** (가톨릭) 삼위일체 ↔ 하느님은 성부, 성자, 성령의 세 위격을 지님 ★성부(the Father), 즉 하느님은 성자(the Son), 즉 예수님을 보내 the Holy Spirit, 즉 성령으로 인간을 구원하신다.

  [라] trinus = threefold 세 요소가 있는

  | trinus에서 파생한 단어

  trine 3인조

- **meditative** 명상하는 ↔ 눈을 감고 차분한 마음으로 깊이 생각하는

  [라] meditari = think over 숙고하다

- **hymn** 찬송가 ↔ 신을 찬양하는 노래

  [그] hymnos = ode in praise of gods or heroes 신이나 영웅을 찬양하는 송가

유일신교: 그리스도교❷ 그리스정교와 개신교

그리스정교

1054년 로마가톨릭교회와 분리된 그리스정교Eastern Orthodox Church는 헝가리, 러시아 등의 동유럽에 주로 분포되어 있다. 가톨릭교와 달리 그리스정교는 교황을 최고 수장으로 인정하지 않는다.

개신교와 교리

개신교Protestant는 16세기 종교 개혁the Reformation으로 구교에서 분리된 종교 단체로 그리스도교 중 두 번째로 신자(disciple, believer)가 많은 종교이다. 300여 개의 개신교 종파들(denominations)이 전 세계

적으로 퍼져 있는데 개신교는 예수의 가르침을 받들어 구원(salva-tion)을 얻고자 하는 복음주의적(evangelical) 성격을 지니고 있다. 성경Bible에 대한 믿음을 중시하는 성경중심주의(Scripture only)적 특징을 지닐 뿐 아니라, 믿음으로 의롭게 됨(Justification of Faith alone), 즉 예수를 믿어야만 믿는 자들의 죄가 사하여짐(pardoned, justified)을 믿는 것이 특징이다. 가톨릭교가 성직자의 중요성을 강조하는 성직특권주의(sacerdotalism)의 특성이 있다면, 기독교는 하나님을 믿는 사람 모두가 하나님의 사제라고 믿는 만인사제주의 Universal priesthood of believers의 특성이 있다.

기독교의 수장인 목사는 흔히 Pastor 혹은 Minister라고 불리며 일부 교파에서는 남성 목사를 The Reverend Mister목사님라고 부르기도 한다. 목사의 교회 운영을 돕는 장로는 Elder라고 한다. 일상생활에서 영어 elder는 '나이가 더 많은'이란 뜻이나 기독교의 Elder는 나이와 관계없이 교회 내에서 맡는 직분을 가리킨다.

다양한 개신교 종파의 예

예수의 재림을 믿는 재림교(Adventism), 영국 교회를 구성하는 교파로 우리에게는 성공회로 잘 알려진 영국 국교회(Anglicanism), 칼뱅의 신앙과 예정론을 신봉하는 개혁파 교회(Calvinism = Reformed Churches), 칼뱅파와 대립하여 금욕적 세계관을 지지한 독일 종교 개혁자 마르틴 루터를 신봉하는 루터교(Lutheranism), 만인 구원 사상에 중점을 둔 감리교(Methodism), 우리에게는 순복음교회로 잘 알려진 오순절교(Pentecostalism) 등 전 세계적으로 수많은 개신교 종파가 퍼져 있다. 장로교(Presbyterian)와 조합 교회주의(Congregationalism)는 개혁파 교회의 분파들이다.

참고로 여호와의 증인Jehovah's witness은 19세기 말 미국 펜실베니아 주 피츠버그에 설립된 국제성서연구자협회에서 시작된 신종 분파로, 삼위일체the Trinity와 영혼불멸the immortality of the soul을 믿지 않는다.

어원 005 **유일신교: 그리스도교❷ 그리스정교와 개신교**

- **disciple** 신자, 제자 ‹ 어떤 종교에서 신봉하는 신의 존재를 믿고 추앙하는 사람

  🔤 discipulus = pupil 제자, 학생

| **유의어**

adherent 지지자 | cohort 집단, 지지자

rooter 응원하는 사람 | supporter 지지자

votary 숭배자 | devotee 열성신자

enthusiast 열광적 팬 | fanatic 광신도

zealot 열성분자 | partisan 열렬한 지지자

learner 학습자 | pupil 문하생, 학생 | apostle 사도, 주창자

[cf.] **예수의 12제자**

1 Simon 시몬 (베드로라고 불림. 예수를 모른다고 부인한 제자)

2 Andrew 안드레

3 James 야고보 (James(제임스)와 Jacob(야고보)은 동명임)

4 John 요한 5 Philip 필립

6 Bartholomew 바르톨로메오 (나다니엘)

7 Matthew 마태 8 Thomas 도마

9 James 야고보 (알패오의 아들)

10 Simon 시몬 11 Judas 유다 (다대오)

12 Judas Iscariot 이스가리옷 유다 (예수를 은전 서른닢에 팔아넘김)

★Matthias 마티아 (열두 사도 중 유다의 배반과 죽음으로 비어 있는 자리를 채우기 위해 사도로 선출된 예수의 제자)

- **believer 신자** ↞ 어떤 종교에서 신봉하는 신의 존재를 믿고 추앙하는 사람

[게] ga-laubjan = believe 믿다

| **ga-laubjan에서 파생한 외국어**

(네덜란드어) geloven 믿다 | (독일어) glauben 믿다

- **denomination 종파** ↞ 종교의 교파

[cf.] denomination에는 '액면가'란 뜻도 있다.

[라] de = completely 완전히

[라] nominare = name 이름 붙이다

- **salvation 구원** ↞ 고통과 죄악에서 인간을 건져내는 일

[라] salvare = save 구하다

- **evangelical 복음주의의** ↞ 좋은 소식을 알리는, 즉 예수에 의한 인간 구원을 믿고 실천하며 전파하는

[cf.] Evangelical Church 복음주의 교회

[그] eu = good 좋은

ⓒ angellein = announce 알리다

　ⓒ angel(천사)은 angellein과 관계된 angelos(messenger 메신저)에서
　생겨난 단어로 '신의 메신저'를 뜻한다.

- **scripture** 경전 ‥‹ 종교 교의를 담은 책

　ⓡ scribere = write 쓰다

- **faith** 믿음 ‥‹ 창조자를 두려워하고 경건히 받드는 마음

　ⓡ fidere = trust 믿다

- **pardon** 용서하다 ‥‹ 죄 지은 것을 덮어주다

　ⓡ per = thoroughly 철저히

　ⓡ donare = give as a gift 선물로 주다

- **sacerdotalism** 성직특권주의 ‥‹ 성직자의 특별함을 강조한 주의

　ⓡ sacer = holy 신성한

　ⓡ donare =give 주다

- **pastor** 목사 ‥‹ 개신교의 성직자

　ⓡ pastorem = shepherd 양치기

　ⓒ rector 성공회의 교구목사

- **minister** 목사 ‥‹ 개신교 교구를 관할하는 사람

　ⓡ minister = priest's assistant 성직자의 조수 ★14세기 초에 '목사'란 뜻
이 됨

　| 유의어

　clergyman 성직자, 목사

- **reverend** 목사, 신부 ‥‹ 주를 경외하며 교회를 관할하는 성직자

　ⓡ re = intensive prefix 강조 접두사

　ⓡ vereri = stand in awe of ~를 경외하다

　ⓒ 성직자 이름 앞에 존칭으로 the Reverend를 붙여 '~ 목사님, ~ 신부
　님'처럼 자주 사용한다.

- **Adventism** 재림교 ‥‹ 예수가 다시 오실 것임을 믿는 교회

　ⓡ adventus = arrival 도래

　ⓒ advent 도래

- **Anglicanism** 영국 국교회, 성공회 ‥‹ 16세기 종교 개혁의 결과 영국
에서 생겨난 교회

　ⓡ Anglicus = of the English people 영국 국민의

- **Calvinism** 칼뱅주의, 개혁파 교회 ‥‹ 존 칼뱅(1509–1564)의 교리를

가르침 ★구원받을 사람과 받지 못할 사람은 신에 의해 이미 예정되어 있다고 주장

- **Lutheranism 루터교** ↢ 마르틴 루터(1483–1546)의 교리를 가르치고 신봉하는 교회
- **Methodism 감리교** ↢ 18세기 초 영국의 웨슬리가 설립. 규율을 지키고 다양한 방법의 사랑의 실천을 강조

  [그] methodos = scientific inquiry 과학적 탐구, investigation 조사
- **Pentecostalism 오순절교** ↢ 성령의 초자연적 힘을 강조하는 순복음 교회

  [그] pentekoste = fiftieth day 50일 (부활절 50일째의 성령강림의 날)
- **Presbyterian 장로교** ↢ 칼뱅의 교리를 중심으로 장로들이 주도하는 개신교

  [라] presbyter = an elder 손윗사람 ★장로는 목사를 돕는 평신도 최고의 직급
- **Congregationalism 조합 교회주의** ↢ 각 교회가 독립적으로 운영되는 형태

  [라] com = together 함께

  [라] gregare = gather 모이다

유일신교: 이슬람교와 유대교

이슬람교

일신교인(monotheistic) 이슬람교는 창시자이자 신의 마지막 예언자prophet인 마호메트Muhammad의 가르침을 따르며 그 규범을 순나Sunnah라고 부른다. 이슬람교의 성전인 Koran코란의 원어 Al Quran은 '읽어야 하는 것'이란 뜻으로, 코란은 신의 절대성과 유일성을 강조한다.

이슬람교의 종파로는 크게 수니파Sunni와 시아파Shia: 아랍어 shi'ah = 따르는 자가 있다. 수니파는 마호메트의 가르침인 순나를 따르는 사람들로, 이슬람교의 거의 대부분을 차지하는 종파이다. 시아파는 알리와 그 후손

을 따르는 사람들로, 이슬람교의 10% 정도를 차지한다. 마호메트 사후 후계자 선정을 하는 과정에서 충돌이 일어 분열하게 된 종파들이다. 수니파는 이슬람 국가의 통치자인 칼리프caliph를 정통 후계자로, 시아파는 마호메트의 조카이자 사위인 알리와 그 후손들만을 정통 후계자로 여긴다. 시리아의 대통령인 바샤르 알 아사드는 시아파인 알라위파 출신이다. 이에 맞서는 이슬람 무장 테러 단체인 ISIslamic State는 수니파의 극단주의 단체이다.

유대교

유대교Judaism는 기원전 500년경 이스라엘 종교에서 발전한 세계 최초의 유일신교이자 유대인의 민족 종교이다. 유대교를 토대로 그리스도교와 이슬람교가 생겨났다. 유대교는 그리스도교나 이슬람교와 달리 예수를 하느님의 아들로 인정하지 않는다. 율법서인 모세의 5경Torah은 히브리 성서인 Tanakh의 일부이며 탈무드Talmud는 더 후에 생겨난 유대인들의 사상을 담은 율법서이다.

유대교 회당은 synagogue 혹은 shul이라고 일컬으며, 유대교 회당의 지도자를 랍비(Rabbi)라고 하는데 랍비는 유대교를 가르치는 유대교 율법 전문가이다. 유대교의 예배liturgy를 보기 위한 신자들(congregation)은 최소 13세 이상의 남성 10명을 필요로 하며 이들을 minyan이라고 일컫는다. minyan은 히브리어 manehcount 세다에서 생겨난 단어이다. 유대인 남성들은 신에 대한 경외감을 표현하기 위해 kipa라는 작고 동그란 모자를 써서 머리를 가린다.

063

어원 006 **유일신교: 이슬람교와 유대교**

- **monotheistic** 일신교의 · ‹ 하나의 신앙만 갖는
  어 theism = belief 신앙
- **synagogue** 유대교 회당 · ‹ 유대교에서 예배나 집회의 장소로 사용하는 성전
  어 synagein = gather 모이다 (syn = together 함께 + agein = move 움직이다)
- **Rabbi** 랍비 · ‹ 유대교의 율법학자

rabbi = my master 나의 스승

- **congregation** 신자들, 교인들 ┄┈ 예배를 위해 모인 사람들의 집단

  ⓡ gregare = gather 모이다

♪ 그 밖의 유일신교 관련 표현 ♪

crucifixion 십자가에 매달아 죽임 (crux = cross 가로지르다 + figere =
fasten 매다)

gospel 복음 (god = good 좋은 + spel = message 메시지)

the Ten Commandments 십계명 | revelation 신의 계시

the Virgin Mary 성모 마리아

chapel/church 예배당 | Catholic Church 성당

cathedral 대성당 | monastery/abbey 수도원

have a service 예배보다

mass 미사

baptism 세례 (baptizein = immerse 물에 담그다)

confession 고해성사

Sabbath 안식일 (shabbath = day of rest 안식일)

parish 교회/성당의 교구

idolatry 우상 숭배 (eidolon = image 상 + latreia = worship 숭배)

iconoclast 우상 타파자 (eikon = image 상 + klastes = breaker 깨는 사람)

mosque (이슬람) 회교사원 | minaret 회교사원의 뾰족탑

Pharisee 바리새인

good Samaritan 착한 사마리아인 (도둑의 습격을 당한 행인을 보살펴준
착한 사마리아 사람)

다신교: 힌두교

주로 인도와 네팔 지역에 널리 퍼져 있는 토속신앙과 종교가 결합된 형태인 힌두교는 기독교와 이슬람교에 이어 세계에서 세 번째로 신도가 많은 종교이다. 힌두교는 불교와 마찬가지로 업보karma를 강조하고 전 우주에 미치는 영원한(eternal) 진리인 Dharma법에 따라 인내(patience), 자비(mercy), 관대함(generosity) 등의 교리를 실천하라고 한다. 힌두교는 그리스도교와 달리 다신론적 견해도 허용한다.

힌두교와 윤회

힌두교는 인간이 지옥의 존재 Narakahellish, 아귀 Pretaghosts, 동물 Tiryakanimals, 인간 Manusyahuman, 아수라 Asurademigod, 천신 Devaheavenly god의 여섯 가지 존재 중 하나로 삶과 죽음을 계속 반복한다고 보는 윤회(rebirth)산스크리트어로는 samsara 혹은 환생(reincarnation)을 믿는다.

참고로 우리말의 아수라장mayhem은 산스크리트어 Asur추악하다에서 나왔는데 고대 인도 신화에선 아수라가 선신이었다가 싸우기를 좋아하는 악신이 된 존재이다. 아수라도는 전쟁이 끊이지 않는 혼란의 세계이니 아수라장이 원뜻을 그대로 품고 있는 셈이다.

Preta는 악업을 짓고 탐욕을 부려 아귀도에 떨어진 극락왕생하지 못한 귀신으로 항상 굶주림에 시달린다. 그래서 아귀처럼 먹는다devour는 것은 굶주린 귀신처럼 먹는다는 뜻이다.

참고로 불교에서도 인간의 업에 따라 이 육도 중 하나에 태어난다고 보고 있다.

어원 007 다신교: 힌두교

064

- **eternal** 영원한 ← 끝없이 계속되는

  [라] aevum = age 나이, 시대

  | aevum에서 파생한 단어

  medieval 중세의 (medium = the middle 중간)

primeval 태초의 (primus = first 처음의)

coeval 시작 시기가 같은 (com = together 함께)

longevity 장수 (longus = long 오랜)

age 나이, 시대

- **Dharma** **진리, 법** ↔ 참된 이치의 성질을 지닌 것 ★인도게르만공통조어 dher에서 파생해 불교와 힌두교에서 '옳은 행동'이란 뜻이 됨

[인] dher = hold firmly 신봉하다

- **patience** **인내** ↔ 괴로워도 참고 견딤

[라] patientia = patience 인내

- **mercy** **자비** ↔ 크게 사랑하여 가엾게 여김

[라] mercedem = reward 보상 ★mercedem은 merx(merchandise 상품)에서 파생함

| **merx에서 파생한 단어**

mercenary 용병 (merces = pay 지불)

mercantile 상업의 | commerce 상업 | market 시장

- **generosity** **관대함** ↔ 마음이 넓음

[라] generosus = noble birth 고귀한 태생

- **rebirth** **윤회** ↔ 생명체로 다시 태어나는 것

[라] re = again 다시

[인] bher = bear children 아기를 낳다

- **reincarnation** **환생** ↔ 죽은 다음 다시 태어남

[라] incarnari = be made flesh 육체로 이루어지다 ★incarnari는 라틴어 caro(flesh 살)에서 파생함

| **caro에서 파생한 단어**

carneous 살색인 | carnivorous 육식동물인

carcass 동물의 시체 (사람에겐 사용 안 함)

carnage 대학살 | carrion 죽은 짐승의 썩어가는 고기

carnal 육욕적인

carnival 카니발 ★라틴어 carne vale, 즉 고기를 버린다는 뜻으로, 로마 가톨릭에서 부활절 전 금식 기간에 앞서 벌이는 축제

불교

불교와 붓다

우리가 보통 부처, 석가모니라고 말하는 붓다는 영어로 **Buddha**이다. **Buddha**는 '깨달은 자'라는 의미의 산스크리트어에서 유래했다. 붓다는 불교를 창시한 인도의 성자로 기원전 623년 지금의 네팔 지방에서 왕의 아들로 태어났다. 원래 이름은 고타마 싯다르타Siddhārtha Gautama로, 성이 고타마Gautama, 이름이 싯다르타Siddhārtha이다. 불교는 바로 이 붓다의 가르침을 따르는 종교이다.

대승불교와 소승불교

인도에서 기원전 4~6세기경에 발생한 종교인 불교는 수행정진의 방향에 따라 크게 대승불교와 소승불교로 나뉜다.

대승불교(Mahāyāna)의 대승(大乘)은 '큰 수레'라는 의미이다. 즉 많은 사람을 구제하여 태우는 큰 수레를 상징하는 말로, 불교의 진리를 널리 알려 일체중생─切衆生: 이 세상에 살아 있는 모든 생물을 구제하고자 하는 데 무게를 두고 있다. 이러한 관점에서 깨달음(enlightenment)을 구하여 중생을 교화하려는 이들을 보살(bodhisattva)이라고 칭한다. 대승불교는 주로 한국, 중국, 일본 등의 동아시아에 퍼져 있다. 또, 붓다의 비밀의(esoteric) 깨달음의 세계를 전하는 밀교(Vajrayana)는 대승불교의 한 분파로 여겨지는데 티벳, 부탄, 네팔 등의 국가에 퍼져 있다.

소승불교(Theravada 또는 Hīnayāna)의 소승(小乘)은 '작은 수레'라는 의미이다. 살아 있는 일체의 생명을 구제한다는 대승적인 목표보다는 개인의 해탈에 무게를 두고 있다. 즉, 속세의 속박이나 번뇌 등에서 벗어나 열반(nirvana)의 경지에 도달하는 것을 수행의 목표로 삼는다. 주로 태국, 라오스 등의 동남아시아에 퍼져 있다.

어원 008 불교

065

- **Mahāyāna** 대승불교 ‹ 많은 사람을 구제하는 것이 목적인 불교
  (산스크리트어) maha = great 거대한

- (산스크리트어) yana = vehicle 수레

  🔟 불교에서 '마하반야바라밀'의 '마하 maha'는 mahāyāna, 즉 대승, 큰 법을 실천함을, '반야 prajna'는 지혜를, '바라밀 paramita'는 열반에 이름을 뜻한다.

- **enlightenment** 깨달음 ‥◁ 무지에서 벗어나 밝아진 상태

  (게) leuhta = bright 밝은

  | leuhta에서 **파생한 외국어**

  (독일어) licht 밝은

- **bodhisattva** 보살 ‥◁ 참다운 깨달음을 얻은 자

  (산스크리트어) bodhi = perfect knowledge 완벽한 지식

  (산스크리트어) sattva = being 존재

- **esoteric** 소수만 아는, 비밀스런 ‥◁ 진언을 통해 성불에 이르는 소수만 아는 가르침의

  (그) esoterikos = belonging to an inner circle 좁은 범위에 속한

- **Vajrayana** 밀교 ‥◁ 붓다의 비밀의 깨달음의 세계를 믿는 불교

  (산스크리트어) vajrayâna = diamond vehicle 다이아몬드 수레 ★밀교는 금강승이라고도 일컬어짐

- **Theravada** 소승불교 ‥◁ 열반에 도달하는 것이 목적인 불교

  (고대인도의 불교용어) theravâda = doctrine of the elders 장로들의 교리

- **nirvana** 열반 ‥◁ 번뇌의 불꽃이 꺼진 경지

  (산스크리트어) nir = out 끄다

  (산스크리트어) va = blow 불다

불교의 핵심과 용어

불교의 핵심은 연기론이며, 특히 대승불교의 핵심은 연기론과 더불어 공(空) 사상이다. 불교의 윤회론samsara, rebirth은 공과 무아no-self에 기초하는데, 특히 티벳 불교에선 인간이 환생 전에 바르도bardo 중유에서 49일을 머문다고 보고 있다.

연기론

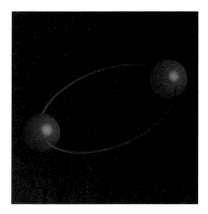

불교는 인연이 있어야 결과도 있다고 보는 연기론(dependent arising)에 기초한다. 이 세상의 모든 것들이 그물처럼 얽혀 있다고 보는 연기론을 혹자들은 양자역학(quantum theory)의 얽힘(entanglement)에 빗대어 설명한다. 여기서 얽힘은 아무리 거리가 멀어 떨어져 있어도 서로의 입자가 양자적으로 서로 얽혀 있는 상태를 말한다.

대승불교에서 법계(法界)는 산스크리트어로 Dharmadhatu다르마다투라고 하는데 dharma의 영역, 즉 전 우주에 영향을 미치는 진리의 영역(realm)으로, 진여(眞如: suchness)까지도 뜻한다. 진여는 영어로 as it is라고 하는데 사물의 있는 그대로의 본질, 모든 현상의 본질적인 양상을 뜻한다. 대승불교 중에서도 특히 화엄종에서는 법계를 연기의 세계라고 한다.

업보

불교사상은 좋은 행동이 좋은 업을 쌓고 나쁜 행동이 나쁜 업을 쌓는다고 보는 인과cause and effect론인 업보(karma)에 기초한다. '콩 심은 데 콩 나고 팥 심은 데 팥 난다As one sows, so shall he reap'는 인과관계를 잘 설명해주는 속담이다.

공(空)

영원한 것은 하나도 없고 끊임없는 변화를 거듭한다고 보는 공(emptiness)은 삶의 일시성(impermanence)을 강조한다.

무아

인생 자체를 고통suffering의 연속이며 나self란 실체는 사실 존재하지 않는다고 보는 것을 무아non-self 사상이라고 한다.

열반

산스크리트어 Nirvana-s _{blowing out 불어서 끈 것}의 음역에서 생겨난 단어 열반은 번뇌의 불이 소멸되고 깨달음을 완성한 해탈의 경지를 가리킨다. 불교의 승려가 죽어서 열반에 이르는 것을 입적한다. 영어로는 enter Nirvana라고 표현한다. 참고로 1980년대 후반 결성된 록밴드의 이름 또한 Nirvana인데 리드싱어 Kurt Cobain의 죽음으로 해체되었다.

승려

남자 승려인 비구_{bhikkhu}와 여자 승려인 비구니_{bhikkhuni}를 통틀어 승려 (monk)라고 한다.

어원 009 불교의 핵심과 용어

- **dependent arising** 연기 ·◦ 인과 연에 의해 결과가 발생함
- **dependent** 의존적인 ·◦ 의지하여 존재하는
  - (라) dependere = hang down 늘어뜨리다
- **arising** 발생 ·◦ 생겨남
  - (고대영어) arisan = get up from sitting, kneeling, or lying 앉아 있거나 무릎을 꿇고 있거나 누워 있다가 일어서다, come into being or action 존재하게 되거나 실행되다
- **quantum** 양자 ·◦ 에너지의 최소 단위
  - (라) quantum = as much as ~만큼 많이 ★양자의 개념은 1900년 막스 플랭크(Max Planck)에 의해 생겨남
- **entanglement** 얽힘 ·◦ 이리저리 관련됨
  - (라) in = into 안으로
  - (중세영어) tagilen = involve in a difficult situation 곤란한 상황에 말려들게 하다
- **realm** 영역 ·◦ 지식이나 생각, 사상 등의 일반적 범위
  - (라) regimen = system of government 정부의 체제
- **karma** 업보 ·◦ 좋은 행동과 나쁜 행동으로 인한 과보
  - (산스크리트어) karma = action or fate 행동 혹은 운명
- **emptiness** 공 ·◦ 존재 자체의 실체가 없음
  - (고대영어) æmetta = leisure 여가

- **impermanence** 일시성, 덧없음 ↔ 머물지 않고 지나가니 일시적임

  [라] im = not 아닌

  [라] per = through 통하여

  [라] manere = stay 머물다

  | **manere에서 파생한 단어**

  remain 남아 있다 | immanent 내재하는

  permanent 영구적인 (per = through 통하여)

  manor 영주의 저택 | mansion 대저택 | manner 일의 방식

- **monk** 승려 ↔ 불교의 출가 수행자

  [그] monos = alone 홀로

  | **monos에서 파생한 단어**

  monist 일원론자

  monogamy 일부일처제 (gamos = marriage 결혼)

  monocular 외눈의 (oculus = eye 눈)

  monad (철학) 무엇으로도 나눌 수 없는 궁극적 실체

  monolith 거대한 돌기둥 (lithos = stone 돌)

  monologue 독백 (logos = speech 말)

  monarchy 군주제 (arkhein = rule 통치하다)

  monotony 단조로움 (tonos = tone 색조)

  monastery 수도원 (terion = place for ~에 대한 장소)

  monopoly 독점 (polein = sell 팔다)

  monogram 합일문자 (gramma = letter 글자)

♪그 밖의 불교용어♫

대표적인 불교 경전

Diamond Sutra 금강경 | Prajna-Paramita-Sutra 반야경

Shurangama Sutra 능엄경 (총 10권으로 구성된 주요 불교 경전중 하나로, 능엄경에 수록된 불교의 대표적인 다라니 중 하나인 427구의 다라니(427 phrases of Mantra-dharani)를 '능엄주'라고 함) ★sutra는 '경'을 mantra는 '범문, 비밀스러운 주문'을, dharani(다라니)는 '산스크리트어로 된 범문을 음 그대로 외우는 것'을 말함

the Earth Store Bodhisattva Sutra 지장경

불교 수행 관련 용어

108 passions, afflictions and defilements 백팔번뇌 (눈, 귀, 코, 혀, 몸, 의식이란 여섯 감각이 좋음, 싫음, 평등함이 서로 달라 18가지 번뇌가 일어나고 이것이 고통, 즐거움, 내려놓음이란 세 감정을 만나면 36가지 번뇌로 늘어난다. 이 36가지의 번뇌가 과거, 현재, 미래 삼세에 벌어지니 곱하여 108 번뇌이다.)

aspiration for enlightenment 보리심

six aspects of consciousness 육식 (눈, 귀, 코, 혀, 몸, 의식을 통한 마음 작용)

varsa/retreat 안거 (한 곳에 머물며 수행함)

three jewels 삼보 (부처님, 즉 불보(Buddha), 부처님의 가르침, 즉 법보(Dharma), 부처님의 가르침을 실천하는 출가 수행자, 즉 승보(Sangha)를 말함) ★불교는 이 삼보에 귀의함(devotion)에 토대를 둠

불교 사상 관련 용어

retribution 응보 | aeon/eternity 영겁

absence of ego/anatta 무아 (불멸의 영혼은 존재하지 않는다)

five heaps 오온

    ❶ form (rupa) 색   ❷ sensation (vedana) 수

    ❸ perception (samjna) 상   ❹ mental formation (samskara) 행

    ❺ consciousness (vijnana) 식

form is emptiness and emptiness is form 색즉공 공즉색

종교와 경전

경전이란

종교마다 영원히 변하지 않는 절대적 진리, 즉 교리를 적어놓은 책이 있는데, 이를 경전(scripture)이라고 한다. 예를 들어, 그리스도교의 경전은 성경이고, 이슬람교의 경전은 코란이다. 성경Bible을 지나치게 숭배하는 행위를 성서 광신(bibliolatry)이라고 한다.

구약성서

성경Bible은 크게 구약성서the Old Testament와 신약성서 the New Testament로 나뉘는데, 구약은 24권의 히브리 성경Hebrew Bible에 토대를 두고 있으며 예수 이전의 신의 계시를 기록한 책이다.

가톨릭교 구약은 46권, 기독교 구약은 39권으로 이루어져 있다. 크게 모세5경(Pentateuch)이라 불리는 율법서유대교에선 Torah라고 불림, 역사서, 지혜서, 예언서로 나뉜다. 율법서 중 천지창조가 그려진 첫 책을 창세기(Genesis)라 하고, 모세가 유대인들을 인솔하여 애굽(이집트)을 탈출하는 장면을 그린 책을 출애굽기(Exodus)라고 한다. 그 외에 레위기(Leviticus), 민수기(Numbers), 신명기(Deuteronomy)가 율법서를 구성하는 책들이다.

신약성서

기원전 5세기 후반에 사용된 표준 그리스어로 쓰인 신약은 예수 그리스도의 가르침과 인생, 그리고 하느님의 계시 등을 다루고 있다. 신약은 정전복음서(Canonical Gospels) 4권, 사도행전(Acts of the Apostles) 1권, 바울의 서간 (Epistles of Paul) 14권, 공동서간(General Epistles) 7권, 묵시록 (the Revelation) 1권의 총 27권으

로 구성되어 있다. 그 중 정전복음서는 마태복음(Matthew), 마가복음(Mark), 누가복음(Luke), 요한복음(John)을 포함하고 있다. 참고로 1990년대 후반에 개봉된 미국영화 〈지옥의 묵시록〉의 원제목은 *Apocalypse Now*_{지금이 종말이다!}이다. Apocalypse는 성서에 묘사된 '세계의 종말'을 뜻하기에 좀 더 강하게 어필하기 위해 지옥의 묵시록이란 은유적 표현을 사용한 듯하다.

이슬람교의 코란

Quran 혹은 Koran_{코란}은 신의 계시를 알려주는 114장으로 이루어진 이슬람교의 경전으로 al-Qur'는 원래 송독_{recitation}이란 뜻이다. 코란의 한 장은 sura(surah)라고 하는데 영어의 chapter_장에 해당한다. 코란은 신이 최후의 예언자인 마호메트_{Muhammad}에게 구두로 계시한 reveal 내용을 마호메트가 23년에 걸쳐 적은 것이라고 알려져 있다. 코란도 유대교의 경전 Tanakh나 그리스도교의 경전 Bible에 실린 많은 인물들과 사건들을 다루고 있다.

어원 010 종교와 경전

067

- **scripture** 경전 ·◦ 종교의 교리를 적어 놓은 책

  ㉥ scribere = write 쓰다

  | scribere에서 파생한 단어

  scribble 갈겨쓰다 | script 대본 | manuscript 원고 (manu = hand 손)

  scriptorium 기록실 | postscript 추신 (post = after 후에)

  inscribe 새기다 (명) inscription 새겨진 글)

  describe 기술하다 (de = down 아래에)

  transcribe 필사하다 (trans = over 위에)

  subscribe 가입 신청하다, 구독하다 (sub = underneath 밑에)

  prescribe 처방하다 (pre = before 미리)

  proscribe 금지하다 (pro = before 미리)

  circumscribe 억제하다 (circum = around 주위에)

  ascribe 원인을 ~에 돌리다 (ad = to ~에게)

  conscribe 징집하다 (con = together 함께)

- **bibliolatry** 성서 광신 ·◦ 성서를 지나치게 숭배하는 행위

  ㉡ biblion = paper 종이, scroll 두루마리

ⓐ lateria = worship 숭배

ⓒ*f.* anthropolatry 인간 신격화 (anthropos = man 인간)

| biblion에서 파생한 단어

biblioklept 책 도둑 (kleptes = thief 도둑)

bibliomancy 성서를 보고 점을 침 (manteia = oracle 신탁)

bibliography 참고문헌, 서지학 (graphos = written 쓰여진)

bibliophile 애서가 (philos = loving 사랑)

- **Genesis** 창세기 ‥‹ 모세5경 중 첫 번째 책

  ⓐ genesis = origin 기원

- **Exodus** 출애굽기 ‥‹ 모세5경의 두 번째 책 ★애굽은 이집트를 가리킴

  ⓐ ex= out 밖으로

  ⓐ hodos= path 길

  | hodos에서 파생한 단어

  odometer 주행기록계

  anode 전해조의 양극 (ana = up 위로)

  cathode 전해조의 음극 (kata = down 아래로)

  synad 종교회의

  method 방법

  period 기간 (peri = around 둘레에)

- **Apostle** 사도, 주창자 ‥‹ 예수를 따르던 제자

  ⓐ apo = away 멀리

  ⓐ stellein = send 보내다

- **epistle** 서간 ‥‹ 편지

  ⓐ epi = to ∼로

  ⓐ stellein = send 보내다

- **Revelation** (요한) 묵시록 ‥‹ 신약성서의 마지막 책 ★묵시는 신이 계시를 내려 그의 뜻을 전하는 것

  ⓐ revelare = uncover 밝히다

종교적 신비주의: 신탁과 예언

신탁

신탁(oracle)은 신이 사람을 매개자로 선택해 그의 뜻을 전하는 것을 말한다. oracle은 '기도하다pray'란 뜻의 라틴어 orare에서 유래했다. 고대 그리스의 신탁은 '신이 인간을 대표하는 사제priest에게 예언을 해주는 장소'나 '예언을 받는 사제 혹은 무녀'를 가리켰다.

예언

아직 일어나지도 않은 일을 미리 알아채서 말하는 것을 예언(prediction, prophecy)이라고 하며, 이렇게 앞날을 내다보는 사람을 예언자(seer)라고 한다. 예언자의 유형을 보면 자연현상이나 징조, 또는 세상 돌아가는 이치를 살펴 앞일을 내다보는 유형이 있는가 하면, 종교적으로 신탁을 받아 신의 계시를 듣고 예언하는 유형이 있다. 후자의 경우 보통 무녀나 고대 사제 등이 이런 역할을 담당했다. 피티아(Pythia)는 그리스 신화 속에 등장하는 유명한 여사제이다. 델피Delphi의 아폴로 신전을 모시며 신탁을 받았다. 또, 2010 남아공 월드컵에서 독일 축구팀의 경기 결과를 100% 예측한 것으로 유명해진 독일 점쟁이(fortuneteller) 문어 Paul도 말하자면 예언가인 셈이다. 과학적으로 완벽하게 설명할 순 없지만 사람이 다른 사람의 미래를 내다보고 예언하는 일은 인류 역사와 항상 함께 해왔다.

어원 011 종교적 신비주의: 신탁과 예언

- **oracle** 신탁 ← 신이 사람을 매개자로 하여 그의 뜻을 전하는 것
  - 란 orare = pray 기도하다
- **prediction** 예언, 예측 ← 앞일을 내다보고 말하는 것
  - 란 prae = before 미리
  - 란 dicere = say 말하다
- **prophecy** 예언, 신탁 ← 신의 계시를 받아 전하는 것
  - 그 propheteia = gift of interpreting the will of the gods 신들의 의지를 해석할 수 있는 재능

| 유의어

prognostication 예언 | revelation 계시

forecast 예측 | foretelling 예언

augury 점(술) | divination 점, 점을 침

prevision 예지, 선견 | vision 종교적 환영

- **seer** 예언자 ⊷ 앞날을 내다보는 사람

  [게] sehwanan = see 보다

  | sehwanan에서 파생한 외국어

  (독일어) sehen 보다

- **Pythia** 피티아 ⊷ 그리스 델피에 있었던 아폴로 신전의 여사제

  [라] phthia = priestess of Pythian Apollo 아폴로 피티아의 여사제

  ★Pytho는 델피(Delphi)의 구지역명으로 아폴로의 별칭임

- **fortuneteller** 점쟁이 ⊷ 운명을 점치는 사람

  [라] fortuna = fate 운명

  [cf.] fortune 운, 부 | fortunate 운 좋은

종교적 신비주의: 점술

앞날의 운수나 길흉을 내다보는 일을 '점(占)'이라고 하는데, 이런 점술에는 여러 가지 다양한 방법이 있다. 천체 위치를 통해 앞날을 내다보는 점은 astrology점성술라 하며, 카드로 치는 점은 cartomancy, 손금을 보고 그 사람의 앞날을 점치는 것은 chiromancy수상술라고 한다. 특히 죽은 사람을 불러내는 마법의 형태는 necromancy강령술라고 하는데, 악령의 힘을 이용한 마법에서 유래했다고 한다. 이외에도 새들의 움직임을 통해 길조와 흉조를 구별하는 augury새 점 등이 있다. 덧붙여, 천리 밖을 내다볼 수 있는 능력인 '천리안'은 clairvoyance라고 하고, 예측을 하기 전에 미리 발생하는 '전조'는 omen 또는 sign이라고 한다.

타로

타로 카드는 15세기 중반부터 유럽 전역에서 사용되었는데, 초자연적인(occult) 힘을 빌어 점을 치는 행위(divination)는 더 후에 유행했다. 타로는 22장의 major arcana메이저 아르카나: 더 심오한 비밀와 56장의 minor arcana마이너 아르카나: 덜 중요한 비밀로 이루어져 있다.

정신분석학자 칼 융은 아무 관계없어 보이는 일들(꿈, 환상, 예감 등의 정신적인 부분까지 모두 포함)이 중요한 연관성(꿈과 현실이 일치하는 경우 등)을 갖는다면 그것은 의미 있는 동시발생(meaningful coincidence)이라는 동시성(synchronicity) 이론을 주장했는데, 서양의 타로나 동양의 주역Book of Changes 모두 융의 동시성과 맥락을 같이하는 면이 있다.

TAROT DECK
Major Arcana

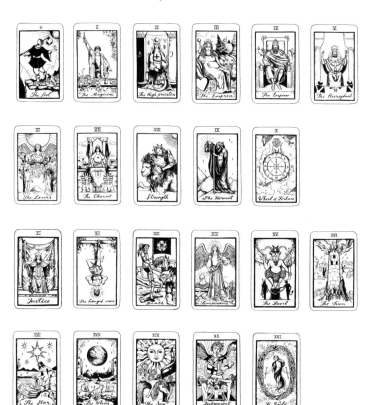

마법과 마법사

인간의 능력을 뛰어넘는 신비한 힘으로 신기한 일을 행하는 술법을 마법이라고 하며, 이런 사람을 마법사, 영어로는 일반적으로 wizard라고 한다. 특히 여자 마법사, 즉 마녀는 witch라고 부르며, witch에 비견되는 남자 마법사는 warlock이라고 한다. 해리포터 시리즈 1권의 제목인 *Harry Potter And The Sorcerer's Stone*해리포터와 마법사의 돌에서 알 수 있듯 sorcerer도 '마법사'를 의미한다. 마법사는 주문을 외우고(cast a spell), 마법을 부리며(conjure), 영화나 책 속에서는 빗자루를 타고 날아다니는fly around on broomsticks 모습 또한 쉽게 접할 수 있다. 손놀림이나 도구 · 장치 등을 이용해 불가사의한 일이 눈앞에서 일어나게 하는 일을 업으로 삼는 사람은 magician마술사이라고 한다.

마녀와 마녀사냥

서양 역사에서 특히 마녀는 오랜 동안 사회적으로 적대시되었다. 고대에는 그렇게 나쁜 의미만으로 인식되진 않았는데, 그리스도교 문화가 퍼진 뒤부터 부정적 의미로 각인되기 시작했다. 특히 흑사병과 전쟁이 휩쓸었던 중세 유럽은 그야말로 혼돈의 시기였다. 야만적인 사회일수록 혼돈의 시기에는 그 책임을 물을 희생양scapegoat을 찾기 마련이다. 그것이 바로 마녀사냥witch hunt과 마녀재판witch trial이었다. 미래를 예측하고 알 수 없는 주문과 약으로 병을 낫게 하는 등, 그 당시 평범한 인간이라면 가질 수 없다고 생각한 힘을 악마의 소행이라고 치부하며 그런 힘을 갖고 있다고 생각되는 여인을 마녀로 몰아 고문하고 처형했다. witch는 본래 성별에 관계없이 마법사를 지칭하는 단어였지만, 중세 유럽의 마녀사냥이 기승을 부린 이후로 witch하면 '여성'이라는 관념이 생겨나 오늘날까지 이어지게 된 것이다.

[어원 012] 종교적 신비주의: 점술

069

- **astrology** 점성술 ↤ 별을 보고 앞날을 내다보는 점술
  [그] astron = star 별
- **cartomancy** 카드점 ↤ 카드로 치는 점술
  [라] carta/charta = a card, paper 카드, 종이
  [그] mantis = prophet 예언

| carta, charta에서 파생한 단어

Magna Carta 마그나 카르타 ★1215년 영국 국왕 존(John)의 실정(失政)에 분노한 귀족들이 왕권을 제한하고 국민의 자유와 권리를 보장하기 위해 왕에게 강요하여 받은 법률 문서로, 영국 입헌제의 기초가 된 문서 중 하나

carton 갑, 통

charter 권리를 명시한 헌장 (특별 계약으로 '항공기나 배 등을 전세내다'란 동사 의미도 있음)

cartel 도전장, 결투 신청서 (기업연합을 뜻하는 '카르텔'로 잘 알려진 단어)

cartridge 탄약통

skat 세 사람이 32장의 카드로 하는 놀이의 일종 ★이탈리아어 scarto (cards laid aside 옆에 놓은 카드)에서 변형됨

- **chiromancy** 수상술 ↔ 손금을 보고 치는 점술

[그] kheir = hand 손

| kheir에서 파생한 단어

surgery (외과) 수술 (ergon = work 작업)

| 유의어

palmistry 손금 보기(palm reading), 수상술

- **necromancy** 강령술 ↔ 혼령을 불러내 앞일을 점치거나 재앙을 물러가게 하는 행위

[그] nekros = dead body 시체

| nekros에서 파생한 단어

necrosis 괴사 | necropolis 공동묘지

- **augury** 새 점 ↔ 새가 날아가는 모습을 보고 치는 점

[라] augurium = interpretation of omens 전조의 해석

- **clairvoyance** 천리안 ↔ 천리를 내다보는 능력

[라] videre = see 보다

- **omen** 전조 ↔ 어떤 일이 생길 기미

[라] omen = foreboding 전조

- **occult** 주술적인, 초자연적인 ↔ 자연의 원리를 넘어선

[라] occultus = hidden 숨겨진 (ob ~ 너머 + celare 숨기다)

| 유의어

arcane 불가사의한 | cryptic 수수께끼 같은 | uncanny 기괴한

supernatural 초자연적인 | inscrutable 불가해한

- **divination** 점, 점을 침 ⊷ 신 또는 초자연적인 힘을 통한 점괘로 앞날을 내다보는 것

  [라] divus = god 신 ★로마 신화의 저승의 신 Dis도 같은 어근 divus에서 생겨남

  [cf.] 기타 여러 가지 점

  tasseography 차 잎을 이용해 점치는 것

  pendulum reading 추를 이용해 점치는 것

- **arcana** 비밀 ⊷ 의미가 숨겨져 있는 내용

  [라] arcanus = hidden 숨겨진

- **coincidence** 동시발생 ⊷ 같은 시간에 일어나는 현상

  [라] com = together 함께 [라] incidere = fall upon ~에 마주치다

- **synchronicity** 동시성 ⊷ (칼 융) 두 가지 이상의 일이 어떤 일치를 보이는 성질

  [그] syn = together 함께 [그] khronos = time 시간

  | khronos에서 파생한 단어

  anachronism 시대착오적 사람 | chronic 만성의

- **wizard** 마법사 ⊷ 지혜를 돕는 자 ★일반적으로 '마법사', 또는 '남자 마법사'를 가리키며, 마법사 중 '현자'라고 지칭되는 현명하고 위대한 마법사를 가리키기도 한다.

  [중세영어] wys = wise 현명한

- **witch** 마녀 ⊷ 마법을 부리는 여자

  [고대영어] wicca = sorcerer 마법사

- **warlock** 남자 마법사 ⊷ 마법을 부리는 남자

  [고대영어] wærloga = oathbreaker 맹세를 깨는 자 ★어근대로 종교적 믿음을 깨고 악마에 영혼을 판 스코틀랜드 남자 마법사들(male witches)과 관련이 있다고 추정됨

- **sorcerer** 마법사 ⊷ 마법을 부리는 사람

  [cf.] sorceress 여자 마법사 [라] sors = fate 운명

  | sors에서 파생한 단어

  consort 배우자 (운명을 함께하는 사람)

- **spell** 주문 ⊷ 주술사나 마법사가 주술을 걸거나 마법을 부릴 때 외는 글귀

  [cf.] spell은 '철자를 말하다'란 의미로도 많이 쓴다.

  [인] spel = say aloud 크게 말하다

- **conjure** 마법을 부리다 ···< 마법으로 나타나게 하거나 사라지게 하다

  ⓐ com = together 함께   ⓐ iurare = swear 맹세하다

- **magician** 마술사 ···< 마술 공연을 하는 사람

  ⓐ magos = one of the members of the learned and priestly
  class 학식 있는 성직자 구성원 중 하나

  cf. magic 마술 | mage 마법사

✎ 타로 카드의 구성 ✎

- **Major Arcana**

0~21번까지 총 22장으로 구성되어 있다.

로마숫자	그림	로마숫자	그림
0	The Fool 바보	XI	Justice 정의
I	The Magician 마법사	XII	The Hanged Man 목맨 남자
II	The High Priestess 고위 여사제	XIII	Death 죽음
III	The Empress 황후	XIV	Temperance 절제
IV	The Emperor 황제	XV	The Devil 악마
V	The Hierophant 사제	XVI	The Tower 탑
VI	The Lovers 연인	XVII	The Star 별
VII	The Chariot 마차	XVIII	The Moon 달
VIII	Strength 에너지, 힘	XIX	The Sun 태양
IX	The Hermit 은둔자	XX	Judgement 심판
X	Wheel of Fortune 운명의 수레바퀴	XXI	The World 세계

- **Minor Arcana**

14장짜리 카드가 각 4벌로 총 56장이다. 4벌은 각각 지팡이(wands) 카드, 컵
(cups) 카드, 검(swords) 카드, 오각형(pentacles) 카드로, 각 벌은 1~10의 숫자
가 적힌 카드 10장과 King(왕), Queen(여왕), Knight(기사), Page(급사)의 인물
카드 4장으로 구성된다.

종교적 신비주의: 귀신의 존재

귀신의 종류

점쟁이나 마녀를 생각하면 함께 떠오르는 단어가 '귀신', '유령', '혼령'과 같은 말이다. 일반적으로 '유령, 귀신'을 의미하는 가장 일반적인 표현은 ghost이다. demon은 원래는 신deity을 가리켰으나 현재는 주로 '악령'을 뜻한다. goblin은 작고 추하게 생긴 서양 도깨비로 장난끼가 많은 것이 특징이다. 비슷한 단어로 spook유령, 도깨비와 apparition유령, 환영, 도깨비이 있다. specter는 '망령' 혹은 '요괴'를, phantom은 '유령, 환영'을, elf는 자연계의 정령, 즉 '요정'을 가리킨다. elf는 보통 작고 예쁘게 묘사되는 편이다. 영화 주제로 자주 이용되는 zombie좀비는 원래는 뱀의 신을 가리켰으나 후에 마술 등 주술의 힘을 믿는 부두교에서 '되살아난 시체'란 의미로 쓰이게 되었다.

푸닥거리

귀신의 존재에 대해서는 과학적으로 증명할 방법은 없지만 현재에도 많은 사람들이 귀신의 존재를 믿고 있다. 그래서 귀신을 쫓는 퇴마 의식인 푸닥거리(exorcism)가 현재에도 행해지고 있다. 귀신이 출몰하는 흉가는 a haunted house라고 한다. 참고로 가톨릭교의 총본산인 바티칸에서는 성직자들에게 퇴마 관련 수업을 제공하고 있다.

부적

인간은 미래에 닥칠지도 모르는 재앙을 두려워한다. 또, 귀신 하면 주로 악귀를 생각하며 악귀의 저주나 괴롭힘을 두려워한다. 그래서 재앙을 막고 악귀를 쫓기 위해, 불운을 막고 행운을 가져오기 위해 '부적'을 쓰거나 '액막이'를 만들곤 한다. 영어로는 일반적으로 talisman이라고 하는데, talisman 중에서도 특히 몸에 착용하는 부적을 amulet이라고 한다. charm은 원래 talisman에 힘을 불어넣는 주술spell 또는 신이나 귀신을 불러내기 위해 거는 주문binding spell을 의미하는데, 오랜 세월을 거치면서 불운을 막고 행운을 가져다주는 목걸이나 팔찌charm necklace, charm bracelet 등의 장신구를 가리키는 명칭으로도 쓰이게 되었다.

오늘날 솔로몬 왕의 인장seal이라고 불리는 오각형 또는 육각형의 별 모양은 악령을 지배하는 힘을 가졌다 하여 반지나 목걸이 펜던트 등에 이 무늬를 새겨 일종의 부적으로 쓰이고 있다. 일본 신사Shinto shrine에서 판매하는 행운을 기원하는 다양한 오마모리omamori는 일본의 전통적인 amulet이다. 십자가crucifix가 악귀를 물리칠 때ward off 사용되는 일종의 부적이라면, 네잎 클로버 또한 행운을 가져다주는 일종의 부적이라 하겠다.

참고로, 사람의 몸에 귀신이 실리게 불러들이는 행위를 invocation이라 하고, 영혼을 특정 장소로 불러내는 행위는 evocation이라고 한다.

어원 013 종교적 신비주의: 귀신의 존재

070

- **ghost** 유령, 귀신 ← 죽은 사람의 넋

  [인] gheis = fear 두려움
- **demon** 악령 ← 저급한 신부터 사악한 영까지 가리키는 표현

  [그] daimon = deity 신

  | **daimon에서 파생한 단어**

  demonolatry 악령 숭배

  demonology 악령학

  demonian 악마의
- **goblin** 작고 추하게 생긴 마귀, 도깨비 ← 잡된 귀신의 하나

  [라] Gobelinus = the name of a spirit haunting the region of Evreux 에브루 지역에 출몰하던 귀신 이름
- **spook** 유령, 도깨비 ← 죽은 사람의 혼령

  [네덜란드어] spooc = ghost 귀신

  | **spooc에서 파생한 외국어**

  (독일어) Spuk 귀신 | (스웨덴어) spöke 귀신
- **apparition** 유령, 환영, 도깨비 ← 죽은 사람의 혼령

  [라] apparere = appear 나타나다

  [cf.] appearance 출현
- **specter** 망령, 요괴 ← 요망한 귀신

  [라] spectrum = apparition 유령

| spectrum의 동사형 specere(view 보다)에서 파생한 단어

retrospect 회상 | spectacle 장관

inspect 조사하다 | introspect 자기반성

specimen 견본 | circumspect 신중한

despise 경멸하다 | perspicacity 통찰력

prospect 전망 | suspect 의심하다

species 종 | respect 존경하다

expect 예상하다 | speculation 추측, 투기

aspect 양상, 측면 | conspicuous 눈에 잘 띄는

- **phantom** 유령, 환영 ·ᄃ 죽은 사람의 혼령

  ⑳ phantasma = apparition 유령

  🄲 fantasy 환상 (phantasia = image 상)

- **elf** 요정 ·ᄃ 자연계의 정령

  ㉝ albiz = evil spirit, incubus 악령 ★원래 인도게르만공통조어에서는
  악령을 뜻하였기에 고대 영어에선 ælfadl(악몽), ælfsogoða(딸꾹질: 악령이
  초래한다고 여겨짐)처럼 사용되다가 후에 요정의 뜻으로 점차 바뀜

  | elf가 들어간 영어 이름

  Alfred 알프레드 (elf-counsel 요정 상담)

  | albiz에서 파생한 외국어

  (독일어) Alp 악령

- **zombie** 좀비 ·ᄃ 되살아난 시체

  [서아프리카 콩고의 반투어족] zumbi = fetish 숭배의 대상

  [앙골라 북부의 반투어족] nzambi = god 신

- **exorcism** 퇴마 ·ᄃ 마귀를 쫓아내는 것

  ㉠ exorkizein = bind by oath 맹세로 매인

- **haunted** 귀신이 출몰하는, 유령이 사는 ·ᄃ 귀신이 자주 나오는

  ㉻ hanter = frequent 자주 드나들다

- **talisman** 부적, 액막이 ·ᄃ 재앙을 막고 행운을 가져다주는 물건

  ㉠ telein = perform religious rites 종교의식을 수행하다

- **amulet** **부적, 액막이** ↔ 몸에 착용하여 재앙을 막고 행운을 가져다주는 물건

  [라] amuletum = a thing worn as a charm against spells, disease, etc. 주문이나 질병 등을 막는 용도로 착용하는 물건
- **charm** **부적용 장신구** ↔ 재앙을 막고 행운을 가져다주는 팔찌나 목걸이 등

  [라] carmen = song 노래, religious formula 종교의식
- **invocation** **주문, 기도** ↔ 귀신을 불러들일 때 외는 글귀

  [라] in = upon ~에다가

  [라] vocare = call 부르다

  [cf.] evocation 영혼을 특정 장소로 불러내는 행위 (ex = out 밖으로)

JUDAISM
HINDUISM
ISLAM
CHRISTIANITY
CONFUCIANISM
BUDDHISM
SHINTOISM
TAOISM
SIKHISM
BAHAISM

HUMAN
BEING

4

삶과 죽음

Life
Death

한 번쯤 물어도 좋을 질문 4
어떻게 늙어갈 것인가?

How do you want to grow old?

세상에 태어난 이상 흘러가는 시간과 함께
나이를 먹고 늙어가는 것을 막을 수는 없다.
늙지 않기를 바라며 불행해하기보다는
아름답게 늙어가는 자신의 모습을 상상해보는 건 어떨까?
자연스럽게 나이 들어가는 모습 속에는
젊음과는 또 다른 아름다움이 있다.

어원표시 ⓡ 라틴어 ⓖ 그리스어 ⓗ 히브리어 ⓖ 게르만조어 ⓘ 인도게르만공통조어
ⓗ 힌두어 ⓟ 프랑스어 ⓔ 영어 ⓢ 스페인어 ⓓ 독일어

품사표시 ⓜ 명사 ⓓ 동사 ⓗ 형용사 ⓑ 부사

Chapter 4
삶과 죽음

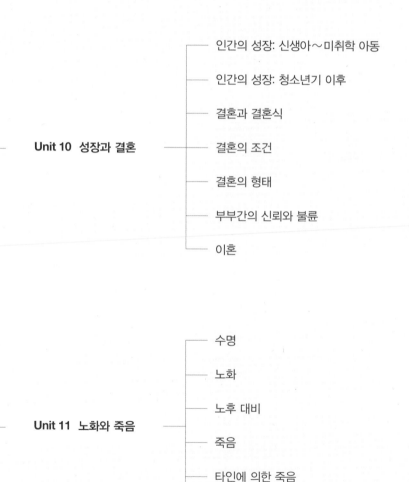

Unit 10 성장과 결혼

인간의 성장: 신생아~미취학 아동

인간의 성장: 청소년기 이후

결혼과 결혼식

결혼의 조건

결혼의 형태

부부간의 신뢰와 불륜

이혼

Unit 11 노화와 죽음

수명

노화

노후 대비

죽음

타인에 의한 죽음

장례식

인류와 사회 풍습

Human Being
&
Cultural
Practices

'의식의 흐름' 기법으로 대표되는 20세기 모더니즘 소설의 원형을
제시한 헨리 제임스Henry James, 1843~1916는 말했다.

"It takes an endless amount of history
to make even a little tradition."

사소한 전통에도 수많은 역사가 있다.

그렇다.
인간이 특정한 지역에서 무리를 이루어 오랜 세월 함께 살아가다 보면
공동체의 질서와 행복을 위해 그 사회 내에서 합의된
규범과 행동양식이 자리잡게 된다.

나름의 스토리와 역사를 갖고
세월을 이어 계속되는 그런 규범norm과 행동양식을
우리는 풍습, 관습custom, 전통tradition이라고 부른다.

추석이면 송편을 먹고,
설날 아침이면 떡국 한 그릇과 함께 나이를 먹는 것,
바로 이런 것이 오래된 우리의 풍습이자 전통이다.

그러나 이런 풍습이나 전통도
제사나 성묘처럼 세월을 거치며 변화하는 시대상에 따라
그 모습이 끊임없이 변화해간다.
어떤 것은 진화하고 발전 · 계승되며
어떤 것은 퇴색되어 사라져간다.

인류와 사회

인간사회와 문화
개인의 집단인 사회(society)는 원래 라틴어 socius^{companion 동반자, 친구}
에서 생겨난 단어이다. 동반자들이 무리를 지어 사는 것이 사회인
셈이다.

특정 시대의 사회집단이 공유하는 예술, 신념, 풍습, 전통 등을 통틀
어 문화(culture)라고 한다. culture는 라틴어 colere^{tend 돌보다, cultivate}
^{재배하다, 육성하다}에서 생겨난 단어이다. 그 어근에서 알 수 있듯 하나의 씨
를 돌보고 재배하여 결실을 맺기 위해 가꿔가는 것이 문화이다.

인류학
인류학(anthropology)은 말 그대로 인간집
단, 즉 인류에 대해 연구하는 학문이다. 인류
의 기원과 행동양식, 그에 따라 형성되고 변
해가는 문화 전반을 포괄하여 연구하는 학문
이다. holistic은 '전체론적인'이란 의미로, 전
체는 단순한 부분의 총합으로 설명될 수 없다
는 점에서 인류학의 성격을 잘 드러내는 표현
이라 할 수 있겠다.

풍습
인간이 특정 지역에서 무리를 이루어 오랜 세월 역사를 쌓아가며 살
아가는 과정에서 굳어진 행동양식이나 습관을 '관습'이라 한다. 또 옛
날부터 그 사회에 전해오는 생활 전반의 (남다른) 습관을 풍속이라
하는데, 사회 내의 그런 풍속과 습관을 아울러 '풍습'이라고 한다. 영
어로 가장 일반적인 표현은 custom이다. practice도 '관습, 풍습'이
란 뜻으로 쓰이는데, 이 단어에는 특히 '현재 사람들이 흔히 행하는
방식'이란 어감이 포함되어 있다. 그래서 practice는 '관행'이라는 의
미로도 확장되어 쓰인다. 참고로 개인적인 차원에서의 습관은 habit
이라 한다.

전통

custom이 '습관적인 면'에 중점을 둔 단어라면, tradition전통은 '전달의 면'에 중점을 둔 단어이다. tradition은 라틴어 transover ~너머로와 daregive 주다가 합쳐진 단어로, 어원에서 보듯 과거에서 현재로, 현재에서 후대로 '이어주다, 전달하다'란 행위에 초점을 맞추고 있다. 즉 선조(predecessor)가 우리에게 건네주고pass down/hand over, 우리가 다음 세대next generation에 건네주는 사상이나 관습, 풍습이다. 이렇게 세세대대로 이어진다는 것은 그 사회에서 바람직하고 훌륭하다고 생각된다는 얘기이다. 따라서 tradition은 관습, 풍습에 신념belief이 더해진 표현이라 할 수 있겠다.

관례

convention관습, 관례은 그 사회 내에서 통용되는 도덕 · 윤리 정서상 옳다고 생각하는 tradition을 말한다. 그 사회 내에서 '행해지면 좋은 행동양식'이라고 통용되지만 사실상 강제성은 없는 경우도 흔하다. 하지만 집단에서는 사람들의 시선이라는 게 심리적 강제로 작용하기 때문에 이런 관례를 무시하고 살아가기 또한 쉽지 않다.

사회 질서를 유지하고 그 사회를 바람직한 방향으로 이끄는 데 필요하다고 사회적으로 합의된 법률, 도덕, 종교, 관습, 관례 등의 규범(norm)을 우리는 보통 사회 규범이라고 한다.

어원 001 **인류와 사회**

071

- **society** 사회 ‧‹ 공동생활을 영위하는 조직화된 인간집단 또는 그 세계
  라 socius = companion 동반자, 친구
  | socius에서 파생한 단어
  associate 결부 짓다, 연상시키다
  dissociate 분리하다 (dis = not 아닌, 않는)
- **culture** 문화 ‧‹ 특정 시대의 사회집단이 공유하는 예술, 신념, 풍습, 전통 등
  라 colere = tend 돌보다, cultivate 재배하다, 육성하다
- **anthropology** 인류학 ‧‹ 인류의 기원이나 특질을 연구하는 학문
  그 anthropos = man 인간 ★anthropos는 그리스 어근 aner(man 인간)에서 파생함

| anthropos에서 파생한 단어

misanthrope 인간 혐오자 (misein = hate 혐오하다)

anthropolatry 인간 신격화 (lateria = worship 숭배)

philanthropy 박애주의 (phil = loving 사랑)

zoanthropy 자신을 동물로 생각하는 정신병 (zoion = animal 동물)

lycanthropy 자신을 늑대로 생각하는 정신병 (lykos = wolf 늑대)

anthropomorphous 사람 모양을 한 (morphe = form 형태)

pithecanthropus 직립원인의 (pithekos = ape 원숭이)

| aner에서 파생한 단어

Alexander 알렉산더 (alexein = ward off 물리치다 + aner = man 남자)

Andrew 앤드류 (andreios = manly 남자다운)

polyandrous 일처다부제의 (poly = many 많은)

androgynous 양성의 특징을 지닌 (gyne = woman 여성)

philanderer 바람둥이 (phil = loving 사랑)

- **holistic 전체론적인** ↔ 전체는 단순한 부분의 총합으로 설명될 수 없다는 이론의

[그] holos = whole 전체의

- **custom 풍습, 관습** ↔ 한 사회 내에서 오랜 세월 익숙해져 내려온 풍속과 습관

[라] com = intensive prefix 강조 접두사

[라] suescere = become used to ~에 익숙해지다

| suescere에서 파생한 단어

desuetude 폐지 (de = away 멀어져)

mansuetude 온순 (manus = hand 손)

sodality 교우회, 협회 (sodalis = companion 벗)

- **practice 관습, 관행** ↔ 습관적으로 굳어져 현재 사람들이 흔히 행하는 방식

[그] praktikos = practical 실용적인

[cf.] practice는 동사로 '연습하다', '실행하다', '개업 의사/변호사로 일하다'는 뜻으로도 많이 쓰인다. ([ex.] practice law 개업 변호사로 일하다)

- **tradition 전통** ↔ 과거의 바람직한 관습이나 사상 등이 현재까지 전달되어 지켜지고 있는 것

[라] trans = over ~너머로

ㄹ dare = give 주다

- **predecessor** 선조 ⋯ᐨ 여러 대를 거슬러 올라가는 위 세대들

  ㄹ prae = before 이전에

  ㄹ decessor = retiring official 은퇴하는 관리 ★동사형인 decedere는
  떠나다(go away)를 뜻함

  | 유의어

  ancestor 조상 | forebear 선조, 조상

  forerunner 선구자 | precursor 선도자, 전구체

  antecedent 선례, 선조 | foregoer 선례, 선대

  antecessor 전임자, 선행자

- **convention** 관습, 관례 ⋯ᐨ 선조로부터 전해지고 굳어진 전통적 행동
  양식

  ㆍ conventionally 관례상, 관례적으로

  ㄹ com = together 함께

  ㄹ venire = come 오다

- **norm** 규범 ⋯ᐨ 사회적 합의를 거쳐 마땅히 따라야 하거나 따를 만한 본보기

  ㄹ norma = carpenter's square 목수의 먹자

  | norma에서 **파생한 단어**

  normal 정상적인 | abnormal 비정상적인 (an = not 아닌)

  enormous 막대한 (ex = out 밖으로)

  Norma (여자 이름) 노마 ★이 이름을 가진 사람은 '자로 잰 듯 정확한 삶의
  방식'을 갖고 있을 것만 같은 느낌을 준다.

  | 유의어

  benchmark 기준점 | criterion 표준, 기준 | measure 척도

  model 모형, 모범 | pattern 양식, 귀감 | rule 규칙

  barometer 지표, 기압계 | gauge 측정기, 치수

  mean 평균치 | median 중앙값 | par (골프) 기준 타수, 파, (금융) 액면가격

  touchstone 시금석, 기준 | yardstick 기준, 척도

명절과 축제

명절을 영어로는 보통 holiday라고 한다. 우리는 '명절', '국경일', '공휴일'을 다 따로 쓰지만 영어는 명절도, 국경일도, 공휴일도 모두 holiday이다.

'축제'를 나타내는 가장 일반적이고 포괄적인 단어는 우리도 많이 쓰는 festival이다. festival페스티벌은 라틴어 festum festival 축제에서 생겨난 단어이다. 다음에서 설명하겠지만, 카니발은 축제의 일종이다. feast는 주로 '종교적인 축제'를 말할 때 많이 쓰고, '축하연, 잔치'를 뜻하는 단어로도 쓰인다.

우리의 대표적인 명절이 추석과 설날이라면, 그리스도교 국가라고 할 수 있는 미국의 대표적인 명절이자 축제일은 부활절Easter, 추수감사절Thanksgiving Day, 크리스마스Christmas 등이 있겠다. 미국에서는 추수감사절부터 블랙 프라이데이Black Friday: 추수감사절 바로 다음날인 금요일, 크리스마스 시즌, 새해가 시작되는 1월 초까지를 Holiday Season이라고 한다.

카니발과 사순절

카니발(Carnival)은 원래 기독교의 사순절(Lent)부활절 전 40일 직전인 2, 3월에 열리는 축제이다. 사순절은 예수의 고난과 부활을 기념 묵상하며 경건히 보내는 절기로, 이 기간 동안 신자들은 금식과 절제의 시간을 보낸다. 따라서 사순절에 들어가기 직전 3일에서 7일 정도 음주가무 등을 즐기는 축제가 카니발이다. 브라질의 Rio de Janeiro의 카니발이 유명하다.

부활절

오늘날 크리스마스Christmas는 마치 전 세계인의 명절처럼 인식돼서 그리스도교에서도 크리스마스가 가장 큰 축일인 줄로 알고 있지만, 사실 그리스도교에서는 부활절(Easter)이 가장 의미 있는 축일이자 교리의 핵심이다. 부활절은 예수가 십자가에 처형을 당한 후 3일 만에 부활한 것을 축하하는 날이며, 이 시기는 낮과 밤의 길이가 동일한 날인 춘분과 거의 일치한다.

할로윈

할로윈(Halloween)은 미국에서 매년 10월 31일에 유령복장 등 기괴한 복장(costume)을 하고 즐기는 축제날feast이다. 원래 Allhallow-evenEve of All Saints 모든 성인들의 날의 전날의 준말로, 모든 성인(hallow, saint)들을 포함한 망자들the dead을 기리는 날이다. 고대 켈트족이 매년 10월 마지막 날 죽음의 신에게 제를 올리며 죽은 자들의 혼을 달래고 악령을 쫓았다는 데서 유래했다고. 할로윈에는 누런 호박에 눈, 코, 입을 파서 만든 Jack-O-Lantern잭오랜턴을 문 앞이나 창가에 둔다. 밤이 되면 할로윈 복장을 한 아이들이 집집마다 다니며 Trick or Treat!과자 안 주면 장난 칠 테야을 외치는데, 이때 각 집에서는 미리 준비한 초콜릿이나 과자, 사탕 등을 아이들에게 건네준다.

독일의 옥토버페스트와 프랑스의 보졸레 누보 데이

Oktoberfest옥토버페스트는 독일 뮌헨에서 매년 9월말부터 10월 초까지 2주 동안 열리는 전통적인 맥주 축제이다. 원래는 루트비히 1세의 결혼을 축하하기 위한 축제로 시작되었으나 이제는 독일의 다양한 맥주를 즐기는 전 세계적인 축제로 자리매김했다.

이에 견줄 만한 술과 관련된 축제로 프랑스의 Beaujolais Nouveau Day보졸레 누보 데이가 있다. Beaujolais는 프랑스 보졸레산 와인을 뜻하며 nouveau는 new새로운에 해당하는 프랑스어이다. 즉 Beaujolais nouveau는 그 해에 수확한 보졸레산 포도로 만들어 바로 파는 햇포도주를 의미한다. 보졸레 누보 데이는 매년 11월 세 번째 목요일이

다. 보졸레 지방의 포도 수확을 축하하기 위해 그 지방 생산업자들이
수확 후 생산한 첫 번째 와인을 마시는 자리를 가진 것을 시작으로,
이제는 매년 이맘때가 되면 전 세계에서 그 해에 생산된 포도로 만
든 포도주를 동시에 마시는 와인 애호가들의 연례행사로 발전했다.

추수감사절

전 세계적으로 수확(harvest)의 계절이면 한 해의
수확과 신의 은총에 감사하며 가족 또는 이웃이
함께 모여 음식을 나누며 즐기는 풍습이 남아 있
다. 우리에겐 추석명절이 그렇고, 미국^{11월 넷째 주 목요일}
과 캐나다^{10월 둘째 주 월요일}에서는 Thanksgiving Day
_{추수감사절}가 그렇다. 추수감사절은 미국과 캐나다의
국경일로, 이날엔 전통적으로 가족들이 모여 칠
면조 고기_{turkey}를 먹는다. 또한 추수감사절 직전에는 백악관_{White House}
에서 대통령에게 살아있는 흰색 칠면조를 선사하는 의식(ceremony)
이 열린다. 칠면조가 turkey라는 명칭으로 불린 데는 오스만 제국
(터키)의 지배를 받던 북아프리카를 경유하여 스페인에서 유럽 전역
으로 칠면조가 소개된 데서 비롯되었다. 참고로, talk turkey는 '적
나라하게 말하다', go cold turkey는 '마약을 갑자기 끊다'는 의미
의 관용어이다.

어원 002 **명절과 축제**

072

- **holiday** 명절, 국경일, 공휴일 ⟶ 신성한 날

  (고대영어) halig = holy 신성한

  (고대영어) dæg = day 날

- **festival** 축제, 페스티벌 ⟶ 축하 및 기념하기 위해 일정 기간 동안 벌이
  는 행사

  (라) festum = festival 축제

  (cf.) festivity 축제 행사

- **feast** 축제, 축하연, 잔치 ⟶ 축하 및 기념하기 위해 모여 음식을 먹으며
  어럿이 즐기는 자리

  (라) festa 축제

| 유의어

ball 무도회 | bash 유명인사가 참석하는 큰 파티

binge 흥청망청하기 | fête 모금행사, 바자회 | function 행사

gala 경축행사 | jubilee 기념제 | occasion 특별한 행사

- **carnival** 카니발 ·‹ 사육제(사순절에 앞서서 3일 또는 한 주일 동안 즐기
  는 명절)와 같은 축제

  ㉢ caro = flesh 살

  | caro에서 파생한 단어

  carnivorous 육식성의 | carnal 육욕적인

  carrion 썩어가는 고기 | carnage 대학살

  incarnation 성육신, 화신(embodiment)

- **Lent** 사순절 ·‹ 부활 주일 전 40일 동안의 기간

  (고대영어) lencten = springtime 봄, the fast of Lent 사순절 기간의 금식

  (서게르만어) langitinaz = long days 긴 나날들

  | langitinaz에서 파생한 외국어

  (네덜란드어) lente 봄 | (독일어) Lenz 봄

- **Easter** 부활절 ·‹ 예수의 부활을 기념하는 축일

  ㉠ austron = dawn 동틀녘 (aust = east 동쪽의)

  cf. paschal 부활절의 ★라틴어 pascha에서 유래함

- **Halloween** 할로윈 ·‹ 만성절(모든 성인들의 날) 전날인 10월 31일에
  즐기는 축제

  (스코틀랜드어) Allhallow-even = Eve of All Saints 모든 성인들의 날의 전
  날인 10월의 마지막 날을 뜻하는 스코틀랜드어 줄임말 ★켈트족의 풍습에서
  유래

- **costume** 의상, 복장 ·‹ 겉에 차려입는 옷

  ㉢ consuetudinem = habit 습관 ★이탈리아어로 전해지며 fashion이
  란 뜻이 추가됨

  | 유의어

  apparel 의복 | attire 의복, 복장

  ensemble 앙상블 (한 벌로 맞춰 입게 지은 옷) | fashion 의류업

  suit 정장 | uniform 유니폼 | wardrobe 의류, 의상팀

  clothing 옷 *cf.* cloth 천 | clothes 옷

duds (구어체) 한 벌의 옷, 소지품 | livery (과거 하인 등의) 제복, 상징색
outfit 옷, 장비 | rig 몸차림, 의장 | robes 예복, 대례복

- **hallow** **신성한 것으로 숭배하다, (고어) 성인** ↢ 신성시하여 받들거나 받드는 사람

  [게] hailagon = holy 신성한

  | **유의어**

  sanctify 신성하게 하다, 축성하다 | anoint 성유를 바르다 | bless 축복하다

- **harvest** **수확** ↢ 익은 농작물을 거두는 것

  [게] harbitas = harvest 수확, autumn 가을

  ★고대 영어에서는 harfest가 '가을'의 뜻이었음. 게르만조어 harbitas는 인도게르만공통조어 kerp(gather 모으다, harvest 수확하다)에서 생겨남. '발췌'를 뜻하는 excerpt도 바로 kerp에서 파생한 단어

- **ceremony** **의식** ↢ 경건한 의식

  [라] caerimonia = holiness 신성함

  [cf.] **ceremony의 다양한 예**

  inauguration 대통령 취임식
  ribbon-cutting ceremony (신축 건물 등의) 개관식
  graduation ceremony 졸업식 | funeral 장례식

공휴일

공휴일holiday은 말 그대로 휴일, 일을 쉬는 날을 말한다. 따라서 국경일, 주말, 휴가, 명절 등은 모두 공휴일에 속한다. 주말이나 명절 외의 법정 공휴일은 국가 역사상 중요한 날(예: Independence Day미 독립 기념일: 7월 4일)이나 특정 목적(예: Labor Day미 노동절: 9월 첫째 월요일) 등을 기념하기 위한 날로 지정된다.

참고로 만우절April Fools' Day은 매년 4월 1일에 주변 사람들에게 짓궂은 장난(hoax)을 치는 날로, 여러 나라에서 인기를 끌고 있지만 공휴일은 아니다. 식목일Arbor Day과 같은 일부 국정 기념일은 명목상(nominally) 준수되고 있긴 하지만 공휴일은 아니다.

휴가

직장인 등 평소 어떤 정해진 일에 매여 있는 사람들이 한 번씩 휴가를 내면take a vacation 보통 여행을 떠나는데, 이때 '휴가'를 vacation 혹은 holiday라고 한다. 회사에서 내는 '휴가'는 leave of absence라고 하는데, 사용하지 못한 연차 휴가annual leave가 쌓이면accrued 다음 해로 이월하여roll over 사용할 수 있다. 그 밖에도 여성들에게 주어지는 '출산휴가'는 maternity leave라고 한다. 요즘에는 '남자들끼리만 가는 휴가여행'이란 뜻의 mancationman 남자 + vacation 휴가이라는 용어도 생겼다.

안식년

옛 유대인들이 7년마다 경작을 쉰 안식년을 sabbatical이라 하는데, 이는 히브리어 shabbathday of rest 휴일에서 생겨난 단어이다. 대학교수들이 7년마다 1년씩 연구를 위한 휴가를 내는 장기 휴가도 종교적 기원에서 유래한 '안식년'이란 말을 쓴다.

어원 003 공휴일

073

- **hoax** 짓궂은 장난 ← 재미로 짓궂게 하는 짓
  ★1700년대 말에 생겨난 단어
- **nominally** 명목상으로 ← 겉으로 드러나 보이기만 그러할 뿐
  [라] nomen = name 이름
  | **nomen에서 파생한 단어**
  nomenclature 학술적 명명법 | nominate 지명하다
  binomial 수학의 이항식 | denominate 액수를 매기다
  innominable 이름을 내걸 수가 없는
  ignominious 수치스러운 (in = not ~이 아닌)
  noun 명사 | pronoun 대명사
- **vacation** 휴가 ← 잠시 일을 떠나 휴식을 취하는 것
  [라] vacare = at leisure 느긋하게, be empty 비어 있다
  | **vacare에서 파생한 단어**
  vacate 비우다 | vacuum 진공
- **sabbatical** 안식년(의) ← 유대인들이 7년마다 1년씩 쉬는 해
  [히] shabbath = day of rest 휴일

[cf.] sabbath 안식일 ★헤비메탈 밴드 Black Sabbath는 Witches' Sabbath(마녀들의 안식일)란 뜻으로 영화 제목을 딴 이름이다.

기념일

풍습, 전통, 관례, 또는 사회규범 등에 의해 집단적으로 기념하는 날들도 있지만, 개인의 삶과 관련해 특별한 의미가 있는 개인사를 축하하는 기념일도 있다. 이런 기념일을 영어로는 anniversary라고 한다.

한 아이가 어른이 되는 것을 기념하는 날인 성년식coming of age, 부부가 결혼한 날을 기념하는 결혼기념일wedding anniversary, 한 사람이 태어난 날을 축하하는 생일(birthday) 등이 이런 기념일에 속한다.

생일은 매년 축하하는 것이 일반적이지만 윤년leap year의 해 2월 29일에 태어난 사람들(leapling, leaper)은 4년에 한 번씩 생일이 돌아온다. 하지만 이들은 2월 29일 하루 전날인 28일에 생일을 기념하기도 한다.

기념일 중 백 번째에 해당하는 백 주년은 centennial이라 하고, 천 주년은 millennial이라고 한다. 또한 25주년이나 50주년 기념일은 jubilee라고 한다.

어원 004 기념일

074

- **anniversary** 기념일 ← 해마다 무엇인가를 축하하거나 기리는 날

  [라] annus = year 년

  | **annus에서 파생한 단어**

  annuity 연금 | annals 연대기

  per annum 1년에 (per = through 통하여)

  annual 연례의

  biennium 2년간 (bi = two 2)

  biennial 2년마다의

  triennial 3년마다의, 3년간 계속되는 (tri = three 3)

decennial 10년간, 10년마다의 (decem = ten 10)

perennial 다년간 지속되는, 다년생의 (per = through 통하여)

millennium 천 년 (mille = thousand 천)

superannuate 노쇠하여 퇴직시키다 (super = beyond 너머서)

- **birthday** **생일** ← 한 사람이 태어난 날

  [게] gaburthis = that which is born 태어난 것

  | **gaburthis에서 파생한 외국어**

  (독일어) Geburt 탄생 | (네덜란드어) geboorte 탄생, 출산

- **leapling** **2월 29일에 태어난 아기** ← 4년마다 한 번씩 2월이 하루 더 늘어난 윤달(leap month)에 태어난 아기 [cf.] leap 건너뛰다, 건너뜀

  [게] hlaupan = jump 뛰어넘다

  | **hlaupan에서 파생한 외국어**

  (독일어) Lauf 뛰기, 이력 | (네덜란드어) loop 달리기, 질주

- **centennial** **백 주년** ← 백 년이 된 것을 기념하는 날

  [라] centum = one hundred 백 년

  [cf.] bicentennial 이백 주년 (bi = two 2)

  quadricentennial 사백 주년 (quad = four 4)

- **millenial** **천 주년** ← 천 년이 된 것을 기념하는 날

  [라] mille = thousand 일천

  [라] annus = year 년

  [cf.] million 백만

You never understand life until it grows inside of you.
사람은 생명이 몸 안에서 자라기 전에는 생명을 결코 이해하지 못한다.
– 산드라 카시스 (레바논 작가)

인간의 탄생
The Birth

인류는 끊임없는 번식reproduction과 출산delivery을 통해
지금까지 멸하지 않고 종족을 유지해왔다.
한 인간의 탄생은 인류의 영원한eternal 존속을 의미한다.
한 인간의 탄생은 그런 이유에서 인류에게 중대한 일인지도 모른다.

정자sperm와 난자ovum가 만나 수정란fertilized egg을 만들고
그것이 여성의 뱃속에서 약 10개월의 시간들을 보내며
신체기관들이 형성되고 발달되어 어엿한 인간의 모습을 갖추게 되면,
그것It은 더 이상 그것이 아니라 아기baby라는 소중한 존재로
세상 밖에 나온다. 큰 울음을 터뜨리며 '내가 여기 왔노라!'
'나는 살아 있노라!' 존재감을 드러내며…
이 얼마나 경이로운 생명의 탄생인가?
존재감도 없어 보이던 정자와 난자라는 물질(?)이
인간이라는 생명체로 거듭나는 과정은 참으로 놀랍고 신비한 일이다.

그러니 임신한 여성들이여!
인류를 위해 소중한 존재를 품은 당신은 그 누구보다도 소중하다.
당신의 건강과 행복이 곧 아기의 건강과 행복이니 아기만큼 자신을
소중히 여길지어다!

*It's a great thing about being pregnant, you don't need
excuses to pee or eat.*
임신한다는 것은 멋진 일이다. 화장실에 갈 때나 많이 먹을 때 변명할 필요를 없게 해준다.
– 안젤리나 졸리 (미국 배우)

생명 탄생의 비밀

신화 속 분만의 여신

로마 신화에서 분만의 여신인 Juno Lucina주노 루키나는 뱃속의 아기를 세상의 빛으로 이끄는 역할을 하는데, 그래서인지 그 라틴어 어근인 lux는 light빛을 뜻한다. Lucina는 달의 여신이자 처녀성(virginity)의 여신인 Diana디아나와 동일 인물로 여겨진다. 은유적 의미의 산파(midwife)나 산과의사(obstetrician라틴어 obstetrix = midwife 산파)의 원조인 셈이다.

수정

영어에는 생명 탄생의 비밀을 설명하는 the birds and the bees란 표현이 있다. 아기가 태어나기까지 과정의 첫 출발인, 남성의 정자sperm가 여성의 난자ovum, egg cell를 찾아가 수정(fertilization라틴어 fertilis = fruitful 생산적인)하는 모습을 벌bees이 꽃가루pollen를 꽃에게 가져오는 것에 비유하고, 여성의 출산(delivery)을 새birds가 알을 낳는 것에 비유한 것이다.

배아, 태아, 임신

출산 전 임신 상태에서 아기를 설명할 때, 한 생명이 탄생하기 전 뱃속의 가장 작은 상태인 자궁에 착상된 후 8주 이전까지의 상태를 배아(embryo)라 하고, 8주 이후의 상태를 태아(fetus)라고 한다. 이런 출산 전 상태를 한 마디로 prenatal태어나기 전의 상태라 한다. 뱃속에 태아가 생긴 상태, 쉬운 말로 아이를 밴 상태를 '임신'이라고 하는데, 영어로는 pregnancy 또는 gestation이라고 한다. 참고로 breed새끼를 낳다는 동물이 새끼를 낳을 때 사용하는 동사이다.

어원 001 **생명 탄생의 비밀**

- virginity 처녀성 ‹ 성적 순결

  라 virginem = unwedded girl 결혼하지 않은 여성

- midwife 산파 ‹ 임산부 옆에서 출산을 돕는 일을 하는 사람

075

- **obstetrician** 산과전문의 ·◦ 임신과 분만을 전문으로 하는 의사

  [라] obstetrix = midwife 산파 ★obstetrix는 obstare(stand opposite to ～의 반대에 서다)에서 파생하였고 obstetrician의 원뜻은 출산하는 여성의 '반대에 서 있는 사람'을 가리킴

  [cf] gynecologist 부인과 (gyne = woman 여성)

- **fertilization** 수정 ·◦ 정자와 난자가 만나 수정란을 이룸

  [cf] fertilization은 '다산화', 토지의 '비옥화'란 의미로도 쓴다.

  [라] ferre = bear 임신하다

- **delivery** 출산 ·◦ 아이를 낳음

  [라] de = away 떨어져

  [라] liberare = free 자유롭게 하다

- **embryo** 배아 ·◦ 수정란의 체세포 분열 과정으로 태아가 되기 이전 상태

  [라] en = in 안에서

  [라] bryein = swell 부풀다

- **fetus** 태아 ·◦ 수정 후 8주 이후의 배아

  [형] fetal 태아의

  [라] fetus = childbearing, the bearing of young 임신

- **prenatal** 태어나기 전의 ·◦ 출생 이전의 상태인

  [라] pre = before 전에

  [라] natalis = pertaining to birth 출생에 관한

  [cf] natal 출생의

- **pregnancy** 임신 ·◦ 아이를 뱀

  [형] pregnant 임신한

  [라] pre = before 이전의

  [라] nasci = be born 태어나다

  | nasci에서 파생한 단어

  natal 출생의 | nascent 발생기의 | native 태어난 곳의

  innate 타고난 | cognate 어원이 같은 (com = together)

  Renaissance 문예부흥

- **gestation** 임신 ·◦ 아이를 뱀

  [라] gestare = carry 임신하다

빛을 잃은 생명

유산

아이가 태어나기 전에 자연 유산되는 것을 miscarriage유산라고 한다. 약 10개월의 임신 기간 동안 태아는 엄마 뱃속에서 세상에 나오기 위해 필요한 준비신체기관들이 하나둘씩 차근차근 형성되며 발달를 하게 되는데, 이런 준비가 다 되기도 전에 '의도치 않게unplanned' 죽어서 세상에 나오는 것이다.

낙태

임신 22주 내의 임신중절을 abortion낙태이라고 한다. 즉 '의도적으로 deliberately' 임신 상태를 중단하는 것이 낙태이다. 의학용어로는 feticide태아 살해라고 하는데, 라틴어 fetus임신에 killer살해자란 뜻의 cide를 붙인 용어이다.

기원전 3천 년경 고대 이집트에는 이미 식물섬유를 이용한 낙태가 행해졌는데, 탐폰(tampon)이나 질 좌약(pessary)의 형태로 낙태를 유도했다고 전해진다.
일찍이 히포크라테스는 낙태에 반대하였고 아리스토텔레스는 임신 후 첫 3개월에 낙태를 하는 것에 대해선 찬성하였다.

피임약

무분별한 낙태를 방지하기 위해선 임신을 피해야 한다. 임신을 피하려 할 때 '피임약'을 먹는데 영어로는 contraceptive pill 또는 birth control pill이라고 한다.

사산

임신 4개월부터 분만 시점까지 아이가 이미 죽어 있는 상태를 사산, stillbirth라고 한다. 이때 still은 '움직이지 않는motionless'이란 뜻의 고대 영어 stille에서 온 단어이다.
역사적으로 줄리어스 시저Julius Caesar, 율리우스 카이사르의 영어식 발음의 딸이 분만 중 사망하고 아기도 사산되는 사건이 있었다. 이 일로 시저는 사위인 폼페이 장군과 사이가 더욱 악화되었으며 그것이 로마 공화국의 파멸을 초래하는 단초가 되었다는, 사산이 역사적으로 엄청난 결과를 초래했다는 이야기가 있다.

어원 002 빛을 잃은 생명

076

- **miscarriage** 유산 ← 태아가 산달이 차기 전에 죽은 상태로 태어남
  - [게] missa = astray 길을 잃고
  - [라] carier = carry 운반하다
- **abortion** 낙태 ← 인공적으로 임신을 종결함
  - [라] ab = amiss 잘못된
  - [라] oriri = be born 태어나다, rise 해가 뜨다

  | oririr에서 파생한 단어

  original 원래의

  origination 시작, 발생

  origin 기원

  orient 동양

  aborigine 원주민

  | 유의어

  aborticide 낙태, 낙태약 | termination 임신중절수술 | misbirth 유산
- **feticide** 태아 살해 ← 낙태의 의학적 표현
  - [라] fetus = childbearing, the bearing of young 임신
  - [라] cida = killer 살해자
- **tampon** 탐폰 ← 생리대의 일종
  - [프] tampon = plug 마개
- **pessary** 질 좌약 ← 질에 삽입하는 외용약
  - [그] pessos = oval stone 보드게임에 사용되는 타원형 돌
- **contraceptive** 피임의 ← 인위적으로 임신을 예방하는
  - [명] contraception 피임
  - [라] contra = against ~에 대항하여
  - [라] capere = take 갖다

자주 쓰이는 임신 · 출산 표현

임신과 임부

일상생활에서 '임신하다, 임신 상태이다'는 말은 보통 be pregnant 나 expect a baby를 쓴다. expect는 '기다리다, 기대하다'는 의미 이므로 expect a baby에는 '아기를 기다리다'는 어감이 실려 있다. 출산을 앞둔 임부는 pregnant woman 혹은 expectant mother ex-pectant (아기를) 기다리고 있는, 임신 중인라 한다. 임부이건 산모이건 아기를 가진 '어 머니인 상태, 모성을 가진 상태'를 maternity라고 한다. 해산 후 한 달여의 회복 기간은 산욕기라고 하며 산욕기는 puerperium, 산욕기 의 산모는 puerperd라고 한다.

출산

아기가 태어나는 것을 be born태어나다이라 하고, 산모가 아기를 출산 하는 것은 give birth to~를 출산하다란 관용어구로 표현한다. give birth to bear는 spawn알을 낳다이나 lay알을 낳다와는 달리 사람에게 쓰인다는 것 을 알아두자. 더불어 expect a baby가 '임신 중이다'란 뜻이라면, deliver a baby는 '출산하다'는 의미라는 것도 구분해 알아두자.

분만 전문용어 labor

출산을 앞두고 있는 임산부를 두고 She is laboring.이라고 말하면 무슨 뜻일지 짐작이 가는가? 바로 '분만 진통을 겪고 있다.'는 의미이 다. '노동'이란 의미로 잘 알려진 labor는 이처럼 '분만 진통을 겪다' 란 의미의 분만 전문용어로도 쓰인다.

077

- **maternity** 어머니인 상태 ·〈 아이를 배고 있는 상태

  ㉤ maternus = of a mother 어머니의

  cf. maternity 관련 표현들

    maternity leave 출산휴가 | maternity ward 분만실

    maternity dress 임부복

- **spawn** (물고기, 개구리 등이) 알을 낳다, 산란하다 ·〈 알을 몸 밖으로

  내보내다

  ㉤ expandere = spread out 밖으로 퍼뜨리다

  | 유의어

  hatch 알을 까다, 부화시키다 | lay an egg 알을 낳다

  sire (짐승이) 새끼를 보다, 아비가 되다 | bring forth ∼를 낳다

- **labor** 분만 진통을 겪다 ·〈 해산할 때 격렬한 통증을 겪다

  ㉤ labor = toil 노고

  | labor에서 파생한 단어

  collaboration 협동

189

그 밖의 임신과 출산 관련 표현들

- 임신 관련 표현

  sperm 정자 | ovum 난자 (= egg) | fertilization 수정

  ejaculation 사정 | erection 발기 | ovulation 배란

  impotence 발기부전 | artificial insemination 인공수정

  hymen 처녀막 (그리스 신화의 혼인의 신 = 휘멘) | virgin 처녀

  anovulation 배란 정지 | gestosis 임신중독 (= pregnancy toxemia)

  fetal dystoxia 태아성 난산

- 출산 관련 표현

  premature birth 조산 | premature infant 미숙아

  cut the umbilical cord 탯줄을 끊다

OVULATION AND FERTILIZATION PROCESS

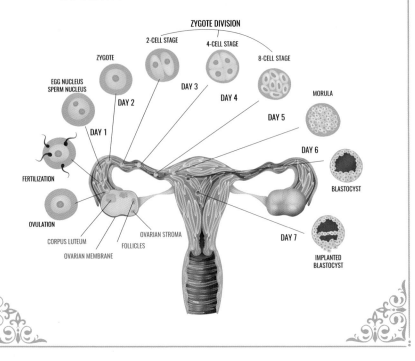

아기가 엄마 뱃속을 나오면 그때부터 아기의 세상은
더 넓어지기 시작한다.
영아기infant와 유아기toddler, 사춘기puberty를 지나며
가족사회와 또래집단 안에서 몸도 마음도 함께 성장한다.
성인adult이 아닌 어른의 보호가 필요하다 하여
이 기간의 사람을 미성년자라고 한다.

법적으로 성인이 되면
자기 자신은 스스로 책임질 수 있다고 인정되어
자신의 선택과 결정으로 할 수 있는 일이 많아진다.
술과 담배를 즐길 수 있는 법적 권리가 생기고
운전면허driver's license를 따고 운전을 할 수 있는 권리가 있으며
부모의 허락 없이 결혼marriage을 할 수 있는 권리가 생긴다.
물론 권리에는 책임이 따르는 법이므로 선택에 대한 책임도
본인이 져야 한다.

한 인간의 생애에서 배우자spouse를 만나 결혼을 하는 것만큼
중요한 일도 없다.
각 사회마다 역사를 거치며 결혼에 대한 인식과 풍속도 다양하지만
분명한 건 부부가 서로를 존중하는 풍토 속에서 건강한 결혼생활이
유지된다는 점일 게다.
그에 따라 배우자가 평생의 유일무이한 동반자companion가 될 것이냐,
뼈아프게 스쳐지나가는 악연이 될 것이냐가 결정된다.

또한…
결혼을 통해 인류의 아이가 재생산reproduction되며
인류의 역사는 그렇게 계속해서 돌고 돈다.

성장과
결혼
Growth &
Marriage

인간의 성장: 신생아 ~ 미취학 아동

신생아와 영아

갓 태어난 신생아는 newborn 혹은 neonate라 하고, 아기가 태어난 후 젖먹이를 포함한 영아를 infant라 한다. 원래는 말하지 못하는 아이를 가리키므로 2세 정도까지가 infant에 해당된다 하겠다.

유아

걸음마를 배우는 단계의 아이를 toddler유아라고 하며 6세 정도까지 가리킨다. 이 나이 때 아이들은 nursery유아원에 보낸다. 이 이후의 어린이들인 미취학 아동preschooler은 kindergarten유치원에 보낸다. 참고로 nursing home은 '양로원'을 가리킨다. 이따금 nursery와 nursing home을 헷갈리는 사람들이 있는데 잘못하면 아이를 탁아시설 대신 양로원에 보낼 수 있으니 잘 구분해 알아두도록.

어원 001 인간의 성장: 신생아 ~ 미취학 아동

078

- **neonate** 신생아 ← 갓 태어난 아기
  [그] neos = new 새로운
  [라] natus = born 태어난
- **infant** 영아 ← 아직 말을 못하는 젖먹이 아이
  [라] in = not 없는
  [라] fari = speak 말하다
  | fari에서 파생한 단어
  bifarious 이중의 (bi = two) | nefarious 비도덕적인
  affable 상냥한 | ineffable 말로 형언할 수 없는
  preface 서문 | fable 우화 | fate 운명
  confess 고백하다
- **toddler** 유아 ← 만 한 살부터 여섯 살까지의 아이
  ★알 수 없는 기원의 16세기 영국 영어
- **nursery** 유아원 ← 유아들을 맡아주는 탁아시설
  [라] nutrire = suckle 젖을 빨다, nourish 영양을 공급하다

- **kindergarten** 유치원 ·◁ 미취학 아동들을 위한 교육시설 ★1840년에 독일어의 합성으로 만들어진 단어임
  - (독) kinder = children 어린이
  - (독) garten = garden 정원

인간의 성장: 청소년기 이후

청소년과 사춘기

유년기childhood의 아동 중 초등학교 이후의 아이들을 juvenile청소년이라 하고 이때를 청소년 adolescence라 한다. 특히 10~17세 사이에는 호르몬의 분비가 증가하면서 신체적으로 이차 성징secondary sexual character이 나타나고 정신적으로 자아의식이 높아지는 심신의 성숙기를 거친다. 이런 시기를 사춘기 puberty라고 한다.

mature성숙한는 성숙한 모습을 나타내는 형용사 표현이고, 반대말은 immature미숙한이다. 나이에 비해 빨리 성숙한 모습은 precocious조숙한라고 한다.

성년기

법률상의 권리행사를 할 수 있는 나이가 되면 성인, 좀 더 쉬운 말로 어른adult이라고 하며, 이런 시기를 adulthood성년기라 부른다. 성년기는 크게 20세 이상의 청년기young adulthood, 중년기middle adulthood = the middle aged, 노년기old age로 나뉜다. 일상생활에서 자주 쓰는 '노인, 어르신'은 영어로 senior citizen 또는 the elderly라고 한다. 성년기 이

Human Growth Progression
Man

Infancy —— Early —— Middle —— Late Childhood —— Adolescence —— Early Adulthood —— Middle —— Late Adulthood

후 어느 시점부터는 생물학적으로 노화가 진행되어 근육과 호르몬의
양은 감소하고 동맥 내에 콜레스테롤 양은 증가하는 경향을 보인다.

어원 002 **인간의 성장: 청소년기 이후**

079

- **juvenile** 청소년 ‥‹ 청년과 소년 **cf.** juvenile delinquency 청소년 비행

  라 juvenis = young person 젊은이

  cf. (프랑스어) jeune 젊은

  | 유의어

  teens 십대 | juvenility 소년 소녀

  youth (성인 전의) 어린 시절, 청년 | minority 미성년, 소수집단

- **adolescence** 청소년기 ‥‹ 성장하여 어른이 되어가는 시기

  라 ad = to ~까지

  라 alescere = grow 자라다

  | alescere에서 파생한 단어

  coalesce 합치다 | adult 성인

- **puberty** 사춘기 ‥‹ 이차 성징이 나타나고 자아의식이 높아지며 어른이
  되어가는 시기

  cf. pubescence 사춘기에 이름, 부드러운 털

  라 pubes = adult 성인인

  | pubes에서 파생한 단어

  pubic 치골의 (**cf.** pubic hair 음모 | pubic area 음부)

- **adulthood** 성년기 ‥‹ 나이가 차고 자라서 성년이 된 시기 (법률상의 권
  리행사를 할 수 있는 나이)

  라 adultus = mature 성숙한

- **senior** 손윗사람(의), 고참(인) ‥‹ 나이가 더 많거나 서열이 더 높은 사람

  cf. seniority 연공서열

  라 senior = older 더 늙은

- **elderly** 연세가 드신, (the ~) 어르신 ‥‹ 부모뻘 이상 되는 사람

  라 eldra = older 더 늙은

  cf. the 다음에 형용사가 오면 '~한 사람들'이란 복수명사가 된다.

  | 유의어

  aged 고령의 | old 늙은

  gray 백발의, 회색의 | hoary (늙어서) 반백인, 백발의

결혼과 결혼식

남녀가 정식으로 부부관계를 맺는 것을 결혼(marriage)이라 하는데, 요즘엔 전 세계적으로 동성 간 결혼same-sex marriage도 점차 늘어나고 있는 추세이다. 현재 동성 간 결혼은 미국, 영국, 프랑스, 노르웨이, 스웨덴 등 18개 국가에서 허용되고 있다.

인간사회에서는 전통적으로 결혼식wedding ceremony을 통해 공식적으로 부부의(conjugal) 서약을 맺고 부부가 되었음을 선언하는 풍습custom이 있다. 결혼식의 wedding ceremony에서 wedding은 동사 wed결혼하다를 활용한 표현이다. wed는 인도게르만공통조어 wadhpledge 선언하다에서 생겨났다. 요즘엔 결혼식 없이 동거(cohabitation)를 하는 경우도 점차 늘어나고 있다.

약혼과 파혼
결혼 전에 공식적으로 결혼을 약속하는 것을 약혼 engagement라고 한다. 그래서 약혼 후 파혼을 하는 것은 약혼을 깨다는 의미를 그대로 옮겨 break off one's engagement라고 표현한다.

신랑신부
결혼식을 치르는 여자는 신부(bride), 남자는 신랑(groom, bridegroom)이라고 한다. bridegroom은 bride에 '남성man'을 뜻하는 고대영어 guma라틴어 homo에서 발전된 단어가 붙어 생겨난 표현이다. 배우자는 spouse라고 하며 남편이 죽은 미망인은 widow, 아내가 죽은 홀아비는 widower라고 한다. 흔히 남편이 먼저 죽기 때문에 widow란 단어가 먼저 생겨났다.

주례
"I now pronounce you husband and wife."

남편과 아내가 되었음을 선포합니다.

미국에서는 결혼식에서 주례가 I now pronounce you husband

(또는 man) and wife.라고 말하며 공식적으로 부부가 되었음을 선언한다. 결혼식 주례는 신랑신부의 뜻에 따라 목사pastor나 신부priest가 할 수도 있고 일반인이 할 수도 있다. 주례는 영어로 officiator 또는 vow master선서 진행자라고 하는데, officiator는 원래 의식 등을 집전하는 '사제'란 의미로, 전통적으로 결혼식을 사제가 주재했던(preside) 데서 비롯된 표현이다. 동사형은 officiate주례를 맡다로, 미사나 예배 등에서 사제나 목사의 '역할을 하다', 즉 의식을 '집전하다'는 의미에서 '주례를 맡다'는 의미로 확장해 쓰이게 되었다.

사랑의 도피

문명이 발전하고 의식 수준이 높아지면서 결혼이 전적으로 당사자인 두 사람의 선택과 결정에 의해 이뤄지는 추세이긴 하지만, 과거에 결혼은 두 집안의 중대사이기도 했기에 집안의 허락이 중요하게 작용했다. 따라서 소위 중매결혼, 정략결혼arranged marriage이 성행했으며, 사랑하지 않는 사람과 결혼하느니 사랑에 빠진 상대와 도망(elopement)을 가는 경우도 왕왕 발생했다. 셰익스피어의 《로미오와 줄리엣》속 두 주인공 로미오와 줄리엣이 바로 이런 경우에 해당된다.

| 어원 003 | **결혼과 결혼식** |

080

- **marriage** 결혼 ‹ 남녀가 정식으로 부부관계를 맺는 것
  - 라 maritare = wed 결혼하다
  - *cf.* common-law marriage 사실혼 (= de facto relationship)
- **conjugal** 부부의 ‹ 남편과 아내 관계인
  - 라 com = together 함께
  - 라 iugare = join 결합하다
  - | iugare에서 파생한 단어
  - conjugate (문법) 동사를 활용[변화]시키다 | conjunction 접속사
  - | 유의어
  - connubial 결혼생활의, 부부의 | matrimonial 결혼생활의, 부부간의
  - married 결혼한 | wedded 결혼한
- **wed** 결혼하다 ‹ 정식으로 부부가 되다
  - 인 wadh = pledge 선언하다
  - *cf.* 인도게르만공통조어 wed는 '결혼'과 관련이 없으며 물(water)이란 뜻이다.

| wed에서 파생한 단어

water 물 | otter 수달 | whiskey 위스키 | wet 젖은

- **cohabitation 동거** ↔ 한 집이나 한 방에서 같이 사는 것

[라] co = with ~와 함께 [라] habitare = live 살다

- **engagement 약혼** ↔ 결혼을 하겠다는 약속

[고대프랑스어] engagier = pledge 약속

- **bride 신부** ↔ 결혼을 하는 여성

[게] bruthiz = woman being married 결혼하는 여성

| bruthiz에서 파생한 외국어

(네덜란드어) bruid 신부 | (독일어) Braut 신부

- **bridegroom 신랑** ↔ 신부의 남자, 즉 결혼을 하는 남성

[게] bruthiz = woman being married 결혼하는 여성

[고대영어] guma = man 남성

- **spouse 배우자** ↔ 서로의 반려자

[라] sponsus = bridegroom 신랑

[cf.] sponsa = bride 신부

- **widow 미망인, 과부** ↔ 남편이 죽고 홀로 남겨진 여인

[cf.] widower 홀아비

[게] widuwō = widow 미망인 ★게르만조어 widuwō는 인도게르만공통조어 uidh(separate 분리시키다)에서 파생함

| widuwō에서 파생한 외국어

(네덜란드어) weeuw 과부 ([cf.] weduwnaar 홀아비) | (독일어) Witwe 과부

(러시아어) vdova 미망인

- **officiator 주례** ↔ 결혼식을 맡아 진행하는 사람

[동] officiate 주례를 봐주다, 사회를 보다, 공무를 보다

[라] officiare = perform religious services 제사를 모시다, 예배나 미사를 집전하다

[cf.] officiate at a wedding 결혼식 주례를 서다

- **preside 주재하다** ↔ 책임을 맡아 처리하다

[cf.] preside over ~를 주재하다

[라] prae = before 앞에

[라] sedere = sit 앉다

- **elopement** 도주 ᐧᐦ 피하여 달아남

  [중세프랑스어] lopen = run away 도망치다

  | 유의어

  escape 도주, 도피 | runaway 도주 | elusion 도피, 회피

  nighttime getaway 야반도주

  refuge (위험이나 재난으로부터의) 피난

결혼의 조건

결혼의 조건이 오직 두 사람 간의 '사랑'이기만 하면 얼마나 좋을까만은 이것은 그야말로 이상적인 바람일 뿐, 인간사회의 실상은 예로부터 그렇지가 못하다는 것을 인정하지 않을 수 없다.

혼전 계약

고대 유대교에서는 결혼을 앞둔 남녀가 이혼하게 될 경우 남편이 아내에게 얼마를 지불해야 하는지 등을 적어놓은 혼인 합의를 체결해야 했다. 서양에서 현재 법적으로 보장되고 있는 혼전 계약(서)(prenuptial agreement)의 원조인 셈이다. 결혼을 여러 차례 하는 미국의 대부호나 할리우드 유명 연예인들이 주로 결혼 전에 혼전 계약을 하곤 한다.

결혼지참금

신랑이 신부의 집에 결혼지참금을 주는 풍습이 있는 나라가 있는가 하면, 인도처럼 신부가 신랑 집에 결혼지참금을 주는 풍습이 여전히 남아 있는 나라가 있다. 인도의 이런 결혼지참금을 dowry다우리라고 하는데, 사실상 이 다우리 제도는 1961년 인도 정부가 '결혼지참금 금지법'을 제정하고 1984년 관련 처벌 조항 등을 강화하면서 법적으로는 금지된 제도이다. 하지만 여전히 인도 사회에 뿌리 깊게 잔존해 있는 악습이다. 신부 측에 일방적으로 결혼의 경제적 부담을 주기 때

문에 성별을 보고 여아인 경우에는 임신중절을 하는 사례도 많고, 부모의 부담을 덜어주려고 아예 혼인하기 전에 죽음을 선택하는 여성들도 있다. 또, 결혼지참금을 제대로 챙겨가지 못한 여성에 가해지는 차별 및 폭력, 나아가 살인dowry death 지참금 살인 등의 폐해도 심각한 사회 문제로 자리잡고 있다.

어원 004 **결혼의 조건**

081

- **prenuptial** 혼전의 ← 결혼하기 이전인

  [라] prae = before ~ 전에

  [라] nubere = marry 결혼하다

  | nubere에서 파생한 단어

  connubial 부부의 | nuptial 결혼생활의

  [cf.] nubere에서 그리스어 nymphe(bride 신부)가 생겨났고 여기에서 현대 영어 nymphe(요정, 유충)가 생겨났다.

- **dowry** 결혼지참금 ← 인도에서 결혼할 때 신부 집에서 신랑 집에 주는 돈

  [라] dotare = endow 주다

결혼의 형태

monogamy와 polygamy

결혼은 그 형태에 따라 단혼과 복혼이 있다. 즉 단혼은 배우자가 한 명인 일부일처제로, 영어로는 monogamy라고 한다. 복혼은 배우자가 여러 명인 일부다처제와 일처다부제를 포괄하는 말로, 영어로는 polygamy라고 한다. 전 세계적으로 일처다부제보다는 일부다처제 전통이 남아 있는 나라가 많다 보니 polygamy 하면 '일부다처제'의 의미로 많이 쓰이기는 한다. 엄격히 구분해 표현하고 싶다면, 일부다처제는 polygyny, 일처다부제는 polyandry라고 하면 된다.

이미 법적으로 결혼한 사람이 다시 다른 배우자와 법률상의 혼인을 하는 것을 중혼(bigamy)이라고 하는데, 일부일처제인 대부분 국가에서 중혼은 위법이다.

일부다처제 전통이 많이 남아 있는 이슬람 국가들에서는 부인(wife) 최대 4명에다가 첩(concubine)들도 둘 수 있도록 허용해 주는데, 이 경우 남편에게는 첩을 포함한 각 아내를 공평하게 돌봐주어야 한다는 의무가 주어진다.

혈족혼과 족내혼

대부분의 사회에서 혈족관계(consanguinity)의 결혼, 특히 형제자매(sibling)나 부모자식간의 결혼을 근친상간(incest)이라고 한다. 스페인의 왕위를 차지한 합스부르크가(家)는 200년간 11번의 결혼 중 9번이 근친상간이었다고 하며, 생물진화론biological evolution과 자연도태설natural selection을 주창한 찰스 다윈도 6촌second cousin과 결혼하여 열 명의 자녀를 낳았다.

같은 집단(특히 부족) 내에서 배우자를 찾는 동족결혼, 족내혼은 endogamy라고 한다. 동족결혼 중 남편 사망 후 남편의 형제가 그 미망인과 결혼하는 제도를 레비레이트혼, 형제계승혼, 형제역연혼이라고 한다. 영어로는 levirate (marriage)이다.

[어원 005] 결혼의 형태

082

- **monogamy 단혼, 일부일처제** ← 배우자가 한 명인 결혼제도로, 보통 남편 기준으로 한 아내를 둔다는 의미
  [그] monos = single 단독의
  [그] gamos = marriage 결혼
- **polygamy 복혼 (일부다처제와 일처다부체를 모두 가리킴)** ← 배우자가 여러 명인 결혼제도
  [그] polys = many 많은
  [그] gamos = marriage 결혼
- **polygyny 일부다처제** ← 남편 기준으로 부인을 여러 명 두는 결혼제도
  [그] gyne = woman 여자
- **polyandry 일처다부제** ← 부인 기준으로 남편을 여러 명 두는 결혼제도
  [그] aner = man 남자
- **bigamy 중혼** ← 법적으로 결혼한 상태에서 다시 다른 배우자와 법률상의 혼인을 하는 것
  [라] bi = double 이중으로

- **wife** 아내 ↢ 혼인한 남자의 배우자

[게] wiban = woman 여성

| **wiban에서 파생한 외국어**

(네덜란드어) wijf 여자 | (독일어) Weib 여자

[cf.] consort 배우자 | spouse 배우자 | other half 부인(남편)

- **concubine** 첩 ↢ 본부인 외에 데리고 사는 여성

[라] com = with 함께

[라] cubare = lie down 눕다

| **cubare에서 파생한 단어**

incubation 알 품기 | decubitus 욕창 (bedsore)

procumbent 납작 엎드린 | recumbent 누워 있는

incumbent 재임 중인 | succumb 항복하다

cubicle 좁은 방

- **consanguinity** 혈족 ↢ 조상이 같은 친족

[라] com = together 함께

[라] sanguineus = of blood 피의

| **sanguineus에서 파생한 단어**

consanguineous 혈육의 | sanguinary 살육의

- **sibling** 형제자매 ↢ 남자형제와 여자자매 관계를 통틀어 말하는 표현

[게] sibja = relative 친척

[cf.] (독일어) Sippe = relative 친인척

- **incest** 근친상간 ↢ 촌수가 가까운 사이의 성관계

[라] in = not 아닌

[라] castus = pure 순수한

| **castus에서 파생한 단어**

chaste 순결한 | castigate 책망하다 (agere = do 하다)

- **endogamy** 동족결혼, 족내혼 ↢ 부족과 같이 같은 집단 내의 결혼

[그] endon = within ~내에서

[cf.] exogamy 족외혼 (exo = outside 밖에서)

- **levirate** 레비레이트혼, 형제계승혼, 형제역연혼 ↢ 죽은 자의 형제가 그 미망인과 결혼하는 관습

[라] levir = brother-in-law 시동생

부부간의 신뢰와 불륜

불륜과 간통

사람으로서 지켜야 할 도리에서 벗어나는 것을 불륜(不倫)이라고 하는데, 일부일처제가 당연시되는 사회에서는 보통 결혼한 사람이 배우자를 두고 간통(adultery)하는 행위를 불륜, 부정(infidelity)이라고 말한다.

기독교를 포함한 여러 종교에서 불륜을 일종의 범죄라고 여기며, 고대 인도에서는 불륜을 저지르면 그 벌로 코를 절단amputation하는 코절개(rhinotomy)가 행해졌다. 현재도 일부 국가들에서는 불륜을 저지른 여인을 죽이는 명예살해honor killing이 행해지고 있으며, 영국에서는 특정 경우 불륜이 대역죄(high treason)로 간주되기도 하였다.

정부(情婦, 情夫)

불륜 상대로, 아내가 있으면서 따로 정을 통하는 여자를 情婦, 영어로는 mistress 혹은 kept woman이라고 한다. 남편이 있으면서 따로 정을 통하는 남자는 情夫, 영어로는 lover 혹은 kept man이라고 한다. 두 경우 모두를 포괄하는 단어는 paramour(情婦, 情夫)이다. 참고로 제비족은 gigolo라고 하는데, 춤 파트너를 가리키는 표현으로 쓰이다가 돈 많은 연상의 여성에게 얹혀사는 '제비족' 또는 매춘부의 '기둥서방'이란 뜻이 되었다. 창녀는 prostitute 또는 hooker라고 한다. 특히 hooker는 게르만조어 hokaz hook 갈고리에서 파생되어 네덜란드어 hoek갈고리/hoeker창녀에서 영어로 전해졌다.

어원 006 **부부간의 신뢰와 불륜**

083

- **adultry** 간통 ‥◂ 배우자가 있는 사람이 배우자 외의 사람과 성관계(sexual intercourse)를 맺는 행위

  라 adulterare = corrupt 타락하게 만들다

  cf. adulterate 음식에 불순물을 섞다

- **infidelity** 부정, 불륜 ‥◂ 결혼한 사람이 정조를 지키지 않는 행위

  라 in = not 아닌

[라] fidelis = faithful 충실한

| **유의어**

double adultery 기혼자간의 간통

single adultery 기혼자와 독신자간의 간통

liaison (문어) 간통 | chambering 불륜, 간통 | fornication 간음

affair 불륜, 정사(love affair)

cheating (기혼자가 배우자 몰래) 바람을 피우는 행위

two-timing (미혼자가 연애 시) 양다리를 걸치는 행위

- **rhinotomy** **코 절개** ↔ 코를 잘라냄

[그] rhino = nose 코

[그] tome = cutting 절개

| **tomy에서 파생한 단어**

anatomy 해부

- **treason** **반역, 반역죄** ↔ 나라를 배반하는 행위 및 그 죄

[라] trans = over 너머로

[라] dare = give 주다

| **trans + dare에서 파생한 단어**

traitor 변절자 | tradition 전통

extradition 외국인 범죄자의 인도 (ex = out 밖으로)

betray 배신하다

| **유의어**

mutiny 반란 | rebel 반역자 | sedition 폭동 선동

subversion 전복 | treachery 반역 | revolutionary 혁명가

traitorousness 배반함, 반역 | breach of faith 배신행위, 배임죄

lèse majesté (법률) 불경죄, 대역죄

- **mistress** **정부(情婦)** ↔ 유부남이 아내가 아닌 따로 정을 통하는 여자

[고대프랑스어] maistresse = housekeeper 가정부, female teacher 여교사

- **paramour** **정부(情婦, 情夫)** ↔ 기혼자가 배우자가 아닌 따로 정을 통하는 상대

[라] amare = love 사랑하다

- **gigolo** **제비** ↔ 돈 많은 여성에게 붙어사는 젊은 남성

[프] gigole = dance hall woman 무도회의 여성 (gigolo는 남성형)

- **prostitute** 창녀 ·⟨ 몸을 파는 여성

  ㉰ prostitutuere = expose publicly 공개적으로 노출되다, offer
  for sale 팔려고 내놓다

  | 유의어

  hooker 창녀 | whore (속어) 매춘부 | ho 창녀 | doxy 창녀
  streetwalker (구어) 창녀 | call girl (전화로 불러내는) 창녀
  hustler 사기꾼, 매춘부 | courtesan 과거에 부자들을 상대하던 창녀
  slut 난잡한 계집

이혼

여러 가지 이유로 부부간의 신뢰가 깨지거나, 함께 사는 것이 서로에
게 불행일 뿐인 지경에 이르면 이혼(divorce)을 생각하게 된다. 이
혼에 대한 인식도 예전과는 많이 달라져서 이혼 인구도 늘고 있는 추
세이다. 예전에는 이혼 가정을 무턱대고 문제 가정(dysfunctional
family)으로 치부하는 편견이 사회적으로 뿌리 깊게 박혀 있었다면,
이제는 이혼이 가벼운 문제는 아니라 할지라도 살다 보면 누구에게
나 있을 수 있는 자연스러운 문제 중 하나로 인식되는 분위기가 형
성되고 있다.

양육권과 위자료

이혼에서 가장 중요한 문제로 여겨지는 양육권을 child custody라
고 한다. 이혼할 때 또 다른 중요한 문제인 위자료는 영어로 alimony
라고 하고 양육비는 child support expenses라고 한다.

참고로, 19세기 이전에는 자녀를 아버지의
자산(assets)이라고 여겼다. 그래서 남편이
죽고 미망인widow이 아이를 키우는 상황이
되면 경제력이 없는 엄마에게서 아이를 떼
어내 다른 집에 일꾼으로 보내는 일이 잦
았다.

결혼의 무효화

때론 결혼이 당사자의 의사와 관계없이 부당한 상황에서 치러졌을 경우 이혼이 아니라 정당하게 혼인을 무효화(annulment)할 수도 있다.

위장결혼과 사기결혼

과거에 미국 영주권을 얻기 위해 가짜로 위장해서 결혼을 하는 사람들이 있었는데 이런 위장결혼을 sham marriage라고 한다. 이것은 돈을 뜯어내기 위해 사기로 결혼을 하는 marriage fraud결혼사기와는 성격이 다르다. 결혼 약속을 전제로 성행위를 하는 것은 혼인빙자간음sexual intercourse on false promise of marriage이라고 한다.

어원 007　이혼

084

- **divorce** 이혼 ·ᐧ 혼인관계의 해지
  - 웹 divertere = separate 분리시키다, leave one's husband 남편을 떠나다
  - cf. separation 별거
- **dysfunctional** 고장 난, 기능이 정상적이지 않은 ·ᐧ 정상적인 역할을 못하는 상태인
  - 웹 dys = abnormal 비정상적인
  - 웹 fungi = perform 역할을 하다
  - | 유의어
  - flawed 결함이 있는 | defective 흠집이 있는
  - out of order 고장 난 | on the fritz 고장 난 | broken 고장 난
  - debilitated 쇠약해진 | decayed 부패한 | deteriorated 악화된
- **custody** 양육권 ·ᐧ 법적 보호자로써 자녀를 기를 수 있는 권리
  - 웹 custos = protector 보호자
  - cf. 일반적으로 custody는 '구류'라는 의미로 많이 쓴다. ex. under custody 구류 중에)
- **alimony** 위자료 ·ᐧ 결혼의 파탄에 대한 배상금
  - 웹 alere = nourish 영양분을 공급하다, 키우다
  - | alere에서 파생한 단어
  - alimentary 영양의, 소화의

alumnus 남자 졸업생, 동문 [cf.] alumna 여자 졸업생

adolescent 청소년 (ad = to ~까지)

Alma Mater 모교 (mater = mother 어머니 ★어머니 같이 나를 키워준 곳이 모교)

- **asset 자산** ↔ 유형 · 무형의 재산

[라] ad = to ~에게

[라] satis = enough 충분한

| **satis에서 파생한 단어**

satisfy 만족시키다

- **annulment 무효** ↔ 특정 원인으로 법률적 효력이 없어짐

[라] ad = to ~에게

[라] nullus = nothing 아무것도 아닌 것

| **nullus에서 파생한 단어**

null 무효화하다 | nullity 무효 | nullification 무효화

nullifidian 신앙심이 없는 사람 (fides = faith 믿음)

nulliparous 아이를 낳지 않은 (parere = bring forth 낳다)

| **연관 어근 nihil(nothing 아무것도 아닌 것)에서 파생한 단어**

nihilism 허무주의 | annihilate 전멸시키다 | annihilation 소멸

| **유의어**

invalidity 무효 | invalidation 무효로 함

abolition (제도) 폐지 | abrogation (법령, 계약) 파기

cancellation 취소, 무효화 | revocation 취소, 해지

obliteration 말소, 삭제 | repeal 폐지

dissolution 파경, 해체 | retraction (법률의) 철회, 움추림

neutralization 중립화, 무효화

♪그 밖의 결혼과 이혼 관련 표현들♬

- **결혼 관련 표현**

  best woman = bridesmaid 신부 들러리

  best man = groomsman 신랑 들러리

  flower girl 신부 앞에서 꽃을 들고 가는 소녀

  usher 결혼식장 안내 담당자

  master of ceremonies at a wedding 결혼식 사회자

  wedding vow 결혼서약

  wedding ring 결혼반지

  wedding reception 결혼 피로연

  destination wedding 교외 결혼식

  mass wedding 합동결혼식

- **이혼 관련 표현**

  child visitation 자녀 면접교섭 (visere = visit 방문하다)

  extramarital affairs 혼외정사

  fraud marriage 사기결혼

  single father 편부

  single mother 편모

11

노화와 죽음
Aging
&
Death

이 세상에 존재하는 대부분은 수명life expectancy이 유한하다.
인간도 마찬가지이다.
태어나고 자라고be born and raised 늙어간다get old.
늙어간다는 것aging은 죽음death을 향해 나아간다는 것을 의미한다.
어쩌면 태어난 모든 것들은 존재하는 순간부터
죽음의 길을 차곡차곡 밟아가고 있는 것인지도 모른다.

시간이 흐른다는 것은 나이를 먹는다는 것을 말하고,
나이를 먹는다는 것은 늙어간다는 것을 말하며,
늙어간다는 것은 죽음이 가까워온다는 것을 의미한다.
사실 노화하지 않고 계속 젊음을 유지할 수만 있다면
특별한 사고를 당하지 않는 한 영생이 보장된다.

하지만 모든 사람이 영생을 꿈꾸는 건 아닐 게다.
건강하게 제 명을 다해 살다가
때가 되면 자연스럽게 죽음을 맞이하고 싶어 하는 이들도
많을 것이다.
그러나 살다 보면 예기치 않은 일들도 생기는 법이어서
뜻밖의 병이나 사고로 세상을 떠나거나 떠나보내야 하는 일도
어쩔 수 없이 생기기 마련이다.

그러니 누군가의 말처럼
내일 죽을 것처럼 오늘을 살아보는 건 어떨까?
내일 우리 앞에 죽음이 기다리고 있기에
오늘 나의 삶이 더욱 풍성해질지도 모를 일이다.

수명

연금술과 영생

예부터 인간은 영생과 영원한 젊음을 꿈꿨다. 중세의 연금술사(alchemist)들은 마시기만 하면 영생을 가져다주고 모든 금속을 황금으로 바꿔준다는 현자의 돌philosopher's stone 또는 불로장생의 명약(elixir of life)을 만드는 방법을 알아내려 했다. 유럽 전설에서는 또한 젊음의 샘the Fountain of Youth이 등장하는데 이 샘물을 마시기만 하면 젊음을 되찾을 수 있다고 한다. 죽어야 할 운명을 가진mortal 인간의 입장에서 이렇듯 장수(longevity)와 불멸(immortality)을 원하는 것은 당연한 심리이다.

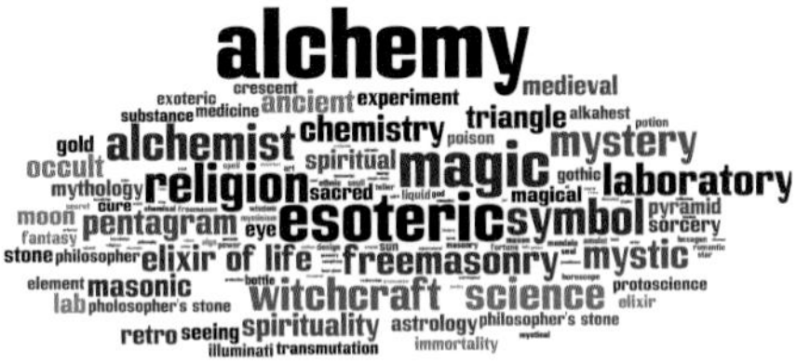

수명

사람이 태어나면서부터 죽기까지의 연령을 계산한 것이 수명(life expectancy 또는 life span)인데 사람의 평균 수명은 시대뿐 아니라 성별에 따라서도 차이를 보인다. 고대 로마 시대에는 인간의 수명이 서른 살 정도였지만 현대에는 여든 살 정도이며 현재엔 여성이 남성보다 수명이 길다.

식물, 곤충, 동물은 그 종에 따라 수명이 다른데 단명하는(ephemeral) 것들도 제법 많다. 대표적인 예로 하루만 산다 하여 우리말로 하루살이mayfly라 이름 붙여진 곤충이 있으며, 대표적인 반려동물인 개와 고양이는 의학의 발달로 예전에 비해 수명이 상당히 길어졌다고는 하지만 인간의 수명보다는 짧다.

어원 001 **수명**

- **alchemist** 연금술사 ← 비금속으로 귀금속을 만드는 사람
  [그] khemeioa = alchemy 연금술
- **elixir** 영약 ← 효험이 좋아 널리 알려진 약
  [아랍어] al iksir 신비의 물질

085

- **longevity** **장수** ⟷ 만수무강함

  [라] longus = long 긴

  [라] ævum = age 나이, 시대

  | **ævum에서 파생한 단어**

  primeval 태고의 (primus = first 처음의)

  medieval 중세의 (medium = middle 중간의)

  coeval 동시대의 (co = equal 같은)

  [cf.] ævum은 인도게르만공통조어 aiw(eternity 영원, long life 장수)에서 생겨났는데, 이 aiw에서 eon(영겁)이란 단어가 생겨났다.

- **immortality** **불멸성** ⟷ 영원히 죽지 않는 성질

  [라] in = not ~ 아닌

  [라] mors = death 죽음

- **expectancy** **기대, 기대치** ⟷ 예측되는 수치나 정도

  [형] expectant 기대하는

  [라] exspectare = hope 바라다 (spectare = look 보다)

- **ephemeral** **단명하는, 덧없는** ⟷ 오래 살지 못하는, 수명이 짧은

  [그] epi = on ~에 의거하여

  [그] hemera = day 하루

  [cf.] 이탈리아 작가 보카치오의 Decameron은 deka(ten 10)와 hemera(day 날)가 합쳐진 단어로 '열흘간의 이야기'란 뜻이다.

노화

노화(aging)는 말 그대로 늙어가는 것을 의미하며 늙어간다는 것은 신체 기능이나 성질이 약화(frailty)된다는 것을 의미한다. 사실 노화하지 않고 젊음을 계속 유지할 수만 있다면 특별한 사고를 당하지 않는 한 영생을 누릴 수 있다. 그러나 인간을 포함한 동물의 모든 세포는 분열에 한계가 있어 노화를 거부할 수 없다. 하지만, 강장동물에 속하는 히드라Hydra는 재생력이 강해 몸의 1/200만 있어도 전체를 재생할 수 있다고 해 늙지 않고 죽지 않는 동물로 여겨진다. 마

치 그리스 신화 속 머리 아홉 달린 뱀 히드라가 머리 하나가 잘려나가도 금세 두 개가 다시 생겨나듯 말이다. 또한, 암세포도 무한정 세포분열을 하며 끊임없이 증식하는 성질을 갖고 있기 때문에 특별히 외부에서 물리·화학적인 공격을 가하지 않는 한 스스로 죽음을 향해 가는 일은 없다.

노화와 치매

나이가 들면 신체 모든 기관과 기능이 예전만 못하여 어쩔 수 없이 각종 질환을 안고 살아가야 하는 경우들이 비일비재하다. 그 중에서도 요즘은 대뇌 기능의 저하로 발병하는 치매(dementia)가 제일 걱정이다. 건망증forgetfulness은 기억이 저장은 되지만 다시 불러오는 것이 원활하지 못하기 때문에 생기는 현상으로 힌트를 주면 기억해낼 수 있는데 치매 초기 증상의 하나인 기억 장애는 기억의 저장 과정에서부터 문제가 발생하기 때문에 힌트를 줘도 기억해낼 수 없다는 차이가 있다.

알츠하이머병(Alzheimer's disease)은 치매를 일으키는 가장 흔한 퇴행성 뇌질환이다. 기억력 장애뿐 아니라 공간 지각력 장애, 언어 기능 장애, 계산 능력 저하, 조울증mood swings 등의 증상을 보인다. 증상 발병은 보통 중년 이후에 시작되고 병증이 점점 심해지면서 5~10년에 걸쳐 사망에 이른다.

어원 002 **노화**

- **aging** 노화 ← 생명이 늙어가면서 성질이나 기능이 약화되는 것
  - 엥 aiw = life 생명
  - | aiw에서 파생한 단어
  - primeval 태고의 | medieval 중세의 | coeval 동시대의
  - eon 영겁 | eternal 영원한
- **frailty** 노쇠함, 약함 ← 늙어서 기운이 없음
  - 랜 fragilis = fragile 깨지기 쉬운

| 유의어

decrepitude 노쇠 | senility 노쇠, 노망 | senescence 노쇠

- **dementia** 치매 ↔ 정상적이던 지능이 대뇌의 질환으로 저하된 것

  [라] demens = mad 미친

  [cf.] senile dementia 노인성 치매

- **Alzheimer's disease** 알츠하이머병 ↔ 치매 증상을 나타내는 퇴행성 뇌질환

  [독] Alzheimer는 독일 신경학자 Alois Alzheimer의 이름을 딴 병명

  [프] desaise = lack of ease 편치 못함

노후 대비

"Education is the best provision for old age."

교육은 노년기를 대비하는 최상의 양식이다.

아리스토텔레스는 "교육은 노년기를 대비하는 최상의 양식이다.Education is the best provision for old age."라고 말한 바 있다. 여기에는 개인적인 차원의 교육뿐 아니라 국가적 차원의 교육도 포함된다. 수명이 길어지고 출산율이 떨어지면서 급격히 고령화 사회로 치닿고 있는 오늘날에는 아리스토텔레스가 살았던 시대보다 노후 대비가 더욱 큰 문제이다. 다방면에서 사회적 고민을 계속해나가며 방법을 모색하고 있다.

요양원

수명이 길어지면서 nursing home요양원, 양로원 등의 노인 요양시설elderly care facilities이 증가하는 추세이다. nursing home은 신체(somatic) 건강상의 문제가 있는 노인들과 치매dementia 노인들을 주로 돌본다. 참고로 sanatorium요양원은 결핵tuberculosis 환자나 장기적으로 질병을 앓아 온 환자를 중점적으로 돌보는 요양원이다.

노인학과 노인병학

의술의 발달로 수명이 길어지면서 최근에는 노인들을 전문적으로 연구하는 노인학(gerontology)과 노인질병을 치료하는 노인병학(geriatrics)이 발전하고 있다.

노화 방지를 위한 노력

노화의 속도를 늦추는 방법을 연구하는 항노화 의학anti-aging medicine 분야에서는 줄기세포stem cells와 호르몬 요법hormone therapies 등을 이용해 회춘(rejuvenation)을 연구하고 있다.

[어원 003] **노후 대비**

087

- **somatic** **신체의** ↔ 몸에 관한
  [그] sōma = body 신체, 몸
  | **soma에서 파생한 단어**
  psychosomatic 심신의
- **sanatorium** **요양원** ↔ 결핵 같은 병에 걸린 환자들을 수용 · 치료하는 기관
  [라] sanus = healthy 건강한
  | **sanus에서 파생한 단어**
  sanity 온전한 정신 | sanitary 위생의
  sane 제정신인 | insane 미친, 제정신이 아닌
- **gerontology** **노인학** ↔ 노인을 종합적으로 연구하는 학문
  [그] geron = old man 노인
  [cf.] Zoroaster(조로아스터)는 페르시아 종교 지도자의 이름을 딴 종교명인데 그 이름의 어근은 zarant(old 늙은)와 ushtra(camel낙타)가 합쳐진 것이다. zarant는 geron과 어원이 같다.
- **geriatrics** **노인병학** ↔ 노인의 질병을 연구하는 학문
  [그] geras = old age 노년
- **rejuvenation** **회춘** ↔ 도로 젊어짐
  [라] re = again 다시
  [라] juvenis = young 젊은 [cf.] juvenile 청소년의

그 밖의 노화 및 노인 관련 표현들

- 노화의 구체적인 증상을 나타내는 표현들

    wrinkle 주름 (gewrinclod = sinuous 물결 모양의)

    presbyopia 노안 (presbys = old man 노인 + -opia = eye 눈)

    menopause 폐경기 (men = month 월 + pausis = cessation 중단)

    arthritis 관절염 (arthron = joint 관절)

- 노인 및 나이 들어 보임을 나타내는 표현들

    an old man 노인

    a senior citizen 노인, 고령자

    the elderly 노인들 (the + 형용사 ~한 사람들)

    centenarian 100세까지 혹은 그 이상 사는 사람

    supercentenarian 나이가 110세까지 혹은 그 이상 사는 사람

    look old for one's age 나이보다 늙어 보이다 (for ~에 비하여)

죽음

"Dream as if you'll live forever,

live as if you'll die tomorrow."

영원히 살 것처럼 꿈꾸고, 내일 죽을 것처럼 오늘을 살라. – 제임스 딘

죽음이 어쩔 수 없이 받아들여야 하는 인간의 숙명이라면, 이왕 죽는
거 건강하게 살다가 자연스럽게 나이를 먹어 자신도 모르는 사이에
잠을 자는 것처럼 편안하게 생을 마감할 수 있다면 그것만큼 큰 축복
도 없겠다. 하지만, 살다 보면 불의의 사고로 제 명을 다하지 못하고
어느 날 갑자기 죽음을 맞이하게 되는 경우도 비일비재하다.

신화와 죽음

죽은 사람의 영혼을 저승에 데려가는 로마 신화의 사신은 Mors모르
스, 그리스 신화의 thanatos(타나토스)이다. 따라서 라틴어 Mors도 마찬가지로 죽음
death을 뜻한다. 그래서 신을 immortal불멸의(im = not 않는)한 존재로 표현
한다면, 인간은 mortal언젠가는 죽을 운명을 가진한 존재라고 표현할 수 있다.

죽음과 지하세계의 신은 그리스 신화에서는 Hades하데스라 하고, 로마
신화에서는 Dis디스라 하며, 영어로는 '명왕성'을 뜻하는 Pluto플루토라고
부른다. Pluto는 '부자의 신'이란 뜻의 그리스어 Plouton에서 생겨났
는데, 여기에서 ploutoswealth 란 어근을 포함한 plutocracy금권정치란
단어가 생겨났다는 것도 더불어 알아두자.

죽음 관련 어근들에서 파생한 표현들

영어에는 죽음을 가리키는 여러 가지 어근이 있는데, 먼저 시체dead
body를 뜻하는 그리스어 nekros에서 necropolis공동묘지란 단어가 파
생했다.

죽이다kill란 뜻의 라틴어 necare에선 internecine같은 편끼리 싸우는, 서로 죽이는이
란 단어가 파생했고, 라틴어 cadere죽다에서 cadever시체란 단어가 파
생했다. 또한 homicide살인처럼 라틴어 cida살해자에서 파생한 접미사
cide를 붙인 단어들도 많다.

라틴어 posterus subsequent 차후에 오는에서 파생하여 형성된 posthumous란 단어는 '사후의'란 뜻이다. 이 단어를 활용해 '유고집'은 posthumous collection, '유작'은 posthumous work라고 한다.

088

어원 004 **죽음**

- **mortal** (언젠가는) 죽을 운명인 ‥‹ 정해진 수명이 있는
  - (라) mors = death 죽음
- **plutocracy** 금권정치 ‥‹ 경제권력이 정치권력과 유착한 경우
  - (그) ploutos = wealth 부
  - (그) kratia = rule 통치하다
- **necropolis** 공동묘지 ‥‹ 여러 사람이 공동으로 묻힌 묘지
  - (그) nekros = dead body 시체

  | nekros에서 파생한 단어

  necrosis 괴사 | necromancy 혼령을 불러내 대화하는 술법

  cf. 묘지 및 묘지 관련 표현

  graveyard 묘지 | epitaph 묘비명

  grave/tomb 묘, 무덤 | gravestone/tombstone 비석
- **internecine** 같은 편끼리 싸우는, 서로 죽이는 ‥‹ 같은 편끼리 싸우고 죽이는
  - (라) inter = between 사이에
  - (라) necare = kill 죽이다
  - **cf.** pernicious 치명적인 (per = completely 완전히 + necis = violent death 끔찍한 죽음)
- **cadever** 시체 ‥‹ 죽은 사람의 몸
  - (라) cadere = perish 죽다
- **homicide** 살인 ‥‹ 사람을 죽이는 행위
  - (라) homo = man 인간
  - (라) cida = killer 살해자

  | cida에서 파생한 단어

  pesticide 살충제 | insecticide 살충제 | germicide 살균제

  senicide 노인살해 (senex = old man 노인)

  infanticide 영아살해 (infant 영아)

  felicide 고양이 죽이기 (feles = cat 고양이)

patricide 부친살해 (pater = father 아버지)

matricide 모친살해 (mater = mother 어머니)

fratricide 형제살해 (frater = brother 형제)

genocide 종족학살 (genos = race 인종)

suicide 자살 (sui = of oneself 자신에 의한)

cf. slit one's wrist 손목을 긋다

| 유의어

murder 살인 (*cf.* attempted murder 살인미수)

manslaughter 살인, 과실치사 | slaying 학살, 살해

bloodshed 살해, 유혈의 참사 | butchery 도살

carnage 대학살 | massacre 대학살

- **posthumous** 사후의 ·· ◁ 죽은 다음의

  @ posterus = subsequent 차후에 오는

   cf. posthumous collection 유고집 | posthumous work 유작

타인에 의한 죽음

암살

흔히 정치적 이유에서 정치 지도자를 살해하는 행위를 암살, assassination이라고 한다. 암살자는 assassin이라고 하는데, 이 단어는 11세기 말 페르시아 암살단 조직의 수장인 Hassan-i Sabbah 하산 에 사바흐의 이름을 딴 Hassassin하산의 추종자에서 생겨났다는 설과 그 암살단 조직의 명칭인 hashīshīn하시신에서 생겼다는 설 등이 있다. 미국에선 Abraham Lincoln, James Garfield, William Mckinley, John F. Kennedy 등 4명의 대통령이 암살된 역사가 있다.

참고로 '청부 살인자'는 hit man, '청부 살인팀'은 hit team이라고 한다. 둘 다 구어체로 많이 쓰이는 표현이다.

단두대와 사형

사형(capital punishment, death penalty)은 범죄자에 대한 최

고의 형벌이라 할 수 있겠으나 현대사회에서 사형을 실제로 집행하는 나라는 그리 많지 않다. 단두대(guillotine)는 머리를 잘라 죽이는beheading 장치(apparatus)로, 프랑스에서 사형이 폐지될 때까지 오랫동안 사용되었다. guilotine이란 용어는 18세기 후반 단두대의 사용을 제안한 프랑스의 의사 Joseph Guillotin의 이름에서 딴 것이다.

참고로, 머리를 잘라 죽이는 것, 즉 '참수하다'는 decapitate라고 한다.

죽음에 이르게 하는 고문

죄에 대한 처벌의 목적이건 신문의 목적이건 대부분의 고문(torture)은 죽음을 초래한다. 고대와 중세에 행해진 사람이 몸부림치며(thrash) 죽게 만드는 잔인한 고문의 예를 들어보자면 사람을 숯불에 올린 석쇠(gridiron)에 놓고 구워 죽이는 고문, 죄인의 팔다리를 네 마리 말에 묶어 뼈를 탈구시키고(dislocate) 사지를 절단하여(dismember) 찢어 죽이는 능지처참quartering 고문, 화형대(stake)에 묶어 불에 태워 죽이는 고문 등이 있다. 플래카드처럼 생긴 나무 판의 구멍에 머리와 손을 내밀고 서있도록 하여 죄인이 조롱derision을 당하게 만드는 형틀(pillory)과 차꼬(stocks)를 사용한 고문도 있다. 후자 둘은 비교적 가벼운 고문의 형태이다.

안락사

고대 그리스와 로마에서는 죽음을 재촉하기 위해 독미나리의 독인 hemlock이 사용되었는데 이것이 가망이 없는 환자를 고통 없이 죽게 하는 방법으로 현대에 시행되는 안락사(euthanasia)의 시초일 것으로 추정된다. euthanasia의 어근인 thanatos는 그리스 신화에서 죽음을 의인화한 것(사신)이다. 안락사에 대해서는 오랫동안 찬반양론pros and cons이 있어 왔다.

어원 005 **타인에 의한 죽음**

089

- **assassin** 암살자 ‹ 몰래 타인을 살해하는 자
  (아랍어) Hassassin(하산의 추종자) 혹은 hashīshīn(니자리파 암살단의 명칭)에서 유래한 것으로 추정됨

- **capital** 사형의 ·ᐸ 벌로 죄인을 죽이는

  🔠 capital은 '(국가의) 수도', '자본', '대문자'라는 의미로도 자주 쓰인다.

  🔠 capitalis = of the head 머리의

- **guillotine** 단두대 ·ᐸ 사형수의 목을 자르는 대

  🔠 Joseph Guillotin (1738–1814) 프랑스의 내과의사로 단두대의 사용을 제안

  🔠 **관련 표현**

    scaffold 단두대 (보통 건설현장의 '비계'란 뜻으로 많이 쓰이는 단어)

    decapitate 참수하다 | block 단두대의 머리를 놓던 부분

    behead 머리를 자르다 | gallow 교수대 | execute 처형하다

- **apparatus** 장비 ·ᐸ 장치와 설비

  🔠 ad = to ~에게

  🔠 parare = make ready 준비하다

  | **유의어**

  appliance 기기, 가전제품 | device 장치

  gear 기어, 장비 | gizmo 간단한 장치

  machine 기계 | machinery 기계류

  accoutrement (무기, 군복 외의) 장비

  gadget 기구 | gadgetry 기구류 | contraption 기묘한 장치

  outfit 용구, 장비 일체 ('옷, 의상 한 벌'이란 의미로도 쓰이는 단어)

  paraphernalia (특정 활동에 쓰이는) 용품

  tool 연장 | utensil 연장 | widget 작은 장치

- **torture** 고문, 고문하다 ·ᐸ 육체적 고통을 통한 처벌이나 심문(을 하다)

  🔠 torquere = twist 비틀다

  | **유의어**

  persecution 박해, 학대 | torment 고통, 고통을 안겨주다

  maim 불구로 만들다 | mutilate 불구로 만들다, 훼손하다

  laceration 갈기리 찢음 | martyrdom 순교자적 고통, 순교

- **thrash** 몸부림치게 만들다, 벌로 때리다 ·ᐸ 고통을 느껴 버둥거리게 하다

  🔠 threskan = thresh 탈곡하다, tread 발을 디디다

  | **threskan에서 파생한 외국어**

  (네덜란드어) dor'sen 탈곡하다 | (독일어) dreschen 탈곡하다, 치다

- **gridiron** 석쇠 ·ᐸ 고기를 굽는 기구

  🔠 craticula = small griddle 소형 요리용 번철

- **dislocate** **뼈를 탈구시키다** ↢ 뼈마디가 빠져나와 위치가 바뀌게 하다

  [라] dis = away 떨어져

  [라] locare = place 두다
- **dismember** **사지를 자르다, 주검을 훼손하다** ↢ 팔다리를 잘라내다

  [라] de = take away 가져가다

  [라] membrum = limb 사지

  | **membrum에서 파생한 단어**

  membrane 세포막 | member 회원
- **stake** **화형대, 말뚝** ↢ 사람을 불살라 죽이기 위해 세워진 기둥

  [게] stakon = stake 말뚝, pole 막대기

  | **stakon에서 파생한 외국어**

  (네덜란드어) staak 말뚝
- **pillory** **죄인에게 벌을 주는 용도의 형틀** ↢ 죄인을 벌하거나 신문할 때 사용하는 기구

  [프] pilori = pillory 형틀
- **stocks** **차꼬** ↢ 발목에 채워 죄인을 가두는 기구

  [게] stauk = tree trunk 나무 몸통

  | **stauk에서 파생한 외국어**

  (네덜란드어) stok 막대기, 지팡이

  (독일어) stock 막대기, 지팡이

  [cf.] **고문 관련 표현**

  rack 팔다리를 묶어 몸을 비트는 고문대

  iron maiden 관 안에 촘촘히 못이 박혀 있는 고문도구

  tear off the limbs 사지를 찢어발기다

  mutilation 수족을 절단하여 불구로 만듦

  sensory deprivation 감각상실
- **euthanasia** **안락사** ↢ 불치병 환자를 고통이 적은 방법으로 인공적으로 죽음에 이르게 하는 일

  [그] eu = good 좋은

  [그] thanatos = death 죽음

장례식

장례, 가족 • 지인과 함께 고인을 보내는 과정

어느 사회를 막론하고 인류는 예부터 사람이 죽으면 장례funeral를 치르는 풍속이 있었다. 사회의 특성에 따라 장례 절차나 그 방법이 조금씩 다를 뿐. 현대는 보통 가족이 죽으면 일가친척 및 지인들에게 사망을 알리는 부고(obituary)를 준비하고, 장의사mortician가 시체에 방부처리embalming하는 과정이 진행된다.

추도식은 memorial service라고 하는데 종교와 나라에 따라 관(casket, coffin) 뚜껑을 열어두고 애도자들mourners이 고인의 얼굴을 볼 수 있게 하기도 한다. 참고로, casket은 작은 것을 표현할 때 사용하는 지소사 -et가 붙은 단어로 cassette카세트와 어근이 같다. -ette도 -et와 마찬가지로 지소사인데 관과 카세트가 둘 다 '작은 것'으로 분류되었다는 것이 재미있다.

서양에서는 보통 고인을 기리며 가족이나 절친 중 한 명이 추도문(eulogy)을 읽으며 살아생전 고인에 대한 좋은 기억을 함께 나눈다. 관은 장례식장에서 영구차(hearse)로 묘지 혹은 화장터로 운송된다.

매장과 화장

장례 절차의 마지막은 시체를 처리하는 것이다. 가장 일반적인 방법은 매장interment과 화장cremation이다.

interment매장는 말 그대로 흙 밑에 시체를 묻는다는 뜻으로 이집트의 피라미드가 묘에 매장하는 방법 중 하나였다. 또, 남편이 죽으면 살아 있는 아내가 스스로 제물(self-immolation)이 되어 함께 묻히는 힌두 전통의 순장을 suttee라고 하는데, 산스크리트어 sati faithful wife 정숙한 아내에서 생겨난 단어이다.

cremation화장은 시체corpse를 태운다는 뜻이다. corpse는 '몸'이란 뜻의 라틴어 corpus에서 생겨났는데 재미있는 점은 corps부대, 단체와 어근이 같다는 것이다. 하긴 body몸의 뜻도 '조직'도 되고 '본체'도 된다.

화장터는 화장과 같은 어근 cremare에 장소를 나타내는 orium을 붙여 crematorium이라고 한다.

고대 이집트의 미라

고대 이집트에서는 죽은 사람을 사막의 얕은 구덩이(pit)에 묻어두었었는데, 이때 시체가 탈수되어 저절로 미라(mummy)가 된 것을 발견하게 되었다. 그 후 시체를 미라화mummification하기 시작했다고 한다. 고인이 사회적 지위가 높고 부유한 사람인 경우, 정교하고 화려한 석관(sarcophagus)에 방부처리를 한(embalmed) 미라를 넣고 금으로 장식한 마스크를 씌웠다.

090

어원 006 **장례식**

- **obituary** 부고 ◦◦ 죽어서 이 세상을 떠났다는 것을 알림

  라 obitus = departure 출발

  cf obit (구어) 사망 기사

- **casket** 관 ◦◦ 시체를 넣는 상자나 궤

  [고대프랑스어] casse = box 상자

- **coffin** 관 ◦◦ 시체를 넣는 바구니나 궤

  그 kophinos = basket 바구니

- **eulogy** 추도문 ◦◦ 장례식에서 고인의 공덕을 기리며 읽는 글

  그 eu = well 잘

  그 logia = speaking 말하는 것

- **hearse** 영구차 ◦◦ 관을 운반하는 차량

[라] hirpicem = harrow 써레

- **interment 매장** ↤ 시체를 넣은 관을 땅속에 묻는 장례 풍속

[라] in = in 안에

[라] terra = earth 흙

- **suttee 순장** ↤ 죽은 사람과 산 사람을 함께 묻는 장례 풍속

[산스크리트어] sati = faithful wife 충실한[정숙한] 아내

- **immolation 희생, 제물(로 바침)** ↤ 희생양으로 바침

[라] immolare = sacrifice 희생하다

[cf.] 그리스어 martur(witness 목격자)에서 생겨난 종교적 의미의 '순교'인 martyr와는 차이가 있다.

| 유의어

sacrifice 산 제물, 희생 | scapegoat 희생양 | offering (신에 대한) 공물

- **cremation 화장** ↤ 시체를 태우는 장례 풍속

[라] cremare = burn 태우다

- **corpse 시체** ↤ 죽은 사람의 몸

[라] corpus = body 신체

[cf.] corps 부대, 단체

- **crematorium 화장터** ↤ 시체를 태우는 장소

[라] cremare = burn 태우다

[라] orium = place 장소

| orium에서 파생한 단어

sensorium 감각중추, 두뇌 (sentire = feel 느끼다)

sudatorium 한증 (sudor = sweat 땀을 흘리다)

auditorium 객석, 강당

moratorium 활동 중지, 지불유예

- **pit 구덩이** ↤ 땅을 움푹하게 판 곳

[라] puteus = well 우물

- **mummy 미라** ↤ 썩지 않게 건조한 인간의 시체

[라] mumia = mummy 미라

- **sarcophagus 석관** ↤ 돌로 만든 관

[그] sarkophagos = limestone used for coffins 관에 사용되는 석회석

- **embalmed 방부처리를 한** ↤ 미생물의 활동을 막아 썩지 않게 한

[그] balsamon = balsam 향유(balm)

EXPRESS
YOURSELF

5

예술

Art

당신의 진정한 언어는 무엇인가?

What is your real language?

예로부터 우리는 다양한 언어로
인류와 나, 그리고 자연과 우주를 표현했다.
글로, 음악으로, 미술로, 춤으로, 말과 몸짓으로…
이 모든 예술은 표현과 공감의 언어이다.
지금 당신을 가장 잘 표현할 수 있는,
당신에게 가장 잘 맞는 언어는 무엇인가?

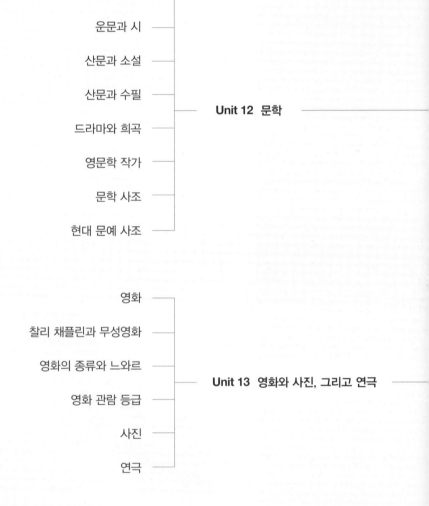
어원표시 ⓡ 라틴어 ⓖ 그리스어 ⓗ 히브리어 ⓖ 게르만조어 ⓘ 인도게르만공통조어
　　　　　ⓗ 힌두어 ⓕ 프랑스어 ⓔ 영어 ⓢ 스페인어 ⓓ 독일어

품사표시 ⓜ 명사 ⓓ 동사 ⓗ 형용사 ⓑ 부사

Chapter 5
예술

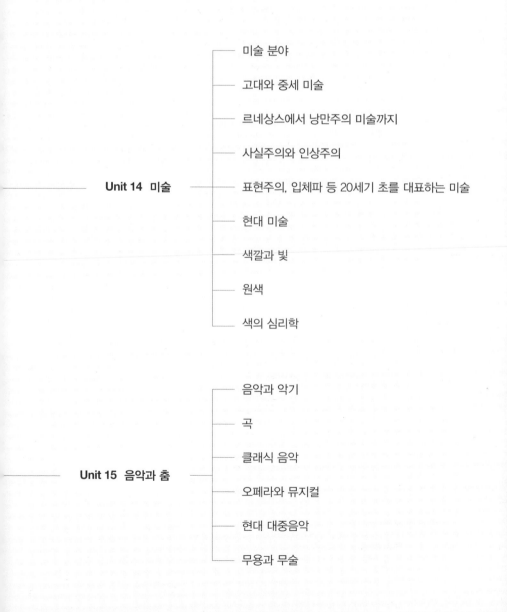

문학
Literature

문학literature 속에는 시대age가 있고, 시대의 사람이 있다.
문학 속에는 시대가 바뀌어도 변하지 않는
인간의 모습Who are we?이 있다.
문학 속에는 나의 모습Who am I?이 있다.

내 마음을 울리는touching 문학 속에는
내가 인정하고 싶지 않은 내가 있고
내가 미처 깨닫지 못했던 내가 있고
아무에게도 말하지 못했던 내가 있고
너무나 공감되는 내가 있다.

아무도 이해해주지 못할 것 같은 나를
문학 속에서 이해받는다.

모든 예술이 그렇듯
문학 속에서 나와 세상을 표현하고
이해하고 받아들이는 방법에는 두 가지가 있다.
문학 감상을 통한 방법과
문학 활동을 통한 방법!

당신은 글을 읽으며 당신을 찾고 있는가?
글을 쓰며 당신을 찾고 있는가?

문학과 장르

'문학'을 의미하는 literature는 라틴어 litera(letter 철자)에서 생겨난 단어이다. literature(문학)는 언어나 문자로 표현된 예술작품으로, 그 형태는 크게 운문 (verse)과 산문(prose), 그리고 희곡(drama)으로 분류된다.

All which is not prose is verse; and all which is not verse is prose.

Moliere

운문은 시(poetry)를 가리키고, 산문은 장편소설(novel), 중편소설 novella, 단편소설short story 등을 포함한다. 이런 운문과 산문의 종류, 즉 문학작품의 종류를 장르(genre)라고 한다.

이와 같은 문학의 장르는 다시 희극(comedy), 비극(tragedy), 풍자 (satire) 등의 하위 장르로 구별할 수 있다.

tragedy는 그리스어 tragos(goat 산양)와 ōidē(song 노래)가 결합된 단어이다. 술과 황홀경의 신인 디오니소스에게 올리는 제의식에서 산양의 가죽을 입고 합창을 했다거나 산양을 제물로 바쳤다는 등의 풍속에서 tragedy가 유래했다는 이야기가 있다.

satire는 로마 시대에는 다양한 주제를 표현한 시들을 가리키다가 그 당시 만연하던 부패나 부도덕을 공격하는 내용에 점점 초점이 넘어가면서 '풍자'란 뜻이 되었을 것으로 추정된다.

satire가 조소적인 풍자적 장치라면 allegory(알레고리)는 작품 속 등장인물이나 배경 등을 통해 숨겨진 의미를 표현하는 풍자의 방법이다. 플라톤은 Allegory of the Cave(동굴의 비유)에서 동굴 안에서 목에 사슬이 묶인 채 동굴 벽에 비치는 그림자가 실제 세계라고 생각하며 사는 죄수들을 보여준다. 이 사슬에 묶인 죄수들은 동굴 밖 이데아, 즉 진리를 알지 못하는 무지한 인간들을 풍자한 것이다. Aesop's Fable(이솝 우화)에서 볼 수 있듯이 우화는 종종 동물을 주인공으로 하여 도덕적 교훈을 전하는 짤막한 이야기들이다.

어원 001 **문학과 장르**

· **literature** 문학 ·‹ 언어나 문자로 표현된 예술작품

　라 litera = letter 철자

| litera에서 파생한 단어

literate 글을 읽고 쓸 줄 아는

illiterate 문맹의, 읽고 쓸 줄 모르는 (il = not 아닌)

literacy 읽고 쓰는 능력 | illiteracy 문맹

literally 문자 그대로

obliterate 지우다, 삭제하다 (ob = against ~에 반대하여)

- **verse** 운문 ·ᐸ 시의 형식을 갖춘 글

  ㉜ versus = line 줄

- **prose** 산문 ·ᐸ 운율이 없는 소설, 수필 등의 글

  ㉜ prosa oratio = straightforward or direct speech 직접적인 말

- **drama** 드라마 ·ᐸ 등장인물들의 행동이나 대화를 수단으로 하여 표현하는 극작품

  ㉤ drāo = do 하다, act 행동하다

- **poetry** 시 ·ᐸ 사상이나 심상을 운율적으로 표현하는 문학의 한 장르

  ㉜ poeta = poetry 시

- **novel** 소설 ·ᐸ 허구에 바탕을 둔 산문체 문학의 한 장르

  ㉜ novella = new things 새로운 것들

- **genre** 장르 ·ᐸ 문학 및 예술의 표현 양식에 따른 갈래

  ㉜ genus = kind 종류, race 인종

| genus에서 파생한 단어

gender 성 | genus (생물 분류) 속

- **comedy** 희극 ·ᐸ 청중을 웃게 만드는 극 형식

  ㉤ komos = festival 축제, banquet 연회

  ㉤ aoidos 가수 ★aoidos와 같은 뿌리의 ōidē(song 노래)에서 ode(시)와 tragedy(tragos 염소)란 단어가 생겨남

| komos에서 파생한 단어

encomium 찬사

- **tragedy** 비극 ·ᐸ 인생의 슬픔을 제재로 하는 극 형식

  ㉤ tragos = goat 염소

  ㉤ ōidē = song 노래

- **satire** 풍자 ·ᐸ 현실의 모순 등을 비웃으며 꼬집는 문학의 한 형식

  ㉜ lanx satura = dish filled with various kinds of fruit 다양한 과일이 담긴 접시

- **allegory** 알레고리 ‥◁ 등장인물이나 배경 등을 통해 숨겨진 의미를 나타
  내는 풍자 방법

  ㉤ allegoria = figurative language 비유적 언어 ★allegoria는 인도게르
  만공통조어 al(beyond 그 너머에)에서 파생한 그리스어 allos(different 다
  른)와 agoreuein(speak openly 공개적으로 말하다)이 합쳐진 단어
- **fable** 우화 ‥◁ 동식물을 주인공으로 그들의 행동이나 이야기로 교훈을 전
  달하는 이야기

  ㉢ fabula = story with a lesson 교훈이 담긴 이야기

운문과 시

일반적으로는 운율rhythm, meter을 갖춘 시poetry를 운문verse과 동일시하
지만, 시 중에는 산문시도 있기 때문에 운문과 시를 별도로 구분하기
도 한다. poetry가 '분야'로서의 시를 가리킨다면 poem은 '한 편'의
시를, poet은 '시인'을 가리킨다. '시를 짓다'는 compose a poem이
라고 한다. 다음의 문장을 통해 poet와 poem을 구별해보자.

Yeats is Ireland's most famous **poet**.

예이츠는 아일랜드의 가장 유명한 시인이다.

The Road Not Taken is the most famous **poem** in the world.

《가지 않은 길》은 세상에서 가장 유명한 시이다.

은유법과 직유법

시는 지은이의 중심 생각인 주제(theme), 주제를 나타내는 재료인
시적 소재(poetic material), 심상(image)으로 구성된다. 시는 비유
법을 통해 이러한 주제와 소재, 심상을 드러내는 게 보통인데, 'A는
B이다'식의 비유법을 은유법(metaphor)이라 하고 'A는 B와 같다'
식의 비유법을 직유법(simile)이라고 한다.

[은유법] My mind is a lake. 내 마음은 호수다.

[직유법] The mind is like a lake. 마음은 호수와 같다.

환유와 제유

한 낱말을 다른 낱말로 빗대 표현하는 환유(metonymy), 사물의 한 부분으로 전체를, 또는 그 반대로 표현하는 제유(synecdoche) 등도 비유법의 일종이다. IT 산업을 지칭하려고 실리콘 반도체를 제조하는 회사들이 모여 있는 실리콘 밸리Sillicon Valley를 언급하는 것은 환유이며, credit card신용카드를 그 재료인 plastic (card)이라고 부르는 것은 제유이다.

서정시와 서사시

시는 그 내용에 따라 서정시와 서사시로 분류하기도 한다. 서정시는 개인의 정서를 표현한 시로 영어로는 lyric이라고 한다. 그리스어 lyrikossinging to the lyre 수금에 맞춰 노래하는에서 유래된 단어이다. 그래서 그런지 '노랫말, 가사'를 뜻하는 영어 표현은 lyrics이다.

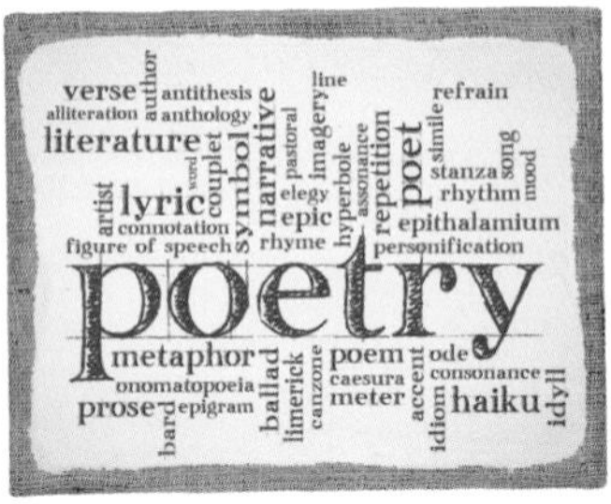

이와는 대조적으로 서사시는 역사 속 영웅 이야기 등을 표현한 시이다. 영어로는 epic이라고 한다. epic은 '이야기'를 뜻하는 그리스어 epostale 이야기에서 유래된 단어인 만큼 '스토리'를 담고 있다는 데 중심을 둔 시이다.

[어원 002] 운문과 시

092

- **theme** 주제 ↔ 문학작품에서 작가의 중심 생각

  [그] thema = a subject 하나의 주제
- **material** 소재 ↔ 주제를 표현하기 위해 사용하는 재료

  [라] materia = matter 물질
- **image** 심상 ↔ 마음속에 떠오르는 생생한 상

  [라] imitari = copy 모방하다 ★imitari는 인도게르만공통조어 aim(copy 복사하다)에서 파생함

  | aim에서 파생한 단어

  inimitable 아무나 흉내낼 수 없는 | emulate 모방하다

  imago 나비, 나방 등의 성충, 이마고(주관적 경험이 결합된 시각적 표상)
- **metaphor** 은유 ↔ '인생은 한 편의 드라마다.'처럼 사물의 상태를 암시적으로 표현하는 것

  [라] meta = over 너머로

㉔ pherein = carry 운반하다

| pherein에서 파생한 단어

inference 추론

- **simile** 직유 ·〈 '같이', '처럼' 등으로 한 사물을 다른 사물에 빗대어 표현
하는 것

  ㉔ similis = like ～ 같은

  | similis에서 파생한 단어

  similar 비슷한 | simulation 모의실험 | ensemble 합주단

  facsimile 복사 (facere = make 만들다)

  assimilate 동화시키다 (ad = to ～에게)

  verisimilitude 그럴 듯함 (verus = true 진짜인)

  dissimilitude 같지 않음

  ★similis는 인도게르만공통조어 samos(same 같은)에서 파생했는데 여기
  에서 영어의 same(같은), 산스크리트어의 samah(identical 같은) 등이 생
  겨남

- **metonymy** 환유 ·〈 어떤 단어 대신 그 단어를 연상시키는 다른 단어를
사용하는 것

  ㉤ meta = change 바꾸다

  ㉤ onoma = name 이름

  | onoma에서 파생한 단어

  onomastic 성명의 | onomatology 명명학

  onomatopoeia 의성어, 의성어 사용 | antonomasia 환칭

  paronomasia (동음이의어를 이용한) 익살, 말장난

  patronymic 아버지 이름을 딴 이름

  name 이름 | anonymous 익명의 (an = without ～없이)

  Jerome (남자 이름) 제롬 (hieros = holy 신성한, 성스러운) ★Jerome은
  라틴어 Hieronymus에서 생겨난 영어식 이름이며, Hieronymus는 고대
  그리스어 Hierónymos(신성한 이름을 가진)의 라틴어 형태임

  eponym 이름의 시조 (epi = after ～을 본뜬)

  homonym 동음(동철)이의어 (homos = same 같은)

  synonym 동의어 (syn = same 같은)

  antonym 반의어 (ante = against 반대되는)

  pseudonym 필명 (pseudes = false 거짓의)

- **synecdoche** 제유 ↞ 사물의 한 부분으로 그 사물의 전체를 나타내는 것
  - ⓐ synekdokhe = the putting of a whole for a part 부분으로 전체를 대신하는 것
- **lyric** 서정시 ↞ 개인의 감정을 주관적으로 표현한 시
  - ⓐ lyrikos = singing to the lyre 수금에 맞춰 노래하는
  - *Cf.* lyre(수금)는 고대 그리스의 현악기이다.
- **epic** 서사시 ↞ 서사가 담긴 시
  - ⓐ epos = word 말, tale 이야기

산문과 소설

산문의 종류와 일반적인 구조

현대에는 산문prose이 시와는 대조되는 근대의 소설, 희곡, 수필essay, 평론critique 등을 일컫지만 고대에는 이런 문학의 장르들도 운율을 갖춘 운문의 형태를 띠었다.

산문은 보통 서론(introduction), 본론(body), 결론(conclusion) 의 일반적 구조를 취한다.

소설

산문에 속하는 문학의 장르 중 소설은 허구, 즉 fiction픽션을 토대로 한다. fiction은 말 그대로 '지어낸 이야기'를 뜻하며, 그 반대말인 non-fiction논픽션은 '실화'이다.

소설은 스토리의 길이에 따라 단편, 중편, 장편으로 나뉘는데, 단편소설은 short story, 중편소설은 novella, 장편소설은 novel이라고 한다. 단편소설은 고대에 존재했던 세상에 알려지지 않은 일화(anecdote)가 발전한 형태이다. 중편소설보다는 길지만 장편소설치고는 짧은 장편소설은 short novel5만~8만 단어이라고 일컫는다.

소설의 3요소와 플롯

흔히 주제(theme), 구성(plot), 문체(style)를 소설의 3요소라고 하는데, 이 중 plot은 다시 다섯 단계로 분류된다.

인물을 소개하고 배경을 설명하는 단계가 발단(exposition)이며 사건이 진전되는 단계가 전개(complication)이다. exposition발단은 라틴어 exponere expose 드러나다에서 파생했다. 여기서 알 수 있듯 인물과 배경 등 구성을 '드러내' 보여주는 단계가 exposition이다.

갈등이 고조되어 위기감이 형성되는 단계가 위기(crisis)이며 갈등이 최고조에 이르는 단계가 절정(climax)이다. 그리고 대단원 혹은 해결 부분인 마지막 단계가 결말 conclusion이다. crisis는 그리스어 krisis decision 결정에서 생겨난 단어이며 climax는 그리스어 klimax ladder 사다리에서 생겨난 단어이다.

어원 003 산문과 소설

- **introduction** 서론 ·◂ 자연스럽게 본론으로 이끄는 글의 첫 부분

  라 intro = inward 안으로

  라 ducere = lead 이끌다

- **body** 본론 ·◂ 글의 주장이나 본격적인 스토리가 등장하는 부분

  고대영어 bodig = trunk of a man or beast 사람이나 짐승의 몸통

- **conclusion** 결론 ·◂ 이야기하고자 하는 바를 마무리하거나 갈등의

  결과가 밝혀지는 부분

  라 co = together 함께

  라 claudere = shut 닫다

  | claudere에서 **파생한 단어**

  close 닫다 | closure 폐쇄 | closet 벽장 | clause 조항

  cloister 수도원의 지붕이 덮인 회랑

  claustrophobia 폐소 공포증 (phobia = fear 공포)

  cloisonne 칠보, 칠보 세공

  recluse 은둔자 (re 강조 접두사)

  include 포함시키다 | exclude 배제하다 (ex = out 밖으로)

  preclude 못하게 하다 (pre = before 미리)

  seclude 고립시키다 (se = apart 떨어져)

  occlude 가리다 (ob = against ~에 반하여)

093

235

- **fiction** 허구 ↔ 사실이 아닌, 작가의 상상력으로 만들어진 이야기

[라] fingere = feign 가장하다

| **fingere에서 파생한 단어**

fictional 소설의 | fictitious 허구의, 지어낸 | feign 가장하다

effigy 인형, 조상(彫像) (ex = out 밖으로)

- **anecdote** 일화 ↔ 개인이나 사건에 대한 짧고 흥미로운 이야기

[라] an = not ~ 아닌

[라] exdotos = published 출간된

| **유의어**

episode 에피소드 | reminiscence 추억담 | narrative 이야기, 서사, 서술

tale 이야기 | tall tale 믿기 힘든 이야기, 거짓말 | fairy tale 동화

fish story 터무니없는 이야기 | tall story 거짓말 같은 이야기

- **theme** 주제 ↔ 지은이가 이야기하고자 하는 주된 사상

[그] thema = subject 주제

- **plot** 플롯 ↔ 사건을 짜임새 있게 배열한 구성

[고대영어] plot = small piece of ground 작은 땅덩어리

- **style** 스타일, (소설) 문체 ↔ 작가의 개성을 드러낼 수 있는 특질

[라] stilus = instrument for writing 글 쓰는 도구

- **exposition** 발단 ↔ 소설의 도입부

[cf.] exposition은 '박람회'란 뜻도 있다.

[라] exponere = expose 드러내다

- **complication** 전개, 복잡한 문제 ↔ 갈등이 시작되는 부분

[라] com = together 함께 [라] plicare = fold 접다

[cf.] complication 합병증

| **유의어**

complexity 복잡성 | confusion 혼란 | dilemma 딜레마, 난국

difficulty 곤경 | obstacle 장애 | problem 문제 | snag 문제

drawback 결점, 문제점 | entanglement 얽히고설킨 관계

intricacy 복잡한 사항

- **crisis** 위기 ↔ 갈등이 고조되는 부분

[그] krisis = turning point in a disease 병의 전환점

- **climax** 절정 ↔ 갈등이 최고조에 달하는 부분

[그] klimax = ladder 사다리

산문과 수필

수필은 크게 중수필과 경수필로 나뉜다. 보통 일상생활에서 우리가 수필이라고 하면 essay에세이로 뭉뚱그려 얘기하긴 하지만, 문학적으로 엄밀히 따지자면 essay는 '중수필'을 의미한다. 특정 명제proposition를 객관적이고 논리적으로 설명하여 독자를 설득하고자 하는 글이다. essay는 프랑스어 essayertry 시도하다에서 유래했다.

반면, 개인의 정서나 체험을 포함하는 수필을 경수필, miscellany라고 한다. miscellany의 라틴어 뜻 misceremix 섞다에서 알 수 있듯 경수필은 이런저런 신변의 소소하고 잡다한 이야기를 섞어서 쓴 글이다.

기타 산문

이외에 기행문 travel essay, 보고서 report, 설명문 expository writing 등도 산문에 해당하는 글들이다.

어원 004 **산문과 수필**

094

- **essay** 에세이 ‥‹ 비교적 무거운 내용을 담고 있는 중수필
  ⓛ exigere = drive out 내몰다, require 필요로 하다, examine 점검하다

- **miscellany** 경수필 ‥‹ 일상의 소소한 사건들을 소재로 가볍게 쓴 수필
  ⓛ miscere = mix 섞다

  | miscere에서 **파생한 단어**

  mix 섞다 | meddle 끼어들다

  miscible 혼합성의 | miscellaneous 갖가지 잡다한

  promiscuous 성생활이 문란한

  mestizo 메스티조 (스페인인과 북미 원주민의 피가 섞인 라틴 아메리카 사람)

  mustang 아메리카 평원의 작은 야생마

- **report** 보고서 ‥‹ 보고하는 형식의 글
  ⓛ reportare = carry back 상기시키다

- **expository** 설명적인 ‥‹ 상대가 잘 이해하도록 객관적이며 논리적으로 서술한
  ⓛ ex = forth 밖으로 ⓛ ponere = place 두다

★남에게 설명을 하는 것은 타인 지향적이기 때문에 '밖에 의미를 둔 것'이라고 이해하자.

| 유의어

descriptive 서술적인 | disquisitionary 논문의

elucidative 해명적인 | exegetic (성서) 해석의

explanatory 설명하는 | explicative 해명적인, 설명적인

hermeneutic 텍스트 해석의

illustrative 실례·도해 등을 곁들여 분명히 보여주는

interpretive 해석을 제공하는

드라마와 희곡

드라마
무대(theater)에 올리기 위해 쓴 희곡(play)과 같은 극작품을 drama드라마라고 한다. 드라마는 휘장이 올렸다 내려지는 막(act)과 막을 이루는 배경이 바뀌는 장면(scene)으로 구성된다. 막은 여러 개의 장면으로 이루어진다.

희곡의 전개
희곡은 소설과 마찬가지로 발단exposition으로 시작하지만 전개의 경우 complication이라는 용어 대신 rising action이라 표현하기도 하며, 절정climax 다음에 문제가 해결되어가는 과정을 falling action이라 표현하기도 한다. 이는 독일 극작가 프라이타크Gustav Freytag의 이론인데 그는 결말을 catastrophe라고 하였다. catastrophe는 원래 '대재앙'을 뜻하는데 그는 비극 작품에 초점을 맞추어 비극적 결말을 의미하는 catastrophe란 단어를 사용하였다. 결론conclusion, resolution은 denouement대단원라고도 한다.

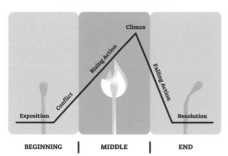

PLOT DIAGRAM

Climax

Rising Action

Falling Action

Conflict

Exposition

Resolution

BEGINNING | MIDDLE | END

어원 005 드라마와 희곡

095

- **theater** 극장 ↔ 공연을 위해 무대와 객석이 설치된 건물

  [라] theatrum = play-house 극장

- **play** 희곡, 연극 ↔ 연극의 대본 또는 연극

  [cf.] play에는 '운동하다', '놀다(보통 아이들의 경우에 쓰는 말)'란 의미도 있다.

  [게] plegōjanan = occupy oneself about ~에 매달리다, 몰두하다 ★여기에서 고대영어 plega/plæga(quick motion 빠른 동작, recreation 오락, exercise 운동)로 파생함

- **act** 막 ↔ 연극의 큰 단락

  [라] agere = do 하다, drive 몰다

  | **agere에서 파생한 단어**

  agility 민첩성 | reaction 반응 (re = back 되받아)

  agenda 안건 | agency 대행사

  litigation 소송 (litem = lawsuit 소송)

  navigation 항해 (navis = ship 배)

  fatigue 피로 (fatigare = weary 지치게 하다)

  ambiguous 애매모호한 (ambi = about 여기저기)

  ambagious 꼬불꼬불한 (ambi = about 여기저기)

  cogent 설득력 있는 (co = together 함께)

  exact 정확한 (ex = out 밖으로)

  prodigal 낭비하는 (pro = forth 밖으로)

  retroactive 소급하는 (retro = back 뒤로) | agitate 동요시키다

  castigate 혹평하다 (castus = pure 순수한)

  cogitate 숙고하다 (com = together 함께)

  fumigate 훈증소독하다 (fumus = smoke 연기)

  mitigate 완화시키다 (mitis = mild 부드러운)

  objurgate 책망하다 (ob = against ~반대하여 + ius = law 법)

  variegate 얼룩지게 하다 (varius = spotted 얼룩진)

  transact 거래하다 (trans = through 통하여)

  purge 숙청하다 (purus = pure 깨끗한)

- **scene** 장면 ↔ 연극 중 동일 공간 내의 한 상황

  [그] skene = wooden stage for actors 배우들을 위한 나무로 만든 무대

  [인] skai = shine 빛나다

| skai에서 파생한 단어

scintillate 불꽃을 내다 | shimmer 희미하게 빛나다 | shine 빛나다

- **denouement** 대단원 ↔ 연극의 마지막 장면

  [라] des = not 아닌

  [라] nodus = knot 매듭

  | nodus에서 파생한 단어

  node 마디 | nodule 혹 | noose 올가미

  | 유의어

  finale 피날레 | close 결말 | conclusion 결론

  end 끝 | final curtain 종연

영문학 작가

제프리 초서

영문학 작가들을 언급할 때면 항상 8세기에서 11세기 초 사이에 쓰여진 서사시epic poem 《베어울프Beowulf》와 제프리 초서Geoffrey Chaucer, 1343~1400의 걸작(magnum opus)인 24편의 스토리 선집(collection) 운문 설화(narrative) 《캔터베리 이야기The Canterbury Tales》를 가장 먼저 언급한다.

셰익스피어의 4대 비극

극작가이자 시인인 윌리엄 셰익스피어William Shakespeare, 1564~1616의 4대 비극은 《햄릿Hamlet》, 《오델로Othello》, 《리어왕King Lear》, 그리고 《맥베스Macbeth》이다.

문학 작가 관련 영어 표현

작가들(authors)이 사후에 명성을 얻게 되는 것을 영어로 posthumous 라고 하며 다른 사람의 작품을 베끼는 것을 plagiarism표절이라고 한다. 정치가나 명사를 대신해 작가가 집필하는 것은 ghostwriting대필이라고 하는데 대필된 책은 청탁한 정치가나 명사들의 이름으로 출간

되는 경우가 많다. 이외에 authorship원저자, anonym작자 불명 등의 단어도 알아두자.

어원 006 영문학 작가

- **magnum opus** 걸작 ←← 아주 뛰어난 작품

  [라] magnum = great 위대한, large 큰

  [라] opus = work 작품, labor 노동

- **collection** 선집 ←← 몇 작품을 모아 엮은 책

  [라] com = together 함께

  [라] legere = gather 모으다, choose 고르다

  | legere에서 파생한 단어

  lecture 강연 | lector 대학강사

  lectern 독서대, 성서대 | lection 교회에서 낭독되는 성구

  legume 콩과 식물 | legend 전설 | intelligence 지능

  legible 읽을 수 있는 | diligent 부지런한 | collective 집단적인

  elect 선출하다 | select 고르다 | neglect 소홀히 하다 | coil 휘감다

- **narrative** 내러티브 ←← 이야기의 서술

  [라] narrare = tell 말하다

- **author** 작가 ←← 문학작품을 창작하는 사람

  [라] auctorem = master 대가

  [cf] authorship 원저자, 원작자

- **posthumous** 사후의 ←← 죽은 다음의

  [라] posterus = coming after ~의 후에 오는

- **plagiarism** 표절 ←← 남의 작품을 베끼는 것

  [라] plagiare = kidnap 납치하다 ★표절은 남의 작품을 납치하는 것!

  | 유의어

  falsification 문서위조, 위증 | infringement 판권의 침해

  piracy 저작권 침해, 해적질 | appropriation 도용

  fraud 사기 | theft 도둑질 | counterfeiting (화폐) 위조

  online scam 온라인 사기 | phishing 피싱(개인정보를 알아내어 돈을 빼돌리는 사기) ★fishing(낚시)을 바꿔 만들어낸 단어

- **anonym** 작자 불명, 익명 ←← 작가의 이름이 밝혀지지 않음

  [그] an- = without ~이 없는

096

ⓒ onoma = name 이름

문학 사조

문학 사조 또는 문예 사조literary trends란 작가들이 글을 쓸 때 자신들의 작품에 반영하는 시대적 이데올로기의 흐름이다.

고전주의

문학의 사조trend는 17~18세기에 발생하여, 고대 그리스와 로마의 문학을 찬양하고 모방하면서 질서와 논리를 중시한 고전주의(classicism)부터 언급된다. classicism은 라틴어 classicusrelating to the highest classes of the Roman people 로마의 최상류층과 관련된에서 유래하였다. 따라서 고급스러움과 우수함이란 뜻이 어근에 내포되어 있다. 형용사 classical은 '고전주의의'란 뜻이고 classic은 '최고 수준의'란 뜻이다. classic은 '명작'이란 명사로도 쓰인다.

풍자시로 유명한 영국의 존 드라이든John Dryden, 그 뒤를 이은 알렉산더 포프Alexander Pope가 고전주의 대표 시인으로, 프랑스의 몰리에르Pierre Corneille, Molière와 라씬Jean Racine, 독일의 괴테Johann Wolfgang von Goethe가 고전주의 대표 희곡작가dramatist와 소설가novelist로 언급된다. 괴테의 대표적인 소설로는 ≪젊은 베르트르의 슬픔The Sorrows of Young Werther, 1774≫, 희곡으로는 ≪파우스트Faust, 1790~1831 집필≫가 있다.

낭만주의

그 후 18세기 말 형식미를 중시한 신고전주의neoclassicism에 대한 반발로 일어나 자연, 감성, 그리고 인간의 개성individuality을 중시한 사조가 낭만주의(romanticism)이다. 문학은 그 시대의 철학 및 사회상과 밀접한 관계가 있는 바, 낭만주의는 당시 프랑스 혁명과도 궤를 같이하고 있다.

대표 작가로는 ≪주홍글씨The Scarlet Letter≫란 소설을 쓴 미국 작가 나다니엘 호손Nathaniel Hawthorne, ≪어셔가의 몰락The Fall of the House of Usher≫

을 쓴 에드거 앨런 포Edgar Allan Poe, ≪수선화Daffodils≫를 쓴 영국 시인 윌리엄 워즈워스William Wordsworth 등이 있다.

자연주의

찰스 다윈Charles Darwin의 진화론(Theory of Evolution)에 영향을 받아 유전과 환경에 지배받는 인간의 운명을 강조한 사조가 자연주의(naturalism)이다. 라틴 어근 natura는 nature자연를 뜻한다.

프랑스의 에밀 졸라Émile Zola, 미국의 시어도어 드라이저Theodore Dreiser, 노르웨이의 입센Henrik Johan Ibsen 등이 자연주의 대표 작가이다.

사실주의

사실주의(realism)는 후기 라틴어 realis real 실제의에서 유래하였는데 말 그대로 19세기 이후 낭만주의에 대한 반발로 인간과 세상에 대한 정확한 재현, 즉 실재의 모방(imitation)을 중시한 사조이다. 사실주의에서 중요시 여기는 재현은 영어로 representation이라고 한다.

사실주의 대표 작가로는 영국의 찰스 디킨스Charles Dickens, 프랑스의 발자크Honoré de Balzac, 미국의 마크 트웨인Mark Twain, 러시아의 도스토예프스키Fyodor Mikhailovich Dostoevskii 등이 언급된다.

어원 007 문학 사조

097

- **classicism** 고전주의 ·◖ 17~18세기 근대 유럽의 형식미를 중시하는 문예 사조

    라 classicus = relating to the highest classes of the Roman people 로마인의 최상류층과 관련된

- **romanticism** 낭만주의 ·◖ 신고전주의에 대한 반발로 일어난 문예 사조

    고대프랑스어 romanz = the vulgar tongue from Romance 로망어 중 속어

    cf. romance 연애소설, 모험담

- **evolution** 진화 ·◖ 생물 종이 생명이 시작된 후부터 현재까지 점진적으로 변화해가는 현상

    라 evolvere = unroll 펼치다 (ex = out 밖으로 + volvere = roll 구르다)

- **naturalism** 자연주의 ·◖ 자연 앞에 무력한 인간의 현실을 강조한 문예 사조

[라] natura = nature 자연

| natura에서 파생한 단어

naturalization 귀화, 토착화 | supernatural 초자연적인

- **realism** **사실주의** ↔ 현실을 있는 그대로 묘사 · 재현하는 문예 사조

  [라] realis = real 실제의, actual 사실의

  [cf.] surrealism 초현실주의 (sur = beyond 너머)

- **imitation** **모방** ↔ 다른 것을 본뜸

  [라] imitari = copy 모방하다

- **representation** **재현** ↔ 문학작품에서 세계를 정확히 묘사하는 것

  [라] re = again 다시

  [라] pre = before 앞에

  [라] esse = be 있다

현대 문예 사조

현대 문예 사조는 사실주의 및 자연주의에 대한 반동으로 19세기 말에 프랑스에서 일어난 유미주의(aestheticism)와 상징주의(symbolism), 그리고 1차 세계대전 이후의 초현실주의(surrealism)의 흐름으로 언급된다. 비슷한 시기에 영국에서는 모더니즘modernism이 싹을 틔웠다. 실존주의existentialism는 2차 대전 이후 혼란 속에서 생겨났다.

실존주의 문학과 철학

실존주의(existentialism)는 인간 존재의 가치와 의미를 탐구하는 철학 사조로 문학과 예술 분야에 지대한 영향을 미쳤다. existentialism은 emerge나타나다 혹은 exist존재하다란 뜻의 라틴어 existere에서 생겨난 단어이다.

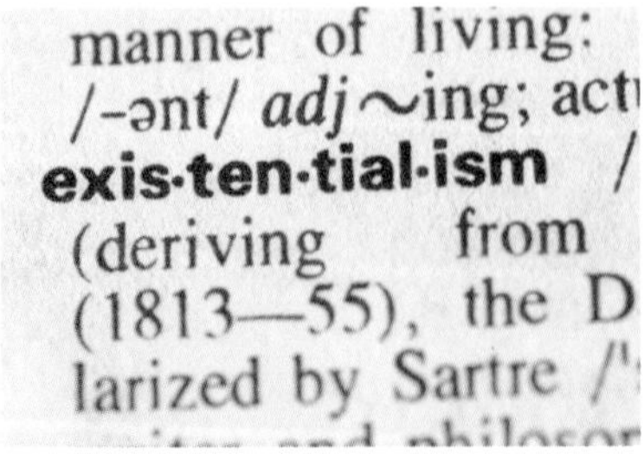

실존주의의 대표 주자인 사르트르Sartre, Jean Paul는 무신론적 실존주의자로 세상에 모습을 드러낸 인간의 본질(essence)보다 세상에 생겨난 후 자신이 스스로 선택과 행동을 통해 형성해가는 스스로의

실존existence이 중요하다고 보았다. 사르트르와 항상 연계되어 언급되곤 하는 동시대 알제리 출신의 프랑스 작가 알베르 카뮈Camus, Albert는 존재보다 본질을 중시하였고 실존주의를 철학의 자살(suicide)이라고 언급하였다. 그의 관점은 오히려 무의미한 세계에서 의미를 찾으려고 애쓰는 인간의 갈등을 다루는 부조리주의(absurdism)와 연관이 있다. 부조리주의는 모든 것이 의미 없다고 보는 허무주의nihilism와도 차이가 있다.

보헤미아 출신의 작가 카프카Franz Kafka의 《변신The Metamorphosis》이란 작품은 주인공이 스스로 실존의 방식을 선택했다는 점 등을 예로 종종 실존주의적 작품이라고 언급된다. 하지만 니체, 하이데거, 도스토예프스키, 그리고 위에 언급된 사람들 외의 모든 실존주의적 색채를 띤 작가들을 하나의 용어로 규정하기에는 각각의 특성이 매우 다르다.

모더니즘과 포스트모더니즘

현대에는 총체성, 개인의 내면 의식, 언어 자체를 중시한 모더니즘(modernism)이 먼저 발생하고, 후에 탈중심 및 기존 질서에 대한 해체를 중시한 포스트모더니즘(postmodernism)이 대표적 사조로 현재까지 맥을 이어가고 있다. modernism은 라틴 modojust now 지금, in a manner 어떤 방식으로에서 생겨난 단어이며 postmodernism은 여기에 라틴어 postafter 후에를 붙인 단어이다.

윌리엄 포크너William Faulkner, 제임스 조이스James Joyce, F. 스콧 피츠제럴드F. Scott Fitzgerald, 버지니아 울프Virginia Woolf 등이 모더니즘 대표 작가들이다. 포스트모더니즘 대표 작가로는 ≪롤리타≫로 잘 알려진 블라디미르 나보코프Vladmir Nabokov가 있다.

어원 008 **현대 문예 사조**

098

- **aestheticism** 유미주의 ‥◦ 예술은 미를 위해 존재한다고 보는 예술의 경향

  ⓐ aisthetikos = perceptive 인지하는

- **symbolism** 상징주의 ‥◦ 상징으로 언어나 이미지를 나타내려는 19세기 말의 문예 사조

  ⓐ symbolon = token 징표

245

- **surrealism 초현실주의** ↔ 부자연스러운 결합을 통해 환상적, 비현실적 이미지를 표현한 1차 세계대전 이후의 예술의 경향
  [프] sur = beyond 너머에
  [프] realisme = realism 사실주의
- **existentialism 실존주의** ↔ 개인으로서 인간의 존재를 강조하는 철학
  [라] existere = emerge 나타나다, exist 존재하다
- **essence 본질** ↔ 사물의 근본 성질
  [라] esse = be 있다
  | esse에서 파생한 단어
  essential 필수적인 | entity 독립체
- **suicide 자살** ↔ 스스로 목숨을 끊음
  [라] sui = of oneself 제 스스로
  [라] cidium = killing 살인
  | 유의어
  self-immolation (항의하기 위한) 분신자살
- **absurdism 부조리주의** ↔ 의미 없는 세상에서 의미를 찾는 인간의 부조리에 초점을 맞춘 철학
  [라] absurdus = out of tune 불협화음으로 조화롭지 않아, foolish 어리석은
  [cf] absurd 애매모호한 | absurdity 부조리
- **modernism 모더니즘** ↔ 전통적 글의 방식에서 벗어나려는 20세기 문예 사조
  [라] modo = just now 지금, in a manner 어떤 방식으로
- **postmodernism 포스트모더니즘** ↔ 모더니즘에 대한 반발로 생겨난 문예 사조
  [라] post = behind 뒤에, after 후에

그 밖의 문학 관련 표현들

- **'시' 관련 표현**

  poetic diction 시어 | line 시행

  stanza 연 (시에서 한 줄 띄어 쓴 한 덩어리)

  foot/meter 음보 시의 운율 | iambic pentameter 약강 오보격

  minstrel 중세의 음유시인 | bard 시인

- **'문학' 관련 표현**

  character 인물 | protagonist 주인공 | background 배경

  foreshadow 복선 (앞으로 벌어질 사건에 대한 암시)

  conflict 갈등 | resolution 해결

  reversal 반전 | end/collapse 파국

  point of view 시점

  first person 1인칭 | second person 2인칭 | third 3인칭

  omniscient point of view 전지적 작가시점 | narrative 서사

  description 묘사 | dialogue 대화 | explanation 설명

  monologue 독백 | aside 방백 | stage directions 지문

  figurative 비유적인 | hyperbole 과장

  flashback 회상 장면 | personification 의인화

  onomatopoeia 의성어 | mimetic word 의태어

  alliteration and rhyme 두운과 각운

  catharsis 카타르시스, 정화작용

  diary 일기 | journal 일지

  deduction 연역법 (일반적 원리로 구체적 사실을 입증하는 방법)

  induction 귀납법 (구체적 사실들을 종합하여 일반 원리를 세우는 방법)

  dialectic 변증법 (두 개의 대립 개념을 제시하여 부정한 후 새로운 개념을
  통합해내는 것)

  proposition 명제 | polemics 논증법 | allusion 인용법

• '문학'에 대해 말하는 구어체 문장들

His novel is a great read. 그의 소설은 아주 좋은 읽을거리야.

It's an apotheosis of imagination. 상상력의 극치로군.

It's not my cup of tea. / It's not my favorite. 내 스타일 아냐.

It's autobiographical. 자서전적이네.

The book is a homage to Albert Camus. 그 책은 카뮈에 대한 오마주야.

The book is set in New York. 그 책은 뉴욕을 배경으로 해.

Her poems are arresting. 그녀의 시는 아주 매력적이지.

The author drew his inspiration from nature. 그 작가는 자연에서 영감을 얻었어.

I don't like poetry because I think some of them could be hard to understand. 난 시는 이해하기 힘든 것도 있어서 좋아하질 않아.

Writing a poem was a daunting experience. 시를 쓰는 건 벅찬 경험이었어.

13

인간은 글로 표현된 문학 속 이미지를
머리로 상상하는 것에 머무르지 않는다.
문학 속 이야기를 무대theater로 가져와
연극play이란 예술로 시각화했다.

지식과 과학이 발달하면서
카메라란 획기적인 기계가 발명invention되었고
누구나 사진을 찍고
손쉽게 자신과 세상을 표현할 수 있는 세상이 되었다.

사진술이 더욱 발달되면서
인간은 연극을 영상으로 옮겨왔고
영화 예술이 번성하게 되었다.

오늘날 영화는 누구나 즐기는 문화이며
스마트폰의 놀라운 기능으로
이제는 누구나 영상을 제작할 수 있는 시대가 도래했다.

특별한 사람들의 전유물로만 생각되던 표현 방식이
이제 누구에게나 열린 표현 방식으로 변해가는 세상이다.

영화와 사진, 그리고 연극

Film, Photography & Play

영화

그리스어 phenakizein_{deceive 속이다}에서 유래한 phenakistoscope_{페나키스토스코프}는 둥근 원판을 분할하여 한 동작에서 다음 동작으로 이어지는 그림들을 차례로 그려 넣은 후 원판을 돌려보면 움직이는 영상이 만들어지는 장치이다. 영화도 연속적인 동작들을 차례로 보여 일련의 정지 화상(still image)이 스크린 상에서 움직이는 것 같은 착시 (optical illusion)를 이용하는 기법이라는 점에서 같은 맥락이다.

필름
'영화'를 뜻하는 영어 표현은 다양한데, 그 중 film을 먼저 살펴보자. film은 원래 '동물 가죽_{animal skin}'이란 뜻의 게르만조어 fello에서 출발해 영어로 옮겨오면서 '얇은 칠_{thin coating}'이란 뜻이 추가되었다. 이후 사진판 위에 칠해지는 젤과 과거 영화 제작에 사용되었던 투명 플라스틱 판지인 셀룰로이드를 가리키게 되면서 film이 사진이나 영화의 '필름'에서, '영화 (한 편)', 나아가 '영화계(영화란 분야)'를 뜻하는 용어로 확장되었다. 따라서 '영화를 공부하다'고 할 때는 보통 study film이라고 한다. 참고로, 페나키스토스코프로 움직이는 영상이 만들어진다는 이유에서 예전에는 motion picture_{활동사진, 즉 영화를 의미}라는 말도 많이 썼다.

무비
movie도 '영화 (한 편)'를 뜻하는 단어이다. 특이한 점은 the movies의 형태로 '영화관'이란 뜻으로 일상생활에서 자주 쓰인다는 사실이다. 따라서 go to the movies라고 하면 보통 '영화 보러 가다'는 뜻인데 이는 '영화관에 영화를 보러 가다'는 의미이다.

시네마
'영화' 또는 '영화관'을 뜻하는 cinema는 영화 '영사기_{projector}'와 '카메라'란 뜻의 프랑스어 cinematographe의 줄임말이다. cinematograph의 어근인 그리스어 kinema는 movement_{움직임}를 뜻한다. 즉 영화는 정지 상태의 사진이 아니라 움직이는 사진이라는 의미가 내포된 단어인 것이다.

[어원 001] 영화

099

- **still** 정지한, 고요한 ← 움직이지 않는

  [게] stilli = fixed 고정된

  | **stilli에서 파생한 외국어**

  (네덜란드어) stil 조용한 | (독일어) still 조용한

- **optical illusion** 착시 ← 시각적 착각을 일으키는 현상
- **optical** 시각의, 눈의 ← 빛을 기반으로 이미지가 눈에 인식되는

  [그] ops = eye 눈

  | **ops에서 파생한 단어**

  hyperopia 원시 (hyper = beyond 너머에)

  myopia 근시 (myein = shut 닫다)

  amblyopia 약시 (amblys = dulled 무디어진)

  presbyopia 난시 (presbys = old man 노인)

  prosopopeia 의인법

  [cf] 고대 그리스 신화에 나오는 외눈박이 거인 Cyclops(키클롭스, kyklos = round 둥근)의 이름에도 ops란 어근이 들어 있다.

- **illusion** 착각, 환각, 환영 ← 실제와는 다른 모습처럼 보이거나 인식되는 것

  [라] illudere = play with ~와 놀다, mock at ~를 조롱하다

  | **illudere에서 파생한 단어**

  ludic 농담하고 놀기를 좋아하는

  illusive 착각인 | illude 속이다, 착각시키다

  elude 교묘히 빠져나가다 | prelude 서곡, 전주

  allusion 암시 | collusion 공모, 결탁

- **film** 영화, 영화 필름, 영화계 ← 움직이는 영상을 활용한 시각예술

  [게] fello(m) = animal skin 동물 가죽

- **motion picture** 영화 ← 활동사진 ★무성(無聲) 영화와 같은 초기 영화를 가리킴

  [라] movere = move 움직이다

- **movie** 영화 한 편, 영화관 ·◦ 움직이는 대상을 촬영하여 영사기로 영사막에 재현하는 것

  19세기 말 moving picture를 줄여서 생겨난 단어임
- **cinema** 영화, 영화관 ·◦ 움직이는 대상을 촬영하여 영사기로 영사막에 재현하는 것

  혱 cinematographic 영화의, 영사의

  어 kinema = movement 움직임

찰리 채플린과 무성영화

1920년대 후반 이전의 영화들은 무성영화(silent film)였다. 무성영화 시대의 대표 배우인 찰리 채플린Charlie Chaplin은 무언극(pantomime)과 슬랩스틱 코미디로 무성영화의 단점을 보완한 세계적인 배우이다. 찰리 채플린 하면 지팡이cane를 들고 그 특유의 유머러스한 포즈로 걷는 모습이 우리에게 각인되어 있는데, 그 영화의 제목은 *The Little Tramp*이다.

소리와 영상을 함께 제공하는 최초의 유성영화(talkie film 혹은 sound film)인 *The Jazz Singer*가 1927년에 개봉되면서 무성영화는 차츰 사라져갔다.

흑백영화

흑백영화는 black and white film 또는 monochrome film이라고 한다. 1930년대에 이스트맨 코닥 사Eastman Kodak가 컬러필름을 선보이면서 이후 흑백영화 자리를 컬러필름이 대체하게 되었다. 요즘에는 일부 예술영화와 과거 회상 등의 특정 장면에 흑백 영상이 사용된다.

어원 002 **찰리 채플린과 무성영화**

100

- **silent film** 무성영화 ·◦ 소리는 없고 영상만 보여주는 영화
  라 silere = be quiet 조용하다

- **pantomime** 무언극, 팬터마임 ↔ 대사 없이 몸짓과 표정만으로 내용을 전달하는 극
  [그] panto = all 모든
  [그] mimos = imitator 모방자
- **sound film** 유성영화 ↔ 소리와 영상을 함께 즐길 수 있는 영화
  [라] sonare = sound 소리 나다, 울리다
  | sonare에서 파생한 단어
  sonant 울리는, 소리 나는, 유성음(의) | sonata 소나타
  resonant 울려 퍼지는, 공명하는, 공명음 | dissonant 불협화음의
  consonant 자음, ~와 일치하는 | assonance 음의 유사
  sonorous 울려 퍼지는, 낭랑한 | resound 울려 퍼지다
- **monochrome** 흑백(사진)의, 단색의 ↔ 영상이 검은색의 짙고 옅음으로만 나타나는
  [그] monos = single 하나의
  [그] khroma = color 색
  | khroma에서 파생한 단어
  chromosome 염색체 | chroma 채도 | chromatography 색층 분석

영화의 종류와 느와르

영화에는 공포 영화Horror, 공상과학 영화Sci-Fi, 서부 영화Westerns, 액션 영화Action, 스포츠 영화Sports, 코미디 영화Comedy, 뮤지컬 영화Musicals, 범죄 영화Crime 등이 있다.

느와르 영화

느와르 영화(Film Noir)의 noir는 라틴어 nigerblack 검은색에서 파생한 프랑스어로 1950년대의 할리우드 스타일 범죄 영화의 일종이다. 2차 세계대전 이후의 환멸(disillusion)을 반영하며 냉소적cynical인 인물, 불길한(sinister) 분위기 등을 특징으로 한다. 현대에는 네오 느와르Neo Noir란 장르가 그 뒤를 잇고 있다. 참고로 서스펜스 영화

(suspense film)의 거장이라 불리는 히치콕Alfred Hitchcock 감독은 50편 이상의 장편영화feature film를 감독하였다. 대표작으로 *Psycho*사이코, *The Birds*새 등이 있다.

어원 003 **영화의 종류와 느와르**

* **Noir** 느와르 영화 ‥‹ 1950년대 범죄 영화의 일종

  라 niger = black 검은색

  cf. hard-boiled crime fiction(비정하고 난폭한 범죄 소설)을 원작으로 한 느와르 영화가 많다.

* **disillusion** 환멸 ‥‹ 현실을 깨달은 후의 실망감과 괴로움

  라 dis = away 떨어져

  라 illudere = mock at ~를 조롱하다

* **sinister** 불길한, 사악한 ‥‹ 예사롭지 않고 안 좋은 일이 생길 듯한

  라 sinister = on the left side 왼편에 있는

* **suspense** 서스펜스 ‥‹ 긴장감

  라 suspendere = hang up 끊다, interrupt 중단시키다

영화 관람 등급

미국영화협회MPAA: Motion Picture Association of America에서는 연령에 따른 영화 관람 등급film ratings을 〈G〉, 〈PG〉, 〈PG-13〉, 〈R〉, 〈NC-17〉의 5가지로 분류하고 있다. G등급은 General Audiences, 즉 '전체 관람가'를 뜻하고, PG등급은 Parental Guidance의 약자로 '부모 지도 하에 전체 관람가', 즉 아동들이 관람하는 데 적절치 않은 내용이 담겼으므로 '부모의 지도가 요망'된다는 Parental Guidance Suggested라는 지시가 붙는 영화이다.

PG-13등급은 Parental Guidance-13의 약자로 '부모 동반 하에 13세 이상 관람가', 즉 13세 미만 어린이

들은 관람하지 못하도록 '부모의 강력한 주의'가 요망된다는 Parents Strongly Cautioned라는 지시가 붙는다.

R등급은 Restricted제한된, 즉 '17세 미만은 보호자 동반 하에 관람가'로 제한된다는 뜻이다.

NC-17등급은 No Children Under 17 Admitted, 즉 '17세 미만 관람 불가'인 영화로 우리나라의 청소년 관람 불가 등급에 해당된다. 다른 말로 Adults Only 성인만 관람가란 뜻이다.

어원 004 영화 관람 등급

102

- **general audience** 일반 관객 ← 모든 관람객

  [라] genus = kind 종류

  [라] audire = hear 듣다

- **parental** 부모의 ← 아버지나 어머니의

  [라] parens = father or mother 아버지 혹은 어머니

- **guidance** 지도 ← 어떤 방향으로 대상을 이끎

  [게] witanan = guard 지키다, reproach 책망하다

  | witanan에서 파생한 외국어

  (독일어) weisen 보여주다, 지적하다

  | 유의어

  advice 충고, 조언 | teaching 가르침

  direction 지도, 방향 제시 | instruction 지도, 교육, 설명

  supervision 감독 | usher (방, 좌석 등으로의) 안내

- **caution** ~하지 말라고 경고하다 ← 조심하라고 주의를 주다

  [라] cavere = be on one's guard 조심하다, 경계를 늦추지 않다

  | cavere에서 파생한 단어

  precaution 예방책 | caveat 통고, 경고

- **restricted** 제한된 ← 일정 한도를 넘지 못하게 하는

  [라] re = back 다시

  [라] stringere = draw tight 꽉 당기다

  | stringere에서 파생한 단어

  strict 엄격한 | stringent 엄중한, 긴박한

  astringent 수렴성의 | constringent 수축성의, 수렴성의

prestigious 명망 있는

stricture 심한 비난, 협착증 | strait 해협, 궁핍

stress 강조하다 | distress 괴로움, 고통스럽게 하다

- **admit** 입장시키다 ᐧᐧ◖ 들어가도록 허락하다

  ⓡ ad = to ~에게

  ⓡ mittere = send 보내다

사진

지식과 과학의 발전과 더불어 인류는 그림에서 사진으로, 사진에서 영화 등으로 눈에 보이는 세상을 표현하는 방식이 진화해왔다. 그래 서인지 picture란 단어는 '그림', '사진', '영화'를 모두 뜻한다.

카메라의 기원

카메라 옵스큐라camera obscura는 방chamber이란 뜻의 그리스어 kamara 와 어두운dark이란 뜻의 obscurus cf. obscure 애매모호한가 결합된 단어이다. 마치 어두운 방과 같은 상자의 한 면에 구멍을 뚫고 구멍을 통해 들 어온 외부의 빛을 이용해 안의 흰색 막에 외부의 실상을 거꾸로 찍어 내는 광학 장치이자 사진기의 기원이다.

Camera obscura

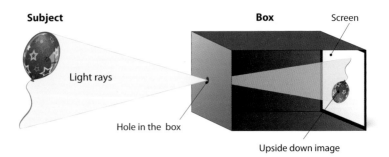

사진과 사진술

빛light이란 뜻의 라틴어 **photo**와 쓰기writing란 뜻의 그리스어 **graphe**가 합쳐진 단어 photography사진술는 말 그대로 빛을 전기신호로 변환시켜 영상으로 남기는 기술이다. photography가 '사진 전체 분야'나 '사진술'을 의미한다면, photograph는 '사진 한 장'을, photographer는 '사진작가'를 가리킨다.

또, '사진 한 장'은 picture라고도 해서 '사진을 찍다'는 take a picture 혹은 take a photo라고 말한다. 참고로 '사진이 잘 받는' 것은 photogenic이란 단어를 사용한다.

필름과 현상

이제는 디지털 카메라가 상용화되어 특별한 경우가 아닌 한 사진을 현상하는 일은 드물지만, 카메라에 필름을 넣어 사용하던 시절에는 사진을 찍은 후 현상이라는 과정을 거치는 것이 필수였다. 영어로 '현상하다'는 develop이란 단어를 쓴다. 필름에 찍힌 상, 즉 눈에 보이지 않는 이미지를 눈에 보이는 이미지로 펼쳐놓는다는 의미이다.

참고로 1930년대 중반 컬러필름이 도래하기 전에는 염색한 감자전분(potato starch)을 유리판에 도포하여 필터로 사용하였다.

픽셀

사진의 이미지를 구성하는 최소 단위는 화소, 즉 pixel로 picture element의 줄임말이다.

사진의 왜곡, 그리고 보정

사진을 찍을capture 때 렌즈나 빛 등의 원인으로 인해 찍힌 대상이 실제 모습보다 팽창되거나stretch 수축되어compress 보이는 것을 왜곡(distortion)이라고 한다.

사진의 특정 부분이 맘에 들지 않을 때는 흔히 포토샵photoshop 프로그램을 이용해 자신이 원하는 스타일로 편집한다edit. 포토샵을 이용해 사진의 일부를 잘라내 노출(exposure)과 콘트라스트(contrast)색 혹은 명암의 차이를 이용함 조정, 색의 채도(saturation) 조정, 얼굴 요소들facial features의 보정 등을 할 수 있다. 심지어는 빛의 반사로 인한 눈의 붉으스름한 광채reddish glow마저도 지울 수 있다. 참고로 노출은 카메라 조리개(aperture)로 들어오는 빛을 카메라 셔터가 열려 있는 시간 동안 필름에 비추는, 즉 노출시키는 것을 가리킨다.

파파라치

연예인들의 사생활 사진을 찍고 돈을 받는 사진사들을 paparazzi파파라치라고 한다. 한 영화 속 등장인물인 사진작가의 성이 Paparazzo였던 것에서 비롯되었는데, 원래 paparazzo는 이탈리아 방언으로 모기의 윙윙거리는 시끄러운 소리를 뜻한다. 이것이 사진작가들이 쉴 새 없이 셔터를 누를 때 나는 성가신 소리를 나타내면서 '파파라치 한 사람'은 paparazzo, 집합적으로 '파파라치'는 paparazzi라고 부르게 되었다.

어원 005 사진

- **photography** 사진술 ·ᐊ 사진을 찍는 기술
  - ㉧ photo = light 빛
  - ㉠ graphe = writing 쓰기
  - | photo에서 파생한 단어
  - photon 광자
  - photogenic 사진이 잘 받는 (genic = produced by ~에 의해 생산된)
  - photosynthesis 광합성 (synthesis = putting together 합성)

- **develop** 현상하다 ·ᐊ 인화지를 약품으로 처리하여 상이 나타나도록 하다
  - 고대프랑스어 des = undo 풀다
  - 고대프랑스어 veloper = wrap up 싸다
  - ★필름 속에 들어 있는 상을 인화지에 풀어내는 작업이 현상이라고 생각하자.

- **potato starch** 감자전분 ·ᐊ 감자앙금을 말린 가루로, 액체를 섞으면 끈적거림
  - 카리브 batata = sweet potato 고구마 ★서인도제도의 아이티섬 사람들이 사용하는 카리브말
  - ㉙ starkjan = make hard 딱딱하게 하다
  - | starkjan에서 파생한 외국어
  - (독일어) Starke 힘, 전분풀
  - (스웨덴어) starka 풀을 먹이다

- **pixel** 픽셀 (picture element의 약자) ·ᐊ 이미지를 이루는 가장 작은 단위

- 라 pictura = painting 그림

  cf. pictogram(상형문자)에도 pictura의 동사 형태 pingere(paint 그리다)
  란 뜻이 포함됨

- **distortion** 왜곡 ‥ᐧ 모양이 틀어지는 것

  라 dis = completely 완전히

  라 torquere = twist 휘다

- **exposure** 노출 ‥ᐧ 카메라를 통해 빛을 카메라 필름에 비추는 것

  라 exponere = exhibit 전시하다, reveal 드러내다

- **contrast** 콘트라스트 ‥ᐧ 이미지의 짙은 색조와 옅은 색조의 비율 (이로
  인해 질감(texture)과 선명도(clarity) 등이 결정됨)

  라 contra = against 반대로

  라 stare = stand 서다

- **saturation** 채도, 포화도 ‥ᐧ 회색을 섞는 정도에 따라 더 낮아지는 색의
  선명한 정도

  라 saturare = fill full 꽉 채우다 ★saturare는 인도게르만공통조어 sa-
  (satisfy 만족시키다)에서 생겨났다. (ex. satiate 물릴 정도로 주다)

- **aperture** 조리개 ‥ᐧ 빛이 통과하는 카메라의 구멍

  라 aperire = open 열다

- **paparazzi** 파파라치 ‥ᐧ 연예인이나 명사를 쫓아다니며 사생활을 찍고
  잡지사나 신문사 등에 파는 것을 직업으로 하는 사진사들

  이탈리아 방언 paparazzo 모기의 윙윙거리는 시끄러운 소리

연극

play란

서계르만조어인 plegōjanan_{occupy oneself about ~에 몰두하다}에서 유래한 단
어 play는 '놀다 / 시합을 하다 / 공을 치다 / 연주하다 / 연기하다 / ~인
척하다'란 동사의 뜻에서 보다시피 참여하는 것과 관련된 행위들과 연
관이 있다. 마찬가지로 명사 뜻으로도 '놀이 / 경기진행, 운용 / 연주 /
연극, 희곡 / 공연' 모두 참여와 관계가 있다. 즉 공연_{performance}의 하나

인 '연극'을 영어로는 play라고 한다. 또, 연극용으로 쓰인 극본, 즉 '희곡'도 play라고 한다.

극작가
희곡을 뜻하는 play에 작업자worker 혹은 기능공craftsman이란 뜻의 고대 영어 wrihta에서 유래한 wright을 붙인 단어 playwright는 '극작가'란 뜻이다. 희곡뿐 아니라 드라마 작가도 playwright이라고 한다. 드라마 작가는 dramatist라고도 불리며, 영화 각본을 창작하는 사람은 screenwriter라고 한다.

유명 극작가
《햄릿Hamlet》, 《맥베스Macbeth》 등을 쓴 윌리엄 셰익스피어William Shakespeare, 《고도를 기다리며Waiting for Godot》를 쓴 사무엘 베케트Samuel Beckett, 《인형의 집A Doll's House》을 쓴 헨리크 입센((Henrik Ibsen)), 《욕망이라는 이름의 전차A Streetcar Named Desire》를 쓴 테네시 윌리엄즈Tennesse Williams 등은 모두 세계적인 명성을 얻었던 극작가들이다.

연극의 구성요소들
한 편의 연극이 완성되기 위해서 필요한 요소에는 여러 가지가 있다. 그 중 가장 기본적인 요소로 연극 대본, 즉 희곡 play가 있어야 한다. 연극 대본과 영화 대본을 모두 아울러 표현하는 극본은 script라고 한다는 것도 함께 알아두자. 다음은 희곡 속 인물을 연기할 배우, 즉 actor배우, 남자 배우와 actress여자 배우가 있어야 한다. 그리고 이 배우들이 연기할 무대, 즉 극장 theater가 있어야 하며, 이 연극을 봐줄 관객 audience까지 있어야 비로소 연극이 연극으로서 가치를 실현한다 할수 있겠다. 그래서 이 기본적인 4가지 요소 희곡play, 배우actor/actress, 극장(또는 무대)theater, 관객audience을 흔히 연극의 4대 요소라 부른다. 연극은 크게 희극comedy과 비극tragedy으로 나뉜다. 아리스토텔레스는 비극의 6대 구성요소를 플롯plot, 인물character, 인물의 사상thought, 인물의 언어선택diction, 무대장치 및 복장 등을 아우르는 장경spectacle, 멜로디melody라고 보았다.

브로드웨이

뉴욕의 극장 중심지인 Broadway와 비상업적, 실험적 연극의 중심지인 Off-Broadway가 연극의 세계적 중심지로 명성을 떨치고 있다.

어원 006 연극

104

- **play** 연극, 희곡 ←« 무대에서 관객에게 보여주는 극작품, 또는 연극 대본

  [게] plegōjanan = occupy oneself about ~에 매달리다, 몰두하다

  | **plegōjanan에서 파생한 외국어**

  (독일어) pflegen = take care of ~를 돌보다

- **playwright** 극작가 ←« 연극 대본 쓰는 것이 직업인 사람

  [고대영어] wrihta = worker 작업자, craftsman 기능공

- **dramatist** 드라마 작가 ←« 드라마 대본 쓰는 것이 직업인 사람

  [그] drama = action 행동

- **screenwriter** 시나리오 작가 ←« 영화 대본 쓰는 것이 직업인 사람

  [고대프랑스어] escran = fire-screen 난로 앞에 치는 철망 ★'영화'란 의미는 20세기 초에 생김

- **script** 극본 ←« 연극이나 영화를 위한 대본

  [라] scribere = write 쓰다

  | **scribere에서 파생한 단어**

  scribble 갈겨쓰다 | scripture 성서 참조, 종교

- **actor** 배우 ←« 남자 연기자

  [라] actor = agent or doer 중요한 작용을 하는 사람 혹은 행위자

- **actress** 여배우 ←« 여자 연기자

  [그] -issa 여성을 나타내는 접미사

  | **-issa에서 파생한 단어**

  adulteress 간통을 범한 여자 | anchoress 여성 은자

  authoress 여성 작가 | enchantress 여자 마법사

  giantess 여자 거인 | goddess 여신 | governess 여자 가정교사

  heiress 상속녀 | hostess 여주인 | huntress 여성 사냥꾼

  laundress 세탁부 | lioness 암사자

  ogress 사람을 잡아먹는 여성 거인 | poetess 여류 시인

  priestess 여승, 여성 사제 | prophetess 여성 예언자

  seamstress 여자 재봉사 | shepherdess 여자 양치기

stewardess 여성 승무원 | temptress 유혹하는 여자

tigress 암컷 호랑이 | waitress (식당) 여성 종업원

그 밖의 영화·사진·연극 관련 표현들

- **영화 관련 표현**

  role = part 배역 | leading role/part 주역

  take the leading role/part 주역을 맡다

  supporting role = minor role / extra part 조역

  director 감독 | direction 연출

  make a film 영화를 찍다 | release 개봉하다 | teaser 예고편

  box office hit 흥행작 | big flop 대실패작

  failure 실패작 | disaster 재난, 대실패작

  independent film 독립영화 | indie film 독립영화

  boring 재미없는 | dull 지루한 | depressing 우울하게 만드는

  enjoy 재미있게 보다 | favorite 제일 좋아하는

  superbly well done 아주 잘 만들어진 | awesome 아주 멋진

  very real 아주 현실감 있는 | attention-grabbing 관심을 끄는

  shocking 충격적인 | graphic 폭력이나 노출 장면이 지나친

  bloody 피투성이의 | full of violence 폭력이 난무한

  vulgar 저속한 | disgusting 역겨운

  disturbing 혼란스럽게 만드는 | controversial 논쟁의 여지가 있는

- 사진 및 촬영 관련 표현

focus 초점

white balance 화이트 밸런스 (전기적으로 보정하여 백색이 백색으로 나타나도록 하는 카메라 기능으로, 흰 물체가 희게 나타나면 색 조절이 올바로 세팅되어 색이 정확히 재현됨)

shutter 셔터

zoom in 줌렌즈로 클로즈업해서 잡다

zoom out 줌 렌즈로 피사체를 축소하다

overlap 두 가지 화면이 겹쳐지는 것

close up 근접 촬영

fade in 점점 밝아짐 | fade out 점점 어두워짐

continuity 촬영 콘티

panning 카메라를 상하좌우로 이동함

capture 캡쳐 (원래 이미지 정보 중 필요한 부분만 따로 떼어놓는 것)

dodging 다징 (인화지에 노광을 주는 동안 화상의 일부를 가려서 그 부분을 밝게 만드는 것)

enlarge 사진을 확대하다 | edit 보정하다

mount a photograph on the cardboard 사진을 대지에 붙이다

photograph well 사진이 잘 나오다

photograph badly 사진이 잘 안 나오다

flattering picture 실물보다 잘 나온 사진

Your photo doesn't do you justice. 사진보다 실물이 낫네요.

- 연극 관련 표현

set 세트 | costume 의상

production 제작 | direction 연출

storyboard 줄거리를 보여주는 그림들/사진들

scene 장면 | effect 효과음

14

미술
Art

시대의 얼굴은 문학 속에만 있는 것이 아니다.
그림picture, 건축building, 조각sculpture 등의 미술 속에도
그 시대의 얼굴과 생각이 있으며
작가의 얼굴과 정신과 생각이 서려 있다.

언어language가 진화하기 전 인류는 그림을 통해
세상과 소통했고 신을 향해 기원했다.
또, 한 인간이 태어나면 글보다 그림으로 먼저
자신과 자신의 눈에 비치는 세상을 표현한다.

어떤 이들에겐 말이나 글보다
그림으로 자신을 표현하는 것이 편하다.

어떤 이들에겐
자신과 통하는 미술 작품을 만나는 것이
그 어떤 심리상담보다 정신적인 위로와 위안이 되기도 한다.

당신에게 '미술'이란 어떤 의미인가?

미술 분야

넓게 보면 미술Fine Arts은 그림(painting), 조각(sculpture) 같은 시각예술(visual arts)에서부터, 건축(architecture)과 같은 장식예술(decorative arts)까지도 포함한다.

특히, 그림은 물감 채색을 포함하는 폭넓은 의미의 '그림'인 painting과 연필, 펜, 크레용, 파스텔 등을 이용해 종이에 그리는 '데생'인 drawing으로 구별할 수 있다. drawing은 게르만조어 dragan pull 당기다에서 생긴 단어로, 그림을 그릴 때 연필이나 붓을 자기 쪽으로 당기면서 그리는 것을 상상하면 쉽게 와 닿을 것이다. dessin데생은 같은 의미의 프랑스어이다.

어원 001 미술 분야

105

- **painting** 그림, 채색 ‥⟨ 색칠한 그림 또는 색칠 그 자체

  ㉥ pingere = paint 그리다

  | pingere에서 파생한 단어

  picture 그림 | pictorial 그림을 이용한 | pictogram 상형문자

  pigment 색소 | depict 묘사하다 (de = down 아래에)

- **sculpture** 조각 ‥⟨ 새기거나 깎아서 입체 형상을 만드는 것

  ㉥ scalpere = carve 새기다

  | scalpere에서 파생한 단어

  scalpel 수술용 매스 | sculptor 조각가 | sculpt 조각하다

- **visual arts** 시각예술 ‥⟨ 눈으로 감상하는 회화, 조각 등의 예술

  ㉥ visus = sight 장면, 광경

  ㉥ artem = work of art 예술작품

- **architecture** 건축 ‥⟨ 구조물을 짓는 것

  ㉠ arkhi = chief 주요한

  ㉠ tekton = builder 짓는 사람

- **decorative arts** 장식예술 ‥⟨ 장식을 목적으로 하는 조형예술

  ㉨ decorate 장식하다

  ㉥ decus = ornament 장식

265

| decus에서 파생한 단어

decorous 점잖은, 예의바른 | decorum 점잖음, 예의

- **drawing** 데생 ◂◂ 선으로 이미지를 만드는 것

㉠ dragan = pull 당기다

| dragan에서 파생한 외국어

(독일어) tragen 운반하다, 가지고 가다

고대와 중세 미술

고대 미술

프랑스에서 발견된 라스코 동굴 벽화Lascaux Cave Paintings를 시작으로, 고대 이집트의 왕 파라오Pharaoh의 무덤인 피라미드Pyramid 건축, 그리스의 조각과 신전, 로마의 공동 목욕탕과 같은 실용적인 건축물 모두 미술 작품들이다. 참고로, Pharaoh는 거대한 집great house을 뜻하는 이집트어 pero에서 비롯된 말이다.

프레스코

그리스도교에 바탕을 두고 시작되어 회반죽(mortar) 벽에 그림을 그리는 벽화를 프레스코(Fresco)라고 한다.

비잔틴 미술

Byzantine비잔틴은 고대 그리스의 식민지 Byzantium비잔티움에서 유래하였다. 비잔티움은 동로마 제국의 수도인 콘스탄티노플Constantinople, 즉 이스탄불Istanbul의 옛 이름이다. 비잔틴 미술은 비잔티움 제국, 즉 동로마 제국의 그리스도교적 미술을 가리킨다. 비잔틴 건축은 여러 금속, 돌 등을 짜맞춰 무늬를 완성하는 모자이크(mosaic)나 금, 대리석marble 등을 이용한 호화로운 양식이 특징이다. mosaic은 라틴어 musathe Muse 음악의 신에서 생겨난 단어인데, 그래서인지 중세 모자이크 양식들은 종종 음악의 신 뮤즈에게 바쳐졌다.

고딕 미술

고딕 미술은 12세기 중반부터 3세기 이상 유행한 중세 유럽의 미술을 가리킨다. 빛이 잘 들어오는 뾰족하고 높은 천정의 노틀담 성당the Cathedral of Notre Dame이 고딕 양식의 대표 건축물 중 하나이다.

고딕 미술의 Gothic은 '고트족의'란 뜻인데 고트족은 로마 제국을 침략했던 야만적인uncivilized 민족을 가리킨다. 즉 중세 건축 양식이 섬세하지 않았다고 비난하는 뜻으로 붙여진 이름이다.

어원 002 고대와 중세 미술

106

- **mortar** 회반죽 ·◦ 횟가루에 물을 섞어 이긴 반죽
  - 라 mortarium = mixture of lime and sand 라임과 모래를 섞은 것
- **Fresco** 프레스코 ·◦ 석회벽이 채 마르기 전에 그 위에 그린 벽화
  - 게 friskaz = fresh 신선한

  | friskaz에서 파생한 외국어

  (네덜란드어) vers 싱싱한, 신선한 | (독일어) frisch 신선한
- **mosaic** 모자이크 ·◦ 여러 가지 빛깔의 재료들을 붙여서 만드는 무늬나 그림
  - 라 musa = the Muse 음악의 신
- **Gothic** 고딕 양식의, 고트족의 ·◦ 12세기부터 16세기까지 유럽 건축 양식의
  - 그 Gothos = Gothic people 고트족 사람들

르네상스에서 낭만주의 미술까지

르네상스 미술

14세기 이탈리아에서 시작된 르네상스 미술(Renaissance)은 신God 중심에서 탈피해 인간 중심의 예술을 구현하였고 원근법(perspective)을 그림에 접목하여 3차원적 표현을 시도하였다. 화가이자 엔지니어이기도 한 레오나르도 다빈치Leonardo da Vinci를 비롯해 미켈란젤로 부오나로티Michelangelo Buonarroti, 라파엘로 산치오Raffaello Sanzio 같은 거장들이 르네상스 시기에 활약했다. 대표작으로 레오나르도 다빈치의 '모

나리자Monna Lisa', 미켈란젤로 부오나로티의 '다비드상David', 라파엘로 산치오의 '아테네 학당School of Athens' 등이 있다.

바로크 양식

16세기에서 18세기 사이에 유행한 바로크 양식(Baroque Style)은 지나치게 장식에 치중하며, 화려하고 과장된 예술 양식이다. 포르투 갈어로 barroco는 imperfect pearl불완전한 진주이란 뜻이다. 페테르 파 울 루벤스Peter Paul Rubens는 생동감(exuberance)과 색채를 강조한 바 로크 시대의 대표적 유럽 화가였다.

로코코 양식

로코코 양식(Rococo)은 18세기 프랑스 파리에서 귀족층을 중심으 로 생겨난 미술 형식으로 조개껍질 등으로 곡선이나 자연 형상을 지 나치게 장식한(exceptionally ornamental) 것이 특징이다. 흔히 후 기 바로크라고도 불린다. rococo의 어원인 프랑스어 rocailleshellwork 조가비 세공를 떠올리면 로코코 양식의 특성을 쉽게 이해할 수 있다.

신고전주의 미술

로코코 장식의 아기자기함과 가벼움(frivolity)에 대조되게 신고전 주의 미술 형식은 절제감과 질서정연함을 통해 무게감 있는 기품 (elegance)을 표현하였다. 프랑스의 자크 루이 다비드Jacques-Louis David가 신고전주의 미술의 걸출한(preeminent) 주자로 그의 작품 '호라티우스의 맹세Oath of the Horatii'가 잘 알려져 있다.

낭만주의 미술

18세기 말 프랑스 혁명(the French Revolution)의 영향으로 화가들은 정치적 현실적 문제들을 그림에 담아냈고 19세기에 들어서면서 문학과 발을 맞춰 미술도 세계에 대한 서정적 낭만적 표현을 중심으로 한 낭만주의Romanticism 미술이 주를 이루었다.

에드거 앨런 포Edgar Allan Poe의 《어셔가의 몰락The Fall of the House of Usher》에 영향을 준 헨리 푸젤리Henry Fuseli의 '악몽The Nightmare'과 프란시스코 고야Francisco Goya의 '이성이 잠들면 괴물을 낳는다The Sleep of Reason Produces Monsters' 등이 낭만주의 미술의 대표작으로 언급되곤 한다.

어원 003 **르네상스에서 낭만주의 미술까지**

107

- **Renaissance** 르네상스 ·‹ 14세기~16세기에 유럽에서 일어난 문화 혁신 운동

  ⓡ re = again 다시

  ⓡ nasci = be born 태어나다

  | nasci에서 파생한 단어

  natal 출생의 | nascent 발생기의

  native 태생의 | nation 국가 | nature 자연

  innate 타고난 | cognate 어원이 같은 (com = together 함께)

- **perspective** 원근법 ·‹ 실제로 눈으로 보는 것처럼 멀고 가까움을 평면 위에 그대로 표현하는 방법

  ⓡ per = through ~를 통하여

  ⓡ specere = look at ~를 보다

- **Baroque** 바로크 ·‹ 16세기 말부터 18세기 중반까지의 유럽 예술 양식

  ⓕ baroque = irregular 불규칙한 ★포르투갈어 barroco(imperfect pearl 불완전한 진주)에서 발전했다고 전해짐

- **exuberance** (에너지 등이) 충만함, 넘쳐흐름 ·‹ 한껏 차서 가득하고 힘참

  ⓡ ex = thoroughly 철저히, 완전히

  ⓡ uberare = be fruitful 수확이 많다

- **Rococo** 로코코 ·‹ 17세기에서 18세기까지 유럽 예술 양식

  ⓕ rocaille = shellwork 조개껍데기 작품, pebble-work 조약돌 작품

- **ornamental** 장식적인 ·‹ 겉모습을 치장한

(라) ornare = adorn 장식하다

| ornare에서 파생한 단어

ornate 화려하게 장식된 | adorn 장식하다

- **frivolity 경박** ‥‹ 언행이나 모습이 가벼움

  (라) frivolus = silly 어리석은, empty 비어 있는

  | 유의어

  flippancy 경박 | levity 경솔, 경박

  folly 어리석은 생각, 판단력 부족 | frivolousness 불성실, 경솔

  giddiness 현기증, 경솔 | puerility 철없음, 유치

  shallowness 천박함 | superficiality 천박, 피상

- **elegance 우아함** ‥‹ 고상하고 기품이 있음

  (라) elegantia = taste 취향, refinement 정제

- **preeminent 걸출한** ‥‹ 남들보다 매우 뛰어난

  (라) praeeminare = excel 뛰어나다 (prae = before 전에 + eminere = stand out 눈에 띄다)

- **revolution 혁명** ‥‹ 이전의 제도나 방식을 부수고 새로운 제도나 방식을 만들어내는 것

  (라) revolvere = turn 돌다

  | revolvere에서 파생한 단어

  revolt 반란 | revolve 회전하다

사실주의와 인상주의

사실주의

낭만주의의 뒤를 이은 것이 사실주의(realism)이다. 자연을 있는 그대로 표현했다는 점에서 naturalism자연주의, 사실을 모방하고 재현했다는 점에서 mimesis모방가 강조된다.

인상주의

19세기 후반 프랑스에서 발달하기 시작한 인상주의(impressionism)는 빛과 색의 변화를 이용하여 한 순간의 '시각적 인상'을 추상과 상징에 역점을 두고 표현한 사조이다. 모네Claude Monet, 마네Edouard Manet, 세잔Paul Cézanne, 고흐Van Gogh, 고갱Paul Gauguin 등의 거장이 19세기 말 인상주의의 대표 주자로 등장하였다.

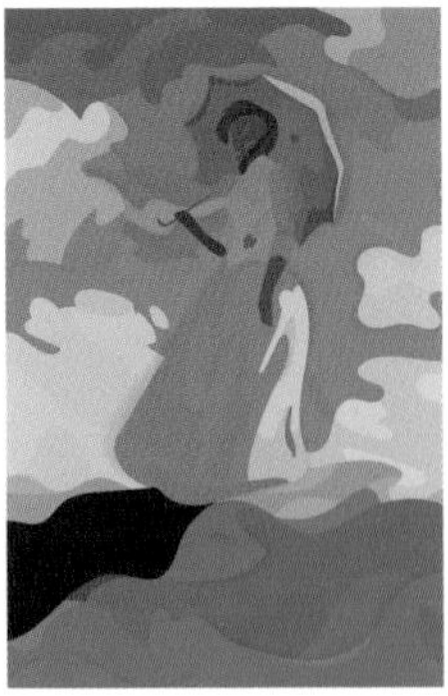
모네 〈파라솔을 든 여인〉

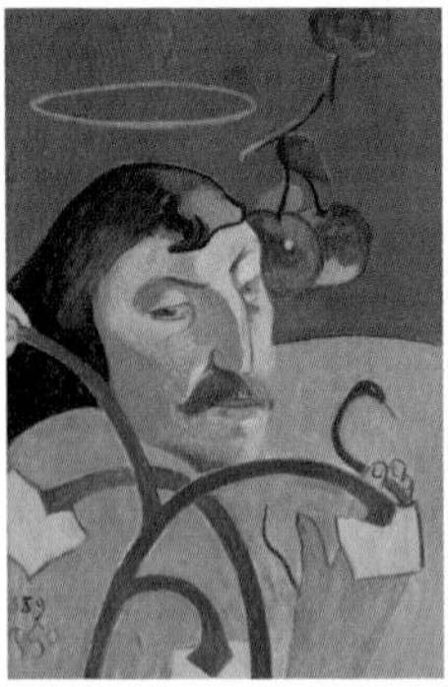
고갱 〈자화상〉

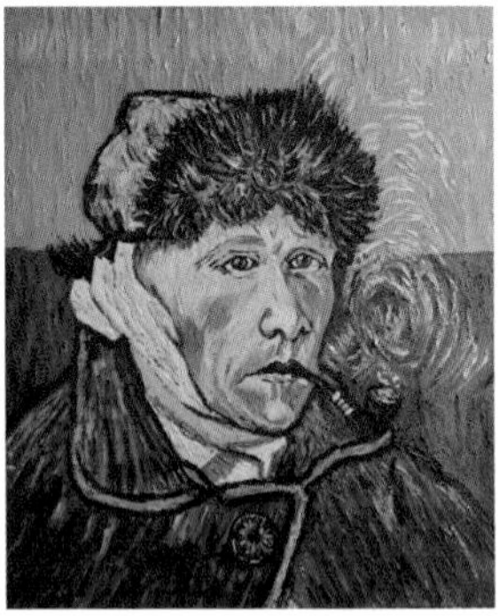
고흐 〈자화상〉

상징주의

상징주의(symbolism)는 사실주의나 자연주의에 대한 반동으로 19세기 후반 프랑스, 러시아, 벨기에서 시작된 예술 사조이다. 미술에서 상징주의는 감정이나 신비주의적(mystical) 생각을 상징물을 이용해 간접적으로 표현하였다. 흔히 구스타프 클림트Gustav Klimt(대표작 The Kiss), 오딜롱 르동Odilon Redon(대표작 The Cyclops) 등이 상징주의 대표 작가로 여겨진다.

어원 004 사실주의와 인상주의

108

- **realism** 사실주의 ← 사실을 있는 그대로 재현하는 예술 방식
  [라] realis = real 사실적인
- **naturalism** 자연주의 ← 있는 그대로의 자연을 재현하는 예술 방식
  [라] natura = nature 자연
- **mimesis** 모방 ← 다른 것을 본뜸
  [그] mimesis = imitation 모방
- **impressionism** 인상주의 ← 19세기 후반에 일어난 미술 사조
  [라] in = upon 위에
  [라] premere = press 누르다

| premere에서 파생한 단어

compress 압축하다

depress 의기소침하게 하다 (de = down 아래로)

express 표현하다 (ex = out 밖으로)

oppress 탄압하다 (ob = against 반대하여)

repress 억누르다 (re = back 다시)

suppress 억압하다 (sub = under 아래로)

- **symbolism** 상징주의 ‹ 19세기 말 사실주의나 자연주의에 대한 반동으로 일어난 미술 사조

  ⓐ symbolon = token 징표

- **mystical** 신비로운 ‹ 신기하고 묘한

  ⓐ mystikos = secret 비밀의

표현주의, 입체파 등
20세기 초를 대표하는 미술

표현주의와 야수파

20세기 초 독일에서 시작된 표현주의(expressionism)는 주관적 관점에서 세계를 해석하여 형체나 모양을 비틀어 감정과 내면적 경험을 표현하는 기법을 사용하였다. 노르웨이 화가 뭉크Edvard Munch의 '절규 The Scream'가 표현주의의 대표 작품이며, 인체를 주로 표현한 이탈리아의 모딜리아니Amedeo Modigliani도 표현주의의 대표적 화가이다.

프랑스에서는 마티스Henri Matisse를 중심으로 비현실적인 묘사와 강렬한 색채를 특징으로 하는 야수파(Fauvism)가 등장하였다.

뭉크 〈절규〉

모딜리아니 〈큰 모자를 쓴 잔 에뷔테른〉

아르누보 미술

오스트리아 화가 구스타프 클림트Gustav Klimt를 주축으로 한 자연물을 본딴 복잡한 곡선의 아르누보(Art Nouveau) 미술과 건축 양식이 유행한 것도 비슷한 시기19세기 말에서 20세기 초이다. 클림트는 상징주의 화가이면서 동시에 아르누보 화가화려한 황금색의 사용 등로도 분류된다.

nouveau라틴어 novellus에서 유래됨는 프랑스어로 '새로운new'을 뜻하는 단어이다. 즉 Art Nouveau는 '새로운 예술'이란 뜻으로, 전통적인 유럽 예술 양식에 반발하여 새로운 양식을 만들고자 한 예술 사조이다.

입체파

표현주의와 야수파의 등장에 이어, 단순한 기하학적(geometric) 모양이나 서로 맞물려 있는 평면을 입체적으로(three-dimensionally) 그린 입체파(Cubism)가 등장했다. 스페인 태생으로 프랑스에서 활동한 피카소Pablo Ruiz Picasso가 대표적 화가이다.

추상주의, 초현실주의, 다다이즘

러시아 태생의 칸딘스키Wassily Kandinsky가 대표하는 추상주의(Abstractionism), 스페인 화가 살바도르 달리Salvador Dali가 대표하는 초현실주의(Surrealism) 미술, 그리고 반이성을 표방하고 기존의 예술을 부정한 예술 운동 다다이즘(Dadaism) 등이 또한 20세기 초의 미술을 대표한다. Dadaism은 프랑스어 dadahobbyhorse 장난감 목마에서 생겨난 단어로, 여기서 dada는 아기들의 옹알이 소리를 차용한 '의미 없는 지껄임babble'이라는 이야기도 있다. 다다이즘의 대표 작가로는 마르셀 뒤샹Henri Robert Marcel Duchamp이 있다.

참고로, 유럽을 중심으로 돌아가던 서양 미술사에서 20세기는 또한 미국 미술이 세상에 모습을 제대로 드러내기 시작한 시기이기도 하다.

어원 005 표현주의, 입체파 등 20세기 초를 대표하는 미술

- **expressionism** 표현주의 ‹ 주관적인 감정을 표현하는 것을 중시하는 예술 사조

  ᄅ ex = out 밖으로

  ᄅ pressare = press누르다

- **Fauvism** 야수파 ↔ 강렬한 원색과 거친 형태를 특징으로 한 20세기 초의 예술 운동

  [프] fauve = wild beast 야수
- **Art Nouveau** 아르누보 ↔ 19세기 말에서 20세기 초에 걸친 새로운 예술 사조

  [라] novellus = new 새로운, novel 새로운, 참신한
- **geometric** 기하학적인 ↔ 도형의 모양, 크기, 위치 등과 관련된

  [그] gē = earth 땅

  [그] metria = measuring of ~의 측정
- **three-dimensionally** 입체적으로 ↔ 마치 삼차원적 물체를 보는 것처럼

  [라] dis = apart 떨어져

  [라] metiri = measure 측정하다
- **Cubism** 입체파 ↔ 물체를 원뿔, 원통, 구 등의 기하학 형태로 재구성하는 20세기 초의 화파

  [그] kybos = a six-sided dice 정육면체의 주사위
- **Abstractionism** 추상주의 ↔ 사물을 추상적으로 표현한 20세기의 예술 사조

  [라] ab = away 떨어져서

  [라] trahere = draw 끌다
- **Surrealism** 초현실주의 ↔ 대상을 예기치 못하게 배치하거나 기이한 모습 등을 표현한 미술 사조

  [프] sur = beyond 초월한, over 너머로 [프] realisme = realism 사실주의

  | **sur에서 파생한 단어**

  surpass 능가하다 (passer = go by 지나가다)

  surmount 극복하다 (monter = go up 올라가다)

  surmise 추측하다 (mittere = send 보내다)

  surfeit 과도, 과다, 과도하게 하다 (facere = do 하다)

  surrender 포기하다 (reddere = give back 되돌려주다)

  surprise 놀라게 하다 (prehendere = seize 잡다)

  surveillance 감시 (vigilare = watch 보다)
- **Dadaism** 다다이즘 ↔ 반이성을 표방하고 기존의 예술을 부정한 예술 운동

㉜ dada = hobbyhorse 장난감 목마

현대 미술

현대에는 모더니즘(Modernism)과 포스트모더니즘(Postmodern-
ism) 등이 뒤를 이었다. 1차 세계대전 전후 과거의 예술 형식과의 결
별을 선언한 모더니즘의 대표 작가는 마네Edouard Manet이다.
포스트모더니즘 미술은 모더니즘에 대한 반발로 생겨난 미술로 설치
미술installation art이나 개념 미술conceptual art 등이 포함된다.
그 외 벽이나 화면 등에 낙서처럼 그리는 기법을 이용한 낙서 미술
(graffiti art)도 현대 미술의 하나로 자리잡았으며, 기하학적 무늬
를 단색으로 표현하고 선명하고 또렷한 윤곽으로 강조한 hard-edge
painting도 등장하였다. 또한, 극사실주의(hyperrealism), 미니멀
리즘(minimalism), 팝아트(pop art)1960년대 미국에서부터 시작된 미술, 신표현주
의(neo-expressionism), 아상블라주(assemblage)폐품이나 일상용품을 활용한
미술작품, 디지털 페인팅(digital painting)수작업한 그림을 컴퓨터를 활용하여 표현하는 기법 등
이 현대 미술의 미술 사조나 기법으로 자리잡았다.

어원 006 **현대 미술**

* **graffiti** 낙서 ·‹ 아무 데나 글자나 그림을 막 그리는 것
  ㉮ graphein = scratch 긁다, write 쓰다
  ㉯ raphy = process of writing or recording 쓰거나 기록하는 과정

  | graphein에서 파생한 단어
  graft 접목 | graphite 흑연 | graphic 생생한
  digraph 이중글자 (di = twice 두 번의)
  epigraph 비문 (epi = on ~위에)
  mimeograph 등사판 (mimos = mime 무언극)
  paragraph 단락 (para = beside 옆에)
  polygraph 거짓말 탐지기 (poly = much 많은)
  pseudograph 위조문서 (pseudo = false 그릇된)

telegraph 전보 (tele = far 멀리)

autograph 자서전 (auto = self 자신)

biography 전기 (bio = life 인생)

heterography 틀린 철자법 (hetero = different 다른)

lithography 석판인쇄 (litho = stone 돌)

tachgraphy 속기 (takhys = swift 빠른)

stenography 속기술 (steno = narrow 좁은)

pornography 외설물 (porne = prostitute 창녀)

angiography 혈관 촬영 (angos = chest 상자)

mammography 유방조영술 (mamma = breast 가슴)

discography 음반학 (diskos = disk 디스크)

demography 인구통계학 (demos = people 사람들)

climatography 기후 도표 (klima = region 지역)

tomography 단층 촬영 (tomos = slice 조각)

hydrography 수로학 (hydro = water 물)

thermography 온도 기록 (thermo = heat 열)

lexicography 사전학 (lexikos = relating to words 단어에 관한)

photography 사진술 (photo = light 빛)

hagiography 칭송 일색의 글쓰기 (hagio = holy 신성한)

hypsography 지세 측량 (hypsos = height 높이)

cartography 지도 제작 (carta = paper 종이)

chramatography 색층 분석 (khroma = color 색)

cryptography 암호 해독술 (kryptos = hidden 숨겨진)

ethnography 민족지학 (ethnos = race 인종)

geography 지리 (geo = earth 땅)

bibliography 참고문헌 (biblio = book 책)

topography 지형 (topos = place 장소)

typography 활판술 (typos = mark 자국)

oceanography 해양학

chirography 필법 (kheir = the hand 손)

iconography 성상연구, 도해법 (eikon = image 상)

caligraphy 서예 (kallos = beauty 아름다움)

orthography 맞춤법 (orthos = correct 맞는)

choreography 안무 (khoreia = dance 춤)

diagram 도표 (dia = across 가로질러)

- **hard-edge** 하드에지 ·ㄷ 기하학적 무늬를 단색으로 표현하고 선명하고
  또렷한 윤곽으로 강조한 페인팅

  ㉔ hardu = hard 딱딱한

  ㉔ gjo = corner 모퉁이

  | hardu에서 파생한 외국어

  (네덜란드어) hard 단단한 | (독일어) hart 굳은, 견고한

  | gjo에서 파생한 외국어

  (네덜란드어) eg 모퉁이 | (독일어) Eck 모퉁이

- **hyperrealism** 극사실주의 ·ㄷ 1960년대 후반의 미술 사조로 대상을 극
  도로 사실적으로 표현함

  ㉠ hyper = exceedingly 지나치게

- **minimalism** 미니멀리즘 ·ㄷ 사물을 가장 단순화하여 표현하는 예술 방식

  ㉕ minimus = smallest 가장 작은

- **assemblage** 아상블라주 ·ㄷ 폐품이나 일용품을 모아 작품을 만드는 것

  ㉕ ad = to ~에게

  ㉕ simulare = make like 비슷하게 만들다

색깔과 빛

색깔

색(color)은 망막의 추상세포(cone cell)에 빛이 감지되는 것이다.
흐릿한 불빛에서는 망막의 가느다란 막대모양의 간상세포(rod cell)
가 무채색의 빛을 감지하는 역할을 담당한다. 참고로 color는 색채
용어인 색조(hue), 흰색이 첨가된 엷은 색(tint), 회색이 첨가된 톤
(tone), 검정이 첨가된 shade 모두를 총괄하여 가장 일반적으로 사
용하는 색을 나타내는 단어이다.

색맹

색맹은 color blindness라고 하는데, blindness라고 표현되긴 했지만 실제로 색이 안 보인다는 것이 아니라 추상세포의 이상으로 색약color vision deficiency이 되는 것이다.

무지개색

무지개색은 red, orange, yellow, green, blue, indigo and violet빨, 주, 노, 초, 파, 남, 보인데 indigo남색의 그리스 어근 indikon은 인도에서 온 파란색 염료blue dye from India란 뜻에서 생겨났다. violet보라색의 그리스 어근 viola는 보라색violet color이란 뜻인데 ionviolet 보라색이란 그리스 어근과도 연관이 있다. 이 어근에서는 iodine요오드이란 단어가 생겨났다.

색조와 파스텔 색조

원래의 색에 검정(black)을 더하여 만들어지는 색조는 shade라고 하고 하얀색(white)을 더하여 만들어지는 엷은 색조는 tint라고 한다. 참고로, 명암은 light and shade라고 한다.

색조 중 은은하고(subdued) 마음을 달래주는(soothing) 파스텔 색으로는 핑크색pink, 살구색peach, 연보라색mauve, 아주 연한 파란색baby blue, 연한 민트색magic mint, 라벤더색lavender 등이 있다.

어원 007 **색깔과 빛**

111

- **color 색** ← 빛을 흡수하고 반사하는 결과로 나타나는 물리적 현상

  [라] color = color in general 일반 색
- **cone cell 추상세포** ← 빛을 받아들이고 색을 구별하는 시각 세포

  [라] conus = cone 원뿔

  [라] cella = small room 작은 방
- **hue 색조** ← 색깔이 짙거나 옅은 정도나 상태

  [게] hiwam = color 색

  | **hiwam에서 파생한 외국어**

  (스웨덴어) hy 피부, 안색
- **color blindness 색맹** ← 빛깔을 구분하지 못하거나 다른 빛깔로 잘못 보는 상태

  [게] blindaz = blind 눈이 먼

| blindaz에서 파생한 외국어

(네덜란드어) blind 눈이 먼 | (독일어) blind 눈이 먼

- **red** 빨간색 ↔ 짙은 붉은색

[게] rauthan = red 빨간색

| rauthan에서 파생한 외국어

(네덜란드어) rood 빨간색 | (독일어) Rot 빨간색

- **orange** 오렌지색 ↔ 오렌지 껍질의 색

[산스크리트어] naranga-s = orange tree 오렌지 나무

- **yellow** 노란색 ↔ 병아리의 색

[게] gelwaz = yellow 노란색

| gelwaz에서 파생한 외국어

(네덜란드어) geel 노란색 | (독일어) Gelb 노란색 | (스웨덴어) Gult 노란색

- **green** 녹색 ↔ 노랑과 파랑의 중간색

[게] grōni- = green 녹색

| grōni-에서 파생한 외국어

(덴마크어) grøn 녹색 | (네덜란드어) groen 녹색 | (독일어) Grun 녹색

- **blue** 파란색 ↔ 맑고 청명한 하늘과 비슷한 색

[게] blawaz = blew 파란색

| blæwaz에서 파생한 외국어

(덴마크어) blå 파란색 | (스웨덴어) Blått 파란색

(네덜란드어) blauw 파란색 | (독일어) Blau 파란색

- **indigo** 남색 ↔ 자주빛이 감도는 어두운 푸른색

[그] indikon = blue dye from India 인도에서 온 파란색 염료

- **violet** 보라색 ↔ 빨강과 파랑의 중간색

[라] viola = the violet 제비꽃, violet color 보라색

- **black** 검은색 ↔ 숯처럼 진하고 어두운 색

[게] blakaz = burned 탄

| blakaz에서 파생한 외국어

(스웨덴어) Bläck 잉크 | (네덜란드어) blaken 타다

- **shade** 색조, 그늘 ↔ 검정색이 섞인 정도에 따른 색의 짙고 옅음

[게] skadwaz = shade 그늘

| skadwaz에서 파생한 외국어

(네덜란드어) schaduw 그늘, 응달 | (독일어) Schatten 그늘, 응달

- **white** **흰색** ↔ 눈처럼 밝고 선명한 색

  [게] hweit- = bright 밝은

  | **hweit-에서 파생한 외국어**

  (네덜란드어) wit 흰 | (독일어) weiß 흰

- **tint** **엷은 색조** ↔ 하얀색이 섞인 정도에 따른 색의 옅음

  [라] tingere = dye 염색하다

  | **tingere에서 파생한 단어**

  taint 오염시키다, 오염 | stain 얼룩지게 하다, 얼룩

  tincture 알코올에 섞어 쓰는 약제 | tinge 아주 작은 색채를 띠게 하다

- **subdued** 은은한, 가라앉은 ↔ 뚜렷하지 않고 흐린

  [라] subducere = draw away ~을 떼어놓다, withdraw 물러나다

- **soothing** 마음을 달래주는 ↔ 마음의 아픔 등을 가라앉히는

  [고대영어] soð = true 사실인 ★달래다(mollify)의 뜻은 17세기 말에 생겨남

원색

COLOR WHEEL

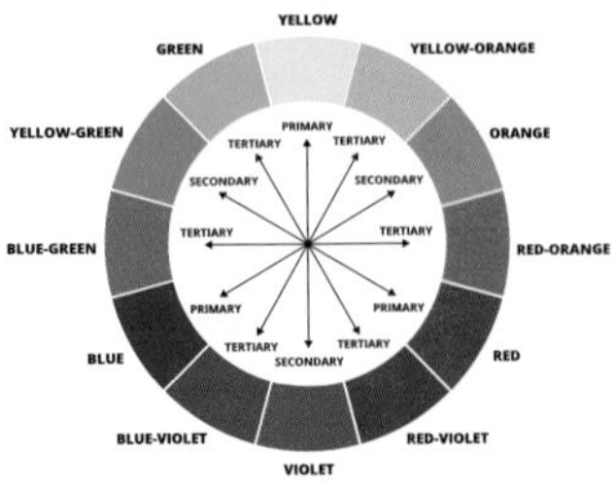

PRIMARY COLORS

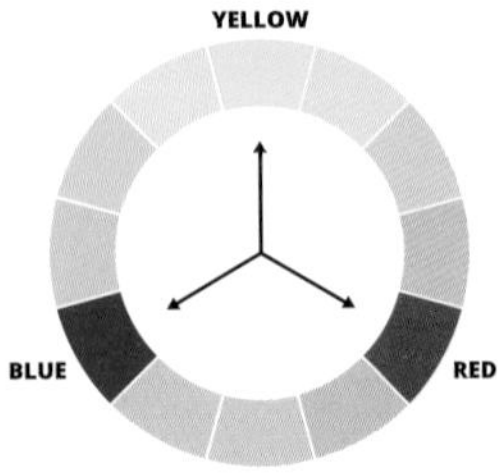

SECONDARY COLORS

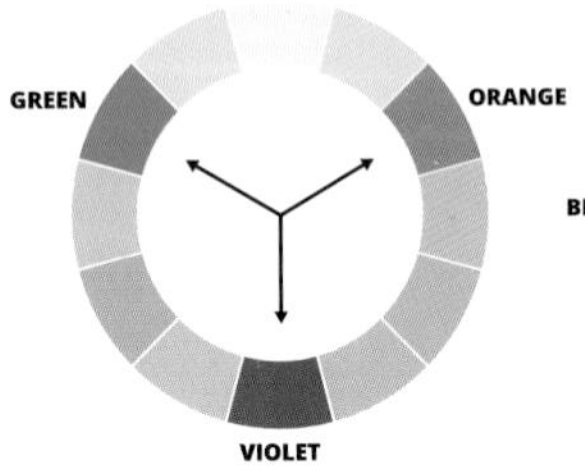

TERTIARY COLORS

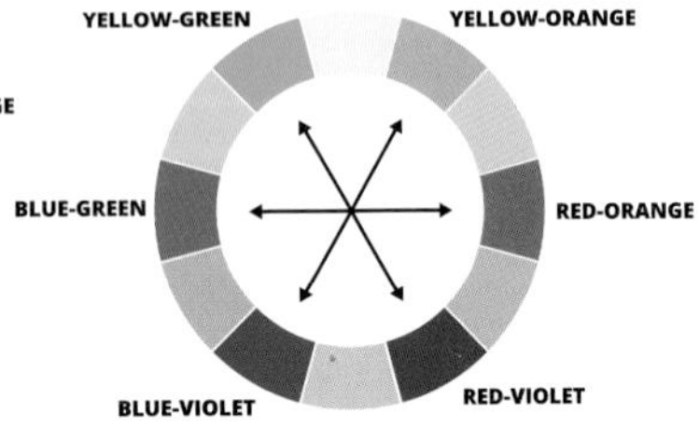

1차색과 2차색

빨강, 초록, 파랑의 세 가지 색은 빛의 1 차색primary colors 혹은 빛의 3원색(trichromatism of light)이라고 한다. 그리고 이 원색들 두 가지를 섞어서 만들어지는 색을 빛의 2차색secondary colors이라고 한다. 빨강에 초록을 조금 섞으면 자홍색(magenta)이 되고, 파랑과 빨강을 섞으면 노랑색yellow이 되며, 초록에 빨강을 조금 섞으면 청록색(cyan)이 된다.

RGB와 CMYK

참고로 광원에서 나오는 빛의 3원색은 빨강, 초록, 파랑이지만 물체가 반사하는 빛의 색인 색의 3원색은 자홍색, 노란색, 청록색이다. 따라서 영어 RGB는 빨강색red, 녹색green, 파랑색blue의 3원색을 가리키며 CMYK는 컬러 인쇄에서 사용되는 청록색cyan, 자홍색magenta, 노란색yellow, 검정색black의 네 가지 색을 가리킨다. CMYK의 마지막 K는 black의 k이다.

RGB
COLOR

CMYK
COLOR

어원 008 · **원색**

112

* **trichromatism** 3색 ··◁ 바탕이 되는 세 가지 색깔

  ⊙ tri = three 3

  ⊙ khroma = color 색

  | khroma에서 파생한 단어

  chromosome 염색체 | chromatin 염색질 | monochrome 단색

* **magenta** 자홍색 ··◁ 밝은 진홍색(crimson)

  ★1859년 프랑스와 사르디니아가 오스트리아를 물리친 이탈리아의 마젠타 전투를 기리기 위해 지어진 이름

* **cyan** 청록색 ··◁ 푸른빛을 띤 초록색

  ⊙ kyanos = dark blue 곤색

색의 심리학

보색

두 가지 색광을 섞어서 백색광이 되거나 두 가지 물감을 섞어 무채색이 되는 것을 서로의 보색(complementary color)이라고 한다. RGB 3원색의 경우엔 빨강색−청록색, 녹색−자홍색, 파랑색−노랑색이 서로 보색관계이다.

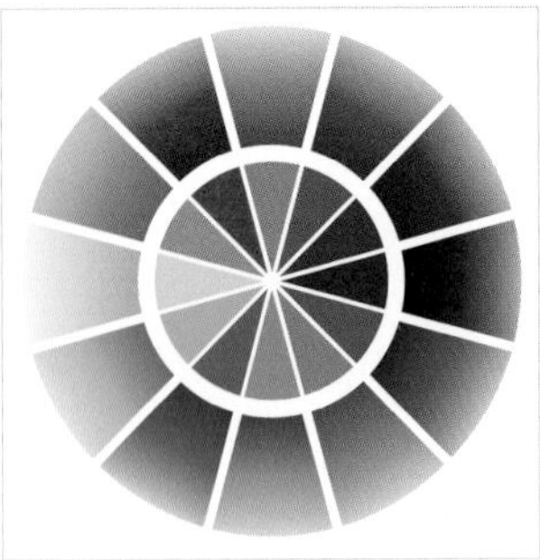

보색관계

색의 심리학

색의 심리학color psychology에선 색이 인간의 심리나 기분에 영향을 미친다고 보며 붉은색은 흥분(excitement)과 사랑(love), 파란색은 안정(relaxation)과 유능함(competence), 검정은 슬픔(grief), 흰색은 순수함(purity) 등을 나타낸다. 빨강색은 멈춤 표지판stop sign에서 위험(danger)을 표시하기 위해 사용되기도 하므로 love와 danger란 두 가지 대조되는 개념에 모두 사용되고 있는 셈이다.

어원 009 **색의 심리학**

113

- **complementary** 보완적인 ← 서로 보충해주는
  [라] com 강조 접두사
  [라] plere = fill 채우다
  | **plere에서 파생한 단어**
  depletion 고갈 (de = away 떨어져서)
  manipulation 교묘한 처리 (manus = hand 손)
  implement 도구 (in = into 안으로)
  supply 공급하다 (sub = up from below 아래에서 위로)
- **excitement** 흥분 ← 상기되고 들뜸
  [라] excitare = rouse 불러일으키다
- **love** 사랑 ← 아끼고 귀중히 여김

[게] lubo = love 사랑

| lubo에서 파생한 외국어

(독일어) Liebe 사랑 | (독일어) lieb 사랑하는 | (네덜란드어) lief 애인, 사랑하는

(네덜란드) lof 칭찬 | (독일어) Lob 칭찬

- **relaxation** 안정 ↔ 마음이 편안해짐

[라] re = back 다시

[라] laxare = loosen 느슨하게 하다

- **competence** 능력 ↔ 일을 해낼 수 있는 힘

[라] competer = fall together 일치하다, come together 합치다

- **grief** 슬픔 ↔ 슬픈 마음

[라] gravis = weighty 무거운

- **purity** 순수함 ↔ 마음이 깨끗함

[라] purus = pure 순순한, clean 깨끗한

- **danger** 위험 ↔ 안 좋은 일이 생길 가능성이 있거나 안전하지 못함

[고대프랑스어] dangier = power 힘, power to harm 해를 끼칠 힘

| 유의어

emergency 비상사태

insecurity 불안정 | instability 불안정

jeopardy 위험 | menace 위협 | peril 위험

pitfall 함정 | risk 위험 | threat 위협

endangerment 위험 | exigency 급박

precariousness 위태로움

precipice 벼랑, 위기

hot potato 난감한 문제

vulnerability 상처받기 쉬움, 취약성

그 밖의 미술 관련 표현들

- **데생 관련 표현**

  plane surface 평면 | monochrome 단색(의) | shading 명암법

  dot 점 | tracing paper 투명지, 투사지

  a sheet of paper 종이 한 장 | drawing board 화판, 제도판

  graphite 흑연 | charcoal 목탄

  doodling 끄적거림 | sketch 스케치 | rough sketch 밑그림

  object 사물 | figure drawing 인물 데생 | life drawing 실물 데생

  posture 자세 | pose 자세를 취하다 | still 움직이지 않는

  model 모델 | nude 나체

  anatomical 해부의 | skeleton 두개골

  musculature 근육계 | internal organs 장기

  draftsman 데생 화가 ('입안자, 작성자'란 의미도 있음)

- **그림 및 미술 관련 표현**

  pigment 색소, 안료 | paint 그림물감, 칠하다

  color 색깔, 색칠하다 | illumination 채색

  brush 붓 | stroke 붓의 놀림, 일획 | canvas 도화지

  lacquer 래커 (도료의 하나) | clay 점토 | copper 구리

  graphite 흑연 | charcoal 목탄 | stencil 스텐실 | brayer 롤러

  palette 팔레트 | sketchpad 스케치북

  still 정물화 | landscape 풍경화 | portrait 초상화

  abstract painting 추상화 | representational painting 구상화

  motif 주제 (모티프)

  intensity 강도, 세기 | chroma 채도 | brightness 명도

  texture 질감 | viscosity 점도

  aesthetics 미학 | craft 공예, 기술 | iconography 도상학

  miscible 혼합성의 | soluble 용해성이 있는 | water soluble 수용성의

depict 묘사하다 | stipple 점묘법으로 그리다

articulate 분명히 표현하다 | demarcate 경계를 정하다

juxtapose 나란히 놓다

- 그림 및 미술에 대해 표현하는 형용사

  symbolistic 상징적인 | naturalistic 자연적인

  emotive 감정을 자극하는 | perceptual 지각과 관련된

  lively 활기넘치는 | vivid 생생한

  sublime 숭고한 | idyllic 목가적인

  quaint 진기한 | subtle 미묘한

  peculiar 기이한 | grotesque 기괴한

  panoramic 파노라마식의 | monotonous 단조로운

  gilded 금박을 입힌, 금색을 칠한 | clumsy 조잡한 | variegated 잡색의

  life-sized 실물 크기의 | marvelous 매우 훌륭한

- 도구에 따른 그림의 분류

  oil painting 유화 (drying oil(건성유)을 이용한 기법)

  pastel painting 파스텔화

  acrylics 아크릴화 (아크릴 물감을 이용한 기법)

  watercolor painting 수채화

  encaustic painting 납화법 (불에 달구어 그리는 기법)

  ink painting 수묵화

  gouache 구아슈 (고무를 수채화 그림물감에 섞어 불투명하게 표현하는
  회화 기법)

  tempera 템페라화 (안료에 달걀노른자와 물을 섞어 그린 그림)

- 조각 관련 표현

  plastic art 조형미술 | sculpture 조각 | statue 조각상

  carve 새기다 | model 모형제작하다

  weld 납땜하다 | mold 틀에 넣다, 주조하다, 틀

  cast 주조 | bronze 청동 | relief 돋을새김, 양각

bas-relief/low relief 얕은 돋을새김 | high relief 깊은 돋을새김

equstrian statue 기마상 | petroglyph 암각화

wood carving 목각 | marble 대리석

terracotta 테라코타 (적갈색 점토를 유약을 바르지 않고 구운 것)

human figure 인물 | bust 흉상 | torso 몸통

plinth (동상을 올려놓는) 주추

- **도예 관련 표현**

pottery 도예(ceramics), 도기 | vessel 용기, 그릇

figurine 작은 조각상 | earthenware 토기 | stoneware 사기그릇

porcelain 자기 (광물원료를 이용한 그릇) | ceramic 도자기, 요업

artifact 공예품, 인공품

form 빚다, 형성하다 | shape 모양 | heat 가열하다

kilin 가마 | kneading 반죽, 치대기 | deairing 탈기 흙반죽

fire 불로 빚다 | greenware 생바탕 | leather hard 반건조 상태

bone dry 완전건조 | bisque fire 초벌구이 | glaze fire 재벌구이

handbuilding 손으로 빚기 | potter's wheel 돌림판

pinch 꼭 집다 | symmetry 균형 | trimming 다듬기

jiggering 물레성형 | burnish 윤을 내다 | glaze 유약

slip casting 주입 성형 (석고로 만든 거푸집에서 도기를 만들어내는 방법)

fragment 조각, 파편 | durable 내구성이 있는

biscuit fire 겉구이 | gloss fire 광택구이, 본구이

decorating fire 장식구이

bone china 본차이나 (뼛가루를 섞어 만든 고급 도자기류)

eutectic 최저온도에서 융해하는

fettling 굽기 전 가장자리나 접합부분 가다듬기

hollowware 오목한 식기류 | celadon 청자 | white porcelain 백자

oxidation 산화 (산소와 결합하여 새로운 색을 만듦)

plasticity 가소성 (만지면 갈라지지 않고 모양을 유지하는 점토의 속성)

potsherd 질그릇 조각 | pyrometer 고온계

'예술'이란 그럴 듯한 이름으로
음악과 춤이 자리잡기 훨씬 이전부터
사람 사는 어느 곳이나
음악과 춤은 늘 우리와 함께했다.

사람 사는 어느 곳이나
삶의 희로애락을
노래와 춤으로 표현하곤 했다.

과거 사람들의 애환은 각 나라마다 전해져 내려오는
민요folk song 속에 담겨 있다.
고단한 삶을 살았던 서민들은
고단한 노동의 한 가운데
잠시 한숨을 돌리며 노래를 부르고
그 노랫가락에 맞춰 자연스레 춤을 추곤 했다.

글로벌 시대인 오늘날에는
참 다양한 장르의 음악들을 전 세계인이 공유하고 있다.

젊은이들은 힙합hiphop으로,
기성세대들은 락음악rock music으로,
어르신들은 트롯 등으로…
각자가 살아온 시대와 삶, 감성 안에서
각자의 음악과 그 음악에 자연스레 곁들어지는 춤사위로
순간의 고단함이나 시름, 욕망을 달랜다.

음악과 춤

Music &
Dance

음악과 악기

음악, 영어로 music은 그리스어 mousa Muse 음악의 신에서 발전하여 라틴어 musica가 되었다. 음악을 연주하는 악기(musical instrument)는 크게 줄로 이루어진 현악기(string instrument), 울림통 resonator을 갖고 있는 관악기(wind instrument), 쳐서 소리를 내는 타악기(percussion)로 구분된다.

현악기

현악기는 기타(guitar)나 만돌린(mandolin)처럼 현 string을 퉁기거나(pluck), 바이올린(violin), 비올라(viola), 첼로(cello)처럼 활로 연주하거나(bow), 피아노(piano)처럼 현을 두드려서 strike 소리를 낸다. piano는 pianoforte의 축약어인데 이탈리아어로 piano e forte는 '부드럽지만 강하게'라는 뜻이다. 피아노는 줄을 울려서 소리를 낸다는 점에서 현명악기 chordophone라고도 한다.

guitar란 단어는 그리스어 kithara에서 생겨났는데 삼각형의 일곱 줄을 가진 악기 cithara를 가리켰다. 현대의 기타는 16세기 초에 만들어졌다. 전 세계적으로 유명한 기타리스트로는 지미 핸드릭스 Jimi Hendrix, 에릭 클랩튼 Eric Clapton, 지미 페이지 Jimmy Page 등이 있다.

관악기

관악기 중 트럼펫(trumpet), 트럼본(trombone) 같은 금관악기는 brass라고 하는데 입술로 악기 속의 공기를 진동시켜 vibrate 소리를 낸다. 오보에(oboe), 색소폰(saxophone), 클라리넷(clarinet) 등의 목관악기는 woodwind instrument라고 한다. 목관악기의 발음원인 얇은 진동판으로 갈대의 줄기인 reed 리드를 사용하기도 하는데 이 리드가 있는 악기를 유황악기, 즉 reed instrument라고 한다. 색소폰은 진동하는 리드로 소리를 내기 때문에 목관악기로 분류된다. 색소폰은 색소폰을 고안해낸 Antoine Joseph "Adolphe" Sax

의 이름을 따고 거기에 그리스어 phonossounding 소리를 붙여서 만들어진 단어이다.

타악기

타악기는 악기를 손이나 채, 또는 나무망치(mallet) 등으로 치거나strike 긁거나scrape 문질러rub 소리를 내는 악기이다. 탬버린(tambourine), 심벌즈(cymbals), 드럼(drum) 등이 이에 속한다. 피아노는 타악기로 간주되기도 한다.

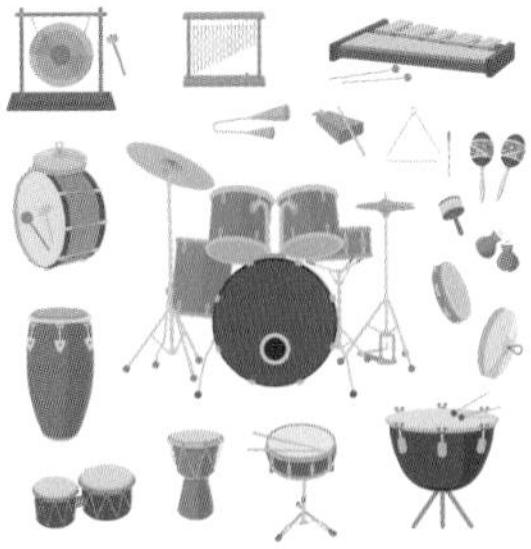

어원 001 **음악과 악기**

114

- **music** 음악 ← 목소리나 악기에 박자, 가락 등을 결합하여 나타낸 예술

  [그] mousa = Muse 음악의 신

  | **mousa에서 파생한 외국어**

  (스페인어) musica 음악 | (이탈리아어) musica 음악 | (독일어) Musik 음악

  (덴마크어) musik 음악 | (네덜란드어) muzeik 음악 | (스웨덴어) musik 음악

- **musical instrument** 악기 ← 음악을 연주하는 기구

  [라] instrumentum = tool 도구

- **string instrument** 현악기 ← 현을 이용한 악기

  [게] strangiz = cord 줄

  | **strangiz에서 파생한 외국어**

  (덴마크어) streng 줄 | (네덜란드어) streng 실타래, 줄

  (독일어) Strang 밧줄, 줄 | (스웨덴어) sträng 줄

- **wind instrument** 관악기 ← 관 속 공기를 진동시켜 소리를 내는 악기

  [게] winda = wind 바람

  | **winda에서 파생한 외국어**

  (네덜란드어) wind 바람 | (독일어) Wind 바람

- **percussion** 타악기 ← 두드려서 소리를 내는 악기

  [라] per = through ~을 통하여 [라] quatere = strike 치다, shake 흔들다

  | **quatere에서 파생한 단어**

  concussion 뇌진탕 | discuss 토론하다

- **guitar** 기타 ← 여섯 개의 줄을 퉁겨 소리를 내는 현악기

  [그] kithara = cithara 하프 비슷한 악기

★스페인어 guitarra를 거쳐 오늘날의 guitar란 악기로 안착됨

- **mandolin 만돌린** ·‹ 네 개의 현을 픽(pick)으로 퉁겨 소리를 내는 현악기

  라 pandura = three-stringed lute 세 줄의 류트(현악기 일종)

- **pluck 퉁기다** ·‹ 당겼다 놓아 소리가 나게 하다

  라 pilare = pull out hair 머리카락을 뽑다 (pilus = hair 머리카락)

- **violin 바이올린** ·‹ 네 줄을 활로 문질러 연주하는 현악기

  이탈리아어 violino viola에 지소사(작은 것을 나타냄)를 붙인 것

- **viola 비올라** ·‹ 바이올린보다 조금 더 크며 바로 아래 음역대인 현악기

  라 vitula = stringed instrument 현악기 ★로마의 기쁨의 여신인 Vitula
  가 관련이 있을 것으로 추측됨

- **cello 첼로** ·‹ 대형 현악기

  이탈리아어 violoncello 콘트라베이스의 전신인 violone에 지소사를 붙인 것

- **bow 활, (현악기를) 활로 켜다** ·‹ 현악기의 줄을 문질러 소리를 내는 기
  구, 또는 그 기구로 현을 문질러 소리를 내다

  게 bugon = archery bow 궁도의 활

  | bugon에서 파생한 외국어

  (네덜란드어) boog 활 | (독일어) Bogen 활

- **trumpet 트럼펫** ·‹ 신호용의 나팔에서 발전한 금관악기

  고대프랑스어 trumpette trompe(trump 나팔)에 지소사를 붙인 것

- **trombone 트럼본** ·‹ U자 모양 관을 가진 금관악기

  이탈리아어 tromba = trumpet 트럼펫

- **brass 금관악기** ·‹ 쇠붙이로 만든 관악기

  고대영어 bras = brass 놋쇠, bronze 동

- **oboe 오보에** ·‹ 리드가 두 장이며 높은 음을 내는 목관악기

  ★프랑스어 hautbois(haut = high 높은 + bois = wood 나무)를 이탈리
  아어 발음대로 표기한 oboe에서 생겨났으며, register(음역대)를 갖고 있기
  때문에 붙여진 이름임 (목관악기 중 가장 높은 음역대)

- **saxophone 색소폰** ·‹ 리드가 한 장인 목관악기

  ★색소폰을 고안해낸 벨기에의 음악가이자 악기 제작자 Antoine Joseph
  "Adolphe" Sax의 이름을 따고 거기에 그리스어 phonos(sounding 소
  리)를 붙임

- **clarinet 클라리넷** ·‹ 리드가 한 장인 목관악기

  라 clarus = clear 소리가 맑은

- **reed** (악기의) 리드 ↔ 관악기의 발음원이 되는 얇은 진동판

  [게] kreut = reed 갈대

  | kreut에서 파생한 외국어

  (네덜란드어) riet 갈대 | (독일어) Ried 갈대, Reet 갈대
- **mallet** 나무망치 ↔ 쇠망치보다 가벼운 나무로 만든 망치

  [인] molkh-tlo = crushing instrument 으깨는 도구

  | molkh-tlo에서 파생한 외국어

  (러시아어) молот 망치 | (체코) mlat 탈곡장
- **tambourine** 탬버린 ↔ 둥근 테의 한쪽 면에 가죽을 대고 둘레에 작은 방울을 달아 만든 타악기

  [고대프랑스어] tabour/tabur = drum 드럼, noise 소음
- **cymbals** 심벌즈 ↔ 쇠붙이로 만든 둥근 타악기 ★두 장이기 때문에 -s가 붙음

  [그] kymbalon = cymbal 심벌즈 (kymb = bowl 그릇)
- **drum** 드럼 ↔ 채(stick)로 치는 둥근 타악기

  [중세네덜란드어] tromme = drum 드럼

곡

노래

song노래은 인도게르만공통조어 sengwhsing 노래하다에서 파생한 단어이며 노래 중 '성가'를 chant라고 하는데 라틴어 cantussong 노래에서 생겨난 단어이다. 단체로 노래를 부르는 '합창'은 chorus라 하고 이렇게 합창을 부르는 무리는 choir합창단라고 한다.

작사와 작곡

lyrics노랫말, 가사는 그리스어 lyrikossinging to the lyre 수금에 맞춰 노래하는에서 생겨나 중세 프랑스어 lyriqueshort poem expressing personal emotion 개인의 감성을 표현하는 짧은 시가 되었다가 오늘날의 '노래 가사'란 뜻이 되었다. '작사하다'는 write the lyrics 혹은 write the words라고 하고, '작곡하다'

는 compose a song이라고 한다. '노래의 곡조'는 tune이라 하고, '작곡'은 composition이라고 한다. 따라서 '작사가'는 lyricist 또는 songwriter이며, '작곡가'는 composer이다.

악보

악보를 뜻하는 score는 고대 노르웨이어 skor_{notch 표시}에서 생겨나 고대 영어에선 '20'이란 숫자를 가리켰다가 18세기 초반에 '악보'라는 뜻이 추가되었다. 오선지(staff, stave)에 표시를 해서 악보를 만들기 때문에 원뜻인 notch에 충실한 단어이다. play by ear는 '악보를 보지 않고 귀로 듣고만 연주하다', improvise_{improvisus = not foreseen 예기치 못한}는 말 그대로 예상할 수 없게 '즉흥으로 연주하다'란 뜻이다.

115

어원 002 곡

- **song** 노래 ‥◂ 가사에 곡조를 붙여 부를 수 있게 만든 것

  ㉰ sengwh = sing 노래하다

  | sengwh에서 파생한 외국어

  (독일어) singen 노래하다 | (스웨덴어) sjunga 노래하다

- **chant** 성가 ‥◂ 하느님과 예수님을 칭송한 노래

  ㉡ cantus = song 노래

  | cantus에서 파생한 단어

  canto 장편시의 한 부분 | canticle 찬송가

  accent 강세 | accentuate 강세를 주다 | accentuation 음의 억양법

  descant 데스캔트 (주(主) 선율보다 보통 더 높게 부르거나 연주하는 선율)

  cant 위선적인 말투

- **chorus** 합창 ‥◂ 여럿이 목소리를 맞추어서 노래하는 것

  ㉭ khoros = round dance 원무, band of dancers 무용수들

- **choir** 합창단 ‥◂ 합창하는 단체

  ㉡ chorus = choir 합창단

- **lyrics** 노랫말, 가사 ‥◂ 노래를 위해 쓴 글

  ㉭ lyrikos = singing to the lyre 수금에 맞춰 노래하는

- **tune** 곡조 ‥◂ 노래의 음의 연속

  ㉭ tonos = vocal pitch 음도 ★고대 그리스어 tonos에서 같은 뜻의 라틴어 tonus를 거쳐 '음조, 어조'를 뜻하는 영어단어 tone이 유래했으며 tone

에서 살짝 변형해 tune이 생겨남

- **composition** 작사 ⟵ 가사의 창작

[라] componere = put together 조립하다, 합하다

- **score** 악보 ⟵ 곡조를 일정한 기호를 써서 기록한 것

[고대노르웨이어] skor = notch 표시 ★skor는 거슬러 올라가면 인도게르만공통조어 sker(cut 자르다)에서 파생함 ([ex.] carnage 대학살)

- **staff** 오선 ⟵ 악보를 그리기 위한 다섯 줄

[게] stab = staff 지팡이 ★영어 staff에서 '오선'이란 뜻은 17세기 중반에 생김

| **stab에서 파생한 외국어**

(덴마크어) stab 참모, 직원 | (독일어) Stab 지팡이

클래식 음악

클래식 음악은 고전기인 1750년부터 1820년까지의 음악을 나타내기도 하지만 폭넓은 의미에선 중세, 르네상스, 바로크 시대, 고전기, 낭만기를 지나 현대까지의 한 음악 장르를 가리킨다. 영어로는 classical music이라고 한다.

바흐와 헨델

독일 출신 바흐Johann Sebastian Bach, 1685~1750와 헨델Georg Friedrich Händel, 1685~1759은 같은 시기에 태어났지만 한 명은 독일적 색채가 강한 교회 작곡가로, 다른 한 명은 영국으로 귀화하여naturalized 오페라(opera)와 대합창곡 오라토리오(oratorio) 등을 작곡한 음악가로 알려지게 된다.

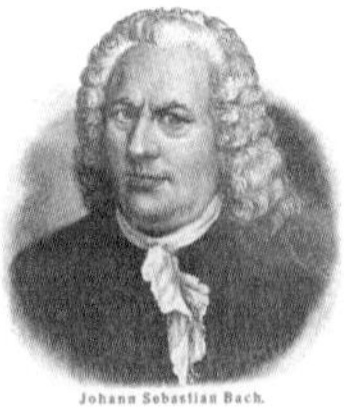

바흐

모차르트

오스트리아 출신 볼프강 아마데우스 모차르트Wolfgang Amadeus Mozart, 1756~1791는 죽은 사람의 영혼을 위로하는 미사곡인 '진혼곡(requiem)'으로 잘 알려져 있다.

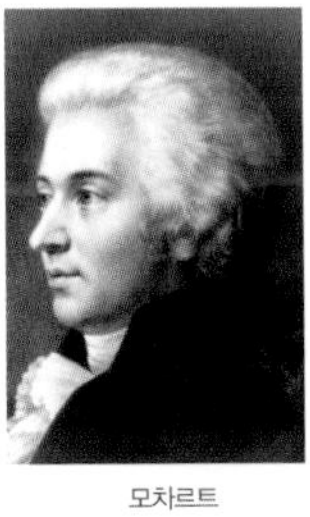
모차르트

베토벤

베토벤

모차르트의 고전주의 음악 형식을 완성한 장본인이 독일 출신의 베토벤Ludwig van Beethoven, 1770~1827이다. 베토벤은 '전원 교향곡(Symphony No. 6, "Pastoral")', '운명 교향곡(Symphony No. 5, "Destiny")' 등으로 유명하다. symphony는 오케스트라 연주를 위해 쓰여진 음악곡을 가리킨다.

쇼팽

쇼팽

폴란드 출신의 프레데리크 쇼팽Frédéric François Chopin, 1810~1849은 대부분의 작품이 낭만주의 스타일의 피아노 작품이다. 그는 서정적인 야상곡(Nocturne)으로 유명하다. nocturne은 주로 밤에 적합한 곡을 가리키며 1814년 아일랜드 출신 작곡가 John Field로부터 시작되었다. 가장 잘 알려진 야상곡은 쇼팽의 Nocturne Op.9 No.2이다. 이때 Op.는 Opus작품의 줄임말이다.

어원 003 **클래식 음악**

- **opera** 오페라 ‣ 음악을 중심으로 하여 연기, 장면, 의상, 무용 등이 합쳐진 종합 무대예술

  라 opus = work 작품, effort 수고

- **oratorio** 성가극 ‣ 오케스트라, 합창단, 솔로 등을 위한 대규모 종교적 극음악

  라 oratorium = place of prayer 기도 장소

- **requiem** 진혼곡 ‣ 죽은 사람의 영혼을 위로하는 곡

  라 re 강조 접두사

  라 quies = quiet 조용한

- **symphony** 심포니 ‣ 관현악(orchestra 오케스트라)의 합주를 위한 악곡

  그 syn = together 함께

  그 phone = sound 음

- **pastoral** 목가적인, 목회자의 ‣ 농촌처럼 소박하고 평화로운

  라 pastorem = shepherd 양치기

- **destiny** 운명 ‣ 이미 정하여져 있는 사람의 목숨

  라 destinare = make firm 확고하게 하다

- **nocturne** 야상곡 ‣ 밤의 분위기를 나타낸 조용한 피아노곡

ⓗ nocturnal 야행성의 (**cf.** diurnal 주행성의)

ⓡ nocturnus = belonging to the night 밤에 속한

오페라와 뮤지컬

라틴어 **opus**work 작품, effort 수고에서 생겨난 오페라opera는 연속적으로 노래를 부르며 진행하는 일종의 드라마이다. 반면 뮤지컬musical은 대사와 곁들여 노래를 부르는 형태의 드라마이다. 오페라에는 아리아(aria)뿐 아니라 레치타티보(recitative)낭독하듯 노래하는 부분라 불리는 대사 비슷한 스타일도 있다. 가장 유명한 오페라로는 모차르트Wolfgang Amadeus Mozart의 〈피가로의 결혼The Marriage of Figaro〉과 〈돈 조반니Don Giovanni〉, 베르디Giuseppe Verdi의 〈아이다Aida〉, 푸치니Giacomo Puccini의 〈나비부인Madam Butterfly〉 등이 있다.

어원 004 **오페라와 뮤지컬**

- **aria** 아리아 ·◦ 오페라 가수의 독창곡

  ⓡ aer = air 공기

- **recitative** 레치타티보 ·◦ 대사를 읊듯 노래하는 부분

  ⓡ recitare = read out 소리내어 읽다

  | recitare에서 파생한 단어

  recite 암송하다

117

현대 대중음악

리듬 앤 블루스

Rhythm and Blues는 종종 줄여서 R&B라고 언급되는데 1940년대 아프리카계 미국인들 사이에서 시작된 비트가 강한 대중음악을

포괄적으로 하나의 장르로 아우르는 표현이다. 참고로 Blues블루스는 이보다 훨씬 앞서 미국 남부의 흑인 노예들 사이에서 불려지던 노동요나 영가 등을 가리킨다. 블루스는 재즈와 마찬가지로 장음계를 약간 내린 blue note의 활용을 특징으로 한다. 이 블루스적 요소들

과 재즈적 요소들을 결합하고 강렬한 비트를 입힌 음악이 R&B라고 할 수 있다. 영어 blues에는 또한 '우울함'이란 뜻도 있다.

가스펠 음악과 혼합된 소울뮤직soul music의 형태에 이어 현대에는 R&B에 힙합과 팝 같은 다양한 장르를 혼합한 형태들이 생겨나고 있다. 대표적 R&B 가수로는 샘 쿡Sam Cooke, 레이 찰스Ray Charles, 제임스 브라운James Brown 등이 있다.

레이 찰스

록 음악

록 음악(rock music)은 미국에서 다양한 음악 장르에 영향을 입어 50년대에 탄생한 rock and roll을 가리킨다. 록은 강한 비트의 음악 장르로 사회운동의 매개수단vehicle이 되었다. 록 음악의 대표 가수로는 척 베리Chuck Berry를 필두로, 엘비스 프레슬리Elvis Presley, 비틀

즈The Beatles 등 전 세계적으로 센세이셔널한 인기를 끌었던 가수들이 있다.

록 음악의 한 장르인 헤비메탈은 미국과 영국에서 1960년대 후반부터 발전한 음악 형태로, 전설적인 레드 제플린Led Zeppelin과 블랙 사바스Black Sabbath에 이어 메탈리카Metallica와 같은 무수한 헤비메탈 밴드들이 있다. 헤비메탈의 연주 스타일은 남성성의 과시(machismo)를 특징으로 한다.

비틀즈

팝 음악

팝 음악(pop music)은 대중음악의 가장 기본이 되는 서양특히 미국과 유럽 음악 장르로, pop은 popular대중적인의 약자이다. 대중적인 호소력(popular appeal)을 갖고 있는 음악이란 뜻이다. 1950년대와 60년대 사이에 영국과 미국을 중심으로 하나의 장르로 인정받게 되었으며 초기에는 록 음악과 거의 동일시되었지만, 후에 팝 음악이 상업적인commercial 음악 장르가 되었다.

대표 가수로는 팝 가수의 대명사처럼 불리는 마이클 잭슨Michael Jackson

부터 마돈나Madonna, 저스틴 비버Justin Bieber 등이 있다.

재즈

재즈(jazz)는 19세기와 20세기에 미국의 New Orleans뉴올리언스를 중심으로 생겨난 음악 장르로 R&B와 마찬가지로 아프리카계 미국인들 사이에서 시작되었다. jazz는 19세기 중반에 사용되던 속어인 jasm energy 에너지에서 생겨난 단어로 추정된다. 재즈의 형태 중 ragtime래그 타임은 1900년대 초에 미국 흑인들에 의해 처음 연주되기 시작한 피아노 음악으로 재즈의 전신인 셈이다. 《위대한 개츠비The Great Gatsby》의 저자 스콧 피츠제럴드Scott Fitzgerald가 언급하여 인기를 얻은 Jazz Age재즈 시대는 흔히 2차 세계대전 이후부터 1929년의 주식시장 대폭락까지의 시기를 가리킨다. 대표적 재즈 가수로는 엘라 피츠제럴드Ella Fitzgerald, 빌리 홀리데이Billie Holiday, 루이 암스트롱Louis Armstrong 등이 있다.

빌리 홀리데이

힙합

힙합(hip hop, hip-hop)은 1980년대 뉴욕의 어린 아프리카계 미국인들 사이에서 생겨난 음악의 장르로 랩(rap) 가사를 사용한다. hip-hop은 계속적으로 깡충거리는 동작을 나타내며 rap은 아프리카계 미국인들의 슬랭으로 chat잡담하다이란 뜻이다. 즉 랩은 내뱉듯이 지껄이는 말들과 음악이 뒤섞여 있는 형태이다. 사회적인 이슈들을 담아서 표현하곤 한다. 대표적 힙합 가수로는 카니예 웨스트Kanye West와 에미넴Eminem 등이 있다.

어원 005 현대 대중음악

- **rhythm & blues** 리듬 앤 블루스 ·◁ 1940년대 미국 흑인들 사이에서 유행하기 시작한 대중음악의 하나
  - ㉪ rhythmos = rhythm 리듬 ★rhythmos는 rhein(flow 흐르다)에서 파생함
  - ㉙ blawaz = blue 파란색
- **rock music** 록 음악 ·◁ 1950년대에 미국에서 발생한 강한 비트의 음악
  - 고대영어 roccian = move a child gently to and fro 아기를 앞뒤로 부드럽게 움직이다
- **machismo** 남성성의 과시 ·◁ 거칠고 대담한 남성의 특성을 드러내는 것

- **pop music 팝 음악** ·‹ 미국과 유럽의 대중음악

  라 popularis = general 일반적인

- **appeal 호소력** ·‹ 남의 이목을 끄는 힘

  라 ad = to ~에게 │ 라 pellere = beat 두드리다, drive 몰다

  | pellere에서 파생한 단어

  pulsive 추친력이 있는

  pulse 맥박 | pulsation 맥박, 파동 | impulse 충동

  propel 나아가게 하다 | compel 강요하다 | impel 해야만 하게 하다

  dispel 떨쳐버리다 | expel 내쫓다 | repel 격퇴하다

  pelt 공격하다, 퍼붓다 | compulsory 의무적인

- **jazz 재즈** ·‹ 19세기 말에서 20세기 초에 걸쳐 미국 뉴올리언스를 기점으로

  시작된 흑인 음악

  19세기 중반 경에 사용되던 속어 jasm = energy 에너지

- **ragtime 래그타임** ·‹ 재즈의 전신인 피아노 음악

  19세기 말 rag-time = syncopated, jazzy piano music 당김음이 있는

  재즈 스타일 피아노 음악

- **hip hop / hip-hop 힙합** ·‹ 1980년대 뉴욕의 아프리카계 미국인들 사

  이에서 시작된 음악이나 춤

  ★17세기 후반 계속하여 깡총깡총 뛰는 동작을 나타내다가 힙합에 사용되는 랩

  가사의 특성을 가리켜 1980년대 초반에는 하나의 음악 스타일을 나타내게 됨

- **rap 랩 음악, 재빠르고 날카롭게 톡 치기** ·‹ 반복적인 리듬에 맞춰 읊조리

  듯이 뱉어내는 음악

  ★스칸디나비아 언어에서 유래함

  cf. (덴마크어) rap 톡 때리다 | (스웨덴어) rapp 가볍게 훅 침

무용과 무술

무용의 기원
문자가 발명되기 전에 중요한 이야기 전달 수단이 무용이었다. 기원

전 3천3백 년 전의 이집트 무덤에선 춤을 추는 사람들을 담은 그림이 발견되었다.

안무

무용(dance)은 음악에 맞춰 율동적으로 몸을 움직이는 것인데 음악에 맞는 춤 동작을 만드는 것을 안무(choreograph)라고 한다.

발레

발레(ballet)는 연극에서의 대사를 대신하여 무용으로 극 전체를 이끌어가는 예술로, 15세기 이탈리아 르네상스 시대에 생겨났다.

무술

martial art무술, 무도, 무예의 martial은 로마의 전쟁의 신인 Mars의 이름을 딴 것이다. 무술은 호신뿐 아니라 전쟁에 대비하는 등의 다양한 이유로 연마를 하곤 한다. 유도, 태권도, 가라테 모두 무술의 일종이다. martial art의 art에서도 느낄 수 있듯 무술은 단순히 싸움의 기술무술(武術)을 넘어 인간의 도리와 정신 수양에 무게를 두고무도(武道) 예술적으로 승화시키는무예(武藝) 경지까지 이르는 데 목적과 의의를 두고 연마하기도 한다.

[어원 006] 무용과 무술

119

- **dance** 무용, 춤 ↔ 율동적 동작으로 표현하는 예술
  [고대프랑스어] dancier = dance 춤
  | dancier에서 파생한 외국어
  (이탈리아어) danza 무용, 춤 | (스페인어) danza 무용, 춤
  (스웨덴어) dans 무용, 춤 | (독일어) Tanzen 무용, 춤
- **choreograph** 안무 ↔ 음악에 맞춰 무용을 만드는 것
  [그] khoreia = dance 무용 [그] graphein = write 쓰다
- **ballet** 발레 ↔ 대사 대신 무용으로 극을 이끌어가는 예술
  [이탈리아어] balletto ballo에 지소사를 붙인 단어 ★더 거슬러 올라가면 라틴어 ballare(dance 춤추다)에서 생겨남
- **martial** 무술의 ↔ 무도에 관한 기술의
  ★로마의 전쟁의 신 Mars의 이름을 딴 것

ANATOMY & PHYSIOLOGY

6

인간의 몸
Human Body

당신은 자신의 몸에 대해 얼마나 알고 있는가?

How well do you know your body?

존재는 정신만으로 완성되지 않는다.
존재는 실체와 함께 완성된다.
나를 이루는 실체는 몸이다.
나의 정신세계뿐 아니라
나의 몸을 이해하고 잘 다스릴 수 있어야
온전하게 건강한 내가 현존할 수 있다.

머리 head ────┐

얼굴 face ────┤

귀 ears ────┤

눈 eyes ────┤

코 nose ────┤

입 mouth ────┤

치아 teeth ────┤

목 neck ────┤

어깨 shoulder ────┼──── **Unit 16** 인체 외부 ────────

흉부 thorax ────┤

복부 abdomen ────┤

등 back ────┤

팔과 손 arms & hands ────┤

엉덩이 hip ────┤

다리 legs ────┤

발 feet ────┤

털과 피부 hair & skin ────┘

어원표시 라 라틴어 그 그리스어 히 히브리어 게 게르만조어 인 인도게르만공통조어
힌 힌두어 프 프랑스어 영 영어 스 스페인어 독 독일어

품사표시 명 명사 동 동사 형 형용사 부 부사

Chapter 6
인간의 몸

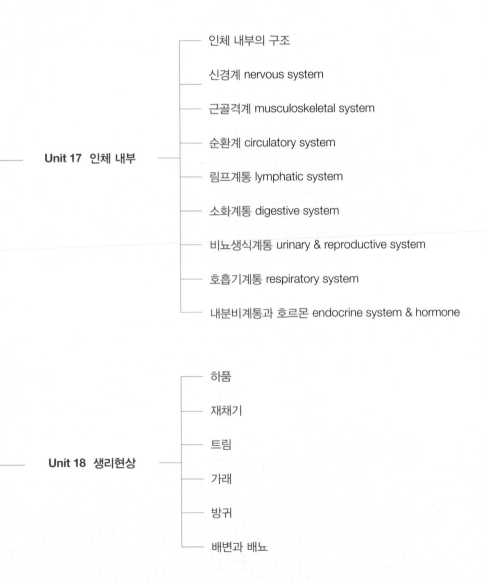

인체 외부

Exterior of the Human Body

살아 있는 모든 것들에는 형체가 있다.
그리고 우리는 우리의 지성으로
이 세상에 살아 있는 모든 것들의 공통점을 찾아
종species을 분류했으며
각각의 종마다 공통된 형체와 구조를
갖고 있다는 사실을 알아냈다.

그 수많은 종 가운데 하나인 우리 인류human being!
우리 인간의 몸도 머리에서 발끝까지
공통된 구조를 갖고 있다.
우리가 듣고 말하고 먹고 움직이는 등의
인간 활동을 할 수 있는 것도
우리의 몸이 그렇게 구조화organizing되어 있기 때문이다.

그래서 잘 살기 위해서는
우리의 몸을 잘 알고 다스리는 것이 중요하다.

머리 head

그리스 신화에 나오는 메두사는 머리카락 한 올 한 올이 꿈틀거리는 뱀의 형상을 하고 있는 괴물인데 그 모습을 직접 보면 돌로 변하게 된다. 영웅 페르세우스Perseus는 방패에 비친 모습을 보고 목을 쳐내서 메두사를 죽이게 된다. 이렇게 목을 베는 것을 영어로 behead목을 베다, 참수하다 혹은 decapitate라고 한다.

뇌

대뇌반구는 기억력, 사고력 등을 관장하는 전두엽(frontal lobe), 시공간 정보를 관장하는 두정엽(parietal lobe), 청각 정보가 1차적으로 전달되는 피질cortex(회백질의 뇌의 겉층)인 측두엽(temporal lobe), 뇌 뒤쪽에 위치하며 시각 중추가 있는 후두엽(occipital lobe)으로 구성되어 있다. lobe엽는 그리스어 lobosvegetable pod 식물의 꼬투리에서 생겨난 단어로 earlobe귓볼처럼 콩꼬투리같이 유선형 모양을 나타낸다. 엽은 잎의 세는 단위이기도 하다.

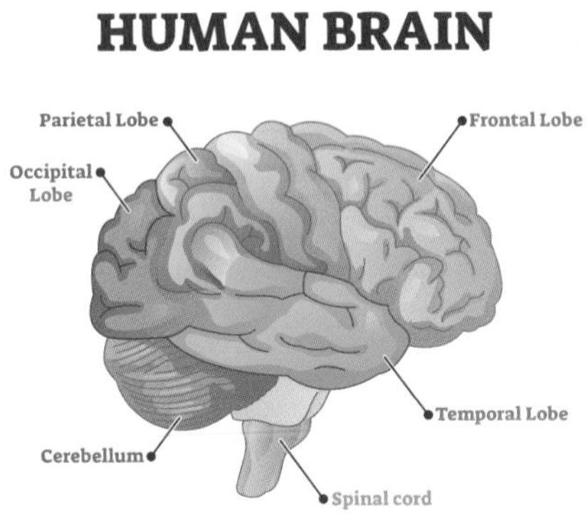
HUMAN BRAIN
Parietal Lobe
Frontal Lobe
Occipital Lobe
Temporal Lobe
Cerebellum
Spinal cord

[어원 001] 머리 head

120

- **behead** 목을 베다, 참수하다 ↔ 몸에서 머리를 떨어뜨려 없어지게 하다

  [고대영어] be = away 떨어져, 없어져

  [인] kaput = head 머리 ★라틴어 caput으로 발전함

  | kaput에서 파생한 단어

  achieve 달성하다

  cabbage 양배추 | cadet 간부 후보생

  cape 망토, 곶(promontory) | capital 기둥머리

  capitulum 버섯의 삿갓 | caprice 변덕 (riccio = curl 곱슬거리게 하다)

  capsize 전복시키다 | captain 선장, 대령 | cattle 소떼

  caudillo 군사 독재자 | chapter (책의) 장, 지부 | chef 주방장

chief 추장, 주요한 | corporal 상등병

mischief 장난 (mis = badly 안 좋게)

precipice 벼랑 | precipitate 촉발시키다 | precipitation 강우량, 침전

recapitulate 개요를 말하다

forehead 이마 | head 머리

sinciput 머리의 앞부분 | occipital 후두의

biceps 이두박근 (bi = two 둘) | triceps 삼두근

- **decapitate 목을 베다, 참수하다** ↔ 몸에서 머리를 떨어져나가게 하다

  [라] de = off 떨어져

  [인] caput = head 머리

  [cf.] break somebody on the wheel 거열형에 처하다 (두 개의 수레에 다리를 하나씩 묶어 찢어죽이다)

- **frontal 정면의, 앞부분의** ↔ 사물의 앞쪽 면의

  [라] frons = forehead 이마

- **parietal 정수리 부분의** ↔ 머리 위 숫구멍 자리의

  [라] paries = wall 벽

  [cf.] 복수형 parietals는 미국 대학 기숙사의 '이성 방문 시간에 대한 규칙'이란 뜻의 속어로도 쓰인다.

- **temporal 관자놀이의, 측두의** ↔ 귀와 눈 사이 맥박이 뛰는 곳의

  [명] temple 관자놀이, 안경다리

  [라] tempus = time 시간

  ★'관자놀이'를 뜻하는 temple과 '사원'을 뜻하는 temple은 철자는 같지만 어원이 다르다. 후자는 라틴어 templum(building for worship of a god 신을 숭배하는 건물)에서 파생하였다.

- **occipital 후두의** ↔ 머리 뒤쪽 부분의

  [라] ob = against ~에 붙여

  [인] caput = head 머리

- **lobe 엽** ↔ 잎, 종이 등을 낱개로 세는 단위

  [그] lobos = vegetable pod 식물의 꼬투리, earlobe 귓불

  [cf.] brain lobe 뇌엽 (대뇌반구를 부위별로 나눈 것)

얼굴 face

이마forehead, 눈, 코, 콧구멍nostrils, 뺨cheeks, 입, 턱(chin) 등을 포함한 부분을 얼굴(face)이라고 한다. 이목구비 등과 같이 생김새나 특징에 초점을 맞춘 얼굴을 말할 때는 features라고 하고, 겉으로 드러난 전반적인 용모나 표정 등을 말할 때는 **looks** 혹은 countenance를 쓴다. 얼굴색은 complexion이라고 한다.

안면인식 장애
'얼굴인식 불능증'이라고도 하는 '안면인식 장애'는 영어로 prosop-agnosia라고 한다. 사람만 얼굴을 인식하는 것이 아니라 동물들도 얼굴을 알아볼 수 있는데, 흔히 머리가 나쁜 동물이라고 오인되는 양은 실제로는 인간의 얼굴을 알아볼 수 있을 뿐 아니라 얼굴 특징으로 감정까지도 파악해낼 수 있다고 한다.

이안체
몸은 하나인데 두 개의 얼굴, 혹은 눈, 코, 입 등을 갖고 태어나는 이안체(diprosopus)라는 유전병이 있다. 고대 로마 신화에서 문을 지키는 수호신인 두 얼굴의 야누스Janus를 상상해보기 바란다.

어원 002　**얼굴 face**

121

- **chin** 턱 ← 얼굴 끝 뾰족한 부분

  웹 genu = jaw 턱

  | genu에서 파생한 단어

  gnathic 턱의

  prognathous 턱이 나온 (pro = forword 앞으로)

- **face** 얼굴 ← 눈, 코, 입을 포함한 머리 앞면

  웹 facies = figure 모습

  | facies에서 파생한 단어

  facet 양상 | efface 지우다 (ex = out 없는) | facade 건물의 정면

- **feature** 이목구비의 각 부분, 특징 ·◄ 얼굴 생김새

  ⓛ factura = formation 형성

  Cf have well-defined features 이목구비가 뚜렷하다

  | 유의어

  characteristic 특징 | peculiarity 기이한 특징 | aspect 양상

  character 성격, 기질 | component 구성성분 | detail 세부사항

  element 요소 | factor 요소, 요인 | ingredient 재료, 구성성분

  item 품목, 항목 | quality 특질 | trait 특성

  attribute 속성 | constituent 구성성분 | earmark 특징

  facet 측면, 양상 | idiosyncrasy 특이한 성격, 별스러운 점

  individuality 개성 | particularity 독특한 요소들

- **countenance** 얼굴, 얼굴표정 ·◄ 얼굴에 드러나는 감정

  ⓛ continentia = restraint 규제, way one contains oneself 자제하

  는 법

- **complexion** 얼굴색 ·◄ 얼굴 빛깔 혹은 안색

  ⓛ complexionem = combination 조합

- **prosopagnosia** 안면인식 장애, 얼굴인식 불능증 ·◄ 친숙한 얼굴을

  인식하지 못하는 증상

  ⓖ prosopon = face 얼굴

  ⓖ agnosia = ignorance 무지

- **diprosopus** 이안체 ·◄ 얼굴이 중복된 상태의 기형

  ⓖ di = two 두 개의

  ⓖ prosopon = face 얼굴

♪ 그 밖의 얼굴 관련 표현들 ♪

- **'얼굴' 관련 단어**

  facial 얼굴의 | facialis 안면포진

  mentum 턱마디 | chin 턱

  jaw 턱날 | jowl 아래턱, 처진 목살

  whisker 구렛나루 | beard 턱수염 | mustache 콧수염

  physiognomy 얼굴모습, 골상학 | lineament 얼굴모양, 윤곽

  visage 얼굴, 안면 (vis = look 모습 *cf.* envisage 상상하다)

  mug 낯짝

  phiz 얼굴, 표정

- **face 관련 숙어표현**

  face off 대결하다, 경기를 시작하다

  lose face 체면을 잃다

  save face 창피를 면하다

  show one's face 나타나다

  to one's face 면전에서

  on the face of it 표면적으로는

  in the face of ～에도 불구하고

귀 ears

동물 중엔 귀가 없는 동물들도 있는데 예를 들어 거미와 바퀴벌레 같은 무척추동물들은 다리털로 소리를 탐지해낸다. 반면에 인간은 얼굴 양쪽에 위치한 귀가 소리를 듣는 청각기관이다. 귀는 눈에 보이는 외이(auricle) 외에 고막 안쪽 관자 뼛속 공간인 중이(middle ear), 귀 가운데 안쪽 단단한 뼈로 둘러싸인 내이(inner ear)로 구분된다. 청각과 관련된 표현인 auditory청각의는 라틴어 audirehear 듣다에서 생겨난 단어이다.

청각기능

귀는 신체 균형에 도움을 주는 역할을 하기 때문에 평형감을 뇌에 전달하는 귀 안쪽의 전정계(vestibular system)가 손상되면 어지럼증(vertigo)이 발생한다. 귀 안쪽에 결석으로 인해 생기는 어지럼증은 이석증(otolithiasis)이라고 한다.

또, 질병이나 부상 등의 이유로 청각능력이 상실되는 것을 deafness라고 하는데, 그 형용사형인 deafening귀청이 터질 듯한은 a deafening noise귀청이 터질 정도의 소음처럼 사용할 수 있다. 불의의 사고로 고막eardrum이 터지는 경우는 have one's eardrum ruptured고막이 터지다라고 표현한다.

사이렌

그리스 신화에는 아름다운 노랫소리로 뱃사람들을 홀려 배를 난파시킨 사이렌Siren들의 이야기가 나온다. 이로부터 siren이 경보를 나타내는 '사이렌', '요부' 등의 뜻으로 쓰이게 되었다 한다.

[어원 003] 귀 ears

122

- **auricle** 귓바퀴 ← 귀의 바깥 부분

  [형] aural 귀의

  [라] auris = ear 귀

- **auditory** 청각의 ← 소리를 듣는 감각의

  [라] audire = hear 듣다

  | **audire에서 파생한 단어**

  audience 청중 | auditorium 강당

  audition 오디션 | audit 청강하다, 회계감사

- **vestibular** 전정의 ← 내이(內耳)의 달팽이관과 반고리관 사이의

  [cf.] vestibular는 격식 있는 어감으로 '현관의, 로비의'라는 뜻으로도 쓰인다.

  [라] vestibulum = entrance 입구

- **vertigo** 어지럼증 ← 현기증을 느껴 빙빙 도는 것처럼 느껴지는 증상

  [라] vertere = turn 돌다

  | **유의어**

  dizziness 어지럼증 | giddiness 현기증, 경솔 | wooziness 머리가 띵함

  Stendhal's syndrome 스탠달 증후군 (예술 작품을 감상한 후 생기는 어지럼증)

- **otolithiasis** 이석증 (cupulolithiasis) ← 귀 안의 결석으로 인한 어지럼증

  [그] ot = ear 귀

  [라] lithos = stone 돌

  | **ot에서 파생한 단어**

  parotid 귀밑샘, 이하선 (para = beside 옆에)

  | **lithos에서 파생한 단어**

  nephrolithiasis 신장결석증 (nephro = kidney 신장)

  lithic 결석의

- **deafness** 귀먹음 ← 청각능력이 상실된 상태

  [cf.] the deaf 농아

  [게] daubaz = deaf 귀먹은

  | **daubaz에서 파생한 외국어**

  (네덜란드어) doof 귀머거리의 | (독일어) taub 귀머거리의

그 밖의 귀 관련 표현들

earwax 귀지 | cerumen (의학용어) 귀지 (cera = wax 밀랍)

pinna 귓바퀴 | concha 외이, 귓밥 | cochlea 달팽이관

stapes 중이의 등골 | malleus 중이의 추골 | incus 중이의 침골

tympanum/eardrum 고막

eustachian tube 이관 (= tuba auditiva) ★eustachian은 귀에서 목구

멍에 이르는 통로를 발견한 이탈리아 의사 이름 Eustachio를 딴 것

earsplitting 귀청이 떨어지는

pick one's ears 귀지를 파다

give someone a thick ear 귀싸대기를 때리다

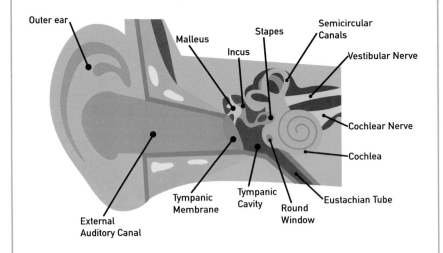

눈 eyes

눈은 빛을 감지하고 사물의 움직임, 색, 모양 등을 보는 시각기관 (visual system)이다.

망막, 각막, 홍채, 동공

망막(retina)은 빛을 감지하여 전기신호로 바꿔주는 눈 안쪽의 세포들이며, 망막 중심부의 시신경(optic nerve)은 망막이 받은 빛을 뇌로 전달하는 신경이다.

각막(cornea)은 안구 전면에 약간 볼록하게 나와 있는 투명한 막이다. 그리스 신화의 무지개 여신인 아이리스Iris와 같은 이름인 홍채(iris)는 동공 주위의 막으로 눈 색깔을 결정하기 때문에 아이리스라는 이름이 붙었다.

동공(pupil)은 홍채와 더불어 빛의 양을 조절하는 눈의 앞부분에 있는 홍채의 열린 구멍이다. 라틴어 pupagirl 소녀의 어근으로 형성된 pupil은 다른 사람의 눈에 비친 자신의 모습이 어린 소녀처럼 작아 보인다 하여 생긴 단어이며 그 남성형 pupasboy 소년에서 pupil의 또 다른 뜻인 '학생, 제자'란 뜻이 생겨났다.

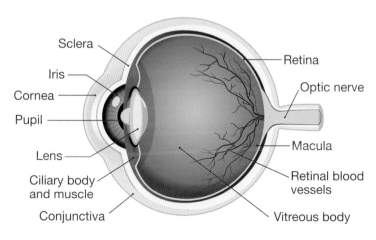

Human Eye Anatomy

Sclera
Iris
Cornea
Pupil
Lens
Ciliary body
and muscle
Conjunctiva
Retina
Optic nerve
Macula
Retinal blood
vessels
Vitreous body

눈 건강과 시력 감퇴

나이가 들면서 시력이 퇴화되는 상태를 '노안'이라고 하는데, 영어로는 presbyopia라고 한다. 각막이나 수정체 등의 굴절이상으로 초점을 만들지 못하는 '난시'는 astigmatism이다. 시력이 거의 혹은 완전히 손상된impaired 상태는 blindness맹증라고 한다.

눈 건강과 관련한 대표적인 질환으로는 백내장(cataract)과 녹내장(glaucoma)이 있다. 백내장은 눈의 수정체가 흐려져서 시력이 나빠지는 병이고, 녹내장은 안압 상승으로 시신경에 장애가 생겨 시야 손상 및 시력 저하 등이 발생하는 병이다.

123

어원 004　눈 eyes

- **visual** 시각의 ‥◁ 눈과 관련된

  라 visus = sight 목격

  | visus에서 파생한 단어

  visible 눈에 보이는 (**cf.** visibility 가시성)

  visage 얼굴 | envisage 상상하다

- **retina** 망막 ‥◁ 눈 가장 안쪽의 시각세포들이 막을 이룬 것

  라 rete = net 망

- **optic** 시각의 ‥◁ 눈과 관련된

  그 optos = visible 눈에 보이는

  | optos에서 파생한 단어

  optical 시각적인 | optometry 검안 | ophthalmic 눈의, 안과의

  opthalmology 안과학 | opthalmologist 안과의사 (= eye specialist)

- **cornea** 각막 ‥◁ 눈 바깥쪽의 투명한 막

  cf. corneal transplant 각막이식

  라 cornu = horn 뿔

  | cornu에서 파생한 단어

  cornucopia 뿔 | corn 티눈

  Capricorn 염소자리 | cornet 작은 트럼펫같은 악기

  corner 모퉁이

- **iris** 홍채 ‥◁ 안구에 들어오는 빛의 양을 조절하는 부분

  그 iris = rainbow 무지개

- **pupil** 동공 ‥◁ 눈동자

㉪ pupa = girl 소녀

cf. pupil은 '학생, 제자'라는 뜻으로도 쓰이는 단어이다.

- **presbyopia** 노안 ⤙ 노화로 글자가 잘 안 보이는 눈의 상태

  ㉤ presby = old man 노인

  ㉤ ops = eye 눈

  | presby에서 파생한 단어

  presbytery 장로회

- **astigmatism** 난시 ⤙ 빛이 망막의 한 점에 모이지 않아 생기는 굴절이상

  ㉤ a = without ~없이

  ㉤ stigma = spot 점

  | stigma에서 파생한 단어

  stigmatize 오명을 씌우다

- **blindness** 맹증 ⤙ 시각의 손상으로 눈이 보이지 않음

  ㉫ blindaz = blind 눈이 먼

  | blindaz에서 파생한 외국어

  (네덜란드어) blind 눈 먼 | (독일어) blind 눈 먼

- **cataract** 백내장 ⤙ 수정체가 회백색으로 흐려지는 질병

  ㉤ katarhaktes = waterfall 폭포, portcullis 내리닫이 쇠창살문

- **glaucoma** 녹내장 ⤙ 안압이 높아져 생기는 시신경에 장애가 생기는 질병

  ㉤ glaukós = blue-green 청록의

  ㉤ omma = eye 눈

♪그 밖의 눈 관련 표현들♪

- '눈' 관련 단어

  visual system 시각기관 | oculus 눈

  oculus dexter 오른쪽 눈 (dexter = on the right hand 오른쪽에)

  oculus sinister 왼쪽 눈 (sinister = on the left side 왼쪽에)

  eyeball 안구 | conjunctiva 결막 | sclera 공막

  ciliary body 모양체 | macula 망막황반

  vitreous body 유리체 | canthus 눈의 양끝, 안각

  lachrymal 눈물을 흘리는, (해부) 눈물을 분비하는

  eyebrow 눈썹 | supercilium (의학용어) 눈썹

  ciliary 속눈썹의 | eyelid 눈꺼풀

  palpebra 안검, 눈꺼풀 | two folds 쌍꺼풀

  ocellus 곤충의 홑눈 | stemma 단안 (simple eye)

  compound eye 복안 | naked eye 육안

  sleep 눈곱 | opti-goo 렌즈를 껴서 생기는 눈곱

- eye 관련 숙어표현

  be all eyes 뚫어지게 지켜보다

  set/lay/clap one's eyes on ~을 보다

  have one's eye on ~을 눈여겨보다

  have eyes for ~에 흥미가 있다

  have a black eye 눈이 멍들다

  one's eyes are blood shot ~의 눈이 충혈되다

  an eye for an eye 눈에는 눈

  eye to eye 의견이 일치하는

코 nose

인간의 코는 콧구멍(nostrils)을 통해 호흡을 하고 냄새를 맡는 후각기관(olfactory system)이며 콧구멍 뒤의 빈 공간을 비강(nasal cavity)이라고 한다. 인간 코의 특징은 얼굴 위로 불룩 튀어나와 (protuberant) 있다는 점이다. 납작하고 둥근 주먹코는 bulbous nose 혹은 potato nose라 하고, 콧대가 높고 휜 매부리코는 aquiline nose 혹은 hooked nose라고 한다. aquiline의 어원인 라틴어 aquila 는 독수리eagle로, 독수리의 부리처럼 생긴 코를 가리킨다.

인간에게 가장 흔한 코 질환은 코에 염증이 생기는 비염(nasal inflammation, rhinitis)과 축농증(sinus infection, sinusitis)이다.

동물의 코

동물에 따라 코의 형태가 다르다는 점은 익히 잘 알고 있을 것이다. 고래목(cetaceans)에 속하는 동물의 경우 코 대신 콧구멍만 머리 위쪽에 있다. trunk나무 몸통 같은 형태에 초점을 맞춘 용어 혹은 proboscis길게 늘어져 있는 모습에 초점을 맞춘 용어라 불리는 코끼리 코는 코와 윗입술이 합쳐진 형태로 동물의 코 중 가장 긴 길이를 자랑한다. 돼지 코는 snout, 개와 말의 코는 muzzle이라 한다. 동물의 코는 흔히 입 부분을 뭉쳐서 함께 가리킨다.

어원 005 **코 nose**

- **nostrils 콧구멍** · ‹ 코에 뚫린 두 구멍 ★콧구멍 하나만 가리킬 때는
  단수형(nostril)으로 씀
  예 nas = nose 코
  | **nas에서 파생한 단어**
  nares (해부) 콧구멍 | nasa 코의, 비음의 | nasopharynx 비인두
  ness 곶 | nose 코 | nozzle 분사구 | nuzzle 코를 비비다
- **olfactory 후각의** · ‹ 냄새를 맡는 감각의
  명 olfaction 후각
  라 olere = emit a smell 냄새를 내뿜다

124

| olere에서 파생한 단어

redolent 냄새가 많이 나는 | odor 냄새

- **nasal 코의, 비음의** ‥﹤ 호흡을 하며 냄새를 맡는 얼굴의 한 부분인

  ㉝ nasus = nose 코

- **protuberant 앞으로 불룩 튀어나온** ‥﹤ 표면에서 앞으로 더 튀어나온

  ㉝ pro = forward 앞으로

  ㉝ tuber = swelling 부품

  | tuber에서 파생한 단어

  tuber 알뿌리 | tubercle 결절, 작은 혹 | tuberculosis 폐결핵

  | 유의어

  prominent 튀어나온 | projecting 돌출한

  bulging 불룩하게 돌출한 | lumpy 혹투성이의

- **rhinitis 비염** ‥﹤ 코 점막에 생기는 염증

  ㉝ rhino = nose 코

  ㉝ itis = inflammation 염증

  | rhino에서 파생한 단어

  rhinology 비과학 | otorhinology 이비과학

  rhinoplasty 코 성형수술

  rhinorrhea 비루 (rhoia = flow 흐르다) ★코 점액이 지나치게 많이 나오
  는 증상

  rhinalgia 코의 통증

  rhinoceros 코뿔소 (keras = horn of an animal 동물의 뿔)

- **sinus 부비강** ‥﹤ 머리에서 코로 이어지는 구멍

  ㉝ sinus = bend 굽히다, fold 접다, gulf 만

  | sinus에서 파생한 단어

  sinuous 구불구불한 | insinuate 넌지시 말하다

- **cetaceans 고래목의 동물** ‥﹤ 고래, 돌고래 등의 동물

  ㉝ cetus = any large sea creature 큰 해양생물

- **trunk 코끼리 코** ‥﹤ 나무 몸통처럼 생긴 코

  ㉝ truncus = trunk of a tree 나무의 몸통

- **proboscis 코끼리 코** ‥﹤ 신축성 있는 긴 코

  ㉡ pro = forward 앞으로

  ㉡ boskein = feed 먹이를 주다

그 밖의 코 관련 표현들

- '코' 관련 단어

  hawk nose 매부리코 | hooknose 매부리코(Roman nose)

  pug nose 들창코 | nosebleed 코피(epistaxis)

  nasal cavity 콧구멍 | internasal suture (의학용어) 두 코뼈 사이의 봉합선

  nose ridge 콧등 | columella nasi 코기둥 | apex nasi 코끝(nose tip)

  septal 사이막의 (saeptum = fence 울타리)

  cartilage 연골 | alar cartilage 콧방울 연골

  ßibrofatty 섬유지방의 | medial crus 내측각 | footplate 편편한 타원형 뼈판

  neb 새들의 부리, 짐승의 코와 입 부분

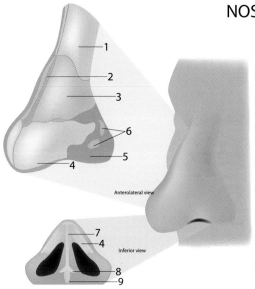

NOSE ANATOMY

1 Nasal Bone

2 Septal Cartilage

3 Leteral Nasal Cartilage

4 Greater Alar Cartilage (Leteral Crus)

5 Alar Fibrofatty Tissue

6 Minor Alar Cartilages

7 Medial Crus

8 Footplate

9 Nasal Septal Cartilage

- '코' 관련 동사 표현

snore 코를 골다 | snort 콧방귀 뀌다

sniff 코웃음을 치다 | sniffle 코를 킁킁 거리다

be stuck-up 콧대가 높다

- nose 관련 숙어표현

have a broken nose 코가 부러지다

have a runny nose 콧물이 나다

blow one's nose 코를 풀다

pay through the nose 터무니없는 가격을 지불하다

keep one's nose clean 점잖게 행동하다

poke one's nose into = stick one's nose into ~에 쓸데없이 간섭하다

look down one's nose at (구어) ~를 경멸하다

turn up one's nose at something ~에 경멸하듯이 행동하다

see no further than one's nose 근시안적이다, 통찰력이 부족하다

get up someone's nose (구어) ~의 비위를 건드리다

under one's nose 목전에

with one's nose in the air 거드름 피우며

nose to tail (차가 꼬리에 꼬리를 물고 늘어져 있는 상태) 정체되어

입 mouth

입은 음식을 받아들이는 소화관(alimentary canal)의 입구이자 목소리를 내는(vocal) 출구이다. 입술lips, 혀tongue, 치아teeth로 구성되어 있다. 특히 치아와 혀가 있는 공간을 '구강'이라고 하는데, 영어로는 oral cavity 혹은 buccal cavity라고 한다.

입안의 분비물인 침(saliva)은 소화에 필수적인 효소enzyme를 포함하고 있으며 거의 대부분은 물로 구성되어 있다.

참고로, 새들은 이빨이 없고 대신 부리(beak)로 음식을 잡고 씹는다.

구안괘사와 구안와사

입이나 얼굴이 한쪽으로 비틀어지는 '구안괘사'는 Bell's palsy라고 불린다. 찰스 벨Charles Bell이란 사람이 구안괘사의 세 사례를 발표한 데서 Bell이 붙었고, palsy는 일반적인 중풍을 가리킨다.

얼굴의 신경마비증상인 '구안와사'는 facial nerve palsy라고 한다. 안면근육을 제대로 움직일 수 없는 안면 마비(facial paralysis)의 일종이다.

참고로, 윗입술이 세로로 갈라지는 병인 '언청이'는 cleft lip이라고 한다. 언어장애로, 소리를 못 들어서 말도 못하는 사람은 dumb말을 못하는, 벙어리의이라 하는데, 이 단어를 활용한 숙어표현인 play dumb은 말 그대로 '벙어리 시늉하다'란 뜻이다.

아구창

아구창(thrush, aphtha)은 아이의 혀에 하얀 반점이 생기는 구강염canker sore이다. 참고로 우리말의 '아구창을 날리다'란 속어는 punch in the face얼굴을 주먹으로 치다 정도로 말할 수 있겠다.

어원 006 **입 mouth**

- **alimentary** 영양의, 소화의 ·◦ 생물이 살아가도록 공급해야 하는 성분의
  ㉪ alere = nourish 영양분을 공급하다
- **vocal** 목소리의, 발성의 ·◦ 목구멍에서 나오는 소리의

ㄹ vox = voice 목소리

| vox에서 파생한 단어

equivocal 애매모호한 (aequus = equal 같은)

- **oral 구강의** ↤ 입에서 목구멍까지의 공간인

  ㄹ or = mouth 입

  cf. orifice 인체의 구멍

- **buccal 구강의, 볼의** ↤ 입과 관련된

  ㄹ bucca = cheek 뺨

- **saliva 침** ↤ 침샘에서 분비되는 소화액

  ㄹ saliva = spittle 침

  cf. spit 침을 뱉다, 침

- **beak 부리** ↤ 새의 주둥이

  ㄹ beccus = beak 부리 ★새의 '부리'는 bill이라고도 한다.

- **palsy 중풍** ↤ 뇌혈관의 장애로 생기는 병

  ㄱ para = beside 옆에

  ㄱ lyein = loosen 느슨하게 하다

- **paralysis 마비** ↤ 신경이나 근육의 감각이 없어지는 증상

  동 paralyze 마비하다

  ㄱ para = beside 옆에

  ㄱ lyein = loosen 느슨하게 하다

  | lyein에서 파생한 단어

  catalytic 촉매의 | lysis 세포의 용해 | analytic 분석하는

- **dumb 말을 못하는** ↤ 언어장애인

  게 dumbaz = dumb 벙어리의

- **thrush 아구창** ↤ 입안의 칸디다증

  ★스칸디나비아어에서 파생한 것으로 추정됨

  cf. (스웨덴어) torsk 아구창

- **aphtha 아구창** ↤ 입안에 하얀 반점이 생기는 구강염

  ㄱ aphtha = mouth ulcer 구강염

치아 teeth

치아는 잇몸에 박혀 있는 딱딱하게 석화된 법랑질enamel로 뼈가 아니다. 생후 6개월 정도에 생기는 위, 아래 20개의 치아를 젖니(baby teeth, deciduous teeth)라 부르고, 6세 정도에 유치가 빠진 후의 위, 아래 32개 치아를 영구치(permanent dentition)라 부른다. 어금니(molar)는 입 안쪽에 3개씩 총 12개가 생기는데 그중 가장 나중에 생기는 세 번째 어금니가 사랑니(wisdom tooth)다. 다른 치아들보다 늦게 생겨서 어린 나이보다는 더 현명해진 나이에 생기는 치아라는 의미로 wisdom tooth라고 불리게 되었다. 어금니 앞쪽의 앞어금니premolar도 각 2개씩 8개가 있다. 성인들은 위, 아래 합쳐 총 8개의 앞니(incisor)가 있다.

육식동물과 송곳니

치아의 발달은 그 동물이 섭취하는 음식과 밀접한 관계가 있는데, 예를 들어 풀을 뜯어먹는 초식동물들은 어금니molar가 발달되고 육식을 먹는 동물들은 뾰족한 송곳니(canine)가 발달된다. 뱀은 뾰족한 모양의 송곳니가 있고 거미, 원숭이들도 송곳니가 있다. 이런 동물들의 송곳니를 영어로는 fang이라고 한다. 인간의 짧은 송곳니는 fang이라고 부르지 않는다.

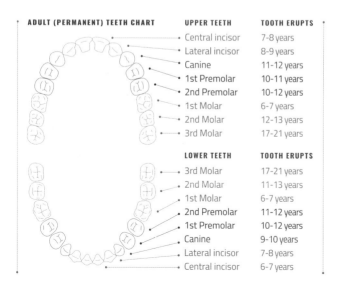

ADULT (PERMANENT) TEETH CHART	UPPER TEETH	TOOTH ERUPTS
	Central incisor	7-8 years
	Lateral incisor	8-9 years
	Canine	11-12 years
	1st Premolar	10-11 years
	2nd Premolar	10-12 years
	1st Molar	6-7 years
	2nd Molar	12-13 years
	3rd Molar	17-21 years
	LOWER TEETH	**TOOTH ERUPTS**
	3rd Molar	17-21 years
	2nd Molar	11-13 years
	1st Molar	6-7 years
	2nd Premolar	11-12 years
	1st Premolar	10-12 years
	Canine	9-10 years
	Lateral incisor	7-8 years
	Central incisor	6-7 years

치석과 충치

치아에 생기는 가장 흔한 질병은 치석(plaque, tartar)이 쌓이는 것과 충치(cavity, decayed tooth)가 생기는 것이다. 치석은 스케일링을 통해 제거하곤 하는데, 영어 scaling 자체가 '치석 제거'라는 뜻이다. 충치가 있는 부분은 긁어낸 다음, 그 부분을 수복한다. 대표적인 치아 수복 재료로는 아말감, 복합 레진, 자기질, 금 등이 있다. 충치가 광범위하다면 치관crown을 충치 위에 씌우는 것(crowning)이 필요하다. 임플란트implant는 이를 뺀 후 인공치근artificial root을 치조골(alveolar bone)에 심고 거기에 인공치아를 교정시키는 방법을 일컫는다.

126

어원 007 **치아 teeth**

- **deciduous tooth** 젖니, 유치 ·ᠸ 3세 전에 나는 이 ★deciduous 낙엽성의, 떨어지는

  라 de = down 아래로   라 cadere = fall 떨어지다

  게 tanthu = tooth 치아 ★teeth는 tooth의 복수형

  | cadere에서 파생한 단어

  caducous 잎이 일찍 떨어지는 | cascade 폭포

  chute 비탈진 활주로 | cadence 억양

  cruel 잔인한 | cheat 속이다 | escheat 재산을 몰수하다, 복귀권

  decay 썩다 | decadence 타락, 퇴폐 | cadaver 시체

  case 경우 | chance 기회 | coincidence 우연의 일치

  accident (우연찮게 일어난) 사고 | incident (의도된) 사건

  occasion 때, 행사, 특별한 날 | recidivist 상습범

- **dentition** 치열 ·ᠸ 치아의 상태

  라 dens = tooth 이빨

  | dens에서 파생한 단어

  dental 치아의 | denture 틀니(false teeth) | dentist 치과의사

  trident 삼지창 (tri = three 3)

  dandelion 민들레 (dens leonis = lion's teeth 사자의 이) ★이빨처럼 뾰족한 잎 모양으로 인해 생긴 명칭

- **molar** 어금니 ·ᠸ 음식을 씹는 입 안쪽의 맷돌 같은 이

  라 mola = millstone 맷돌

- **wisdom tooth** 사랑니 ·ᠸ 어느 정도 나이가 들었을 때 나오는 이

㉙ wissaz = wise 현명한　㉙ tanthu = tooth 치아

| **tanthu에서 파생한 외국어**

(스웨덴어) tand 치아 | (덴마크어) tand 치아

(네덜란드어) tand 치아 | (독일어) Zahn 치아

- **incisor** 앞니 ·◁ 아래, 위 총 8개의 전치

  ㉥ incidere = cut open 잘라서 벌리다

- **canine** 송곳니 ·◁ 앞니와 어금니 사이의 뾰족한 이

  ㉥ canis = dog 개

  | **canis에서 파생한 외국어**

  (이탈리아어) cane 개, 개 같은 놈 | (프랑스어) chien 개과의 동물

- **fang** 동물의 송곳니 ·◁ 동물의 뾰족한 이

  ㉙ fāhanan = capture 잡다　★fāhanan은 인도게르만공통조어
  pag(fasten 잡아매다)에서 파생함

  | **fāhanan에서 파생한 외국어**

  (독일어) fangen 잡다, 잡히다

  | **pag에서 파생한 단어**

  page 페이지 | pagan 이교도 | palette 팔레트

  palisade 말뚝 울타리 | patio 파티오 (집 뒤쪽 테라스)

  pole 막대기, 기둥 | peace 평화 | pale 창백한 | propagate 전파하다

  impinge 지장을 주다 | impact 영향을 미치다 | impale 찌르다, 꽂다

  compact 협약, 꽉 찬 | compaction 꽉 채움, 압축

- **plaque** 치석 ·◁ 이의 표면에 굳은 딱딱한 물질

  ㉦ plaque = metal plate 금속판

- **cavity** 충치 ·◁ 치아가 썩어서 난 구멍

  ㉥ cavus = hollow 구멍

- **decayed** 썩은 ·◁ 벌레가 파먹은 것처럼 된

  ㉥ de = off 떨어져　㉥ cadere = fall 떨어지다

- **crowning** 인공치관을 씌움 ·◁ 치아의 표면을 덮어씌우는 것

  ㉥ corona = wreath 화관, 고리

- **alveolar bone** 치조골 ·◁ 치아 뿌리를 둘러싸고 치아를 지지하는
  턱뼈의 일부

  ㉥ alveolus = socket 푹 들어간 곳, 구멍

  ㉙ bainan = bone 뼈

♪그 밖의 입과 치아 관련 표현들♪

- **'입' 관련 표현**

  lip 입술 | bill 길고 납작한 부리 | beak 갈고리 같은 부리

  tongue 혀 | glossa (해부) 혀

  lingua 언어 혀 | lingual 혀의, 말의

  gingiva 잇몸 | gum 잇몸

  palate 구개(입안의 천장을 이루고 있는 부분), 미각

  salivary 침의 | secrete saliva 침을 분비하다

  spit 침 뱉다 | expectorate 침을 뱉다 | salivate 침을 뱉다

  gob 아가리, 침을 찍 뱉다 | white mouth 아구창

  cytostome 원생동물의 입 | pecker 부리로 쪼는 새, 부리

  cacostoma 입병 | cold sore 입병 | cleft palate 언청이 (= cleft lip)

- **'치아' 관련 표현**

  milk tooth 유치 (= baby tooth)

  cuspid 송곳니, 견치 | eyetooth 위 송곳니

  dogtooth 송곳니 | conical tooth 원뿔모양의 치아

  lower teeth 아랫니 | upper teeth 윗니

  bicuspid 소구치 (송곳니 뒤에 두 개씩 있는 이)

  grinder 어금니 | tusk (코끼리나 바다코끼리의) 큰 엄니

  denticle 작은 이, 이 모양의 돌기

  pulp 펄프 (치아의 부드러운 안 부분) | pulp cavity 치수강

  malocclusion 부정교합 (occludere = shut up 닫다)

  embed 심다

  implant 수술을 통해 삽입하는 물질 | brace 치아교정기

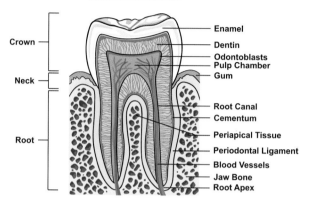

Tooth Structure

- Enamel
- Dentin
- Odontoblasts
- Pulp Chamber
- Gum
- Root Canal
- Cementum
- Periapical Tissue
- Periodontal Ligament
- Blood Vessels
- Jaw Bone
- Root Apex

Crown

Neck

Root

crown 치관
enamel 법랑질
dentin 상아질
odontoblast 치아 모세포
pulp chamber 치수강의 윗부분
gum 잇몸
root canel 근관

cementum 시멘트질
periapical 치아뿌리끝 주위의
periodontal 치주의
root apex 치근단 (apex = tip 끝, top 꼭대기)

- **mouth 관련 숙어표현**

  have a big mouth 입이 싸다

  run off at the mouth 분별없이 말을 줄줄 늘어놓다

  keep one's mouth shut 비밀을 지키다

  by word of mouth 구두로 (= orally)

  down in the mouth 풀이 죽은

- **tooth/teeth 관련 숙어표현**

  have a loose tooth 이가 흔들리다 | pull out a tooth 이를 뽑다

  set one's teeth 이를 악물다 | show one's teeth 적개심을 드러내다

  to the teeth 완전히, 충분히

  tooth fairy 이의 요정 (머리맡에 둔 뽑힌 이를 가져가고 동전을 놓아두는

  상상속의 요정)

목 neck

사지동물(tetrapod)을 비롯해 인간에게는 머리와 몸통(torso)을 이어주는 목(neck)이 있다. 하지만 물고기나 절지동물에겐 목이 없다. 인간의 목은 구강과 위 사이를 연결하는 25cm 길이의 소화기관인 '식도(esophagus)', 인두(pharynx)깔대기 모양임와 기관 사이의 부분인 '후두(larynx)', 후두에서 폐로 통하는 '기도(trachea)', 목젖 밑 목 앞쪽의 내분비샘인 '갑상선(thyroid gland)', 그리고 그 외 중요한 혈관들이 포함되어 있다.
갑상선은 모든 척추동물에게서 찾아볼 수 있지만, 물고기는 아가미 아래 있는가 하면 경골어류는 갑상선 조직이 눈, 신장kidneys, 비장spleen, 심장과 연결된 신체 전역에서 발견된다.
가장 흔한 목 질병으로는 목 디스크(cervical disk)와 갑상선 암(thyroid cancer)이 있다.

Adam's apple, 목젖

목에 돌출된 목젖을 Adam's apple라틴어 pomum Adami이라고 부른다. 히브리어 tappuah haadamman's swelling 사람의 부어 오른 곳이란 표현이 오역된 결과로 생겨났을 거란 설과 이브가 아담에게 선악과인 사과를 주었는데 그것이 목에 걸린 데서 생긴 표현이라는 설로 나뉜다.

[어원 008] 목 neck

127

- **tetrapod** 사지동물 ↔ 네 발 짐승

  [그] tetra = four 4

  | **tetra에서 파생한 단어**

  tetrahedron 사면체 (hedra = face 면)

  tetrameter 4보격의 시 | tetralogy 4부작
- **torso** 몸통 ↔ 상체 중 팔, 다리, 목을 제외한 중심 부분

  [라] thyrsus = stalk 줄기, 대, stem 줄기
- **neck** 목 ↔ 머리와 몸통을 잇는 잘록한 부분

  [게] hnekk = the nape of the neck 목의 뒤쪽

| hnekk에서 파생한 외국어

(네덜란드어) nek 목 | (독일어) Nacken 목

- **esophagus** 식도 ↔ 음식을 운반하는 길 ★gullet이라고도 함

[그] oisophagos = gullet 식도

- **pharynx** 인두 ↔ 혀의 뒷부분과 식도 사이에 위치한 깔대기 모양의 근육질 관

[그] pharynx = windpipe 기관

- **larynx** 후두 ↔ 인두와 기관 사이에 있는, 성대를 포함하고 숨을 쉬는 데 중요한 기관

[그] larynx = the upper windpipe 위쪽 기관

- **trachea** 기도 ↔ 호흡할 때 폐를 향해 공기가 지나가는 길

[그] trakheia arteria = rough artery 매끈하지 않은 동맥 ★기도를 둘러싸고 있는 고리 모양의 유리질 연골 때문에 붙은 이름임

- **thyroid** 갑상선 ↔ 목젖 및 목 앞쪽의 내분비샘

[그] thyreos = oblong, door-shaped shield 직사각형 문 모양의 보호막

[그] eides = form 모양

- **cervical** 목의 ↔ 머리와 몸통을 잇는 부분의

[cf.] cervical에는 '자궁의, 자궁경부의'란 의미도 있다.

[라] cervix = the neck 목 (튀어나온 좁은 부분을 나타냄)

★cervix는 인도게르만공통조어 ker(horn 뿔, head 머리)에서 생겨남

| ker에서 파생한 단어

capricorn 염소자리

carat 1캐럿 | carotid 경동맥 | keratin 케라틴

carrot 당근 | carotene 캐로틴 (당근의 적색 색소)

cerebral 뇌의 | cerebrum 대뇌 | cerebellum 소뇌

cranium 두개골 | migraine 편두통 (kranion = skull 두개골)

cornea 각막 | cervix 자궁경관

corn 알갱이 | corner 모퉁이

cornet 코넷 (작은 트럼프 모양의 금관악기)

cornucopia 풍요의 뿔 (동물 뿔 모양에 과일과 꽃을 가득 얹은 장식물)

horn 뿔 | hornet 말벌 | rhinoceros 코뿔소 | unicorn 유니콘

♪ 그 밖의 목 관련 표현들 ♪

throat 목구멍 | scarf/muffler 목도리

clear one's throat 목소리를 가다듬다

get hoarse 목이 쉬다

have a sore throat 목이 아프다

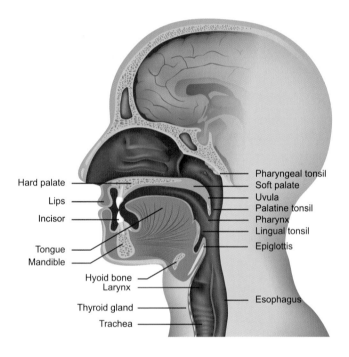

hard palate 단단입천장(경구개)	uvula 목젖
mandible 아래턱뼈	palatine 입천장의
hyoid bone 설골	pharynx 인두
trachea 기도	lingual 혀의
pharyngeal 인두의	epiglottis 후두개
tonsil 편도	

어깨 shoulder

어깨(shoulder)는 가슴 위쪽 좌우에 있는 쇄골(clavicle), 등 뒤쪽에서 몸과 팔을 연결하는 견갑골(scapula), 그리고 어깨에서 팔꿈치까지 이어지는 상완골(humerus)의 세 뼈로 구성되어 있다. 쇄골과 어깨뼈가 갑옷처럼 흉곽을 덮는 견갑대shoulder girdle 역할을 한다. 어깨와 팔 사이에 있는 공 모양 부분이 오목한 면에 들어가 서로 맞물려 회전하게 하는 관절을 '절구공이 관절', 영어로는 ball and socket joint라고 하는데 엉덩이와 다리가 맞물리는 관절도 같은 명칭으로 불린다. 참고로 shoulder는 '어깨'란 뜻 외에 '도로의 갓길'이란 뜻으로도 사용된다.

어깨 골절과 탈구, 그리고 오십견

어깨의 가장 흔한 질병은 어깨 골절(fracture)과 습관성 어깨 탈구(dislocation)이다. 일명 오십견(adhesive capsulitis)은 구어체로 frozen shoulder라고도 하는데 어깨 관절을 둘러싼 연결 조직이 알 수 없는 이유로 염증이 생기고 뻣뻣해지는 만성통증이다. 주로 50대에 많이 걸려 오십견이라 불리게 되었다.

어원 009 **어깨 shoulder**

128

- **shoulder** 어깨 ← 아랫목 끝에서 팔이 시작되는 곳까지 이르는 부분

  (서게르만어) skuldro = shoulder 어깨

  cf. shoulder는 '갓길'이라는 의미로도 쓰인다. **ex.** the shoulder of the road 갓길 | hard shoulder 고속도로의 갓길 | soft shoulder 포장하지 않은 갓길

  | skuldro에서 **파생한 외국어**

  (네덜란드어) schouder 어깨 | (독일어) Schulter 어깨, 고기의 어깻살 부위

- **clavicle** 쇄골 (= collarbone) ← 가슴 위쪽 좌우에서 어깨뼈와 가슴뼈(sternum)의 버팀목 역할을 하는 뼈

  (라) clavis = key 열쇠 ★어깨의 잠금장치라고 생각해보자.

- **scapula** 견갑골 (= shoulder bone, shoulder blade, wing bone, blade bone) ← 몸통 뒤쪽과 팔을 연결하는 뼈 [cf] (복수형) scapulae

  [라] scapulae = shoulders 어깨

  ★원래 scapulae의 의미는 '삽(shovels)'이라는 뜻이었는데 원시시대에 동물의 어깨뼈가 절삭도구로 사용된 데서 '어깨'라는 뜻이 생겨났다고 추정됨

- **humerus** 상완골 ← 어깨에서 팔꿈치까지 이어지는 뼈

  [라] umerus = shoulder 어깨

- **fracture** 골절 ← 뼈가 부러짐

  [라] frangere = break 깨다

  | **frangere에서 파생한 단어**

  frangible 부서지기 쉬운 | fragility 깨지기 쉬움

  fragment 파편 | fraction 부분, 일부

  refrangible 굴절성의 | refract 굴절시키다 | refrain 삼가다

  infringe 위반하다 | infraction 위반 | anfractuous 굴곡이 많은

  diffraction 빛의 회절 | chamfer 약간 경사지게 깍은 모서리

  suffrage 투표권, 참정권 (부서진 타일 조각을 투표용지로 사용함)

- **dislocation** 탈골 ← 관절이 빠짐

  [라] dis = away 떨어져나가

  [라] locare = place 두다

- **adhesive** 달라붙는 ← 엉겨 붙은 상태나 접착성이 있는

  [cf] adhesive는 '접착제'라는 뜻의 명사로도 쓰인다.

  [라] ad = to ~에게

  [라] haerere = stick 붙다

  | **유의어**

  agglutinant 접착하는 | attaching 접착한

  clinging 몸에 딱 달라붙는 | clingy 점착성의

  gummy 고무의 | gelatinous 젤리 같은 | glutinous 끈기가 많은

  gooey 부드럽고 끈적거리는 | mucilaginous 점액질의, 접착성의

  sticky 끈적끈적한 | slimish 점액질의 무언가를 뒤집어쓴

  viscid 점성의 | viscous 점성이 있는

- **capsulitis** 피막염, 낭염 ← 주머니 점막에 생기는 급성 염증

  [라] capsa = box 상자, case 케이스

  [라] itis = inflammation 염증

그 밖의 어깨 관련 표현들

have broad shoulders 어깨가 넓다

put a hot/cool patch on the shoulder 어깨에 파스를 붙이다

walk shoulder to shoulder 어깨를 나란히 하고 걷다

give the cold shoulder to ∼에게 쌀쌀맞게 대하다 ★차갑게 어깨를 돌리는 모습을 연상해보자.

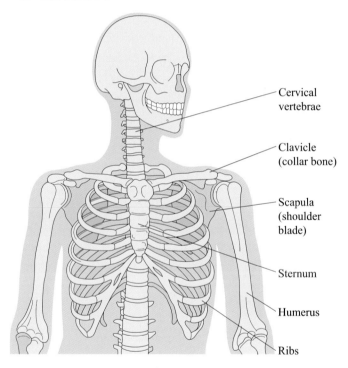

Cervical vertebrae 경추, 목뼈

Clavicel (collar bone) 쇄골, 빗장뼈

Scapula (shoulder blade) 어깨뼈, 견갑골

Sternum 흉골

Humerus 상완골

Ribs 늑골, 갈비뼈

흉부 thorax

thorax는 '흉부'란 해부학 용어로 일반적으로는 chest가슴와 breast유방라고 표현한다. 흉부 속에는 폐와 심장이 들어 있으며, 흉부 밖에 나는 가슴털은 유전자genes에 따라 결정된다. 여성성의 상징인 유방은 사춘기를 지나며 에스트로겐 호르몬의 영향으로 남성보다 발달하게 된다. 유방은 그 안에 유륜(areola)과 젖꼭지(nipple)를 포함하고 있다.

nipple은 의학용어로 papilla유두라고 하며 동물의 경우엔 teat라고 표현한다. 젖꼭지에는 젖샘관들(lactiferous ducts)이 들어 있는데 새끼를 육아낭에 넣고 다니는 캥거루 같은 유대목marsupial 동물들은 젖꼭지가 최대 19개까지도 있다. 그리고 여성들 중에도 간혹 젖꼭지가 셋 이상과다 유두 supernumerary nipple인 사람이 있다.

하수증과 유방암

가슴의 퇴화를 가리키는 sagging축 처짐은 의학용어로는 ptosis하수증라고 표현한다. 출산의 횟수나 흡연, 잘못된 브라의 착용 등 여러 가지 요인이 하수증을 초래한다.

가슴이나 젖꼭지의 크기가 변하거나 혹lump이 잡히면 breast cancer, 즉 유방암을 의심해봐야 한다.

어원 010 흉부 thorax

129

- **thorax 흉부** ← 가슴을 의학 전문용어로 표현한 것
  [그] thorax = chest 가슴
- **chest 가슴** ← 목과 복부 사이의 부분
  [라] cista = chest 궤, box 상자
- **breast 유방** (= bosom) ← 포유류의 가슴
  [게] brust/breust = breast 유방
  | **brust/breust에서 파생한 외국어**
  (네덜란드어) borst 가슴 | (독일어) Brust 유방
- **areola 유륜** ← 젖꼭지를 둘러싼 거무스름한 부분

ⓡ areola = small area 작은 부분

- **nipple** 젖꼭지 ‥〈 유방 한 가운데 튀어나온 꼭지

  ⓡ neb = beak 부리 (작게 튀어나온 것을 부리에 견줌)

  ★'코'와 '입부분의 끝'도 neb이라고 한다.

- **papilla** 유두 ‥〈 유방에서 가장 부풀어올라 있는 부분

  ⓡ papula = swelling 부풀어오름

- **lactiferous** 젖을 내는 ‥〈 모유 분비의

  ⓡ lacto = milk 우유

  | lacto에서 파생한 단어

  lactose 젖당 | lactate 젖을 분비하다 | lacteal 젖의

- **ptosis** 하수증 ‥〈 처짐증

  ⓖ ptosis = falling 떨어짐 ★ptosis의 동사형은 piptein(fall 떨어지다)임

  | piptein에서 파생한 단어

  peripeteia 사태의 격변 | symptom 증상 (syn = together 함께)

♪그 밖의 흉부 관련 표현들♪

big-bosomed/big-breasted 가슴이 큰

small-breasted 가슴이 작은

nipple retraction 유두 함몰

breast surgery 유방수술

amastia 유방 결여증 (mastos = breast 가슴)

feel a pain in the chest 가슴이 결리다, 가슴에 통증이 있다

복부 abdomen

복부(abdomen)는 흉부thorax와 골반(pelvis) 사이의 신체 부분을 가리킨다. 복부는 횡격막(diaphragm, phren)에 의해 흉강thoracic/chest cavity과 구분되고, 복부 안에는 내장이 들어 있다. abdominal obesity, 즉 '복부비만'은 현대인들에게 흔히 나타나는 고질병이다.
참고로 pelvis골반는 라틴어 pelvisbasin 대야에서 생겨났는데 골반대의 뼈들로 이루어진 골반은 실제로 대야 모양과 비슷하다.

복부 관련 일상생활 표현

우리말도 그렇지만, 일상생활에서는 abdomen복부이라는 용어보다는 평범하게 belly배, stomach배, 위장라는 표현을 쓴다. 아이들은 tummy배라는 말을 잘 쓴다. 이 중 belly는 swell팽창하다이란 뜻에서 발전해서 인지 potbellied배가 불룩한, beer-bellied배불뚝이의와 같은 단어들로 배의 부푼 모양을 나타내는 데 활용되고 있다. 배꼽은 belly button 혹은 navel이라고 한다.

[어원 011] 복부 abdomen

130

- **abdomen** 복부 ← 흉부와 골반 사이의 신체 부분

  [라] abdomen = belly 배
- **pelvis** 골반 ← 엉치뼈(sacrum)와 꼬리뼈(coccyx, tailbone)를 포함한 부분

  [라] pelvis = basin 대야
- **diaphragm** 횡격막 ← 배와 가슴을 구분하는 근육질 막

  [그] dia = across 가로질러

  [그] phrassein = fence 울타리를 치다

  | **phrassein에서 파생한 단어**

  cataphract 악어 등의 껍질
- **belly** 배 ← 내장이 들어 있는 신체 부위

  [인] bhel = swell 부풀다 ★게르만조어 balgiz(bag 포대)로 발전함

| **bhel에서 파생한 단어**

bale 짐짝 | ball 공 | balloon 풍선 | ballot 무기명 투표 | bawd 포주

bold 용감한, 굵은 | bole 나무줄기 | boll 면화의 씨가 든 꼬투리

bollocks 남자의 불알, 개소리 | bollix 혼란시키다

boulder 반들반들한 바위 | bowl 사발 | bulk 규모, 대부분

bulwark 방어벽 | follicle 모낭 | fool 바보

- **navel 배꼽** ← 탯줄이 떨어진 자리

  [게] nabalan = navel 배꼽

  | **nabalan에서 파생한 외국어**

  (스웨덴어) navel 배꼽 | (독일어) Nabel 배꼽 | (네덜란드어) na'vel 배꼽

등 back

가슴 뒤쪽의(dorsal) 목 아래 부분부터 엉덩이 윗부분까지를 통틀어 back등이라고 하는데 이 부분은 backbone등뼈이 지탱하고 있다. 장기 중에 폐는 등 윗부분에, 신장은 등 아랫부분에 가까이 있어서 등의 허리 부분을 세게 맞으면 신장이 손상될 수도 있다.

요통 및 꼽추

허리에 통증을 느끼는 요통은 back pain이라고 한다. 선천적 기형 birth defect으로 심하게 등이 굽은 꼽추는 hunchback이라고 한다.

어원 012 등 back

131

- **dorsal 등의** ← 가슴과 배의 반대 부분의

  [라] dorsum = back 등

- **back 등** ← 상체의 뒷부분

  [게] bakam = back 등

- **hunchback 꼽추** ← 등에 혹이 달린 것처럼 튀어나온 기형

  [고대영어] hunch = thrust 밀다

  [cf] bent, humped-back, round-shouldered 등이 굽은

그 밖의 등 관련 표현들

have a broad back 등이 넓다 | have a narrow back 등이 좁다
turn one's back on ~에게 등을 돌리다
pat/tap on the back 등을 토닥거려주다
be cut low 옷의 등이 많이 파이다 | bareback 등이 많이 파인

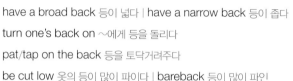

팔과 손 arms & hands

팔

어깨와 손목 사이의 부분인 팔(arm)은 limb사지이란 단어를 활용하여 the upper limb이라고 표현하기도 한다. 한 쪽 팔은 어깨부터 팔꿈치(elbow)까지의 부분인 upper arm과 팔꿈치부터 손목(wrist)까지의 부분인 forearm팔뚝으로 나눌 수 있다.

손

손hands은 손등the back of one's hand과 손바닥(palm)으로 이루어진다. 손바닥 피부 일부가 딱딱해지면 굳은살이 박히는데, 이때 굳은살은 callus라 하고 살가죽이 부풀어 오르고 그 속에 물이 차는 물집은 blister수포라고 한다.

손목

손목wrist은 손목을 이루는 8개의 손목뼈(carpus, carpal bones)로 이루어져 있다. 손목신경이 눌려 통증을 느끼는 손목 터널 증후군은 carpal tunnel syndrome이라고 한다. 테니스를 과하게 쳐서 생기는 팔꿈치 통증은 tennis elbow테니스 엘보라고 한다.

손가락

사지에 포함되는 손가락(finger)은 엄지(thumb), 검지index finger, forefinger, 중지middle finger, 약지ring finger, 새끼손가락little finger, pinky으로 구성된다. 손가락의 마디는 knuckle이라고 한다.

손톱

동물들의 발톱claw에 해당하는 사람의 손톱은 fingernail 또는 nail이라고 한다. 동물들의 발굽hoof이나 뿔horn과 마찬가지로 케라틴keratin이라 불리는 단백질로 구성되어 있다. 손톱의 딱딱한 겉 부분은 손톱판nail plate, 그리고 손톱의 뿌리에 있는 단단한 피부층은 각피(cuticle)라고 부른다.

[어원 013] 팔과 손 arms & hands

132

- **arm 팔** ↔ 어깨와 손목 사이

  [cf.] arms 무기 ★arms는 arm(팔)의 복수형으로도 쓰이고 '무기'로도 쓰임

  [게] armaz = arm 팔 [인] ar = join 연결하다

  | **armaz에서 파생한 외국어**

  (독일어) Arm 팔 | (스웨덴어) arm 팔 | (덴마크어) arm 팔

- **limb 사지** ↔ 팔과 다리 (legs and arms)

  [게] limu = limb 사지, 큰 나뭇가지

- **elbow 팔꿈치** ↔ 팔의 굽어지는 부분의 바깥쪽

  [게] elino-bugon = bend of the forearm 팔꿈치 ★elino-bugon은 인도게르만공통조어 bheug(bend 굽히다)에서 파생함

  | **elino-bugon에서 파생한 외국어**

  (독일어) Ellenbogen 팔꿈치

  | **bheug에서 파생한 단어**

  akimbo 손을 허리에 대고 팔꿈치를 양 옆으로 하고

  bagel 베이글 | bight 만곡부, 만 | bog 늪지, 수렁

  bow [bou] 활, 뱃머리 | bow [bau] 허리를 숙여 절하다

- **wrist 손목** ↔ 손과 팔을 잇는 부분

  [게] wristiz = instep 발등, back of the hand 손등 ★wristiz는 인도게르만공통조어 wer(turn 돌다)에서 파생함

  | **wristiz에서 파생한 외국어**

(독일어) Rist 손등, 발등

- **palm** 손바닥 ↞ 손의 안쪽 평평한 부분

[라] palma = palm of the hand 손바닥 ★palma는 인도게르만공통조어 pele(flat 평평한, spread 펼치다)에서 파생함

| **pele에서 파생한 단어**

airplane 비행기 | dysplasia 형성 장애 (dys = wrong 잘못된)
ectoplasm 외형질 (ectos = outside 바깥의) | esplanade 산책로, 둔치
explain 설명하다 | explanation 설명 | feldspar 장석 | field 들판
flaneur 한량 | floor 마루 | llano 나무가 없는 대초원 | palm 야자나무
piano 피아노 | plain 평평한 | plan 계획, 도면 | planar 평면의
plane 평면, 대패, 비행기 | planet 행성 | plasma 혈장
plasm 세포질, 원형 | plaster 회반죽, 깁스
Pole 폴란드 사람 | Poland 폴란드

- **callus** 굳은살, 못 ↞ 손바닥이나 발바닥의 두껍고 단단한 살

[라] callere = be hard 딱딱하다

- **blister** 물집, 수포 (= vesicle 수포) ↞ 피부에 액체가 차서 부푼 것

[인] bhlei = swell 부풀다

- **carpus** 손목뼈 ↞ 손목의 8개 뼈

[그] karpos = wrist 손목

- **finger** 손가락 ↞ 손끝의 다섯 손가락

[게] fingraz = finger 손가락

| **fingraz에서 파생한 외국어**

(네덜란드어) vinger 손가락 | (독일어) Finger 손가락

- **thumb** 엄지손가락 ↞ 첫 번째 짧고 두꺼운 손가락

[게] thumon = thick fingrer 두꺼운 손가락

- **knuckle** 손가락 관절 ↞ 손가락 마디뼈 사이의 관절

[14세기] knokel = finger joint 손가락 마디

- **nail** 손톱 ↞ 손가락 끝 윗면에 붙어 자라는 딱딱한 판

[게] naglaz = nail 손톱

| **naglza에서 파생한 외국어**

(네덜란드어) nagel 손톱 | (독일어) Nagel 손톱

- **cuticle** 각피 (= shell epidermis) ↞ 단단한 피부층

[라] cutis = skin 피부

그 밖의 손 관련 표현들

- **hand(s) 관련 표현**

  wave one's hand 손을 흔들다

  rub back of the hand 손등을 문지르다

  cover the sky with one's hands 손바닥으로 하늘을 가리다

  cup one's chin in one's hands 손으로 턱을 괴다

  applaud = clap one's hands 박수치다

- **wrist, finger, fingernail 관련 표현**

  twist wrist 손목을 뒤틀다

  snap one's fingers 손가락으로 딱 소리를 내다

  have a green thumb = have green fingers 원예에 능하다

  thumb up 찬성하다

  thumb down 거부하다

  chew on one's fingernails 손톱을 씹다

  fingernail clippers 손톱깎기

- **기타**

  I feel tingling in my fingertips. 손가락 끝이 찌릿찌릿해.

  I had my palm read. (다른 사람한테 시켜서) 손금을 봤어.

  It takes two to tango. 손바닥도 마주쳐야 소리가 난다.

엉덩이 hip

허리와 다리 사이의 부분, 즉 엉덩이는 일반적으로 hip이라고 한다. 비속어로 ass, butt라고 말하기도 하고, 비격식어로 bottoms라 하기도 한다. 앉았을 때 닿는 볼기짝 하나를 buttock이라 하므로 볼기짝 두 개는 복수형 buttocks궁둥이, 볼기이다. gluteal이라는 형용사 표현은 '둔근의'란 뜻의 의학용어이다(명사는 gleteus 둔근).

참고로, 달리기를 할 때 달리는 한 다리에 전 체중이 실리면 반대편 다리가 처지게 되는 것을 hip drop이라고 한다. 엉덩이 근육을 강화하기 위해서 한쪽 엉덩이에 힘을 빼는 운동을 하기도 한다.

꼬리뼈

꼬리뼈(coccyx, tailbone)는 모든 척추동물의 등 가장 아래의 뾰족한 뼈이다. coccyx란 단어는 그리스 의사 갤런이 인간의 꼬리뼈가 뻐꾸기의 약간 굽은 부리 모양과 닮아서 그리스어로 뻐꾸기에 해당하는 kokkyx를 붙인 데서 유래한다. 인간에게 꼬리뼈는 꼬리의 흔적(vestigial tail)이다. 꼬리가 있는 동물들에게 이 부분은 엉덩이와 이어지는 꼬리의 심dock이라고 불린다.

항문

항문은 영어로 anus라 한다. 그 둥그런 모양 때문에 인도게르만조어 āno ring 고리에서 생겨난 단어이다.

요실금urinary incontinence을 겪는 여성들이나 괄약근sphincter이 약해져 대변을 참지 못하는bowel control(장운동 조절)이 안 되는 등의 사람들은 케겔 운동이란 것을 하기도 한다. 케겔 운동은 미국 산부인과의사 아놀드 케겔 Arnold Kegel이 주창한 골반저pelvic-floor 근육 운동이다.

엉덩이에 지나치게 많은 지방이 축적된 상태를 steatopygia둔부 지방 축적라고 하며 항문 안팎에 생기는 질병인 치질은 hemorrhoids 또는 piles라고 한다.

133

- **buttocks** 궁둥이, 볼기 ‣‹ 앉았을 때 바닥에 닿는 부분

  인 bhau = strike 치다

  | bhau에서 파생한 단어

  baste 막대로 치다 | beat 치다 | beetle 큰 망치

  butt 뭉툭한 끝부분. (속어) 궁둥이, 들이받다 | button 단추, 버튼

  abut 인접해 있는 | buttress 지지대, 부벽 | turbot 넙치, 가자미

  halibut 큰 넙치 (hali = holy 신성한 ★축제일에 먹는 생선이라서 이 이름

  이 붙음)

  rebut 반박하다 | refute 논박하다 | confute 틀렸음을 입증하다

  cf. broad-beamed, large-hipped 엉덩이가 큰

     wasp-wasted 엉덩이가 크고 허리가 가는

- **coccyx** 꼬리뼈 ‣‹ 등뼈 가장 아래의 뾰족한 뼈

  그 kokkyx = cuckoo 뻐꾸기

- **vestigial** 남아 있는, 흔적의 ‣‹ 없어진 뒤에 남은 자국의

  라 vestigium = footprint 발자국

- **anus** 항문 ‣‹ 엉덩이의 볼기짝 사이에 있는 소화기 맨 끝 구멍

  형 anal 항문의

  인 āno = ring 고리

- **steatopygia** 둔부 지방 축적 ‣‹ 엉덩이에 지방이 과다한 상태

  그 stear = solid fat 고체 지방

  그 pyge = buttocks 엉덩이

  | pyge에서 파생한 단어

  callipygian 예쁜 엉덩이를 가진 (kallos = beauty 미)

- **hemorrhoids** 치질 ‣‹ 항문 주변에 정맥의 혈액이 몰려 종종 혈변

  (rectal bleeding)을 동반하는 질병

  그 haima = blood 혈액

  그 rhoos = stream 흐름

  cf. hemorrhoidal protrusion 치핵 탈출

다리 legs

골반pelvis 아래 무릎knee 윗부분까지는 넓적다리 또는 허벅지라고 하는데, 영어로는 thigh이다. 의학이나 해부학에서는 무릎(knee)부터 발목(ankle)까지를 leg 또는 crus다리라고 한다. 다리의 뒷부분은 종아리(calf)라 하고 앞부분은 정강이(shin)라고 한다.

동물의 다리

인간은 다리가 두 개이지만 조개clam처럼 다리가 하나인 동물monopode 외발 동물도 있고, 개나 고양이처럼 다리가 네 개인 동물(quadruped)네발짐승도 있다. 도마뱀도 네발짐승인데, 달릴 때 처음에는 네 발을 사용하지만 가속이 붙은 후엔 뒷다리hind legs만 사용한다.

동물들 중 영양antelope처럼 달리기에 적합한cursorial 척추동물들은 넓적다리 부분이 단단하고 짧으며 다리 부분이 길고 가늘다.

다리가 가장 많은 동물은 노래기이다. 영어로 millipede라고 하는데 최대 750개까지의 다리를 갖고 있다고 한다. 지네 역시 다리가 많은 동물 중 하나인데, 영어로 centipede라고 한다. millipede의 milli는 라틴어로 one thousand1천를 뜻하며, centipede의 centum은 라틴어로 one hundred1백를 뜻한다. 영어 단어만 봐도 노래기가 지네보다 다리가 더 많다는 것을 알 수 있다.

어원 015 다리 legs

134

- **thigh** 넓적다리 ← 다리에서 무릎 위의 부분

  [게] theuham = the thick part of the leg 다리의 두꺼운 부위

  ★theuham은 인도게르만공통조어 teu(swell 부풀다)에서 파생함

  | teu에서 파생한 단어

  contumely 오만불손

  intumescent 팽창한 | protuberant 불룩하게 도드라진

  tumid 부어오른 | tumor 종양 | tumult 소란, 소동

  tuber 덩이줄기 | tuberculosis 폐결핵

  truffle 송로버섯 | tyrosine 타이로신

thimble 골무 | thousand 1천 (dekm = ten 10)

- **knee 무릎** ·‹ 넓적다리 밑에 둥글게 튀어나온 부분

  동 kneel 무릎을 꿇다

  인 genu = knee 무릎, angle 각도

  | genu에서 **파생한 단어**

  geniculate 무릎 모양으로 굽은 | genuflect 무릎을 꿇다

  goniometer 각도계 | pentagon 5각형 | hexagon 6각형

  heptagon 7각형 | octagon 8각형 | decagon 10각형

  polygon 다각형 | trigonometry 삼각법

  orthogonal 직각의 | diagonal 대각선의 | agonic 각을 이루지 않는

- **ankle 발목** ·‹ 발과 다리를 잇는 부분

  고대영어 ancleow = ankle 발목 ★ancleow는 인도게르만공통조어 ang/
  ank(bend 굽히다)에서 파생함

- **crus 다리, 하퇴** ·‹ 무릎 아래의 다리 부분

  라 crus = shin 정강이 (= shank)

- **calf 종아리** ·‹ 무릎 아래 다리의 뒷부분

  ★고대노르웨이어에서 파생함

- **shin 정강이** ·‹ 무릎 아래 뼈가 있는 앞부분

  게 skino = thin piece 얇은 조각 ★skino는 인도게르만공통조어
  skei(cut 베어내다)에서 파생함

  인 skei = cut 베어내다

  | skei에서 **파생한 단어**

  abscissa (수학) 가로좌표

  escutcheon 문장이 그려진 방패 | esquire 님, 귀하 | conscience 양심

  conscious 의식적인 | nescience 무지 | nice 즐거운

  omniscience 전지, 분별 (omnis = all 모든) | prescience 예지

  science 과학 | scienter (법률용어) 고의로 | scilicet 다시 말하면

  scission 절단 | schism 분립 | schizophrenia 정신분열병자

  sheath 칼집 | sheathe 칼집에 넣다 | shed 피·눈물을 흘리다, 버리다

  shingle 널빤지 지붕 | shit 똥 누다 | skene 양날의 단검

  skive 가죽 등을 깎다, 얇게 베다 | rescind 폐지하다

- **quadruped 네발짐승** ·‹ 발이 넷인 사족동물

  라 quadri = four 넷

[라] pes = foot 발

| pes에서 파생한 단어

pawn 체스의 졸 | peon 농장 일꾼

pioneer 개척자 ★프랑스 고어에서 보병으로 사용되었던 단어임

impediment 장애 (im = not 아닌)

발 feet

인간의 발은 foot복수형은 feet이라고 하고 동물의 발은 paw라고 구별한다. 발가락은 toe라고 하는데, 특히 엄지발가락은 big toe 또는 해부학 용어로 hallux, 두 번째 발가락은 long toe, 세 번째 발가락은 middle toe, 네 번째 발가락은 ring toe, 새끼발가락은 little/baby toe라고 한다. 평발은 일반적으로 flatfoot이라고 하고 의학용어로는 pes planusflat 평평한라고 한다.

현대적 의미의 발 치료는 1895년 뉴욕에서 시작되었지만 기원전 2400년경의 이집트 무덤 입구에서 그 당시 이미 발을 전문적으로 치료했다는 것을 보여주는 새김이 발견되었다. 나폴레옹 또한 전문 발 치료사(podiatrist)를 고용한 것으로 기록되어 있다. podiatrist의 pod는 인도게르만공통조어 ped에서 유래했으며 발foot을 뜻한다.

문어와 달팽이

거미는 다리가 여덟 개octopod 팔완류의, 팔완류 동물인데 그리스어 oktō는 8을 나타낸다. 이 oktō에서 생겨난 단어가 사지가 여덟 개팔이 여섯 개 다리가 두 개인 octopus문어이다. octopus의 어근 pous는 발foot이란 뜻이다. 참고로, 고대 로마의 달력에선 3월이 1년의 시작이었고 October가 그 여덟 번째 달에 해당했기 때문에 Octo가 붙여진 것이다.

달팽이snail, slug류를 가리키는 명칭인 복족류 gastropod는 배가 곧 발인 특징을 살려 gastrostomach 위와 pod가 합쳐진 이름을 갖게 된 것이다.

발과 관련된 명칭 Piedmont, Oedipus

이탈리아 북부에 있는 Piedmont피드몬트는 '발' 혹은 '기슭'이란 뜻의 그리스어 pie와 '산'이란 뜻의 mons가 합쳐진 산기슭의 한 지역을 가리킨다.

그리스 신화의 Oedipus오이디푸스는 그리스어 oidanswell 붓다과 pousfoot 발를 합쳐 '부은 발'이란 뜻이다. 양부모가 처음 오이디푸스를 보았을 때 부은 발을 보고 지은 이름이라 한다.

어원 016 발 feet

- **paw** 발 ‥‹ 동물의 발 *cf* pad 여우, 토끼 등의 발

  [고대프랑스어] powe/poe = paw 발, fist주먹

- **hallux** 엄지발가락 ‥‹ 첫째 발가락

  (형) hallucal 엄지발가락의

  (라) allex = great toe 큰 발가락

- **podiatrist** 발병 전문가 ‥‹ 발에 생긴 질병을 치료하는 전문가

  (그) pous = foot 발 ★pous는 인도게르만공통조어 ped에서 파생함

  | ped에서 파생한 단어

  pedestrian 보행자 | pedal 페달 | pedicure 발톱 관리

  pedicle 식물의 잎자루(footstalk) 부분인 육경

  centipede 지네 (centum = hundred 100) ★지네는 15쌍에서 170쌍의 다리를 가지고 있다.

- **octopus** 문어 ‥‹ 발이 여덟 개인 연체동물

  (그) octo = eight 8

  (그) pous = foot 발

  | pous에서 파생한 단어

  arthropod 절지동물 (arthr = joint 관절) | tripod 삼각대 (tri = three 3)

  podium 연단 | podiatry 족병 치료 (iatreia = healing 치료)

- **gastropod** 복족류 ‥‹ 머리와 가슴의 구별이 없고 배가 발인 연체동물

  (그) gaster = stomach 위

  | gaster에서 파생한 단어

  gastric 위의 | gastronomy 미식

  hypogastrium 하복부 | epigastrium 상복부

  gastrocnemius 장딴지 근육 (kneme = calf of the leg 종아리)

- **Piedmont** 피드몬트 ·ᐸ 이탈리아 북부에 있는 지역으로 '산기슭'이란 뜻의 이름
  - ㉢ pie = foot 발, 기슭
  - ㉢ mons = mountain 산
- **Oedipus** 오이디푸스 ·ᐸ 그리스 신화에 나오는 영웅으로, '부은 발'이란 뜻의 이름
  - ㉢ oidan = swell 붓다
  - ㉢ pous = foot 발

♪걷기 관련 표현들♫

stride 성큼성큼 걷다

scuff 발을 질질 끌며 걷다

trot 빨리 걷다

amble 느리게 걷다

waddle 뒤뚱뒤뚱 걷다

swagger/strut 뻐기며 걷다

walk splay-footed 팔자걸음을 걷다

trek/hike 트레킹하다

tread 발을 디디다

limp/hobble 절뚝거리다

털과 피부 hair & skin

머리카락뿐 아니라 인간의 몸에 자라는 온갖 종류의 털을 hair라고 하는데, 털은 피부skin 모낭(follicle)에서 자라는 단백질 필라멘트이다. 겨드랑이armpit나 음부(pubic region)의 털뿐 아니라 눈을 보호해주는 역할을 하는 눈썹 eyebrow, 속눈썹 eyelash, 콧수염 moustache, 턱수염 beard 모두 털이다. 털은 체온 조절을 해주므로 동상frostbite 과 저체온증(hypothermia)을 방지해준다. 참고로, 고체온은 영어로 hyperthermia라고 한다.

또한 우리의 신체를 감싸고 있는 외피를 피부, 즉 skin이라고 한다. skin 중 각질은 dead skin cell이라 하고 '못이 박힌' 피부는 calloused란 형용사로 표현한다.

헝클어진 털과 제모제
머리카락이 많은 경우엔 헝클어지기가 쉽다. 머리털 등을 '헝클어놓다'는 의미의 dishevel은 라틴어 desapart 떨어져서와 capillushair 머리카락가 합쳐진 단어이다. 라틴어 pilus도 hair란 뜻으로 여기에서 제모제 depilatory란 단어가 생겨났다.

대머리
인간의 몸에서 털이 거의 사라진 것은 기후에 대한 적응의 결과였을 것으로 추측된다. 머리카락이 아예 없는 머리를 대머리(baldness)라고 하는데 이를 가리기 위해 고대 이집트 시대부터 이미 가발(wig, periwig)을 착용했다.

소름 돋다
피부에 '소름이 돋다'는 말을 이따금 하게 되는데 영어로는 get goose bumps라는 표현을 쓴다. 마치 호저(porcupine)의 가시quill가 곤두서는 것처럼 소름은 피부 위 털까지 곤두서게 되는 상태를 뜻하며, 거위goose 털을 뽑으면 피부가 오돌도돌하게 일어나는 모양에 빗대어 생겨난 표현이다.

136

어원 017 **털과 피부 hair & skin**

- **hair** 머리카락, 털 ·◁ 피부 위의 가느다란 실 모양의 것

  ㉄ hēran = hair 머리털, 털

  | hēran에서 파생한 외국어

  (네덜란드어) haar 머리털, 털 | (독일어) Haar 머리털, 털

- **follicle** 모낭 ·◁ 털뿌리를 싸고 있는 주머니

  ㉝ follis = inflated ball 부푼 공

- **pubic** 치골의 ·◁ 볼기뼈의 앞과 아래쪽 부분의

  ㉨ pubes 치골부, 음부

  ㉝ pubes = genital area 음부

  cf. pubic hair 음모

- **moustache** 콧수염 ·◁ 윗입술 위의 수염

  ㉡ mystax = upper lip 윗입술 ★인도게르만공통조어 mendh(chew 씹

  다)에서 파생함

  cf. mandible 아래턱뼈

- **beard** 턱수염 ·◁ 아래턱에 난 수염

  ㉄ bard = beard 턱수염

  | bard에서 파생한 외국어

  (독일어) Bart 아랫수염, 코밑 수염

  cf. 여러 가지 수염 표현

  　　sideburns 구레나룻 | sideboards (영국식) 구렛나룻

  　　goatee 염소 수염 | whiskers 고양이 · 쥐 등의 수염

  　　barba (의학용어) 수염

- **hypothermia** 저체온증 ·◁ 체온이 정상보다 낮은 증상

  ㉝ hypo = under 아래로

  ㉡ therme = heat 열

- **hyperthermia** 고체온 ·◁ 정상 체온보다 체온이 높아진 상태

  ㉝ hyper = over 위로

  ㉡ therme = heat 열

- **calloused** 못이 박힌 ·◁ 피부가 딱딱하고 거친

  ㉨ callus 굳은 살, 못

  ㉝ callus/callum = hard skin 딱딱한 피부

- **dishevel** (머리털 등을) 헝클어놓다 ··ᐦ 머리털 등을 지저분하게 헝클어 뜨리다

  〔고대프랑스어〕 des = apart 흩어져

  〔고대프랑스어〕 chevel = hair 머리카락 ★chevel은 또 라틴어 capillus(hair 머리카락)에서 파생함

  | capillus에서 파생한 단어

  capillary 모세혈관

  | 유의어

  muss 헝클어뜨리다 | tousle 머리를 헝클어뜨리다

  rumple 헝클다 | tangle 실 등을 얽히게 하다

  ruffle 반반한 표면을 엉클다 | mess up 어지럽히다

- **depilatory** 제모제 ··ᐦ 피부의 털을 없애는 데 쓰는 약품

  〔라〕 de = away 없어서

  〔라〕 pilus = hair 머리

- **baldness** 대머리 ··ᐦ 머리털이 빠져 머리가 벗겨진 상태

  〔켈트어〕 bal = white patch 흰 부분 ★bal은 인도게르만공통조어 bhel(shine 빛나다, burn 타다, gleam 환하다)에서 파생함

  | bhel에서 파생한 단어

  beluga 흰돌고래 | blanch 핼쑥해지다, 데치다

  blank 빈 | blanket 담요 ★원래는 흰색 천을 가리킴

  bleach 표백하다 | blench 희게 되다, 흠짓하다 | blend 섞다

  bleak 암울한 | blind 눈먼 | blindfold 눈가리개

  blemish 흠, 흠집을 내다 | blaze 활활 타다

  blitzkrieg 전격적인 맹공격, 대공세 | blue 하늘빛의, 푸른

  blush 얼굴을 붉히다 | conflagration 대화재 | deflagration 폭연작용

  effulgence 광휘, 광채 | flambeau 햇불 | flame 불꽃 | flamingo 홍학

  flagrant 행동이 노골적인 | flamboyant 화려한, 대담한

  fulgent 눈부시게 빛나는

  fulminate 맹렬히 비판하다 | inflame 흥분시키다

  phlegm 가래 ★몸의 분비액이 열을 받아 생기는 것

- **periwig** 가발 ··ᐦ 머리털을 만들어 머리 위에 쓰는 것

  〔라〕 pilus = hair 머리

| pilus에서 파생한 단어

pilar 털의 | caterpillar 애벌레 (catta = cat 고양이)

peruke (과거의) 가발 | pile 보풀, 더미 | pelage 털가죽

pellet 아주 작은 총알 | pill 알약

peel 깎다 | pluck 털을 뽑다

- **porcupine** 호저 ←< 부드러운 털과 가시털이 빽빽이 나 있는 포유동물

  ㉜ porcus = hog 돼지

  ㉜ spina = thorn 가시

♪ 피부계 integumentary system 관련 표현들 ♫

- **피부계 관련 표현**

  skin 피부 | dry/parched skin 건성피부 | oily skin 지성피부

  dermis (의학) 피부 | subcutaneous tissue 피하조직

  derm 피부, 진피 | corium 진피 (corium = skin 피부)

  cutis 피부, 진피 (cutis = the skin 피부)

  tegument 외피, 피막 (tegere = cover 덮다)

  epidermis 외피, 표피 | endodermis 내피

  Pacinian corpuscle 파치니 소체 (진피, 피부밑 조직)

  hair follicle 모낭 | sebaceous follicle 피지모낭

  glandulae sebaceae 피지선

  sebaceous gland 피지샘 (sebum = tallow 수지, grease기름)

  sudoriferous gland 땀을 분비하는 외분비선, 즉 땀샘, 땀선 (sudor =

  sweat 땀) | sweat gland 땀샘, 땀선

  pore 피부의 땀구멍 같은 구멍 | perspiration 땀(sweat)

  scalp 두피 | cuticle (손발톱 밑의) 단단한 피부층

  prepuce 음경 끝의 피부 주름(포피) (praeputium = foreskin 음경의 포피)

  hair shaft 털줄기

- **피부학 관련 표현**

  dermatography 피부에 대한 해부학적 기술 | dermatology 피부학

  dermatoglyphics 피문학 (지문 곡선(ridge) 패턴 연구)

  phototherapy 광선요법 | skin graft 피부이식 수술

- **피부질환 관련 표현**

  skin lesion 피부병변

  macula 흑점, 반점 (macula = spot 점, stain 얼룩)

  chloasma 갈색반 | nodule 작은 결절 | papule 뾰루지

pustule 고름집 | wheal 모기 물린 자국 | rash 발진

abscess 종기 | boil 부스럼

milium 좁쌀종(whitehead) (milium = millet 수수, 기장)

comedo 흑여드름(blackhead) | scab 딱지, 옴, 붉은 곰팡이

melanocyte 멜라닌 세포 | melanism 흑색소 (melas = black 검은)

achromasia 무색소성 (*cf.* pigmentation 색소)

albinism 선천성 색소 결핍증 (albus = white 하얀)

pachydermia 피부 경화증 | dermatalgia 피부통증 (derma = skin 피부)

- 주근깨 및 주름살 관련 표현

  freckle 주근깨 | liver spot 검버섯 | lentigo 검버섯

  wrinkle 주름 | rugosity 주름투성이

  furrow 고랑, 깊은 주름 | seam 솔기, 깊은 주름

  crease 주름, 구김살 | line 주름 | perioral folds 입가의 주름

  crow's feet 눈가 잔주름 | crinkle 잔주름이 많이 생기다

- 기타 피부 관련 표현

  loose skin 처진 살 | dewlap 목밑 처진 살 | jowl 턱 아래 늘어진 살

  flab 흐물흐물한 군살 | lean 군살이 없는

  buff 맨살, 담황색 가죽 | pressure point 지압점, 급소

  goose bumps/pimples 소름 돋음, 닭살

- skin 관련 숙어표현

  have dark skin 피부가 검다 | have smooth skin 피부가 곱다

  have a thick skin 둔감하다

  get under someone's skin 귀찮게 굴다, 뇌리를 떠나지 않다

  make one's skin/flesh crawl 오싹하게 하다, 역겹게 하다

  by the skin of one's teeth 겨우, 간신히

  under the skin 내심으로는, 한 꺼풀 벗기면

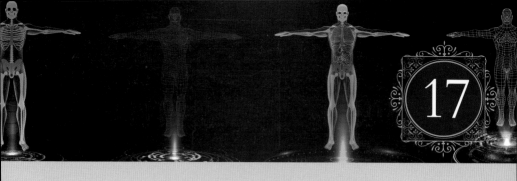

인체
내부
Interior of the
Human Body

'생명의 신비, 인체의 신비, 신비로운 인체'라는 말을 한다.
숨을 쉬고, 먹고 마시고, 걷고 달리며, 생각을 나누고 고뇌하는…
이 모든 활동들이 너무나 당연한 것 같지만
가만히 들여다보면 아주 정교한 구조와 과정을 통해 진행되는
하나의 놀라운 우주이자 기적이기 때문이다.

우리는 먹어서 움직일 에너지를 얻고
먹고 움직이면서 발생하는 노폐물waste은 몸 밖으로 배설한다excret.
그렇게 몸속에 독소가 쌓이는 것을 막아낸다.
아주 작고 미약한 듯 보이지만
너무나 정교하고 예민하고delicate 복잡하게complicated
몸이 설계되어designed 있기 때문에
우리는 오늘을 당연한 듯 살아가고 있다.

우리 몸을 우리가 그렇게 설계하지 않았다.
태어나보니 이미 이렇게 되도록 설계가 되어 있었다.
우리는 설계된 우리의 몸속을 집요하게 들여다본다.
각종 세포cells와 조직tissues, 기관들organs이
각자의 위치를 지키고
서로 관계하며
제 역할을 해내는 과정 속에서
'나'라는 한 인간이 나답게 존재하고 활동하고 있다는 것을 알게 된다.
온전한 '나'는 온전히 나 혼자만의 힘으로
존재하는 것이 아니라는 것을
또 한 번 깊이 느끼게 된다.

인체 내부의 구조

생물의 성질을 나타내는 가장 기본적인 단위는 세포(cell)이다. 따라서 인체 내부는 세포를 기본 단위로 특정 기능을 함께 수행하는 세포들의 집합체인 조직(tissue), 심장, 간, 폐 등의 기관(organ), 그리고 조직적으로 특정 기능을 수행하는 생물학적 기관들의 복잡한 망인 계통(system)으로 그 구조의 단위가 확장된다.

계통은 크게 근골격계(musculoskeletal system), 피부계(integumentary system), 순환계(circulatory system), 소화계(digestive system), 호흡계(respiratory system), 내분비계(endocrine system), 림프계(lymphatic system), 면역계(immune system), 신경계(nervous system), 생식계(reproductive system), 비뇨기계(urinary system)로 나뉜다.

세포 cell
작은 방이란 뜻의 라틴어 cella에서 생겨난 cell세포은 마치 대저택의 작은 방 하나처럼 생명이란 건축물의 가장 작은 구성요소이다. 세포를 연구하는 학문은 cytology세포학라고 한다.

인간의 신체에는 약 40조 정도의 세포cell가 있는데 세포는 막에 둘러싸여 있는 핵(nucleus)과 세포질(cytoplasm)로 이루어져 있다. 다세포(multicellular) 생물과 달리 오직 한 세포로 이루어진 단세포 생물(unicellular organism)에는 박테리아bacteria, 원생동물protozoa, 해조algae, 균류fungi 등이 있다.

조직 tissue
생명체의 구조 단위에서 세포와 기관 사이에 있는 것이 조직tissue이며 조직을 연구하는 학문이 조직학(histology)이다.

신체기관 organ
우리가 보통 장기라고 부르는 기관organ은 특정한 생리 기능을 수행하는 조직의 집합체이다. 뇌, 심장, 내장, 근육, 폐, 신장 등이 모두 인

간의 신체 기관이다. 장기 기증organ donation으로 기증자의 장기를 환
자의 장기에 이식하기도 한다.

어원 001 **인체 내부의 구조**

137

- **cell** 세포 ┈ 생명의 성질을 나타내는 기본 단위
  - ㉪ cella = small room 작은 방
- **tissue** 조직 ┈ 세포들로 이루어진 집합체
  - ㉪ texere = weave 짜다
- **organ** 기관 ┈ 특정한 생리 기능을 수행하는 조직의 집합체
  - ㉭ organon = implement 도구
- **system** (인체 구조) 시스템, 계통 ┈ 조직적으로 특정 기능을 수행하는
  생물학적 기관들의 복잡한 망
  - ㉭ systema = organized whole 조직화된 전체
- **musculoskeletal** 근골격의 ┈ 근육과 뼈에 관련된
  - ㉪ musculus = muscle 근육
  - ㉭ skeletos = dried-up 바짝 마른
- **integumentary** 피부의 ┈ 동물의 몸을 둘러싼 것과 관련된
  - ㉪ in = upon ~위에다 ㉪ tegere = cover 덮다
  | tegere에서 **파생한 단어**
  tegument 외피 | detect 탐지하다 | protect 보호하다
- **circulatory** 순환의 ┈ 혈액과 림프를 신체에 순환시키는
  - ㉪ circulare = form a circle 원을 만들다
- **digestive** 소화의 ┈ 음식물을 분해하여 흡수하기 쉬운 형태로 바꾸는
  - ㉪ digerere = separate 나누다
- **respiratory** 호흡의 ┈ 숨쉬는 것과 관련된
  - ㉪ respirare = breathe again 다시 숨쉬다
- **endocrine** 내분비의 ┈ 호르몬 등을 순환계로 직접 보내는
  - ㉭ endon = within ~ 내에
  - ㉭ krinein = separate 분리시키다
- **lymphatic** 림프의 ┈ 림프관에 흐르는 액체의
  - ㉪ lympha = water 물, a goddess of water 물의 여신 ★그리스어
  nymphe(정령)에서 파생한 단어
- **immune** 면역의 ┈ 병원균이나 독소에 대해 인체 저항력이 있는

- ㉥ immunis = exempt from public service 공무에서 면제된
- **nervous** 신경의 ‣ 외부의 자극을 관계 기관에 전달하는 기관과 관련된
  - ㉥ nervosus = sinewy 힘줄의
- **reproductive** 생식의 ‣ 자손 번식과 관련된
  - ㉥ re = again 다시
  - ㉥ producere = lead 이끌다, bring forth 낳다
- **urinary** 비뇨기의 ‣ 소변을 배설하는 기관과 관계된
  - ㉥ urina = urine 소변
- **cytology** 세포학 ‣ 세포를 연구하는 학문
  - ㉤ kytos = receptacle 용기, basket 바구니
- **nucleus** 핵, 세포핵 ‣ 세포의 중심에 있는 땅콩처럼 둥글게 생긴 작은 것
  - ㉥ nucula = little nut 작은 땅콩
- **cytoplasm** 세포질 ‣ 핵을 제외한 세포막에 둘러싸인 부분
  - ㉤ kytos = receptacle 용기, basket 바구니
- **multicellular** 다세포의 ‣ 세포가 여럿 있는
  - ㉥ multi = many 많은
  - ㉥ cella = small room 작은 방
- **unicellular** 단세포의 ‣ 세포가 하나인
  - ㉥ uni = one 하나
- **histology** 조직학 ‣ 조직을 연구하는 학문
  - ㉤ histos = warp 날실, web 망 ★histos는 동사 histasthai(stand 서 있다)에서 파생함

  | histasthai에서 파생한 단어

  epistemology 인식론 (epi = near 근처에, over 위에)

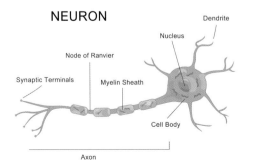

NEURON

Dendrite
Nucleus
Node of Ranvier
Synaptic Terminals
Myelin Sheath
Cell Body
Axon

신경계 nervous system

신경세포
뇌와 신경계의 기본 단위를 뉴런(neurons) 혹은 신경세포라고 한다. 그리스어 neura

nerve 신경에서 생겨난 단어로 같은 어근에 고통을 뜻하는 -algia를 붙이면 neuralgia신경통란 단어가 되고, 질병을 뜻하는 -osis를 붙이면 neurosis신경증란 단어가 된다. 뉴런은 시냅스(synapses), 즉 신경 접합부를 통해 다른 세포에 신호를 전달한다. 뉴런은 신경세포체nerve cell body, soma, 가지돌기(dendrite), 축삭돌기(axon)로 구성된다. dendrite는 그리스어 dendrontree 나무에서, axon은 그리스어 axonax-is 축에서 생겨난 단어이다. 말 그대로 가지돌기는 세포질cytoplasm이 나뭇가지처럼 뻗은 것이며, 축삭돌기는 머리카락보다 훨씬 얇은 신경 섬유들의 뭉치로 신경세포체의 전기 자극을 전달하는 역할을 한다. 흔히 나무의 축을 이루는 뿌리에 비유된다.

말초신경계

말초신경계(peripheral nervous system)는 뇌와 척수(spinal cord)로 구성되는 중추신경계central nervous system 외의 신경계를 일컫는다. 중추신경계와 신체 전역을 연결한다. 말초신경계는 체신경계(somatic nervous system)와 자율신경계(autonomic nervous system)로 나뉜다. somatic의 soma가 그리스어 sōmabody 신체에서 생겨났다는 점에서 알 수 있듯이 체신경계는 신체의 동작motor과 촉각, 미각과 같은 감각sensory 신호를 전달하는 역할을 한다. 호흡, 소화, 혈압 등을 조절하는 역할도 한다.

Central nervous system

Peripheral nervous system

신경계 질병

뇌혈관의vascular 순환장애로 인해 생기는 중풍stroke이나 일과성 뇌허혈 발작(transient ischemic attack), 뇌세포의 퇴화로 야기되는 헌팅턴 무도병(Huntington Chorea)이나 알츠하이머Altzheimer's 모두 신경계 질병이다. chorea는 그리스어 khoreiadance 춤에서 라틴어 chorea가 된 단어로 말 그대로 춤을 추듯 손, 발, 입 등의 신체 일부가 제멋대로 움직여 통제되지 않는 상태가 되는 신경병이다.

어원 002 신경계 nervous system

- **neuron** 신경세포 ‥⟨ 신경계의 기본 단위

  ⓐ neura = nerve 신경

- **synapse** **신경접합부** ⇠ 신경세포가 다른 세포에 신호를 보내는 곳

  [그] syn = together 함께

  [그] haptein = fasten 매다

  | **haptein에서 파생한 단어**

  haptic 촉각의

- **dendrite** **가지돌기** ⇠ 신경세포에서 나뭇가지처럼 튀어나온 부분

  [그] dendron = tree 나무 ★dendron은 인도게르만공통조어 deru(be firm 단단하다)에서 파생함

- **axon** **축삭돌기** ⇠ 신경세포에서 길게 뻗은 돌기로, 전기 자극을 전달하는 신경섬유 뭉치

  [그] axon = axis 축

- **peripheral** **(신경계) 말초의** ⇠ 중추신경계에서 갈려 나가 말단 기관과 연결되는

  [cf.] peripheral에는 '주변의'라는 뜻도 있다. ([ex.] peripheral equipment (컴퓨터) 주변 기기)

  [그] peri = round about 주변에

  [그] pherein = carry 운반하다

  | **pherein에서 파생한 단어**

  perimeter 주위 | peripeteia 사태의 격변 (piptein = fall 떨어지다)

  perigee 근지점 (ge = earth 땅 [cf.] Gaia 지구)

  perihelion 근일점 (helios = sun 태양)

  pericardium 심막 (kardia = heart)

  pericope 발췌 (kope = cutting 잘라냄)

  perineum 회음 (inan = carry off by evacuation 비워서 해내다)

  periscope 잠망경 (skopein = look at 보다)

  period 기간 (hodos = journey 여행)

  periodontal 치주의 (odon = tooth 치아)

- **spinal** **척추의, 척수의** ⇠ 등뼈의, 등뼈의 관 속에 들어 있는 골의

  [라] spina = backbone 등뼈

- **somatic** **신체의** ⇠ 몸과 관계된

  [그] sōma = body 신체

- **autonomic** **자율신경의, 자율의** ⇠ 스스로 통제하는

  [라] autos = self 자신

㉺ nomos = custom 관습, law 법

㉡ autonomous 자치의

| nomos에서 파생한 단어

nomology 입법학 | nomothetic 법에 입각한

agronomy 농경학 | gastronomy 미식학

antinomy 이율배반 | antinomian 도덕률 폐지론자

anomy 아노미, 가치혼란 | numismatic 화폐연구의

- **ischemic** 뇌허혈의 ·< 뇌에 혈액 공급이 원활하지 않아 발작하는 질병의

  ㉢ iskhaimos = stanching or stopping blood 혈액의 멈춤

- **Huntington Chorea** 헌팅턴 무도병 ·< 신경퇴화 유전병

  ㉢ khoreia = dance 춤

Human Nervous System

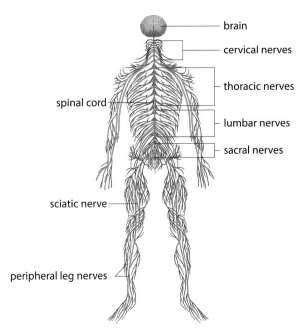

인간의 신경계

cervical nerves 목신경   sacral nerves 엉치신경

thoracic nerves 흉부신경   sciatic nerve 좌골신경

lumbar nerves 요신경

그 밖의 신경계 관련 표현들

- **신경계 관련 전문용어**

    ganglion 신경절 | fascicle 작은 다발, 섬유속

    radicle 소근(小根) (혈관 또는 신경 말단의 근상부(根狀部))

    efferent (신경이) 원심성인 | afferent 구심성인

    cranial nerve 뇌신경 (kranion = skull 두개골)

    depressor nerve 감압신경 | radial nerve 요골신경

    splanchnic nerve 내장신경

    saphenous nerve 두렁신경 (대퇴부 신경의 끝부분)

    cutaneous nerve 피부신경 (cutis = the skin 피부)

    ulnar nerve 척골신경 (팔 신경) (ulna = the elbow 팔꿈치)

    spinal nerve 척수신경 | nerve tissue 신경조직

    sympathetic nervous system 교감신경계

    parasympathetic nervous system 부교감신경계

- **신경계 질병**

    neuralgia 신경통

    hip gout 좌골 신경통 | sciatica (의학) 좌골 신경통

    multiple neuritis 다발성 신경염 | multiple sclerosis 다발성 경화증

    epilepsy 간질 | carpal tunnel syndrome 손목 터널 증후군

    cerebral palsy 뇌성마비 | Bell's palsy 안면신경마비

    neurofibromatosis 신경섬유종증 | Parkinson's disease 파킨슨병

- **신경 관련 일반표현**

    neural 신경의 | neurotic 신경과민인

    over-sensitive 신경과민인 | insensible 신경이 둔한

    be dull 신경이 둔하다 | innervate 신경이 통하게 하다

    nervousness 신경과민 | habdabs (속어) 초조함, 신경과민

nervous breakdown 신경쇠약 | nervous-wreck 신경과민인 사람

neurotic anxiety 신경증적 불안

neurolepsis 신경마비 | neuroplegia 신경마비

- 신경 관련 관용어구

  get on one's nerves 신경에 거슬리다

  get the jitters 신경과민이 되다

  one's nerves are on edge 신경이 곤두서다

  become worked up 신경이 날카로워지다

  be a bundle of nerves 안절부절 못하다

  be afraid of one's own shadow 전전긍긍하다

  break out in a cold sweat 식은땀을 흘리다

  be on pins and needles 가시방석에 앉아 있다

  nerve-racking 안절부절 못하게 하는

  nervous Nellie 겁쟁이

근골격계 musculoskeletal system

해골

영국 신화에서 망토를 입고 낫(scythe)을 들고 있는 해골의(skeletal) 모습은 죽음의 신을 상징하는데 Grim Reaper라고 불린다. 해골, 즉 skeleton은 척추동물(vertebrate)의 뼈대를 가리키는데, 심지어 새의 부리(beak)나 사슴의 뿔(antler)도 뼈로 구성된 부분이다. 참고로 인간은 출생 시에는 약 270개의 뼈가 있지만 성인이 되면 통합되어 206개가 남게 된다.

중추골격

뼈 중에서 머리를 보호하는 뼈인 두개골(skull), 심장과 폐lungs를 보호하는 흉곽rib cage, 그리고 척추동물의 척주를 형성하는 뼈spinal column가 중추골격이고 나머지 팔다리뼈, 골반뼈 등은 부속골격이다.

뼈와 관련된 두개골의 형태를 보고 한 사람의 성격을 판단하는 것을 골상학(physiognomy)이라고 한다.

근육, 힘줄 등

뼈에는 근육(muscle), 힘줄(tendon), 인대(ligament), 관절(joint)이 붙어 있다. muscle은 작은 근육들이 움직이는 모양이 쥐를 닮았다고 해서 라틴어 musmouse 쥐에서 생겨난 단어이다.

힘줄 중 발꿈치의 힘줄을 Achilles tendon 혹은 Achilles' heel아킬레스건이라고 하는데 그 명칭은 그리스 신화에서 생겨났다. 아킬레스의 어머니는 자신의 아들이 죽을 거라는 예언을 듣고 저승의 삼도천Styx에 아이의 몸을 담궈 아이를 보호하려 했는데 손으로 잡은 아이의 발목 이 부분만 물에 닿지 않았다. 결국 아킬레스는 트로이 전쟁에서 이 발목 부분에 화살을 맞아 죽게 되었고 그래서 아킬레스건은 한 사람의 약점을 가리키는 말로 쓰이게 되었다.

척수

척수spinal cord는 뇌와 말초신경계peripheral nervous system 사이에서 자극과 정보를 전달하는 신경세포이다. 척수는 목 부분의(cervical) 척수, 흉부의(thoracic) 척수, 그리고 요추의(lumbar) 척수 세 개의 주요 부분으로 이루어져 있다.

어원 003 근골격계 musculoskeletal system

139

- **scythe** 낫 ← 나무나 풀 등을 자르는 농기구

  [게] segitho = sickle 낫

  | segitho에서 파생한 외국어

  (독일어) Sense 큰 낫
- **skeletal** 뼈대의, 골격의 ← 뼈들로 이루어진 조직의

  [라] skeletos = mummy 미라, skeleton 해골
- **vertebrate** 척추동물 ← 등에 척추뼈가 있는 동물

  [라] vertebra = joint of the spine 척추의 연결 부위
- **beak** 부리 ← 새의 주둥이

  [라] beccus = beak 부리

  | beccus에서 파생한 외국어

  (이탈리아어) becco 부리 | (스페인어) pico 주둥이, 부리
- **antler** 사슴 뿔 ← 사슴 머리에 난 뿔

  [프] ante = in front of ~의 앞에

  [프] oillier (oil = eye 눈 + ier 접미사)
- **skull** 두개골 ← 머리뼈

  [고대노르웨이어] skalli = skull 두개골
- **physiognomy** 골상학 ← 머리뼈의 모양으로 한 사람의 성격, 운명을 판단하는 것

  [그] physio = physical 육체적인

  [그] gnomon = judge 판단자 ★gno는 인도게르만공통조어로 '알다(know)'는 의미
- **muscle** 근육 ← 힘줄과 살이 합쳐진 것

  [라] mus = mouse 쥐
- **tendon** 힘줄 ← 희고 질긴 살의 줄

  [그] tenon = tendon 힘줄

- **ligament** 인대 ‥◖ 뼈와 뼈를 이어주는 관절 주위 띠 모양의 조직

  ⑳ ligare = bind 묶다

  | ligare에서 파생한 단어

  ligate 묶다 | colligate 결부시키다 | deligation 붕대

  alloy 합금하다 | oblige 의무적으로 ~하게 하다

  ally 동맹국 | league 연맹

  lien 선취득권, 유치권 | liable ~하기 쉬운 | liaison 연락통

- **joint** 관절 ‥◖ 뼈와 뼈가 맞닿아 연결되어 있는 곳

  ⑳ iungere = join 연결하다

- **cervical** 목의 ‥◖ 머리와 몸을 잇는 부분의

  ⑳ cervix = the neck 목

  ⬚ cervical은 '자궁의'란 의미로도 쓰인다.

- **thoracic** 흉부의 ‥◖ 가슴 부분의

  ⬚ thōrax = breast place 흉갑

- **lumbar** 요추의 ‥◖ 허리 부분의 다섯 개 뼈의

  ⑳ lumbus = loin 인체의 둔부, 허릿살

  | lumbus에서 파생한 단어

  lumbago 요통

그 밖의 근골격계 관련 표현들

- 척추(vertebrae)

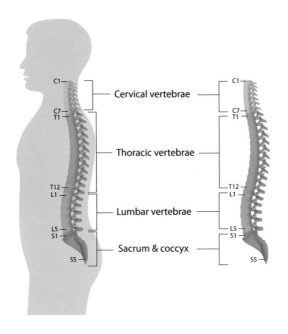

cervical vertebrae 경추 (목뼈. 척추의 맨 윗부분으로 7개로 되어 있음)

thoracic vertebrae 흉추 (등뼈. 목등뼈와 허리등뼈 사이 12개 등뼈)

lumbar vertebrae 요추 (허리뼈. 흉추와 천골(sacrum) 사이에 있는 5개 뼈)

sacral vertebrae 천추 (엉치뼈. 천골에 있는 5개 뼈)

sacrum 천골 (os = bone + sacer = sacred 신성한)

cf. sacrilege 신성모독 (legere = take 취하다)

    sacrosanct 신성불가침의

caudal vertebrae 미추 (꼬리뼈. 척추의 맨 아랫부분에 3∼5개의 척추뼈로

구성. 삼각형 모양) (cauda = tail of an animal 동물의 꼬리)

- 두개골(skull) 관련 표현

두개골은 cranium(뇌머리뼈)과 facial bone(얼굴뼈)으로 나뉜다.

PARTS OF HUMAN SKULL

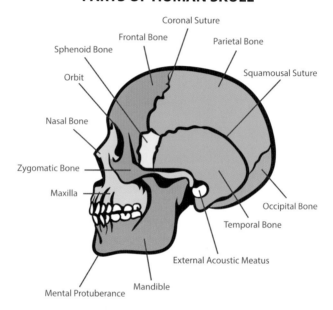

os 뼈 (bone) | caput 머리 (head) | braincase 두개골 (brainpan)

cranium 두개 (뇌머리뼈. 두뇌를 보호하는 역할) (ker = head 머리)

frontal bone 전두골 (이마 부위에 있는 뼈)

parietal bone 두정골 (두개골 상부에 있는 2개의 뼈)

temporal bone 측두골 (머리뼈 바닥과 옆면의 중간 부분에 있는 2개의 뼈)

occipital bone 후두골 (두개골의 뒤쪽과 아래쪽면에 있는 뼈)

sphenoid bone 접형골 (나비뼈. 두개의 중심부에 위치) (sphen = wedge 쐐기모양)

ethmoid bone 사골 (벌집뼈. 접형골과 코뼈 사이에 위치)

cranial 두개의 | endocranium 두개 내막

craniometric point 두개 개측점

facial bone 얼굴뼈

nasal bone 코뼈 (*cf.* nasal septum 코의 중격) | lacrimal bone 눈물뼈

zygomaticum 광대뼈 (*cf.* zygomatic 광대뼈의)

malar/jugal bone 광대뼈 (cheekbone)

vomer 코의 서골 (보습뼈) | maxilla 위턱뼈 | palatine bone 입천장뼈

mandible 아래턱뼈 (mendh = chew 씹다)

inferior nasal concha 아래 코선반 | jaw 턱

- 기타 골격(skeleton)

  axial skeleton 중축골격 (두개골, 척추, 흉골, 갈비뼈를 포함한 해골)

  endoskeleton 내골격 | exoskeleton 외골격 (dermoskeleton)

  clavicle 쇄골 (clavicula = small key 작은 열쇠)

  cf. Cleopatra 클레오파트라 (kleis = key 열쇠 + pater = father 아버지)

  sternum 흉골 (sternon – breast 가슴)

  humerus 위팔뼈 ((h)umerus = shoulder 어깨)

  epicondyles 위팔뼈의 위관절융기 | vertebral column 척주

  radius 요골 (radius = spoke 바퀴살)

  ulna 척골 (ulna = elbow 팔꿈치)

  carpals 손목뼈 (carpus = wrist 손목)

  metacarpals 손바닥뼈 (meta = behind 뒤에)

  phalanx 지골 (phalanx = finger or toe bone 손가락뼈나 발가락뼈)

  cf. (복수형) phalanges

  pelvis 골반 (pelvis = basin 대야)

  hip joint 고관절 (coxa) | articular cartilage 관절연골 | condyles 관절구

  femur 대퇴골 (femur = thigh 넓적다리)

  patella 무릎뼈, 슬개골 (patina = pan 넓적한 냄비)

  kneecap 무릎뼈 (kneepan)

  tibia 정강이뼈 (tibia = shinbone 정강이뼈)

fibula 종아리뼈 (fibula = clasp 걸쇠, bolt 볼트) | calf bone 종아리뼈

malleolus 복사뼈 (malleus = hammer 망치)

talus 목말뼈, 복사뼈 (talutius = slope 비탈)

navicular 주상골 (navis = ship 배)

tarsal 부골 발목뼈 (tarsos = ankle 발목)

calcaneus 발꿈치뼈 (calcem = heel 발뒤꿈치)

arthritis 관절염 | fracture 골절 | bone density 골밀도

- 뼈 관련 동사 및 관용표현

break a rib 갈비뼈가 부러지다

have a fracture on a bone 뼈에 금이 가다

set a broken bone 부러진 뼈를 맞추다

be sprained (관절이나 근육이) 겹질리다

out of joint 탈골된

skeleton in the cupboard = skeleton in the closet 엄청난 비밀

- 각종 근육(muscle)

zygomaticus 광대근 (zygon = yoke 멍에)

occipitofrontalis 후두전두근 (occiput = back of the skull 해골 뒤쪽
+ frontal = related to the forehead 이마와 관련된)

orbicularis oculi 안륜근 (orbis = circle 원 + oculus = eye 눈)

orbicularis oris 구윤근 (oris = of mouth 입의)

sternocleidomastoid 흉쇄유돌근 (sternon = breast 가슴 + kleis =
key 열쇠)

trapezius 승모근 (trapeza = table 테이블)

pectoralis 흉근 (pectus = breast 가슴) cf. pectoral 가슴의, 가슴근육

deltoid 삼각근 (deltoeides = triangular 삼각형의)

biceps branchii 상완이두근 (bis = double 두 개의 + caput = head 머리)

intercostal 늑간근육 (inter = between 사이에 + costa = rib 갈비뼈)

oblique abdominal 복사근 | linea alba 백색선

inguinal ligament 서혜 인대 | rectus abdominis 복직근

triceps 삼두근 (tri = three 3 + caput = head 머리)

pectineus 치골근 (pecten = comb 빗)

sartorius 봉공근, 넙다리빗근 (sarcire = patch 수선하다)

peroneus 종아리근 (perone = small bone in the lower leg 종아리
의 작은뼈)

extensor digitorum 발가락 폄근 (digitus = finger or toe 손가락이나
발가락)

gastrocnemius 비복근 (gaster = belly 배 + kneme = calf of the leg
종아리)

soleus 비장근, 가자미근 (solea = sole 발바닥)

- **근육(muscle) 관련 일반표현**

muscular 근육질의 (diesel)

solid muscle 단단한 근육 | flabby muscle 축 늘어진 근육

well-muscled 근육이 잘 발달한 | well-built 체격이 좋은

work out one's muscles 근력 운동을 하다

build/develop muscle 근육을 키우다

flex a muscle 근육을 울퉁불퉁하게 만들다

have a strain in a muscle 근육좌상을 입다

get congested 담이 들다

순환계 circulatory system

순환계 하면 보통 심장(heart), 혈액blood, 혈관blood vessels으로 구성된 심혈관계(cardiovascular system)를 말한다. 혈액을 통해 인체에 필요한 각종 영양소와 산소, 호르몬 등을 필요로 하는 조직으로 운반 하고, 인체에 필요 없는 이산화탄소와 노폐물 등은 배설기관excretive organ으로 운반하는 역할을 한다.

Heart and Blood Circulation System

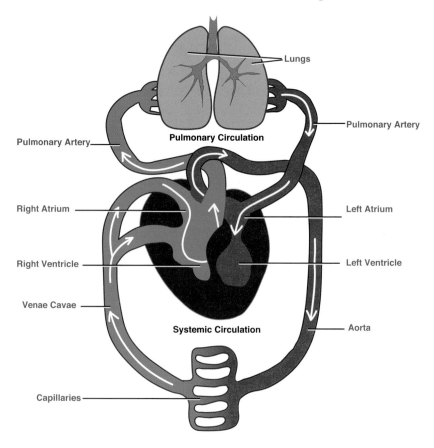

심장 heart

많은 철학자들에 의해 이성과 사고의 원천으로 여겨지는 신체기관이 심장이다. 심장은 혈관을 통해 혈액을 펌프질하는 근육기관으로 우심방(right atrium), 좌심방left atrium, 우심실(right ventricle), 좌심실left ventricle의 네 개 방으로 구성되어 있다. 심장은 폐 사이에 있으며 심장 벽은 이중막인 심막(pericardium)에 둘러싸여 있다.

혈관 blood vessels

혈관은 혈액이 지나다니는 통로로, 동맥(artery)과 정맥(vein), 모세혈관(capillary)이 있다. 동맥은 심장에서 나오는 피가, 정맥은 심장으로 들어오는 피가 지나는 통로이다. 모세혈관은 머리카락처럼 가는 혈관으로, 동맥과 정맥을 이어주며 몸 곳곳으로 영양소 및 산소, 이산화탄소 등을 전달한다.

혈액 blood

혈액은 크게 혈장(plasma)과 혈구blood cells로 나뉘며, 혈구에는 적혈구red blood cells와 백혈구white blood cells, 혈소판(platelets)이 있다. 적혈구는 산소를 운반하는 역할을 하고, 백혈구는 몸속에 침입한 세균을 잡아먹는 역할을 한다. 건강한 사람이 출혈이 생겼을 때 금세 지혈이 되는 것은 혈소판이 있기 때문이다.

어원 004 순환계 circulatory system

140

- **heart** 심장 ← 혈액을 순환시키는 근육기관

  [게] hertan = heart 심장 ★hertan은 인도게르만공통조어 kerd(heart 심장)에서 파생함

  | **hertan에서 파생한 외국어**

  (네덜란드어) hart 심장, 가슴 | (독일어) Herz 심장, 가슴

  | **kerd에서 파생한 단어**

  core 핵심 | cordial 다정한 | courage 용기

  credence 신빙성 | credible 믿을 수 있는 | credit 신용

  credo 신조 | creed 신조 | credulous 잘 속는

  accord 합의하다 | concord 화합 | discord 불화

  grant 승인하다

- **cardiovascular 심혈관의** ↢ 심장의 혈관과 관련된

  [그] kardia = heart 심장

  | **kardia에서 파생한 단어**

  cardiac 심장의 | megalocardia 심장비대 | myocardium 심근

  pericardial 심장 주변의 | pericardium 심낭 | pericarditis 심낭염

- **atrium 심방** ↢ 심장으로 들어오는 피를 받는 곳 [cf.] (복수형) atria

  [라] atrium = room which contains the hearth 난로가 있는 방

- **ventricle 심실** ↢ 심장 밖으로 피를 내보내는 곳

  [라] venter = belly 배

  | **venter에서 파생한 단어**

  ventral 배쪽의 | ventriloquy 복화술

- **pericardium 심막, 심낭** ↢ 심장을 이중으로 싸고 있는 막

  [그] kardia = heart 심장

- **artery 동맥** ↢ 피를 심장에서 신체 각 부분으로 보내는 혈관

  [그] arteria = artery 동맥

- **vein 정맥** ↢ 피가 다시 심장으로 돌아갈 때 지나는 혈관

  [라] vena = blood vessel 혈관

  | **vena에서 파생한 단어**

  intravenous 정맥 주사의 | venule 작은 정맥

  venous 정맥에 있는 | venation 엽맥

  vena cava 대정맥 (cavus = hollow 속이 빈)

- **capillary 모세혈관** ↢ 동맥에서 나온 산소를 신체에 공급하고 이산화탄소를 정맥을 통해 심장에 보내는 역할을 하는 머리카락처럼 가는 혈관

  [라] capillus = hair 머리카락

- **plasma 혈장** ↢ 옅은 노란색 액상인 혈액의 부분

  [그] plasma = something molded or created 형성되거나 만들어진 것

- **platelet 혈소판** (thrombocytes) ↢ 혈액 응고에 관여하는 작고 불규칙한 형태의 혈구

  [19세기 말 현대영어] plate 접시 ★여기에 '작은 것을 나타내는 지소사'인 let을 붙여 platelet이 됨

그 밖의 심혈관계 관련 표현들

- **심장 관련 표현**

  heart atrium 심방 | heart chamber 심실 (= ventricle)

  pericardium 심낭 | cardiac valve 심장판막

  heartbeat 심장박동 | pulsebeat 맥동

  palpitation 고동 | beating 고동, 맥박

  irregular 불규칙적인 | rapid 빠른

  dilatation 팽창 | contraction 수축

  cardiogenic 심장성의

- **심혈관계 질병**

  cardiopathy 심장병 | angina pectoris 협심증 (pectus = breast 가슴)

  cardiovalvulitis 심장판막증

  arrhythmia 부정맥 (a = without ～ 없는 + rhythmos = rhythm 리듬)

  ventricular fibrillation 심실세동 (부정맥의 일종)

  infarction 심근경색 | tachycardia 심박항진증 (takhys = swift 빠른)

  heart attack 심장마비 | cardiomalacia 심근 연화증

  cardiomegaly 심장비대

  cardioversion 심박 정상화 | crotism 무맥증, 맥박 미약

  cardialgia 심장통, 속쓰림(heartburn) | cardiodynia 심장통

  carditis 심장염 | inflammation 염증

  myocarditis 심근염 (mys = muscle 근육) | pericarditis 심낭증

  cardiomyopathy 심근증 | endocarditis 심내막염

- **심혈관계 학문 및 의술 · 의료기기**

  cardiology 심장학 | cardioangiology 심장혈관학

  cardiocentesis 심장천자

  🔲 cardiotomy 심장 절개(heart incision), 심장 절개술

cardiopuncture 심장천자 (수술하기 위해 심장에 구멍을 뚫음)

cardiograph 심장박동기 | cardiokinetic 심장박동촉진제

diastole 심장이완기 (diastole = dilation 팽창)

systole 심장수축기 (systole = contraction 수축)

electrical shock 전기충격

- 심장 관련 관용표현

at heart 본심으로는 | by heart 암기하여

with all one's heart 진심으로 | with half a heart 마지못해

from the bottom of one's heart 진심으로

in one's heart of hearts 진심으로는

heart and soul 심혈을 기울여

to one's heart's content 진탕, 마음껏

close to one's heart ~에게 소중한[사랑받는]

do one's heart good 맘을 즐겁게 하다

have one's heart in one's mouth 혼비백산하다

have one's heart in the right place 마음이 바르다

lose one's heart to ~와 사랑에 빠지다

open one's heart 마음을 털어놓다

wear one's heart on one's sleeve 생각을 솔직히 말하다

take to heart ~에 마음을 상하다, 마음에 새기다

pierce one's heart 골수[뼈]에 사무치다

림프계통 lymphatic system

림프계는 매일 우리 몸에서 엄청나게 배출되는 노폐물을 운반·제거할 뿐 아니라, 외부에서 침입한 바이러스나 세균을 막는 면역 기능을 담당한다. 림프계에는 림프액과 림프관(lymphatic vessel), 림프절(lymph node, lympathic gland), 흉선(또는 가슴샘 thymus)과 골수(bone marrow), 비장(spleen), 편도(tonsil) 등이 있다. 참고로 우리말의 '골수에 사무치다'는 영어로는 골수가 아닌 심장 heart를 써서 pierce one's heart라고 한다.

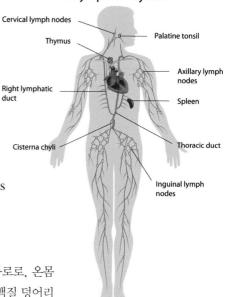

The Lymphatic System

Cervical lymph nodes
Thymus
Palatine tonsil
Axillary lymph nodes
Right lymphatic duct
Spleen
Cisterna chyli
Thoracic duct
Inguinal lymph nodes

림프관과 림프액

림프관lymphatic vessel은 림프액lymph이 지나는 통로로, 온몸에 그물망처럼 퍼져 있다. 커다란 지방 및 단백질 덩어리와 같이 혈액이 운반하지 못하는 노폐물이 림프액을 통해 심장으로 들어가는 정맥에 전달된다. 따라서 혈액의 순환만큼 림프액의 순환도 중요하다. 즉 림프계통은 크게 보면 순환계통에 속한다.

림프절과 림프구

림프관 중간 중간에는 작은 콩 모양의 림프절lymph node이 있다. 다른 말로 림프샘lymphathic gland이라고도 한다. 림프절에는 우리 몸의 면역세포인 림프구lymphocyte와 백혈구가 많이 포진하고 있어서 외부에서 침입한 세균과 바이러스가 림프액을 타고 흐르다 림프절에서 파괴된다. 따라서 림프계통은 크게 보면 면역계통에도 속한다. 림프절은 큰 혈관 주위, 겨드랑이, 사타구니, 목, 귀 뒤쪽 등에 많이 모여 있다. 그래서 마사지를 할 때 이 부분들을 문지르면 혈액 순환에 도움이 된다.

골수

뼈의 내부에 있는 연한 조직인 골수bone marrow는 인간 신체 용적의 4%를 차지하며, 면역 세포를 만들고 조절하는 역할을 한다. 백혈병(leukemia)에 걸리면 골수의 정상 혈액 세포가 암세포로 전환되어 증식하면서 백혈구, 적혈구, 혈소판 등의 생성을 방해하게 되는데, 심각한 경우 골수이식(bone marrow transplantation)을 필요로 한다.

비장

비장spleen은 다른 말로 '지라'라고도 불린다. 우리 몸에서 가장 큰 림프기관으로, 림프구를 만들고 늙은 적혈구와 임무를 마친 면역 세포를 죽이는 역할을 한다. 중세에는 비장이 언짢은 기분이 들게 하는 기관이라 여겼으므로 spleen의 뜻 중 '분노'란 뜻이 아직도 남아 있다.

편도

편도tonsil에는 목구멍 편도, 인두 편도, 혀 편도가 있다. 코나 입을 통해 침입한 세균이나 바이러스를 일차적으로 방어하는 역할을 한다.

어원 005 림프계통 lymphatic system

141

- **lymphatic** 림프의 ↔ 림프관에 흐르는 액체의
  [라] lympha = water 물, a goddess of water 물의 여신 ★그리스어 nymphe(정령)에서 파생한 단어
- **thymus** 흉선, 가슴샘 ↔ 가슴뼈 뒤쪽의 내분비샘
  [그] thymos = a warty excrescence 무사마귀가 잔뜩 난 혹
- **marrow** 골수 ↔ 뼈 속에 차 있는 연한 조직으로 혈구(적혈구와 백혈구)와 혈소판을 생성하며 인체의 면역 기능을 조절하는 역할을 하는 곳
  [게] mazga = marrow 골수, milt 이리
  | **mazga에서 파생한 외국어**
  (네덜란드어) merg 뼈골, 골수
- **spleen** 비장 ↔ 가장 큰 림프기관
  [인] spelgh = spleen 비장
- **tonsil** 편도 ↔ 목 뒤편에 있는 두 개의 림프절
  [라] tonsillae = tonsil 편도

[cf.] tonsillitis 편도선염

- **leukemia 백혈병** ←← 혈액 세포 중 백혈구에 발생한 암

  [그] leukos = clear 맑은, white 흰

  [그] haima = blood 피

- **transplantation 이식** ←← 생체에서 조직을 절제하여 다른 부위로 옮기는 것

  [라] trans = across 가로질러

  [라] plantare = plant 심다

  [cf.] transplant 이식, 이식하다 | liver transplant 간이식

  implant (인공물질을 속에다 삽입하는 경우) 이식, 이식하다

  hair implant 모발이식

  | **plantare에서 파생한 단어**

  plantation 농장 | plant 심다

소화계통 digestive system

소화계통은 음식물을 소화해서(digest) 흡수하는 역할을 하며, 크게 소화관(gastrointestinal tract, digestive tract, alimentary canal)과 소화샘(digestive gland)으로 이루어져 있다. 소화관은 입에서 항문에 이르기까지 섭취한 음식물이 지나가는 통로이고, 소화샘은 소화액을 분비해 음식물의 소화를 돕는 역할을 한다. 침샘, 간, 췌장(이자), 위샘, 소장샘 등이 소화샘에 해당한다.

식도

깔대기 모양의 인두pharynx와 위 사이를 연결하는 식도(esophagus)는 역류reflux를 막으면서 음식물을 위stomach로 보내는 기능을 담당한다.

위

식도를 거쳐 위(stomach)에 음식물이 도착하면 이제 본격적인 소

화 작용이 시작된다. 위에 도착한 음식물은 위산gastric acid, stomach acid에 녹아 죽 같이 소화되기 쉬운 상태로 만들어진 다음 십이지장으로 보내진다. 차가운 음식을 섭취하면 소화계의 혈액 순환이 더뎌진다. 참고로 '위'란 뜻의 stomach은 동사로 사용되면 '참다, 받아들이다'란 뜻이다.

재미있는 사실 하나! 사람의 위는 한 자리에 고정되어 있지만 동물 중 상어는 소화시킬 수 없는 음식을 삼켰을 때 위를 입 밖으로 꺼내 삼킨 것을 도로 뱉어내고 위를 제자리에 집어넣을 수 있다 한다.

소장에서 대장까지, 창자

intestine, 즉 창자는 대장large intestine과 소장small intestine으로 구별된다. 구어체에선 bowels라고 하며, '배짱'을 뜻하는 guts도 '내장'이란 뜻으로 사용된다.

위와 대장 사이에 위치한 소장은 작은창자라고도 불리며 탄수화물, 지방, 단백질 등 음식물의 분해와 흡수가 이곳에서 대부분 이뤄진다. 십이지장(duodenum), 공장(jejunum), 회장(ileum)의 세 부분으로 이루어져 있으며, duodenum십이지장은 소장의 첫 부분이다. 그리스 의사 Herophilus기원전 353~280가 십이지장이 길어서 그리스어 dodekadaktylontwelve fingers long 손가락 열두 개 길이이라고 부른 것에서 비롯된 용어이다.

소장에서 이어지는 대장은 큰창자라고도 불린다. 맹장(appendix, cecum), 결장(colon), 직장(rectum)으로 이루어지며, 맹장 끝에는 충수(vermiform)가 달려 있다. 충수는 인간과 유인원에서 볼 수 있으며 맹장염은 실제로는 충수염을 가리킨다. 인간의 직장은 약간 S자로 구부러져 있으며 그 앞쪽에 방광, 전립선, 자궁이 있다. 대장은 소화되지 못한 음식물 찌꺼기food residue에서 수분을 흡수하고 폐기물을 내보내는 역할을 한다.

간과 쓸개

간(liver)은 지방 분해를 돕는 담즙bile을 만들어내는 부 소화샘이다. 이 담즙(쓸개즙이라고도 함)이 섭취한 음식물 중 지방fat을 혈액 안으로 흡수하도록 돕는다. 그래서 기름기가 많은fatty 음식물을 과다 섭취하여 간이 분해 역할을 다하지 못하면 지방간fatty liver을 초래할 수 있다. 간에서 분비된 담즙은 쓸개(gall bladder)에서 저장한다.

간은 이외에도 탄수화물을 저장하고 단백질이나 당의 대사를 조절하는가 하면 해독작용을 담당한다. 간은 중세에는 열정을 나타내는 심장의 반대 개념으로 '무혈의'란 뜻으로 쓰였다. liver의 문제라 여겨 생겨난 liver-spot검버섯이란 표현도 함께 알아두자.

간염

간염(hepatitis)은 간에 생기는 염증을 가리키는데 흔히 우리가 말하는 A, B, C형 간염은 바이러스성 간염이다. 오한chill, 두통headache, 식욕부진(inappetence), 황달(jaundice), 열fever 등의 증상이 나타난다. 간경화(cirrhosis)는 간세포가 지방 조직이나 선유성 조직으로 바뀌는 것이다. 장기간에 걸친 간 손상으로 간염이나 알코올 중독 등에 의해 초래된다.

췌장

위 뒤편에 위치한 췌장(pancreas)은 이자라고도 불리는데 연골이나 뼈가 전혀 없는 췌장의 특성으로 인해 살flesh이라는 뜻의 그리스어 kreas에서 유래하게 되었다. 소장의 첫 부분인 십이지장과 일부분 붙어 있으며 비장까지 늘어져 있다.

췌장은 단백질, 지방, 탄수화물 등을 분해하는 아밀라아제, 트립신 등의 소화 효소(digestive enzymes)를 만들어낸다. 뿐만 아니라 인슐린(insulin), 글루카곤 등 체내 대사를 조절하는 호르몬을 분비하는 역할도 수행한다. 따라서 만성 췌장염(pancreatitis)에 걸리면 인슐린을 만들어내는 세포가 파괴되어 당뇨병을 초래할 수 있다.

소화 단계 정리

음식을 보거나 냄새를 맡게 되어 소화액이 분비gastric secretions되고 실제로 침saliva에 포함된 소화 효소digestive enzymes가 음식을 분해한다. 음식을 씹으면 식도로 넘어갈 수 있는 작은 덩어리(bolus)가 되고 이 덩어리가 위에 이르면 위산gastric acid과 섞여 죽 같이 소화되기 쉬운 상태가 된다. 이것이 소장의 일부인 십이지장에 이르면 췌장이 만들어낸 여러 가지 효소와 섞여 본격적인 소화와 흡수가 진행된다. 즉 소장에서 대부분의 소화가 이루어지는 셈이다. 소화되지 못한 음식물

찌꺼기는 장의 연동운동(peristalsis)에 의해 대변stool의 형태로 직장에서 항문(anus)을 통해 내보내진다.

Digestive System

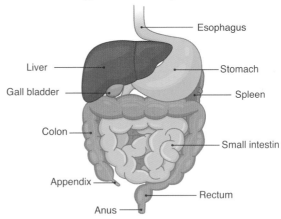

- Esophagus
- Liver
- Stomach
- Gall bladder
- Spleen
- Colon
- Small intestin
- Appendix
- Rectum
- Anus

어원 006 **소화계통 digestive system**

142

- **digest** 소화시키다 • ‹ 음식물을 분해하여 흡수하기 쉬운 형태로 바꾸다

  圏 digestive 소화의

  @ di = apart 떨어져

  @ gerere = carry 운반하다

  | gerere에서 파생한 단어

  ingest (음식, 약 등을) 섭취하다 (in = into 안으로)

  egest (체내로부터) ~을 배설하다, 배출하다 (ex = out 밖으로)

  congest 정체시키다 (com = together 함께)

  suggest 제안하다 (sub = up 위로)

  exaggerate 과장하다 (ex = thoroughly 철저히 + ad = to ~에다가)

  register 등록하다 (re = back 다시)

  jest 놀리다, 농담하다

  belligerent 호전적인 (bellum = war 전쟁)

  vicegerent 대리인 (vicus = stead 대신)

  gerund 동명사 | gesticulation 몸짓, 손시늉 | gestation 임신

- **gastrointestinal** 위장의 • ‹ 위와 내장(창자)에 관한

[그] gaster = belly 배

[라] intestinum = gut 내장

- **tract** (신체기관의) 관 ↔ 신체기관(organ)의 통로를 가리키는 표현

  [라] tractus = track 길, 자국

- **gland** 선, 샘 ↔ 물질을 분비 · 배설하는 세포들의 모임

  [라] glans = acorn 도토리

- **esophagus** 식도 ↔ 인두(pharynx)와 위(stomach) 사이를 연결하는 음식이 지나가는 통로

  [그] oisophagos = gullet 식도

- **stomach** 위 ↔ 동물의 소화기관의 일부

  [그] stomachos = throat 목구멍, gullet 식도

- **intestine** 창자 ↔ 소장과 대장을 통틀어 일컫는 용어

  [라] intestinum = gut 내장

- **duodenum** 십이지장 ↔ 소장의 세 부분 중 맨 앞부분

  [그] dodekadaktylon = twelve fingers long 손가락 열두 개 길이 ★그리스 의사 Herophilus가 십이지장이 손가락 12개의 길이만큼 길다고 봐서 만들어낸 단어임

- **jejunum** 공장(빈창자) ↔ 소장의 가운데에 있는 창자

  [라] jejunus = empty 빈

- **ileum** 회장(돌창자) ↔ 공장에서 흡수하지 못한 영양분을 흡수하는 곳

  [라] ileum = the part of the small intestines in the flank 옆구리 부분에 있는 소장의 일부

  [cf] ileus(장폐색)는 그리스어 eileos(colic 배앓이)에서 파생했다.

- **appendix** 맹장 ↔ 소장에서 대장으로 넘어가는 부분의 주머니

  [라] appendere = cause to hang 매달리게 하다

- **colon** 결장 ↔ 네 부분으로 이루어진 대장의 한 부분

  [그] kolon = large intestine 대장

- **rectum** 직장 ↔ 항문까지 이어진 대장의 끝부분

  [라] rectum = straight intestine 직선인 창자

- **vermiform** 충수 ↔ 맹장 하단에 늘어진 부분

  [라] vermis = worm-like 벌레 같은

- **liver** 간 ↔ 횡경막 아래 오른쪽에 있는 기관

  [게] librn = liver 간

(네덜란드어) lever 간 | (독일어) Liber 간

- **gall bladder** 쓸개 ◦⟨ 간에서 분비되는 담즙을 저장하는 곳

  ㉔ gallon = bile 담즙

  ㉔ blodram = something inflated 팽창한 것 ★bladder(방광)는 주머니
  모양으로 부풀어 있음

  | blodram에서 파생한 외국어

  (네덜란드어) blaar 물집 | (독일어) Blatter 부스럼, 물집

- **hepatitis** 간염 ◦⟨ 간에 생기는 염증

  ㉓ hepar = liver 간

  ㉔ itis = inflammation 염증

  | itis에서 파생한 단어

  gastritis 위염 | colitis 대장염 | appendicitis 맹장염

  enteritis 장염 | peritonitis 복막염 | nephritis 신장염

  pancreatitis 췌장염 | pericarditis 심막염

  phlebitis 정맥염 (phlebo = vein 정맥) | vasculitis 혈관염

  tendinitis 힘줄염, 건염 | fasciitis 근막염 | bursitis 점액낭염

  neuritis 신경염 | spondylitis 척추염 | meningitis 뇌막염

  poliomyelitis 소아마비, 급성회백수염 (polios = grey 회색의 + myelos
  = marrow 골수) ★척수 회백질에 염증이 생기는 병

  prostatitis 전립선염 | urethritis 요도염 (urethra 요도)

  mastitis 유선염 (masto = female breast 여성의 가슴) | vaginitis 질염

  dermatitis 피부염 | retinitis 망막염

  rhinitis 비염 (rhino = nose 코) | sinusitis 축농증

  pharyngitis 인두염 | laryngitis 후두염 | tonsillitis 편도선염

  bronchitis 기관지염

  gingivitis 치은염 (gingivae = the gums 잇몸) | periodontitis 치주염

  stomatitis 구내염 (stoma = mouth 입) ★영어 stoma는 '동물 몸속의
  작은 구멍'이란 뜻

- **inappetence** 식욕부진 ◦⟨ 먹고 싶은 욕구가 줄어드는 현상

  ㉻ in = not 없는

  ㉻ appetence = desire 욕구

- **jaundice** 황달 ◦⟨ 담즙이 원활하게 흐르지 못해 몸이 노래지는 증상

[라] galbinus = greenish yellow 녹황색

- **cirrhosis** 간경화 ↔ 간이 딱딱하게 굳는 것

[그] kirros = red-yellow 주황색, yellow-brown 황갈색

- **pancreas** 췌장 ↔ 소화 효소와 호르몬을 분비하는 위 뒤쪽 장기

[그] kreas = flesh 살

- **enzyme** 효소 ↔ 화학 작용을 촉진시키는 생물학적 촉매 역할을 하는 단백질

[그] enzymos = leavened 변화를 준

- **insulin** 인슐린 ↔ 당 대사를 조절하는 호르몬 단백질

[라] insula = island 섬 ★췌장의 랑게르한스섬(the islets of Langerhans 췌장 속에서 인슐린을 분비하는 세포군)에서 분비되기 때문에 붙은 이름

- **pancreatitis** 췌장염 ↔ 췌장에 생긴 염증

[라] itis = inflammation 염증

- **bolus** 작은 덩어리 ↔ 삼킬 수 있게 잘 씹은 음식물 덩어리

[그] bôlos = clod 덩어리, lump 덩어리

- **peristalsis** 장의 연동운동 ↔ 위나 장의 수축(contraction) 운동

[그] peri = around 사방에

[그] stalsis = constriction 수축

- **anus** 항문 ↔ 인체의 소화기 맨 끝부분인 구멍

[라] anus = ring 원, anus 항문 ★anus는 인도게르만공통조어 āno(ring 원)에서 파생함

[cf.] vent 새나 물고기 등의 항문을 가리키는 말

♪그 밖의 소화계통 관련 표현들♪

- **배 · 위장 관련 표현**

    tummy (아이들 용어) 배 (= breadbasket) | venter (생물) 복부

    abdomen 복부 | belly 배 | underbelly 아랫배

    belly button 배꼽 (= navel) | omphalos (해부) 배꼽 (= umbilicus)

    pot belly 맥주를 많이 마셔 볼록 나온 배, 올챙이배

    umbilical cord 탯줄 | ab 복근

    gastric 위의 | gastric juice 위액 | mucous membrane 점막 | fold 주름

    storage 저장 | cud 되새김질 거리 | ruminate 되새김질하다

- **반추동물의 위**

    rumen 반추동물(ruminant)의 제1위, 혹위

    reticulum 반추동물의 제2위, 벌집위

    omasum 반추동물의 제3위, 겹주름위 (= psalterium)

    abomasum 반추동물의 제4위, 주름위

- **위장 관련 질병**

    heartburn 속쓰림 | dyspepsia 소화불량 (= indigestion)

    stomach ulcer 위궤양 | stomachache 위통 | gastralgia (의학) 위통

    sour stomach 위산 과다 | gastrospasm 위경련 (= stomach cramps)

    gastritis 위염 | reflux esophagitis 역류성 식도염

- **위장 관련 관용어구**

    sick to one's stomach 메슥거리다, 화가 나다

    turn one's stomach 욕지기나게 하다

    on an empty stomach 공복으로

    one's eyes are bigger than stomach 다 먹지도 못할 양을 욕심부리다

    can't stomach something 참을 수 없다

    get butterflies in one's stomach 안절부절하다, 긴장하다

비뇨생식계통 urinary & reproductive system

방광과 요도

방광(bladder)은 비뇨기계의 일부이며 신장(kidneys·한 쌍임)에서 배출한 소변(urine)을 배뇨 전에 모아두는 장소이다. 동물 중에는 돼지의 방광이 인간의 방광과 가장 흡사하다. 불면증insomnia이나 수면부족은 신장 관련 질병을 초래할 가능성이 높다.

소변이 체외로 배출되기 전 마지막으로 거치는 장소는 요도urethra이다. 요로 감염urinary tract infection은 방광이나 요도에 박테리아 감염이 발생하는 것이다.

생활 속 소변의 활용

소변은 실생활에서 사용되기도 하였는데 고대 로마인들은 옷의 얼룩을 제거하는 데 인간의 소변을 발효하여 사용하였고 물이 없는 극한 상황에서 소변을 대신 마셔 탈수dehydration를 방지한 사례들도 전해지고 있다.

자궁, 난소와 난자

자궁의 양쪽에 한 개씩 있는 난소(ovaries)는 배란이 일어나는 장소이자 난자(ovum)를 보관하는 곳이다. 난소에서 나온 난자는 나팔관(fallopian tube)을 통해 자궁으로 내보내진다. 난소는 자궁(uterus) 그리고 질(vagina)과 더불어 여성 생식기를 구성한다.

질

vagina질는 그 모양으로 인해 라틴어 vaginasheath 씨개란 이름이 붙여졌다. 참고로 알을 낳는 파충류와 같은 난태생의(ovoviviparous) 동물들은 자궁이 없는 대신 난관(oviduct)이 있다.

고환

남성의 고환, testis는 라틴어 testiswitness 증인에서 온 용어인데, 말 그대로 남성 정력의 증인이란 뜻이었을 것으로 추정된다. 참고로 그리스어 orkhis testicle 고환에서 생겨난 단어 '난초 orchid'는 그 모양으로 인해 그런 재미있는 이름을 얻게 되었다.

전립선

전립선은 영어로 prostate one standing in front 앞에 있는 것라고 하는데, 방광 밑에 위치하기 때문에 이런 이름을 얻게 되었다.

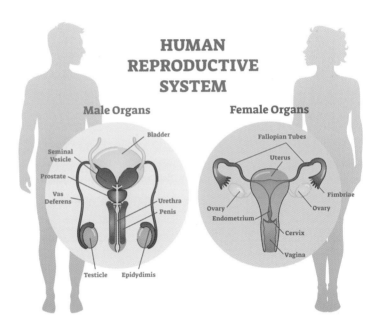

HUMAN REPRODUCTIVE SYSTEM

Male Organs

- Bladder
- Seminal Vesicle
- Prostate
- Vas Deferens
- Urethra
- Penis
- Testicle
- Epidydimis

Female Organs

- Fallopian Tubes
- Uterus
- Fimbriae
- Ovary
- Endometrium
- Ovary
- Cervix
- Vagina

어원 007 비뇨생식계통 urinary & reproductive system

143

- **bladder** 방광 ·◁ 오줌을 저장했다 배출하는 기관

  (게) blodram = something inflated 팽창된 것 ★blodram은 인도게르만 공통조어 bhle(blow 불다)에서 파생함

- **kidney** 신장 ·◁ 노폐물을 배출하는 등의 역할을 하는 몸통 아래쪽 좌우에 하나씩 있는 강낭콩 모양의 기관

  (고대영어) cwið = womb 자궁

  (고대영어) ey = egg 알

- **urine** 소변 ·◁ 신장에서 분비되어 방광에 저장되는 액체

  (라) urina = urine 소변

- **ovary** 난소 ↤ 자궁의 좌우에 있는 여성의 성선 **cf.** 남성은 고환임

  (라) ovum = egg 알
- **ovum** 난자 ↤ 수정되지 않은 여성의 생식 세포

  (라) ovum = egg 알
- **fallopian tube** 나팔관 ↤ 난소와 자궁을 연결해주는 긴 관

  [이탈리아어] Falloppio 나팔관이란 이름을 처음으로 사용한 이탈리아의 해부

  학자 가브리엘 '팔로피오' (fallopian은 이 사람의 이름을 딴 것)

  (라) tubus = tube 튜브, pipe 파이프
- **uterus** 자궁 ↤ 수정된 난자가 착상하여 태아로 성장하는 여성 생식기관

  (라) uterus = womb 자궁 ★uterus는 의학용어로 주로 사용되는 반면

  womb은 생활용어로 사용됨
- **vagina** 질 ↤ 자궁과 외부를 연결하는 여성 생식기관

  (라) vagina = sheath 싸개

  cf. labia minora 소음순 | labia majora 대음순 (labia = lips 입술)

  　labium 음순, 입술
- **ovoviviparous** 동물이 난태생의 ↤ 수정란이 모체의 밖으로 나와 산

  란되지 않고, 모체 안에서 부화하여 나오는

  (라) ovum = egg 알

  (라) vivus = alive 살아 있는
- **oviduct** 난관 ↤ 난자가 모체 기관을 떠나 이동하거나 체외로 연결되는

  기관으로 통과하는 통로

  (라) ductus = channel 경로
- **testis** 고환 ↤ 정자를 형성하고 남성 호르몬인 테스토스테론을 분비하는

  남성 생식샘 **cf.** (복수형) testes

  (라) testis = witness 증인

  | testis에서 **파생한 단어**

  testament 증거
- **prostate** 전립선 ↤ 정액을 구성하는 액체 일부를 생성 · 분비하는 남성

  생식기관

  (라) pro = before 앞에

  (라) sta = stand 위치하다

그 밖의 비뇨, 생식기 관련 표현들

- **신장, 방광 관련 질병**

  nephropyelitis 신우신염 (nephro = relating to the kidneys 신장에 관한 + puélos = oblong trough 길쭉한 여물통)

  pyelonephritis 신우신염 (pyelo = relating to the renal pelvis 콩팥 깔대기와 관련된)

  renal calculus / kidney stone 신장 결석 | renal failure 신부전

  cystitis 방광염 (kystis = bladder 방광)

- **자궁 관련 질병**

  menorrhagia 생리 과다 (meno = of menstruation 생리의 + rhēgnunai = burst 터지다)

  cf. **rhēgnunai에서 파생한 단어:** enterorrhagia 장출혈 | hepatorrhagia 간출혈 | rectorrhagia 직장출혈 | urethrorrhagia 요도출혈

  adenomyosis 자궁선근종 (adeno = gland 선 + myo = muscle 근육)

  uterine prolapse 자궁탈출증 | fibroids 섬유종

  endometriosis 자궁내막증 (endos = inside 내부 + metra = womb 자궁 + osis = disease 질병)

  polyp 무해한 작은 덩어리 (polypus = cuttlefish 갑오징어, nasal tumor 비강종양)

  uterus cancer 자궁암 | pelvic pain 골반 통증

  epididymitis 부고환염 (epi = upon ～에 의거하여 + didumos = testicle 고환)

  hydrocele 음낭수종 (hydōr = water 물 + kēlē = tumor 종양)

  hypogonadism 성선기능저하증 (gonad = child 아이, seed 씨앗)

  orchitis 고환염 (orkhis = testicle 고환)

  testicular cancer 고환암

- 성병의 종류

    bacterial vaginosis 세균성 질염

    syphilis 매독 ★최초로 매독에 걸린 양치기 Syphilus의 이름을 땀

    gonorrhea 임질 (gonos = semen 정액)

    trichomoniasis 질편모충증 (thrix = hair 털)

    herpes 단순 포진 | pubic lice 사면발이

    HPV (human papillomavirus) 인유두종 바이러스 ★자궁경부암의 원인임

    HIV (human immunodeficiency virus) 에이즈

호흡기계통 respiratory system

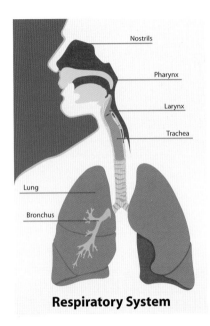

Respiratory System

우리는 숨을 들이마시며 산소를 들이키고 숨을 내시며 이산화탄소를 배출하는데, 이것을 보통 숨을 쉰다는 말로 표현한다. 이렇게 우리가 숨을 쉴 수 있는 이유는 호흡기계통이 있기 때문이다. 호흡기계통은 크게 기도(respiratory tract)와 폐(lungs)로 이루어진다.

기도

기도respiratory tract는 숨을 들이쉬고 내쉴 때 공기가 지나가는 길로, '숨길'이라고도 한다. 콧구멍, 콧속, 인두pharynx, 후두larynx, 기관trachea, 기관지bronchus(bronchi의 복수형) 등으로 이루어져 있다. 코와 입으로 공기가 들어가면 인두를 거쳐 후두 → 기관 → 기관지 → 세기관지bronchioles로 이동하며, 세기관지는 폐의 실질 기능인 폐포허파꽈리 alveoli와 만난다. 참고로, 인두까지는 음식과 공기가 모두 들어가지만 인두를 지나며 음식은 식도로, 공기는 후두로 들어서게 된다.

폐

허파라고도 부르는 폐lungs는 산소를 혈액 내에 공급하고 이산화탄소를 배출하는 역할을 하는 호흡기계통 중 하나의 기관이다. 폐는 심장 양쪽에 하나씩 있으므로 폐 전체를 언급할 때엔 복수형 lungs로 표현해야 한다. lung은 인도게르만공통조어 legwhlight 가벼운에서 생겨난 단어인데 육류를 요리할 때 간이나 심장은 가라앉는 반면 폐가 위에 뜨는 것을 보고 '가벼운'이란 뜻을 붙였을 거라 여겨진다. '폐렴'을 뜻하는 pneumonia의 어근 pneumon도 '폐'란 뜻이다.

동물들의 폐

인간과는 달리 양서류(amphibian)는 폐와 피부가 호흡기 역할을 하며 물고기들은 주로 아가미들gills을 통해 호흡한다.

어원 008 호흡기계통 respiratory system

144

- **respiratory** 호흡의 ← 숨 쉬는 것과 관련된

  [라] respirare = breathe again 다시 숨쉬다 (spirare = breathe 호흡하다)

- **lung** 폐 ← 심장 양쪽에 하나씩 있는 호흡기계통의 기관

  [게] lunganjo = light organ 가벼운 기관 ★lunganjo은 더 거슬러 올라가면 인도게르만공통조어 legwh(light가벼운)에서 파생함

  | lunganjo에서 파생한 외국어

  (네덜란드어) long 폐 | (독일어) Lunge 폐

  | legwh에서 파생한 단어

  lever 지렛대 | leverage 영향력

- **pneumonia** 폐렴 ← 폐에 생기는 염증

  [형] pulmonary 폐의

  [그] pneumon = lung 폐 ★pneumon은 더 거슬러 올라가면 인도게르만공통조어 pleu(flow 흐르다)에서 생겨남

  | pleu에서 파생한 단어들

  fledge 보금자리에서 날아갈 수 있게 되다, 깃털이 다 나다

  flee 도망치다 | fleet 빨리 달리는, 함대, 어느덧 지나가다

  fly 날다, 파리 | flight 여행, 비행 | flit 휙 스치다, 이주하다

  float 물에 뜨다 | flotsam 표류물 | flotilla 소함대

  flow 흐르다 | flood 홍수

  flue 미늘, 화살촉 | flugelhorn 플루겔호른 (작은 금관악기)

  fluster 허둥지둥하게 만들다 | flutter 빠르고 가볍게 흔들리다

  fowl 가금류 | plover 물떼새

  Pluto 명왕성 | plutocrat 부호 (돈이 흘러넘칠 정도로 많음)

  pluvial 비와 관련된

- **amphibian** 양서류 ← 물속과 땅위 둘 다에서 생존 가능한 동물

  [그] amphi = of both kinds 두 종류의

  [그] bios = life 생명

그 밖의 호흡기계통 관련 표현들

- **호흡 관련 표현**

  metabolism 신진대사

  breathe in 숨을 들이마시다 | inhale 숨을 들이마시다

  breathe out 숨을 내쉬다 | exhale 숨을 내쉬다 | oxygen 산소

  take in 받아들이다 | carbon dioxide 이산화탄소 | release 배출하다

  ventilation 통풍, 환기 | artificial respiration 인공호흡

  abdominal breathing 복식호흡 | eupnea (병리) 정상호흡

- **호흡기 관련 증상 및 질환**

  asthma 천식 | chronic bronchitis 만성 기관지염

  chronic obstructive pulmonary disease (COPD) 만성 폐쇄성 폐질환

  emphysema 폐기종 | lung cancer 폐암 | tuberculosis (TB) 폐결핵

  cystic fibrosis 낭포성 섬유증 | pneumonia 폐렴

  pleural effusion 흉막 삼출

  hyperpnea 과호흡 (apnoia = absence of respiration 호흡하지 않음)

  hypopnea 호흡 저하 (hypo = under ～아래에)

  shallow breathing 얕은 호흡 | dizziness 현기증 | chest pain 흉통

  panting 헐떡거림 | wheeze 쌕쌕거리다

  snore 코를 골다 | sniffle 코를 훌쩍거리다 | congested nose 막힌 코

  Cheyne-Stokes respiration 심호흡과 무호흡이 번갈아 일어나는 이상

  호흡 (periodic breathing)

- **호흡 관련 관용어구**

  catch one's breath 호흡을 가다듬다

  gasp for breath 숨이 가빠 헐떡이다

  Don't hold your breath! 너무 기대하지 매

  air one's lungs (속어) 욕하다, 잡담하다

  at the top of one's lungs 목청껏, 큰소리로

내분비계통과 호르몬
endocrine system & hormone

내분비계통(endocrine system)은 신경계, 순환계, 소화계통, 비뇨생식계통, 호흡기계통 등 여러 곳에 존재하면서 호르몬을 만들어내는 특수한 샘이나 세포로 이루어진 조절 계통을 말한다. 시상하부hypothalamus, 송과선(pineal gland), 뇌하수체pituitary gland, 갑상선(thyroid gland), 흉선(thymus gland), 부신adrenal gland, 췌장(pancreas), 난소샘(ovary gland), 정소/고환(testis) 등과 같은 기관이 내분비계통에 속한다. 호르몬(hormone)은 인간의 성장, 신진대사(metabolsm), 소화, 감정, 감각, 호흡, 생식 등 다양한 영역에 영향을 미친다.

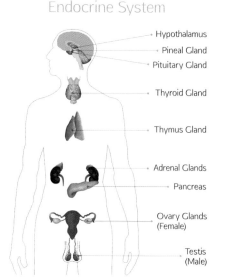

Endocrine System

- Hypothalamus
- Pineal Gland
- Pituitary Gland
- Thyroid Gland
- Thymus Gland
- Adrenal Glands
- Pancreas
- Ovary Glands (Female)
- Testis (Male)

호르몬의 종류❶ 멜라토닌

호르몬의 일종인 멜라토닌(melatonin)은 뇌의 송과선에서 분비되는 호르몬으로 인간의 24시간 주기 리듬(circadian rhythms)을 조절해주는 역할을 한다. 빛의 양에 따라 멜라토닌 분비량이 결정되기 때문에 밤에 자는 동안 멜라토닌이 많이 분비된다. 하지만 과다한 멜라토닌은 오히려 생체 리듬을 깨트려 불면증(insomnia)을 초래할 수 있다.

호르몬의 종류❷ 세로토닌

반대로 행복 호르몬이라고 알려진 낮에 분비되는 세로토닌(serotonin)은 평상심을 잘 유지하고 행복감을 느끼게 하는 호르몬으로 부족하면 우울증에 걸릴 수 있다. 멜라토닌과 세로토닌이 번갈아 분비되어 신체의 균형을 유지해준다.

호르몬의 종류❸ 도파민과 엔도르핀

도파민(dopamine)은 인간에게 행복감을 느끼게 해주는 기분 관련 호르몬이며, 엔도르핀(endorphin)은 뇌에서 자동으로 형성되며 모르핀처럼 진통 작용을 하는 호르몬이다.

호르몬의 종류❹ 에스트로겐과 안드로겐

여성의 난소에서 형성되는 여성 호르몬은 에스트로겐(estrogen)이며, 남성의 고환testis에서 분비되는 남성 호르몬은 안드로겐(androgen)이다. 테스토스테론(testosterone)은 남성 호르몬인 안드로겐의 일종이다.

기타 호르몬

이 외에 스트레스 호르몬인 코르티솔(cortisol), 아드레날린(adrenalin) 등이 있는데, 많이 웃으면 이런 호르몬들을 줄이고 면역력을 강화할 수 있다.

[어원 009] 내분비계통과 호르몬 endocrine system & hormone

145

- **endocrine** 내분비의 ← 호르몬 등을 순환계로 직접 보내는
  [그] krinein = separate 분리시키다
- **gland** 선, 샘 ← 물질을 분비 · 배설하는 세포들의 모임
  [라] glans = acorn 도토리
- **thyroid** 갑상선(의) ← 목젖 및 목 앞쪽의 내분비샘
  [그] thyreos = oblong, door-shaped shield 직사각형 문 모양의 보호막
  [그] eides = form 모양
- **thymus** 흉선, 가슴샘 ← 가슴뼈 뒤쪽의 내분비샘
  [그] thymos = a warty excrescence 무사마귀가 잔뜩 난 혹
- **pancreas** 췌장 ← 소화 효소와 호르몬을 분비하는 위 뒤쪽 장기
  [그] kreas = flesh 살
- **ovary** 난소 ← 자궁의 좌우에 있는 여성의 성선
  [라] ovum = egg 알
- **testis** 고환 ← 정자를 형성하고 남성 호르몬인 테스토스테론을 분비하는 남성 생식샘 [cf] (복수형) testes
  [라] testis = witness 증인
- **hormone** 호르몬 ← 타 기관의 작용에 관여하는 내분비샘 분비물
  [그] hormon = that which sets in motion 작동하게 하는 것
- **metabolism** 신진대사 ← 섭취한 영양물질을 몸안에서 분해하고 합성

하여 생명 활동에 쓰는 에너지를 생성하고 불필요한 물질은 배출하는 작용

[그] metabole = change 변화

- **melatonin 멜라토닌** ↔ 뇌의 송과선에서 분비되는 호르몬

  [그] melas = dark 어두운
- **circadian 생물학적 주기의** ↔ 신체의 24시간 주기에 관한

  [라] circum = round 빙 돌아서, about ~ 주위에

  [라] dies = day 일, 하루
- **insomnia 불면증** ↔ 밤에 잠을 자지 못하는 증상

  [라] in = not 없는 [라] somnus = sleep 잠
- **serotonin 세로토닌** ↔ 위장관과 혈소판, 중추신경계에 주로 존재하는 물질 (80%가 소화관 내에 존재)

  [라] serum = watery fluid 액체
- **dopamine 도파민** ↔ 아미노산의 일종인 신경전달물질

  ★체내 유기 합성물인 필수 아미노산 DOPA(dihydroxyphenylalanine 디하이드록시페닐알라닌)와 amine(아민)이 합쳐진 단어
- **endorphin 엔도르핀** ↔ 뇌 및 뇌하수체에서 추출되는 물질 ★endogenous morphine을 줄인 말로, 모르핀 같은 진통 효과가 있는 호르몬

  [그] endon = within ~ 내에

  [라] genus = kind 종류, origin 기원

  [독] Morphin 로마의 잠의 신 Morpheus의 이름을 딴 것
- **estrogen 에스트로겐** ↔ 여성 호르몬

  [라] oestrus = frenzy 광분
- **androgen 안드로겐** ↔ 남성 호르몬

  [그] andro = male 남성의
- **testosterone 테스토스테론** ↔ 정소(정자를 만드는 조직)에서 분비되는 남성 호르몬

  [라] testis = testicle 고환
- **cortisol 코르티솔** ↔ 부신피질에서 생성되는 스테로이드 호르몬 ★부신은 양 콩팥 위쪽의 내분비샘

  [라] cortex = bark 외피
- **adrenalin 아드레날린** ↔ 신경에 대한 작용을 하는 부신수질에서 분비되는 호르몬

  [라] ad = to ~에게 [라] renalis = of the kidneys 신장의

생리
현상
Physiology
of the Human
Body

우리 몸은 음식물을 흡수해
정상적으로 움직이는 데 필요한 에너지를 만들고 활용한다.

필요한 에너지를 만드는 과정에서 발생하는 노폐물waste은
항문anus과 요도urethra를 통해
대변feces과 소변urine의 형태로 배출된다.

우리는 또 숨을 들이마시고 내뱉는 과정,
즉 호흡을 통해 숨을 쉬며 생존한다.

그 과정에서 이물질이 코 안의 신경을 건드리면
재채기sneeze를 하거나 코를 훌쩍이고sniffle,
기관지에 이상이 생기면
가래phlegm가 끓기도 한다.

이처럼 입구멍, 목구멍, 콧구멍, 똥구멍 등,
우리 몸에 존재하는 구멍들은
우리 몸에 불필요한 것들을 외부로 내보내고,
우리 몸에 이상이 생기면
각자 위치에서 특정 증상을 내보내는 방식으로 신호를 보낸다.

이 얼마나 정교하고도 놀라운 기작인가?

하품

피곤하거나(tired), 졸리거나sleepy, 지루하거나(bored), 배가 고프면 hungry 나도 모르게 하품을 하게 된다. '하품하다'는 영어로 yawn이라고 하고, '하품, 하품하는 모습'은 yawning이라고 하면 된다. '하품' 하면 기지개를 켜며(pandiculate) 공기를 들이마셨다(inhale)가 내뱉는(exhale) 모습이 상징적으로 떠오르며, 참 이상하게도 한 사람이 하품을 하면 마치 전염이라도 되는(contagious) 듯 다른 사람도 덩달아 하품을 하는 모습을 자주 접하게 된다. 참고로, oscitation졸리는 상태, 하품도 yawning과 같은 뜻이다.

어원 001 하품

- **tired 피곤한** ‥◁ 몸과 마음이 지치고 힘든 상태인

  고대영어 teorian = become weary 지치다

- **bored 지루한** ‥◁ 따분하고 싫증이 난 상태인

  웹 bhorh = hole 구멍 ★오랫동안 계속 구멍을 뚫으면 따분함

  | bhorh에서 파생한 단어

  bore 구멍을 뚫다 | Boris 보리스 (남자 이름) | burin 조각칼

  foramen 구멍 | foraminous 구멍으로 덮인

  Foraminifera 유공충 (아메바형 원생동물)

  interfere 간섭하다 | interference 참견, 개입

  perforate 구멍을 뚫다 | perforation 천공

- **yawn 하품하다** ‥◁ 졸리거나 피곤할 때 저절로 입이 벌어지면서 공기를 깊이 들이마시고 내뱉다

  게 gin = yawn 하품하다

  | gin에서 파생한 외국어

  (네덜란드어) geeu'wen 하품하다 | (독일어) gähnen 하품하다

- **pandiculate 기지개를 펴다** ‥◁ 몸을 쭉 펴고 팔다리를 뻗다

  라 pandere = stretch 몸을 길게 뻗다

  | pandere에서 파생한 단어

  expansion 확장 | spawn 알을 낳다

399

- **inhale** 숨을 들이마시다 ‧‧< 공기를 들이마시다

   in = into 안으로

  라 halare = breathe 숨을 쉬다

- **exhale** 숨을 내쉬다 ‧‧< 들이마신 공기를 내뱉다

  라 ex = out 밖으로

  라 halare = breathe 숨을 쉬다

- **contagious** 전염성의 ‧‧< 타인에게 옮겨지는 성질을 가진

  라 con = together 함께

  라 tangere = touch 접촉하다

- **oscitation** 하품 ‧‧< 기지개를 펴며 공기를 깊이 들이마셨다가 내뱉는 행위

  라 os citare = open the mouth 입을 벌리다

재채기

하품이 입을 벌려 공기를 흡입하고 숨을 내쉬는 과정이라면 재채기
(sneeze)는 폐의 공기를 코와 입을 통해 내보내는 행위이다. 재채기
는 이물질이 코의 점막(mucosa)을 자극하여 발생하는데 재채기를
할 때는 팔뚝으로 입과 코앞을 가리는 것이 예의이다. 다행히 재채기
는 수면 중에는 발생하지 않는다. 재채기의 특성을 단적으로 나타낼
수 있는 단어는 spasmodic돌발성의이다.

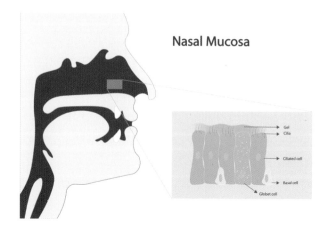

Nasal Mucosa

Bless you!

영어권에서는 재채기를 한 사람에게 (God) Bless you!라는 말을 해 주는 습관이 있다. 이런 언어 습관을 갖게 된 데에는 재채기를 하면 영혼이 빠져나가고 대신 악령이 몸속에 들어올 수 있다고 믿었기 때문에 신의 가호를 빌어준 데서 유래했다는 설이 있다. 하지만 고대 그리스 신화에선 재채기가 신의 축복을 전하는 메시지라고 여겨지기도 했다. sneeze와 달리 sniffle코를 훌쩍거림, 코를 훌쩍거리다은 코가 흐르지 않게 들이마시는 행위이다.

어원 002 **재채기**

147

- **sneeze** 재채기, 재채기하다 ↞ 코 안 신경이 자극을 받아 돌발적으로 폐의 공기를 내뱉게 되는 현상

  [게] fneusanan = sneeze 재채기하다

  | **fneusanan에서 파생한 외국어**

  (네덜란드어) fniezen 재채기하다 | (스웨덴어) nysa 재채기하다

  (독일어) niesen = 재채기하다
- **mucosa** 점막 ↞ 끈적거리는 막

  [라] bursa mucosa = mucus pouch 점액 주머니
- **spasmodic** 돌발적인 ↞ 예기치 않게 일이 일어나는

  [그] pasmos = spasm 경련
- **sniffle** 훌쩍거림, 코를 훌쩍거리다 ↞ 콧물을 자꾸 들이마시는 것

  ★14세기 영어 sniff(코를 훌쩍이다)에서 파생한 19세기 초의 영어임

트림

트림(burping, belching)은 소화관gastrointestinal tract으로부터 질소와 산소의 혼합 가스가 입을 통해 배출되는 것으로, 이상한 냄새odor를 동반한다. 트림은 eructation이라고도 한다. 트림은 음식을 너무 빨리 먹어도 발생하지만 위염gastritis이 생겼을 때 발생하기도 한다. 동물 중에는 특히 소들이 제대로 소화시킬 수 없는 음식물을 섭취했을

때 트림을 자주 한다.

여러 문화권에서 트림은 예의 없는(discourteous) 행동으로 간주된
다. 예를 들어 서구문화에선 식탁에서 트림을 하는 것은 허용되지 않
지만 반대로 코를 푸는 것blowing one's nose은 허용된다.

어원 003 **트림**

- **burp** 트림하다 ·‹ 위 속의 공기가 입으로 나오다

  ★1930년대에 생겨난 미국영어

- **belch** 트림하다 ·‹ 위 속의 공기가 입으로 나오다

  [고대영어] bealcan = bring up wind from the stomach 위에서 공기가
  올라오다

- **eructation** 트림, 분출 ·‹ 가스가 입 밖으로 복받쳐 나옴

  ㉝ ex = out 밖으로

  ㉝ ructare = belch 트림하다

- **discourteous** 예의 없는 ·‹ 상대를 존중하는 몸가짐이나 말투를
  갖지 못한

  ㉝ dis = not 아닌

  [고대프랑스어] curteis = having courtly manners 태도가 공손함

가래

가래(phlegm)는 호흡계respiratory system의 점액(mucus)으로,
고함을 치거나(yell) 담배를 피거나 기관지염(bronchitis)
에 걸리는 등의 여러 가지 이유에서 생기게 된다. 가래의 특
성을 단적으로 나타내는 형용사로는 sticky끈적이는, stringy섬
유질 같은, viscid점성의, 끈적이는 같은 단어들이 있다.

어원 004 가래

149

- **phlegm** 가래 ← 상기도와 폐 사이에 생기는 끈끈한 분비물

  [그] phlegma = humor caused by heat 열에 의해 생성되는 체액

- **mucus** 점액 ← 끈끈한 성질이 있는 액체

  [라] mucus = slime 점액 ★mucus는 인도게르만공통조어 meug(slimy 끈적거리는)에서 파생함

- **yell** 소리 지르다 ← 큰 소리로 말하다

  [게] gel = yell 소리지르다

  | gel에서 파생한 외국어

  (네덜란드어) gillen 소리 지르다 | (독일어) gellen 소리 지르다

- **bronchitis** 기관지염 ← 기관지 점막에 생기는 염증

  [그] bronkhos = throat 목구멍

  [라] itis = inflammation 염증

- **sticky** 끈적거리는 ← 끈끈하여 달라붙는

  [게] stik = pierce, prick 뚫다, 찌르다

  [cf.] sticky-fingered 손버릇이 나쁜

  | stik에서 파생한 외국어

  (네덜란드어) stecken 찌르다 | (독일어) stechen 찌르다

- **stringy** 섬유질 같은 ← 가느다란 줄이 많은

  [게] strangiz = cord 끈, 줄

  | strangiz에서 파생한 외국어

  (덴마크어) streng 노끈, 줄 | (네덜란드어) streng 노끈, 줄

  (독일어) Strang 노끈, 줄

- **viscid** 점성의 ← 차지고 끈끈한 성질을 가진

  [라] viscidus = sticky, clammy 끈적거리는, 축축한

♪ 그 밖의 생리현상 관련 표현들 ❶ ♪

- **하품 관련 표현**

  cover a yawn with one's hand 손으로 입을 가리고 하품하다

  suppress a yawn 하품을 참다 | hide a yawn 하품을 손으로 가리다

  stretch oneself 기지개를 켜다 | fatigue 피로

  physiological reaction 생리적 반응

- **재채기 관련 표현**

  a fit of sneezing 연이은 재채기 | sternutation 재채기하기, 재채기

  hold a sneeze 재채기를 참다 | have a fit of sneezing 재채기가 나오다

  inborn reflex 선천성 반사 | unconditioned reflex 무조건 반사

- **가래 관련 표현**

  sputum 가래 (spuere = spit 가래를 뱉다)

  expectorate 가래를 뱉다 (ex = out 밖으로 + pectus = breast 가슴)

  cough out phlegm 가래를 뱉다 *cf.* spit 침을 뱉다

  catarrh 카타르 (감기 등으로 코와 목의 점막에 생기는 염증)

- **기타**

  booger 코딱지 | earwax 귀지

  pick one's nose 코를 파다

  sweat 땀, 땀을 흘리다(shed sweat, perspire)

  scrub off the dead skin 때를 밀다

방귀

방귀(fart)는 장내 가스(flatus)가 항문anus을 통해 배출되는 것으로 방귀를 끼기 전에 뱃속의 부글거림 현상은 flatulence라 하고, 가스가 많이 차서 복부가 팽창하는 것은 bloating이라고 한다. 괄약근(sphincter) 근육이 조이는 정도에 따라 방구 소리가 다르다. 케겔 운동kegel exercise이라 불리는 골반근육 운동은 괄약근 근육도 강화시켜 준다.

콩, 유제품, 그리고 젖당 소화장애

콩(beans)으로 만든 식품을 먹으면 뱃속에 가스가 많이 찬다. 특히 젖당 소화장애(lactose intolerance)를 겪는 사람은 우유나 유제품을 섭취하면 복통을 겪거나 방귀를 많이 끼게 되기도 한다.

어원 005 **방귀**

150

- **fart** 방귀 ←⟨ 음식물이 발효되며 항문으로 나오는 가스
  - ⑨ perd = fart 방귀
- **flatus** 장내 가스 ←⟨ 직장(rectum)에서 분출되는 여러 가지 기체의 혼합물
  - ㉰ flatus = blowing 분출하는 소리
- **flatulence** 속이 부글거림 ←⟨ 위장 내에 가스가 많이 차서 끓어오르는 상태
  - ㉰ flatus = blowing 분출하는 소리
- **bloating** 부풀어 오름, 팽창 ←⟨ 부풀어 오르는 상태
  - ⑨ bhleu- = swell 부풀다
- **sphincter** 괄약근 ←⟨ 직장 끝부분의 동그란 근육
  - ㉭ sphinkter = anything that binds tight 단단하게 매는 것
- **bean** 콩 ←⟨ 콩과의 한해살이풀
  - ㉮ bauno = bean 콩
  - | bauno에서 파생한 외국어
  - (네덜란드어) boon 콩 | (독일어) Bohne 콩
- **lactose** 젖당 ←⟨ 포유류의 젖 속에 들어 있는 이당류

ⓡ lac = milk 우유

| lac에서 파생한 단어

lactescence 유즙액 | lactic 유즙의 | lactation 젖의 분비, 수유

ablactation 젖떼기, 이유 | latte 뜨거운 우유를 탄 에스프레소 커피

lettuce 상추 (상추의 우유빛깔 즙으로 인해 붙은 이름임)

cafe au lait = coffee with milk 우유 넣은 커피

cf. cafe noir = black coffee 블랙커피

- **intolerance** 과민증, 참을 수 없음 ‥◀ 어떤 식품이나 성분에 대한 반응
  이 예민함

  ⓡ in = not ∼할 수 없는

  ⓡ tolerare = bear 참다

배변과 배뇨

배변

건강한 사람의 일상적 생리현상 중 배변(defecation)은 하루에 최소
한 번 이루어지는 행위이다. 음식물을 소화해 찌꺼기를 항문으로 내
보내는 것으로, 이때 나오는 찌꺼기를 우리는 점잖게는 '대변', 일반
적으로는 '똥'이라고 한다.

우리말의 '대변'이란 어감에 어울리는 영어단어는 feces대변, 대소변, 찌꺼기,
excrement배설물, 대변이고, '똥'은 shit 또는 stool이라고 한다. 또, 아
이들에게 주로 쓰는 용어인 '응가'는 poo이다. 우리는 대변 보러 갈
때 말하는 사람도 듣는 사람도 거북하지 않게 '큰일' 좀 보고 오겠다
는 식으로 완곡하게 말하기도 하는데, 영어에서는 이런 때 number
two큰일, 큰거를 쓴다. 참고로, 새나 작은 동물의 똥은 droppings라고
표현한다.

똥은 거름(manure)과 같은 비료fertilizer로 사용되며 특히 얼룩말과 같
은 동물들의 똥은 연료로도 사용될 수도 있다.

배변 훈련

아기에게 배변 훈련을 하는 것을 toilet training 또는 potty train-ing이라고 한다. 집에서 키우는 동물이 집밖이나 지정 장소에 변을 보도록 훈련하는 것은 housebreaking 또는 house-training이라고 한다. housebreaking은 집 안에서 변을 보는 습관을 깨부순다 breaking는 의미이다.

변비와 설사

Constipation

변을 오랫동안 잘 못 보는 '변비'는 영어로 constipation이라고 하고, 변이 묽어서 액상으로 배출되는 증상인 '설사'는 diarrhea라고 한다. 또, 배설물을 먹는 행위를 식분증(coprophagy)이라고 하는데, 동물 중에는 본능적으로 자신의 변이나 다른 동물의 변을 먹는 행위를 하므로 이것이 문제가 되지는 않는다. 하지만 인간이 이러면 비정상적인 행위로, 개선이 필요하다.

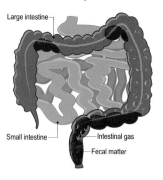

배뇨

배뇨(urination)는 신장이 배출한 부산물인 액체를 요도(urethra)를 통해 소변(urine)으로 내보내는 과정인데 배변과 더불어 배설물(excreta)이라고 불린다. 소변은 건강 상태에 따라 다양한 색을 띤다. 무색의colorless 소변은 수분 과잉의 징후일 수 있고, 탁한(turbid) 소변은 박테리아 감염의 징후일 수 있다. 요실금urinary incontinence은 소변이 갑자기 새어나오는 병이다.

urine은 우리말의 '소변' 어감에 어울리는 단어이며, 일반적으로 '오줌, 오줌을 누다'라고 할 때는 piss, 아이들에게 주로 쓰는 '쉬-, 쉬-하다'는 pee이다. 우리는 오줌 누러 갈 때 물 빼고 오겠다는 식으로도 말을 하는데, 영어로는 make water 또는 take a leak이란 말로 '오줌을 누다'라는 뜻을 전하기도 한다. 또, 완곡한 표현으로 number one작은일, 작은거도 있다.

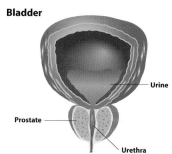

151

어원 006 배변과 배뇨

- **defecation 배변** ← 항문으로 나오는 소화되지 않은 음식물 찌꺼기

  [라] defaecare = cleanse from dregs 찌꺼기를 씻어내다

- **feces 대변, 대소변, 찌꺼기** ← 액체가 다 빠진 후 남은 것

  [형] fecal 대(소)변의, 찌꺼기의

  [라] faeces = dregs 찌꺼기

- **excrement 배설물, 대변** ← 물질대사로 인해 신체 밖으로 배설되는 물질

  [라] ex = out 밖으로

  [라] cernere = sift 채로 걸러내다

  | cernere에서 파생한 단어

  recrement 재귀액 (분비 후 다시 혈액 속으로 흡수되는 위액)

  secret 남몰래 하는, 비밀 | cranny 구멍, 틈

  decree 법령, 칙령, 결정하다 | discern 알아차리다, 포착하다

  discriminate 차별하다 | discreet 신중한

- **manure 거름** ← 식물이 잘 자라도록 주는 물질

  [라] manus = hand 손

- **constipation 변비** ← 대변이 대장 속에 오래 머물며 배설되지 않는 증상

  [라] com = together 함께

  [라] stipare = cram 밀어 넣다 ★내보내야 하는데 밀어 넣으니 변비에 걸릴 수밖에!

  | stipare에서 파생한 단어

  obstipation 심한 변비 | stevedore 부두 일꾼 | stiff 뻣뻣한, 심한

- **diarrhea 설사** ← 소화불량이나 감염으로 변이 묽게 나오는 증상

  [그] dia = through 통하여

  [그] rhein = flow 흐르다

  | rhein에서 파생한 단어

  amenorrhea 무월경 (men = month 달)

  hemorrhoids 치질, 치핵 (haima = blood 혈액 + rhoos = a stream 흐름)

  seborrhea 지루증 (sebum = tallow 수지, 동물기름)

  gonorrhea 임질 (gonos = seed 씨앗)

  catarrh 카타르 (감기 등으로 코와 목의 점막에 생기는 염증)

  rheum (눈물, 콧물 등의) 점막 분비물 | rhythm 리듬 | Rhine 라인강

cf. diarrhea와 같은 의미의 표현으로 the runs(설사), dysenter(이질)가
있다.

- **coprophagy** 식분증 ←ʳ 배설물을 먹는 행위
  - ㉮ kopros = dung 똥
  - ㉮ phagos = eater of ~을 먹는 자

- **urination** 배뇨 ←ʳ 신장이 배출한 액체를 요도를 통해 소변으로 내보내
  는 것
  - ㉯ urina = urine 소변, liquid 액체 ★urina는 인도게르만공통조어
  we-r(water 물)에서 파생함

- **urethra** 요도 ←ʳ 소변을 몸밖으로 배출하기 위한 관
  - ㉮ ourethra = passage for urine 소변의 통로 ★히포크라테스가 만든 단어

- **urine** 소변, 오줌 ←ʳ 신장, 방광, 요도를 통해 몸밖으로 빠지는 혈액 속
  노폐물과 수분
  - ㉯ urina = urine 소변
  - **cf.** urea 요소 (소변에 들어 있는 질소 화합물)

- **excreta** 배설물 ←ʳ 물질대사에 의해서 생명체 밖으로 배설되는 물질
  - ㉯ ex = out 밖으로
  - ㉯ cernere = sift 채로 거르다, separate 분리시키다

  | cernere에서 파생한 단어

  excrement 대변 | recrement 분비 후 혈액에 다시 흡수되는 액

  cranny 벽에 난 작은 구멍 | decree 법령

  discern 식별하다 | discriminate 차별하다

- **turbid** 탁한 ←ʳ 액체에 다른 물질이 섞여 흐려진
  - ㉯ turba = turmoil 혼란

  | 유의어

  impure 불순물이 섞인 | murky 뿌연, 탁한 | polluted 오염된

  roily 흐린 | sedimentary 침전된 | thick 탁한, 두터운

그 밖의 생리현상 관련 표현들❷

- **방귀 관련 표현**

  have gas/wind in the bowels 장에 가스가 차다

  emit (가스나 냄새를) 내보내다

  expel gas from the stomach 위에서 가스를 내보내다

  let out a fart 방귀를 끼다 | pass gas 방귀를 끼다

  break wind 방귀를 끼다

  smell terrible 냄새가 지독하다

- **똥 관련 표현**

  poop (속어) 똥, 똥을 싸다 | turd 똥, 더러운 인간

  crap 똥, 허튼소리 ***cf.*** full of crap 헛소리만 지껄이는 | dirt 먼지, 흙, 똥

  dog shit 개똥 | dung 큰 동물의 똥

  ordure 똥, 거름 | muck 가축 분뇨

  have a dump 똥을 누다 | take a shit 똥을 누다

- **배변 관련 표현**

  bowel movement (b.m.) 배변 | laxation 느슨해짐, 변통

  meconium 신생아의 태변

  colon 대장, 결장 | rectum 직장 | sigmoid flexure S자 결장

  excretory system 배설계 | excretory organ 배설기관

  excrete 분비하다, 배설하다

  anus 항문 | arsehole/asshole 똥구멍

  aperture 구멍 | bodily cavity 인체의 구멍

  orifice 인체의 구멍 | porta (의학) 문

  imperforate anus 항문 막힘증 | anal sphincter 항문괄약

  melena (의학) 흑색변, 하혈 | hematochezia 혈변 배설

piles 치질 | hemorrhoid 치질 | external hemorrhoid 외치질
internal hemorrhoid 내치질 | colon cancer 대장암

- 배뇨 관련 표현

micturition (생리) 배뇨

urinary infection 비뇨기 감염 | bladder irritation 과민성 방광

frequent urination 빈뇨 | nocturia 야뇨증

nycturia 야간 다뇨증 (nox = night 밤)

biliary calculi 담석증 | calculi 결석 (calculus = pebble used for
reckoning 계산에 사용되는 조약돌)

lithuresis 요사(결석) 배설 | oliguria 요량 감소증 (oligo = small 작은)

kidney 신장 | renal 신장의 | kidney failure 신부전

nephron 신장에서 가장 작은 기본 단위

uriniferous tubule 수뇨관 | ureter 수뇨관

convoluted tubule 곡세뇨관

glomerulus 사구체 (신장 앞부분에 위치한 모세혈관 뭉치들)

glomerular capsule 사구체 주머니, 토리 주머니 | adrenal gland 부신

drain 액체를 빼내다, 배수시키다 | excretory 배설의 ('분비의'라는 뜻도 있음)

TIME, SPACE & BEINGS

7

자연과 우주
Nature & Universe

이 드넓은 우주 속에서 당신은 진정 누구인가?

In this vast universe,
who really are you?

광활한 우주 속에서
우리는 단지 한 점에 불과하다.
유일하게 생명체가 사는 이 지구상에서
인류는 주변을 둘러싼 모든 존재와
유기적으로 관계하며 살아간다.
'나'라는 존재는 바로 그 한 가운데 있다.
이 드넓은 우주 속에서, 그 수많은 생명들 속에서
나는 진정 누구인가?

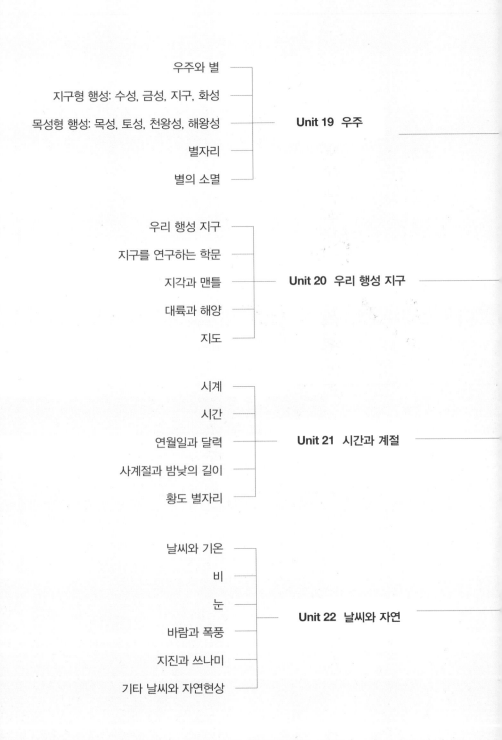

Chapter 7
자연과 우주

Unit 23 다양한 동식물
- 진화와 생물의 다양성
- 체온과 동물
- 척추동물
- 무척추동물
- 포유류
- 파충류
- 양서류
- 조류
- 어류
- 식물
- 나무

Unit 24 계량단위
- 고대 계량단위와 야드파운드법
- 미터법
- 야드파운드법: 길이 및 거리 단위
- 야드파운드법: 무게와 부피 단위

어원표시 [라] 라틴어 [그] 그리스어 [히] 히브리어 [게] 게르만조어 [인] 인도게르만공통조어
[힌] 힌두어 [프] 프랑스어 [영] 영어 [스] 스페인어 [독] 독일어

품사표시 [명] 명사 [동] 동사 [형] 형용사 [부] 부사

19

우주
Universe

인간은 나와 내 안inner space을 들여다보는 일뿐 아니라
나를 둘러싼 외부outer space를 들여다보는 일에도
끊임없이 관심을 가진다.
눈에 보이고 귀에 들리고 피부로 느껴지는 모든 것에
뇌신경과 촉각을 곤두세운다.
그 모든 것들이 내게, 우리에게 영향을 미치기 때문이다.

그렇게 우리를 둘러싼 외부 환경의 범위는
내가 사는 곳에서 지구 전체로
지구 전체에서 우주 전체로 넓어진다widen.
사실 무엇이 먼저랄 것도 없이 동시다발적simultaneously이다.

인간은 예부터 하늘과 별star에 큰 의미를 두었고
하늘과 별이 우리 생활에 지대한 영향을 미치고 있다affect는 것을
본능적으로instinctively 알았다.
하늘과 별을 보며 날씨를 예측했고
풍년과 다복을 기원했다.
지성의 역사가 쌓일수록
하늘과 별에 대해 더욱 과학적으로 많은 사실을 알게 되었다.

하지만…
광활한vast, immense 우주라고 했던가?
무한한infinite 우주에서
우리가 살고 있는 지구Earth가
고작 한 점speck에 불과한 것처럼
우리가 알고 있는 우주에 대한 진실도
고작 한 점에 불과하다.

우주와 별

빅뱅이론

수소의 폭발로 시간과 공간이 생겨났고 폭발 후 에너지와 물질이 생겨나면서 우주가 생성되었다고 보는 20세기 중반의 우주 생성론이 빅뱅이론(the Big Bang theory)이다. bang은 고대 노르웨이어 banga pound 요란한 소리를 내며 치다에서 생겨난 단어로 여기에서는 우주가 생겨날 때 '폭발하는 소리'를 나타낸다.

우주와 은하계

우주는 영어로 universe 또는 cosmos라고도 한다. 우주에는 수많은 galaxy은하계가 있는데, 그 중 하나가 the Milky Way밀키웨이이다. 그리스 신화에서는 여신 헤라가 자다가 자신이 모르는 아기(헤라클라스)에게 젖을 먹이고 있다는 것을 알고 뿌리치다 그 젖이 흩뿌려져 the Milk Way가 생겼다고 전해진다. 이 the Milky Way의 가장자리에 우리 지구가 속해 있는 태양계(solar system)가 있다. 즉 태양계는 the Milky Way의 일부일 뿐이다. 이처럼 우리 입장에서는 태양계가 어마어마하지만 헤아릴 수 없이 무한한 공간인 우주에서는 태양계 또한 하나의 작은 점speck에 불과하다.

태양계, 그리고 항성과 행성

태양계에는 항성(star, fixed star)인 태양을 중심으로 8개의 행성(planet)이 있다. 항성은 스스로 빛을 발하는(luminous) 성질을 가졌다는 점에서 행성과는 다르다. 우리가 보통 star라고 하는 별들은 바로 이 항성을 말하며, 지구에서 워낙 멀리 떨어져 있어서 움직이지 않는 것처럼 보여 fixed star라고 부르기 시작했지만, 사실 움직이지 않는 항성은 없다. 항성은 대부분 생긴 지 10억 년에서 100억 년 정도 되었다.

태양계에 있는 8개의 행성planet을 태양에서 가까운 순서로 나열해보면, 수성Mercury, 금성Venus, 지구Earth, 화성Mars, 목성Jupiter, 토성Saturn, 천왕성Uranus, 해왕성Neptune이다. planet은 그리스어근 planetai wandering

돌아다니는에서 알 수 있듯 한 자리에 고정되어 있지 않고 움직인다는 뜻이다. 즉, 이들 행성은 모두 태양을 중심으로 일정 궤도(orbit)를 그리며 공전(revolution)함과 동시에 자전(rotation)한다. 참고로 공전은 행성이 항성을 중심으로 항성 주위를 도는 것이기 때문에 '~의 주위를 돌다/공전하다'는 뜻으로 revolve around로 표현하고, 자전은 천체 자신의 축을 기준으로 돌기 때문에 revolve/rotate on its axis축을 돌다와 같이 표현한다.

어원 001 우주와 별

152

- **bang** 쾅하고 치다 ·‹ 다른 물체와 부딪쳐 소리가 크게 나다

  고대노르웨이어 banga = pound 요란한 소리를 내며 치다 ★스칸디나비아에서 파생한 것으로 추정됨 *cf.* (고대노르웨이어) bang = hammering 망치로 치는 소리

- **universe** 우주 ·‹ 천체 전체를 아우르는 말

  라 unus = one 하나

- **cosmos** 우주 ·‹ 모든 천체를 포함한 공간

  그 cosmos = order 질서

- **galaxy** 은하계 ·‹ 수많은 별들이 거대한 집단을 이루고 있는 것

  라 galaxias = the Milky Way 은하계 ★galaxias는 인도게르만공통조어 g(a)lag(milk 우유)에서 파생함

| g(a)lag에서 파생한 단어

galactic 은하계의 | ablactation 젖떼기, 이유 | actate 젖을 분비하다, 젖산

lacteal 젖의, 유즙의 | lactescence 유즙액, 젖빛 | lactic 젖의

lactivorous 포유의 | lactose 젖당 | latte 라떼 | cafe au lait 카페오레

- **solar** 태양의 ·ᐸ 태양계의 중심에 있는 항성의

  ㉡ sol = sun 태양 ★sol은 인도게르만공통조어 sawel(sun 태양)에서 파생함

  | sawel에서 파생한 단어

  solarium 일광욕실 | solstice 하지점과 동지점 | insolate 햇빛에 쬐다

  parasol 파라솔 | Sunday 일요일 | helio- 태양이란 뜻의 접두사

  heliacal 태양에 가까운 | helium 헬륨 | anthelion 맞무리해

  aphelion 원일점 | parhelion 햇무리 밖의 광륜 (해일)

  perihelion 행성이 태양에 가장 가까워지는 위치 (근일점)

- **star** 별, 항성 ·ᐸ 위성(satellite), 혜성(comet), 유성(meteor) 외의 스스로 빛을 내는 천체

  ㉮ sternan = star 별

  | sternan에서 파생한 외국어

  (네덜란드어) ster 별 | (스웨덴어) stjarna 별 | (덴마크어) stierne 별

- **planet** 행성 ·ᐸ 중심 별 주위를 타원 궤도를 그리며 도는 천체

  ㉢ planetai = wandering 돌아다니는

- **luminous** 빛을 발하는 ·ᐸ 빛이 생기는

  ㉡ lumen = light 빛 ★lumen은 인도게르만공통조어 leuk(light 빛)에서 파생함

  | leuk에서 파생한 단어

  luminate 조명을 설치하다, 비추다 | luminescence 발광

  illumination 조명, 채색 | illustration 삽화, 채색

  lucent 빛을 내는 | luciferous 빛나는 | lucid 명쾌한 | luculent 명료한

  Lucifer 악마, 사탄 | lucubrate 밤늦게까지 열심히 공부하다

  lumen 루멘 (광속 측정 단위) | luminary 특수 분야의 전문가

  luster 광택 | lux 럭스 (조도의 국제 단위) | Luna 달의 여신 | lunar 달의

  lunate 초승달 모양의 | lune 달, 반달 모양의 것 | lunarian 달 전문가

  lunacy 미친 짓 | lunatic 미치광이 | pellucid 티 없이 깨끗한

  translucent 반투명한 | elucidate 설명하다 | leukemia 백혈병

- **orbit** 궤도 ·ᐸ 하나의 천체가 다른 천체의 둘레를 일정 주기로 도는 경로

@ orbita = wheel track 바퀴 자국, 행로, 궤도
- **revolution** 공전 ←⟨ 하나의 천체가 다른 천체의 둘레를 주기적으로 도는 것
  - ⑧ revolve 공전하다
  - @ re = back 다시 @ volvere = roll 구르다
  - | volvere에서 파생한 단어
  - volvulus 창자꼬임 | vulva 음문[외음] | valve 밸브, 판막
  - volume 용량, 용적 | evolve 발전시키다, 진화시키다 | involve 포함시키다
  - devolve (권리 · 의무 · 직분을) 양도하다, 맡기다
  - convolve 감(기)다 | convolution 대단히 복잡한 것, 주름[구불구불한 것]
  - circumvolve 회전하다 | vault 뛰어넘다, 아치형 지붕
  - volute (건축) 소용돌이꼴 | convolute 한쪽으로 감긴, 소용돌이꼴의
  - convoluted 대단히 복잡한, 나선형의 | voluble 열변을 토하는, 입심 좋은
- **rotation** 자전 ←⟨ 천체가 고정된 축을 중심으로 스스로 회전하는 것
  - ⑧ rotate 자전하다
  - @ rotare = turn round 주위를 돌다 ★미국 카우보이들의 말타기 대회인 rodeo(로데오)도 같은 어근에서 생겨났음
- **axis** 축 ←⟨ 회전의 중심
  - @ axis = axle 차축, pivot 중심축

지구형 행성: 수성, 금성, 지구, 화성

물리적 특징이 지구와 비슷한 행성을 지구형 행성이라 하고, 여기에는 수성, 금성, 지구, 화성이 있다.

수성
행성 중 태양과 가장 가깝고 크기가 가장 작지만 지구의 밀도와 비슷한 행성이 수성(Mercury)이다. 수성은 해가 진 후 육안(naked eye)으로 보일 때도 있다.

금성

크기와 질량mass이 지구와 가장 비슷하여 지구의 자매 행성이라고 도 불리는 금성(Venus)은 태양에서 두 번째로 가깝고 가장 뜨거운 행성이다. 금성은 라틴어 Venusthe goddess of beauty and love 미와 사랑의 여신에 서 생겨난 단어인데, 태양과 달moon 다음으로 '가장 빛나는' 특성 때문에 그 이름을 갖게 되었다. 금성은 루시퍼(Lucifer)라고도 불렸는 데 라틴어로 Lucifer는 '아침 별'이란 뜻이며 luxlight 빛라는 어근에서 파생되었다.

지구와 지구의 행성 달

우리 인간이 살고 있는 지구(Earth)는 태양에서 세 번째로 가까운 행성이며 태양계에서 밀도가 가장 높은 행성이다. 지구는 네 개의 지구형 행성수성, 금성, 지구, 화성 중에서 가장 큰 행성이기도 하다. 지구의 공전주기태양을 한 바퀴 도는 데 걸리는 시간는 약 365.25일이며, 자전주기천체 자체의 고정된 축을 중심으로 스스로 한 바퀴 도는 데 걸리는 시간는 약 23시간 56분이다. 지구의 축axis은 기울어져(tilted) 있기 때문에 태양 주위를 공전하는 과정에서 사계절이 생긴다.

지구가 태양의 행성이라면, 달moon은 지구를 중심으로 도는 지구의 행성이다. 보통 지구의 위성이라고 부른다. 달도 자전을 하면서 지구 주위를 공전한다. 달의 공전주기와 자전주기는 동일하며 약 1개월 정도이다.

이런 관계 속에서 달과 태양과 지구 사이에는 서로 끌어당기는 중력(gravity)으로 인해 썰물과 밀물(ebb and flood) 같은 조수(tide)가 발생한다. 조수 중 수평 해류이동을 조류current라고 한다.

가이아 이론

지구를 하나의 큰 유기체로 보는 이론이 가이아 이론Gaia Theory이다. 그리스의 천왕하늘의 남신인 우라노스 신의 어머니이자 부인인 가이아Gaia 는 '땅의 여신'으로 우라노스와 가이아 사이에서 제우스Zeus의 아버지인 크로노스Kronos = Cronos가 태어난다. 따라서 Gaia는 모든 생명의 어머니인 셈이다. 지구를 생물과 무생물의 상호작용으로 조절되는 유기체라고 주장하는 Gaia Theory의 Gaia가 바로 이런 기원에서 비롯된 단어이다. 참고로 '대지, 땅'을 뜻하는 표현은 terra이다.

화성

태양에서 네 번째로 가까이 있고 태양계에서 두 번째로 작은 행성이 화성(Mars)이다. Mars는 라틴어 Mars the Roman god of war 로마 전쟁의 신에서 생겨났는데, 산화철(iron oxide) 때문에 화성 표면이 붉은 빛을 띠는 것을 보고 로마인들이 붙인 이름이다. 화성은 대기가 희박하여 액체 형태의 물이 없으며 지구에서 육안naked eye으로 볼 수 있다.

[어원 002] 지구형 행성: 수성, 금성, 지구, 화성

153

- **Mercury** 수성 ↤ 태양과 가장 가까운 행성

  [라] merx = merchandise 상인 → Mercury 로마 신화의 신 (주피터의 아들로 상업의 신)

  | merx에서 파생한 단어

  mercenary 용병, 돈 버는 데만 관심이 있는 | commerce 상업

  mercer 포목상, 비단장수 | mercantile 상업의 | mercy 자비

  market 시장

- **naked eye** 육안 ↤ 맨눈

  [게] nakwadaz = nude 벗은, empty 빈 [게] augon = eye 눈

  | nakwadaz에서 파생한 외국어

  (네덜란드어) naakt 벌거벗은 | (독일어) nackt 벌거벗은

  | augon에서 파생한 외국어

  (스웨덴어) oga 눈 | (덴마크어) øie 눈

  (네덜란드어) oog 눈 | (독일어) Auge 눈

- **Venus** 금성 ↤ 태양에서 두 번째로 가까운 행성

  [라] Venus = the goddess of beauty and love 미와 사랑의 여신

- **Lucifer** 아침 별, 금성 ↤ 금성의 다른 이름

  [라] lux = light 빛

- **Earth** 지구, 땅 ↤ 태양에서 세 번째로 가까운 우리 인간이 살고 있는 행성

  [게] ertho = earth 땅 ★ertho는 인도게르만공통조어 er에서 파생한 것으로, ertho는 다시 고대영어 eorthe로 전파됨 ([인] er → [게] ertho → [고대영어] eorthe의 순서로 파생)

  | ertho에서 파생한 외국어

  (네덜란드어) aarde 지구, 토지 | (독일어) Erde 대지, 지구

- **tilted** 기울어진 ↤ 한쪽이 비스듬하게 낮아진

㋁ taltaz = unsteady 불안정한 ★불안정하게 걸으면 가우뚱하게 됨

| taltaz에서 파생한 외국어

(스웨덴어) tulta 뒤뚱뒤뚱 걷다 | (노르웨이어) tylta 발끝으로 살금살금 걷다

- **gravity** 중력 ┅ 질량을 가진 두 물체 사이에 작용하는 힘 ★질량을 가진
  물체는 모두 서로 끌어당기는데, 이 힘을 중력이라고 함

  ㋵ gravitational 중력의

  ㋤ gravis = heavy 무거운 **cf.** the law of gravity 만유인력의 법칙

- **ebb and flood** 썰물과 밀물 ┅ 바닷물이 밀려나가고 밀려들어오는 것

  ㋁ af = low tide 썰물 ㋁ floduz = deluge 홍수

  | af에서 파생한 외국어

  (네덜란드어) eb 썰물 | (독일어) Ebbe 썰물

  | floduz에서 파생한 외국어

  (네덜란드어) vloed 밀물, 조수 | (독일어) Flut 밀물

- **tide** 조수 ┅ 지구가 태양과 달 사이의 작용하는 인력으로 인해 바닷물이
  주기적으로 높아졌다 낮아졌다 하는 것

  ㋁ tīdi = division of time 시간의 구분

  | tīdi에서 파생한 외국어

  (네덜란드어) tijd 시간 | (독일어) Zeit 시간

  cf. highwater 만조

- **terra** 대지, 흙 ┅ 대자연의 넓고 큰 땅

  ㋤ terra = earth 흙

  | terra에서 파생한 단어

  terrace 테라스 | territory 영역 | terrain 지형

  mediterranean 지중해 (med = middle 중간에) ★지중해는 남유럽과 북
  아프리카 사이의 땅임

  subterranean 지하의 (sub = under 아래에) | terrestrial 육생의

- **Mars** 화성 ┅ 태양에서 네 번째로 가까운 행성

  ㋤ Mars = the Roman god of war 로마의 전쟁의 신

- **iron oxide** 산화철 ┅ 철의 산화물

  ㋁ isarn = iron 철

  ㋤ oxys = sharp 날카로운 ㋤ (ac)ide = acid 산성의

  | isarn에서 파생한 외국어

  (독일어) Eisen 쇠, 철

목성형 행성: 목성, 토성, 천왕성, 해왕성

물리적 특징이 목성과 비슷한 행성을 목성형 행성이라 하고, 여기에는 목성, 토성, 천왕성, 해왕성이 있다.

목성

태양에서 다섯 번째로 가까운 목성(Jupiter)은 태양계에서 가장 큰 행성이다. 그래서 고대 로마 최고의 신인 주피터Jupiter, 그리스 신화의 Zeus란 이름이 붙었다. 목성은 주로 수소와 헬륨으로 구성되어 있다.

토성

태양계에서 두 번째로 큰 행성이자 표면이 두꺼운 유체로 덮여 있는 행성이 토성(Saturn)이다. Saturn은 라틴어 Saturnus사투르누스, the Roman god of agriculture 로마 농업의 신에서 생겨난 단어이다. 사투르누스에 해당하는 그리스 신은 제우스신의 아버지인 크로노스Kronos = Cronous이다. 고대 그리스인들은 그 당시 알려진 행성 중 가장 멀리 있는 행성을 농업의 신인 사투르누스에게 바치기로 했고 로마인들도 마찬가지였다. 그래서 Saturn이라는 이름이 붙었을 것이라 추정된다.

천왕성

얼음이 많고 태양계에서 가장 차가운 행성이 천왕성(Uranus)이다. 그래서 과학자들은 해왕성Neptune과 더불어 천왕성을 거대얼음행성Ice Giants이라고 부른다(거대가스행성은 목성과 토성). 라틴어 Uranusthe god of Heaven 하늘의 신에서 생겨난 천왕성은 1781년에 윌리엄 허셜William Herschel에 의해 발견된 행성이다. 원래는 영국의 왕 조지 3세George III의 이름을 따서 Georgium SidusGeorge's Star라고 불렸다가 후에 Uranus란 이름을 갖게 되었다.

해왕성

해왕성(Neptune)은 주로 산소, 탄소, 질소 같이 수소나 헬륨보다 무거운 원소로 구성되어 있다. 천왕성과 더불어 거대얼음행성이라 불린다. Neptune은 1846년 요한 고트프리트 갈레Johann Gottfried Galle에 의해 발견되어 라틴어 Neptunusthe Roman god of the sea 로마 바다의 신에서 딴 이름이다. 후에 발견된 명왕성(Pluto) 다음으로 멀리 있는 행성으로 여겨졌다가 명왕성이 행성이 아니라 왜소행성(dwarf planet)으로 분류되면서 해왕성이 다시 '태양에서 가장 멀리 있는 행성'이 되었다. 참고로 Pluto는 로마 신화의 지옥의 신그리스 신화의 Hades으로, Pluto란 명칭은 영국 옥스포드에 사는 11살 소녀가 제안한 것이라고.

어원 003 **목성형 행성: 목성, 토성, 천왕성, 해왕성**

154

- **Jupiter** 목성 ·‹ 태양에서 다섯 번째로 가까운 행성

  @ Iupeter 주피터 = supreme deity of the ancient Romans 고대 로마의 최고의 신 ★Jupiter는 고대인도게르만공통조어인 dyeu-peter(god father)에서 파생하였다. Dyeu는 dei-wos(god 신)에서 파생했는데 여기에서 주피터에 해당하는 그리스 최고의 신 제우스 Zeus의 이름도 생겨났다.

- **Saturn** 토성 ·‹ 태양에서 여섯 번째로 가까운 행성

  @ Saturnus = the Roman god of agriculture 로마 농업의 신

- **Uranus** 천왕성 ·‹ 태양에서 일곱 번째로 가까운 행성

  @ Uranus = the god of Heaven 하늘의 신

- **Neptune** 해왕성 ·‹ 태양에서 여덟 번째로 가까운 행성

  @ Neptunus = the Roman god of the sea 로마 바다의 신

- **Pluto** 명왕성 ·‹ 태양계의 행성으로 분류되었다가 후에 왜소행성으로 분류된 천체

  @ Pluto = the Roman god of the underworld 로마 지옥의 신 ★그리스 부(wealth)의 신 Plouton에서 유래하였음

- **dwarf planet** 왜소행성 (dwarf 난쟁이) ·‹ 태양을 중심으로 공전하는 천체 중 하나이지만 공전 궤도 주변의 물질들이 없어지지 않은 상태이며, 다른 행성의 위성도 아닌 것

  @ weraz = very short human being 난쟁이

  | weraz에서 파생한 외국어

  (독일어) Zwerg 난쟁이, 작은 요정

별자리

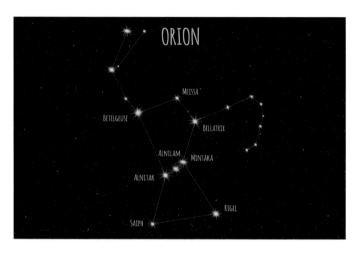

별자리(constellation)는 특정 모양을 이룬 star들을 보고 이를 묶어서 사람들이 붙인 이름이다. 예를 들어, Orion오리온자리은 그리스 신화의 몸집이 크고 잘 생긴 거구의 사냥꾼hunter이자 용사인 Oarion의 이름을 따서 붙인 이름이다. 그래서 오리온자리를 the Hunter라고도 부른다. 오리온은 세 개의 별로 이루어져 있다.

또, 사냥꾼 오리온을 따라다니는 개 모양을 한 별자리로 큰개자리 Canis Major와 작은개자리Canis Minor가 있다. 큰개자리의 일등성해당 별자리에서 가장 밝은 별이 Sirius시리우스, 천랑성로 일명 the Dog Star라고도 불린다. 그리스어 sirius는 scorching푹 찌는이란 뜻이다. 푹푹 찌는 복날dog days에 시리우스의 별빛으로 인해 개가 이상행동을 한다고 하여 붙여진 이름이다. 시리우스는 밤하늘에서 가장 밝은 별로 알려져 있다. 작은개자리Canis Minor의 일등성은 Procyon프로키온으로 그리스어 pro kion before the dog 개보다 앞에에서 생겨난 단어이다. 시리우스보다 먼저 뜨기 때문에 붙은 이름이다.

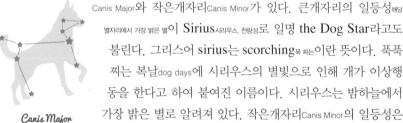

Canis Major

큰곰자리(Ursa Major)의 꼬리 부분에 있는 7개의 별은 그 모양이 국자 모양이라 하여 The Big Dipper북두칠성라는 이름이 붙었다. 이렇듯 별자리는 대부분 그 모양을 따거나 신화 속에서 이름을 빌려왔다. 참고로 별과 별 사이에 있는 가스층은 성운(nebula)이라고 한다.

- **constellation** 별자리 ·‹ 별들이 모여 있는 위치와 모양에 따라 밝은
  별을 중심으로 천구를 나눈 것 ★학계에서 이름 붙인 별자리는 88개임
  - 라 com = with 함께
  - 라 stella = star 별

- **Orion** 오리온, 오리온자리 ·‹ 그리스 신화의 거인 사냥꾼의 이름을 딴 별자리
  - 그 Oarion 그리스 신화에 나오는 거인의 이름

- **Sirius** 시리우스, 천랑성 ·‹ 큰개자리로 겨울에 가장 밝은 별자리
  - 그 sirius = scorching 푹 찌는

- **Procyon** 프로키온 ·‹ 작은개자리의 일등성
  - 그 pro kion = before the dog 개보다 앞에

- **Ursa Major** 큰곰자리 ·‹ 북극성 중에서 가장 크고 빛나는 별자리
  - 그 ursa = she-bear 암컷 곰
  - 라 magnus = large 큰, great 대단한

- **nebula** 성운 ·‹ 별과 별 사이에 있는 가스층으로 구름 모양으로 퍼져 보임
  - 라 nebula = fog 안개, vapor 수증기

별의 소멸

별들은 수소와 헬륨의 열핵융합(thermonuclear fusion)으로 인해
빛을 발하다가 사라지게 되며 이런 진화 단계의 막바지에 있는 별을
초신성, 왜성과 같은 이름으로 부른다.

왜성
소멸 단계의 항성을 왜성이라고도 하고, 진화 단계와 상관없이 작은
별을 왜성이라고도 한다. 영어로는 dwarf star라고 하면, 태양에 비
해 밝기luminosity가 희미한 별들이다.

초신성
초신성(supernova)은 거대한 별이 진화 막바지 단계에서 강렬하게

폭발하는 것을 가리킨다. 마치 '새로운' 별이 나타나는 것마냥 갑자기 엄청난 빛을 내며 나타났다가 천천히 사라지며(fade) 어두워진다.

블랙홀

거대한 별들이 생명 주기 마지막 단계에서 사라질 때 강력한 힘을 갖고 수축하면서 밀도가 지나치게 높아지고 중력이 아주 강해져(중심의 밀도와 중력은 무한대) 빛조차도 탈출할 수 없는 천체의 구역을 블랙홀_{Black Hole}이라고 한다. 블랙홀은 주변 물질을 계속 빨아들이면서_{absorb} 점점 더 커져간다.

156

어원 005 별의 소멸

- **thermonuclear fusion** 열핵융합 ←< 가벼운 원자핵이 고온고압에서 결합하여 무거운 원자핵이 되는 것

  ㉒ thermos = hot 뜨거운 ㉤ nucleus = kernel 알맹이

  ㉤ fusionem = effusion 유출

- **supernova** 초신성 ←< 보통 신성보다 1만 배 이상의 빛을 내는 신성

  ★신성: 희미했었는데 폭발 등에 의해 갑자기 밝아졌다가 다시 서서히 희미해지며 어두워지는 별

  ㉤ super = beyond ~을 넘어서

  ㉤ novus = new 새로운

  | novus에서 파생한 단어

  innovate 혁신하다 (in = into 안으로)

  renovate 개조하다 (re = back 다시) | novation 채무 변경

- **fade** 희미해지다 ←< 흐릿해지다

  [고대프랑스어] fader = grow pale 창백해지다

  | 유의어

  dim 어둑해지다 | dull 둔해지다, 약해지다

  disappear 사라지다 | vanish 사라지다 | evaporate 증발하다, 사라지다

  decolorize 탈색하다 | discolor 빛깔이 바래다 | tarnish 흐려지게 하다

  bleach 바래지게 하다, 표백하다 | blench 희게 되다, 파랗게 질리다

  pale 창백해지다, 창백한

 그 밖의 우주 관련 표현들

- **우주 및 천체 관련 표현**

  cosmic 우주의 | celestial 천체의 | empyrean 창공

  intergalactic 은하계 사이의 | extragalactic 은하계 밖의

  asterism 성좌, 세 별표 | stellar 별의, 뛰어난 | astral 별의

  interstellar 행성 간의 | substellar 항성직하

  planetary 행성의 | asteroid 소행성 | comet 혜성

  nucleosynthesis 핵합성 | explosion 폭발 | collapse 붕괴하다

  gaseous 기체의 | emit 내뿜다

  infinite 무한한 | cluster 무리

  astronomical 천문학의 | astronomer 천문학자

  probe 탐사하다 | telescopic 망원경으로 본

  elliptical 타원형의 | spiral 나선형의 | circular 원의 | irregular 불규칙한

  geocenric 지구 중심의 | diameter 지름, 직경

  luminosity 밝기 | evolution 진화

- **별을 묘사하는 형용사**

  twinkling 빛나는 | glittering 반짝이는 | blazing 활활 타는, 빛나는

  sparkling 반짝이는 | visible 눈으로 볼 수 있는 | massive 거대한

  falling 떨어지는 | pale 엷은, 창백한 | distant 멀리 있는 | remote 먼, 외딴

- **별의 종류**

  lodestar 북극성 | binary star 쌍성

  brown dwarf 갈색왜성 (큰 행성과 작은 별 사이의 사이즈를 가진 항성)

  red dwarf 적색왜성 | white dwarf 백색왜성

  protostar 원시성 (가스층으로 후에 항성이 됨)

  main sequence stars 주계열성

  red giant stars 적색거성 | neutron stars 중성자성

  supergiant stars 초거성

20

우리 행성 지구
Our Planet Earth

망망대해의 대우주,
무수한 은하계galaxy 중 밀키웨이the Milky Way에 속하며,
그 밀키웨이 내의 수많은 행성planet 중에서도 태양을 중심으로 한
태양계the solar system에 속하는
우리의 행성 지구!
이제 그 지구 속으로 짧은 여행을 떠나본다.

수성Mercury, 금성Venus, 지구Earth, 화성Mars,
목성Jupiter, 토성Saturn,
천왕성Uranus, 해왕성Neptune의
여덟 행성 중 지구는 태양계에서 유일하게
생명체life가 존재하는 행성이다.
그렇기에 '나', '우리'가
이렇게 존재하고 고민하며 살아간다.

하지만 우리가 알고 있는 우주에 대한 진실도
고작 한 점speck에 불과하기에
태양계 너머 저 망망대해의 우주 어느 한 행성에
꼭 우리 같지는 않더라도
살아 있는 그 어떤 존재가 있을 것이란 상상도 해본다.

우리 행성 지구

지구Earth는 태양계에서 유일하게 생명체가 존재하는 것으로 알려진 행성이다. 또한 태양계의 다른 7개 행성들이 모두 신god의 이름을 따서 명명된 것과 달리 Earth는 고대 영어단어인 eortheground 땅, 대지에서 유래했다. 물론 거슬러 올라가면 eorthe는 같은 뜻의 인도게르만공통조어 er에서 파생했다.

지구를 연구하는 학문

지리학과 지질학
우주 및 천체를 연구하는 학문이 천문학astronomy이라면 우리가 살고 있는 지구의 지각과 암석 등, 지구의 물리적 구조 및 그 형성 과정을 연구하는 학문은 지질학(geology)이다. 지리학(geography)은 지구 표면에서 일어나는 자연현상 및 세계 여러 지역의 지리적 특성 등을 종합적으로 연구하는 학문이다.

지리학의 분야
지리학의 관련 분야로는 지도 제작(cartography)과 지표면의 모양과 특징 등을 연구하는 지형학(topography), 지구 표면의 형태나 높이(elevation)를 연구하는 지세학(hypsography) 등이 있다. cartography의 라틴어 cartaleaf of paper 종이 한 장란 어근에서 알 수 있듯이 지도 제작은 종이에 그리는 작업이며, topography의 그리스어 어근 toposplace 장소에서 알 수 있듯이 지형학은 지구 표면이라는 장소에 중점을 두고 있고, hypsography는 그리스어 어근 hypsosheight 높이에서 알 수 있듯이 등고선contour line 등의 지세를 측량하고 기록하는 것이다.

157

어원 001 **지구를 연구하는 학문**

- **geology** 지질학 ← 지구의 구성 물질, 형성 과정 등을 연구하는 학문
  - 그 geo = earth 땅
  - 그 logia = study 연구
- **geography** 지리학 ← 지구의 지표상의 지역적 성격을 연구하는 학문
  - 그 geo = earth 지구, 땅
  - 라 graphia = description 설명
- **cartography** 지도 제작 ← 지도를 그리고 만드는 것
  - 라 carta/charta = leaf of paper 종이 한 장 ★carta/charta는 그리스어 khartēs(layer of papyrus 파피루스 한 겹)에서 파생함

  | carta, charta에서 파생한 단어

  Magna Carta 마그나 카르타 ★1215년 영국 국왕 존(John)의 실정(失政)에 분노한 귀족들이 왕권을 제한하고 국민의 자유와 권리를 보장하기 위해 왕에게 강요하여 받은 법률 문서로, 영국 입헌제의 기초가 된 문서 중 하나

  charter 권리를 명시한 헌장, 선언문 (특별 계약으로 '항공기나 배 등을 전세 내다'란 동사 의미도 있음)

  chart 도표, 기록하다 | card 카드
- **topography** 지형학 ← 지구 표면의 형태와 형성 과정 등을 연구하는 지리학의 분야
  - 그 topos = place 장소
  - 그 graphia = writing 쓰기
- **elevation** 높이, 해발, 고도 ← 평균 해수면 따위를 0으로 하여 측정한 대상 물체의 높이
  - 라 ex = out 밖으로
  - 라 levare = raise 들어올리다

  | levare에서 파생한 단어

  levator (의학) 거근, 리베이터(두개골의 함몰부를 들어올리는 기구)

  leaven 효모, 변화를 주다 | levee 제방, 부두 | lever 지렛대

  relieve 완화하다, 안도하게 하다 | carnival 카니발 (caro = flesh 살)
- **hypsography** 지세학 ← 땅의 생긴 모양이나 형세 등을 측량하고 연구하는 학문
  - 그 hypsos = height 높이

지각과 맨틀

지각과 암석

지구의 암석권을 lithosphere라고 하며, 지구의 암석권 중 지각 (crust)은 지구 가장 바깥의 껍질층을 가리킨다. 지각crust을 구성하는 암석은 크게 화성암, 퇴적암, 변성암의 3가지로 나눌 수 있다. 화성암(igneous rock)은 지구 내부의 마그마magma가 냉각되면서 생긴 암석이다. 퇴적암(sedimentary rock)은 바위 및 해저 동식물의 사체가 오랜 시간 풍화되고(weather) 부식되는(erode) 과정을 통해 단단해지면서 퇴적된 암석이다. 그리고, 땅속에 있는 화성암과 퇴적암이 열이나 압력에 의해 변성되는 경우를 변성암(metamorphic rock)이라 한다.

맨틀과 판구조론

맨틀(mantle)은 지구의 지각crust과 핵core 사이에 있는 층으로 뜨거운 규소암silicate rock으로 이루어져 있다. 여러 개로 쪼개진 지질 구조판들이 맨틀의 유체fluid 속 열이 이동하는 맨틀 대류(convection current)를 따라 서로 충돌하거나 미끄러지거나 이동하고 있다는 이론이 판구조론 (Plate Tectonics)이다. 이 판들의 이동은 화산활동과도 관련이 있다.

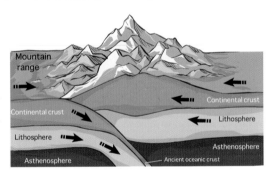

화산

판들이 서로 부딪히거나 미끄러질 때 벌어지는 지각의 틈으로 지하 깊숙이 있는 마그마가 지상으로 분출되는데 이때 분출되는 마그마를 용암(lava)이라고 한다. 용암은 흘러나와 분화구(crater) 주변에 쌓이게 된다. 이렇게 지각의 터진 틈을 통하여 용암이 지표로 분출하는 지점을 화산(volcano)이라고 한다. volcano는 로마 신화의 불의 신인 Vulcan불카누스을 뜻하는 라틴어 Volcanus에서 생겨난 단어이다.

현재 활동 중인 화산은 활화산active volcano이라 하고, 더 이상 분화하지 않는 화산은 휴화산(dormant volcano)이라고 한다. 아예 활동을 하지 않는 화산은 사화산(extinct volcano)이다.

어원 002 지각과 맨틀

158

- **lithosphere** **암석권** ← 주로 암석으로 이루어진 지각과 맨틀 상부

  [그] lithos = stone 돌
- **crust** **지각** ← 지구의 바깥쪽 부분

  [라] crusta = crust 껍질
- **igneous** **화성의** ← 마그마가 냉각 · 응고되어 만들어진

  [라] ignis = fire 불 ★암석이 지열로 녹아 반액체가 된 것이 마그마이므로 불과 관계됨

  | **ignis에서 파생한 단어**

  ignite 점화시키다 | ignivomous 불을 토해내는
- **sedimentary** **퇴적물의** ← 암석 조각이나 생물의 유해 등이 바닥에 쌓인

  [명] sediment 퇴적

  [라] sedere = sit 앉다 ★'바닥에 가라앉은 상태'를 연상하자.
- **weather** **햇볕에 변하다, 비바람에 변하다** ← 암석이 햇빛, 공기, 물, 등의 작용으로 분해되다 [cf] weathering 풍화작용

  [라] wedra = wind 바람, weather 날씨

  | **wedra에서 파생한 외국어**

  (독일어) Wetter 폭풍, 바람, 날씨
- **erode** **침식되다, 부식되다** ← 빗물이나 강물, 바람 등의 영향으로 점차 깍이거나 삭아가다

  [라] ex = away 떨어져 [라] rodere = gnaw 갉아먹다

  | **rodere에서 파생한 단어**

  corrosion 부식
- **metamorphic** **변성의** ← 화성암 및 퇴적암이 땅속 깊은 곳에서 온도, 압력 등의 영향으로 성질이 변한

  [라] meta = change 변하다 [라] morphe = form 형태

  | **morphe에서 파생한 단어**

  Morpheus 그리스 신화의 꿈의 신 | morphine 모르핀

  morpheme 형태소 (뜻을 갖는 최소 언어 단위)

morphosis (생물) 형태 형성 과정
anamorphosis 왜상, (식물) 기형, 변태 형성
metamorphosis 탈바꿈, 변형, 변태 | biomorphic 생물 형태의
isomorphic 같은 모양의, 동일 구조의
pleomorphic 다형성의, 다형의, 다형태
ichthyomorphic 물고기 모양의 | zoomorphic 동물 형태를 본뜬
amorphous 확실한 형태가 없는, 무정형의
dimorphous 두 형태의, (생물) 동종이형의
polymorphous 다양한 단계를 갖는
anthropomorphous 사람 모양을 한
ectomorph 외배엽형 사람 (원래 마른 체형인 사람) (ektos = outside 밖에)
endomorph 내배엽형 사람 (체형이 둥글고 지방이 많은 사람) (endo = within 안에)
mesomorph 중배협형 사람 (너무 마르지도 너무 지방이 많지도 않은 체격이 건장한 사람) (meso = middle 중간에)

- **mantle 맨틀** ↔ 지구 부피의 83%를 차지하는 지각과 지구 내부의 핵 사이
[라] mantellum = cloak 망토
- **convection current 대류** ↔ 물질이 이동될 때 열이 전달되는 현상
[라] com = with 함께 [라] vehere = carry 전달하다
[라] currere = run 달리다

| currere에서 파생한 단어

currency 통화 | curricular 교과 과정의
cursor (컴퓨터 화면의) 커서 | cursory 대충 하는, 피상적인
cursive 필기체인 | incur 초래하다 | occur 발생하다
concur 동의하다 | concurrence 동의, 의견 일치
recur (사람, 이야기 등이) 되돌아가다 | recursive 반복되는
precursor 선도자, 전구물질 | excursion 여행, 유람
concourse 중앙 홀 | discourse 담론, 담화 | recourse 의지
courier 운반[배달]원, 택배회사 | courant ~신문
corral 울타리, 울타리 안으로 몰아넣다 | corridor 복도, 회랑
succor 구조, 원조, 구조자

- **plate tectonics 판구조론** ↔ 지구의 겉부분을 이루는 여러 개의 판이 서로 움직여 여러 가지 지질 현상이 일어난다는 이론

ⓖ platys = flat 평평한

ⓖ tekton = builder 짓는 사람

- **lava** 용암 ‥‹ 화산의 분화구에서 분출된 마그마

  ⓡ lavare = wash 씻다

  | lavare에서 **파생한 단어**

  lave 씻다 | lavage 세척 | lavish 아낌없이 주는

- **crater** 분화구 ‥‹ 용암의 분출구

  ⓡ krater = large bowl from which red wine mixed with water
  was served to guests 손님에게 제공하는 물과 레드와인을 섞은 그릇

  ★krater는 인도게르만공통조어 kere(mix 섞다)에서 파생함

  | kere에서 **파생한 단어**

  idiosyncrasy 특이한 성격

- **volcano** 화산 ‥‹ 지각의 터진 틈을 통하여 마그마 등이 지표로 분출하는 곳

  ⓡ Volcanus = Vulcan 로마 신화의 불의 신인 불카누스

- **dormant** 휴면 중인 ‥‹ 활동을 중지하고 있는

  ⓡ dormire = sleep 자다

- **extinct** 사화산의 ‥‹ 화산활동이 완전히 멈춘

  ⓬ extinct는 '멸종의'라는 뜻으로 많이 쓰인다.

  ⓡ extinguere/exstinguere = put out 불을 끄다. destroy 파괴하다

대륙과 해양

인공위성satellite으로 촬영한 사진을 통해서도 알 수 있듯 지구의 표면은 크게 물과 대륙(continent)으로 이루어져 있다. 현재 우리 지구의 표면은 4분의 3이 물로 덮여 있다.

해양
지구상에서 처음 생명이 시작된 곳은 바로 해양(ocean)이다. 태양계에서 생명체가 살고 있는 해양이 있는 행성은 지구밖에 없다. 금성Venus에도 비가 내리긴 하지만 강한 산성비이다.

ocean은 그리스어 okeanos_{the great river or sea surrounding the disk of the Earth 지}^{구의 원을 둘러싼 큰 강이나 바다}에서 생겨났다. 혹자는 그리스 신화의 하늘의 신인 우라노스Uranus와 땅의 여신인 가이아Gaia 사이에서 태어난 아들이자 대양의 신인 오케아노스Oceanus와 연관이 있다고도 주장한다.

물의 증발과 비
해양은 표면의 밀도(density)가 가장 낮고 해저로 갈수록 밀도가 높아지며, 대양의 물은 증발하여(evaporate) 비가 되어 내린다.

염도와 사해
해양의 염도는 salinity라고 하는데 물에 용해된 염분salt의 양을 가리킨다. 사해the Dead Sea는 요르단, 이스라엘, 팔레스타인에 접한 염수호로 염도가 가장 높은 수역 중 하나이다. 따라서 높은 염도로 인해 동식물이 살지 못하는 척박한(barren) 환경이다.

오대양 명칭의 기원
지구상의 해양을 크게 5개로 구분한 것을 오대양5 oceans이라고 한다. 오대양은 태평양the Pacific Ocean, 대서양the Atlantic Ocean, 인도양the Indian Ocean, 북극해the Arctic Ocean, 남극해the Antarctic Ocean이다.

the Pacific Ocean태평양의 Pacific은 라틴어 paxpeace 평화에서 생겨난 단어인데 발견 당시 대서양보다 평화롭게 보여서 그런 이름이 붙게 되었다.

the Atlantic Ocean대서양의 Atlantic은 그리스어 Atlas에서 생겨난 단어로 아프리카 북서부의 아틀라스 산을 가리킨다.

the Indian Ocean인도양의 Indian은 그리스어 Indiaregion of the Indus River 인더스강 지역에서 비롯됐다.

the Arctic Ocean북극해의 Arctic은 그리스어 arktikosof the north 북쪽의에서 생겨났다.

the Antarctic Ocean남극해의 Antarctic은 그리스어 antiopposite 반대편의와 arktikosarctic 북극의가 합쳐져 생긴 명칭이다.

7대륙 명칭의 기원
대륙continent은 아시아Asia, 아프리카Africa, 북아메리카North America, 남아

메리카South America, 남극Antarctica, 유럽Europe, 오스트레일리아Australia의 7대륙7 continents으로 구분된다.

Asia는 그리스어 Ἀσία에서 생겨났는데 이는 원래 소아시아인 아나톨리아나 페르시아제국을 가리켰다.

Africa는 라틴어 AfricaAfrica 아프리카에서 유래했으며, North/South America의 America는 대륙을 발견한 이탈리아 탐험가 Amerigo Vespucci아메리고 베스푸치의 이름을 따서 붙인 것이다.

'남극대륙'을 뜻하는 Antarctica는 그리스어 antiopposite 반대편의와 arktikosarctic 북극의가 합쳐져 생긴 명칭이다.

Europe은 그리스어 euryswide 넓은와 opsface 얼굴를 합쳐 만든 단어로 추정되는데 이는 유럽대륙의 드넓은 해안선을 발견했을 때 눈이 휘둥그레진 얼굴표정을 나타낸다. 이 외에도 Europe의 어원에 대해서는 여러 가지 설이 있다.

Australia는 라틴어 Terra Australisaustralis = southern 남쪽의의 줄임말로 남쪽의 미지의 땅을 가리켰다고 한다.

7 Continents Map With 5 Oceans

Arctic Ocean

Europe

Asia

North America

Atlantic Ocean

Pacific Ocean

Pacific Ocean

Africa

South America

Atlantic Ocean

Indian Ocean

Australia

Southern Ocean

Antarctica

어원 003　대륙과 해양

- **continent** 대륙 •◁ 해양에 의해 분리된 큰 땅덩어리

  터 terra continens = continuous land 이어지는 땅

- **ocean** 해양 •◁ 드넓고 큰 바다

159

- ⓖ okeanos = the great river or sea surrounding the disk of the Earth 지구의 원을 둘러싼 큰 강이나 바다
- **density** 밀도 ·◦ 단위 부피만큼의 질량

   ⓛ densus = thick 짙은

   | densus에서 **파생한 단어**

   condense 응축하다, 응축되다
- **evaporate** 증발하다 ·◦ 액체가 기체 상태로 변화하다

   ⓛ ex = out 바깥으로

   ⓛ vapor = steam 증기

   | vapor에서 **파생한 단어**

   vaporous 수증기가 가득 찬 | vapid 김빠진

   vapoletto 이탈리아 베니스의 소형 증기선
- **salinity** 염도 ·◦ 소금기가 있는 정도

   ⓛ sal = salt 소금

   ⓒ sodium 나트륨 ★라틴어 sida(a kind of saltwort 솔장다리 식물의 일종)에서 생겨난 단어로, 솔장다리는 바닷가 모래땅에서 서식하는 식물로 공업용 탄산소다의 원료이다.
- **barren** 척박한 ·◦ 기름지지 못한

   ﹇고대프랑스어﹈ baraigne/baraing = sterile 불모의

   | 유의어

   desolate 황량한 | unfertile 비옥하지 않은

   unfruitful 헛된, 불모의 | infertile 불모의, 불임의

지도

우리는 지도(map)를 이용해 지구 표면의 일부 또는 전체의 위치 관계 및 상태를 한눈에 살펴볼 수 있다. 지도의 축소 비율ratio을 scale 이라 하는데 실제 지역을 백 프로 정확하게 지도에 투영할(project) 수는 없다. 가장 오래된 지도는 기원전 6세기 고대 바빌론에서 만들어진 Imago Mundi이다.

위도와 경도

위도와 경도는 지구상의 위치를 나타내는 좌표로 중요한 역할을 한다. 위도는 latitude라고 하는데 동서로 이어지는 가로로 된 평행선으로 나타낸다. 그래서 parallels평행선라고도 한다. 위도는 적도equator를 0으로 하여 북으로 90등분, 남으로 90등분해 좌표를 설정하며 해당 지점을 북위 ~도/분/초, 남위 ~도/분/초 식으로 표시한다.

경도는 longitude라고 하는데 본초 자오선(prime meridian)을 원점으로 하여 동쪽으로 180등분, 서쪽으로 180등분한 세로 좌표이다. 동경 ~도/분/초, 서경 ~도/분/초 식으로 표시한다.

더불어, '수평선의'를 뜻하는 단어 horizontal과 '수직선의'를 뜻하는 단어 vertical도 꼭 알아두자.

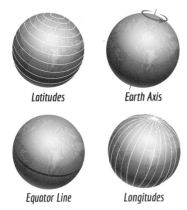

Latitudes   *Earth Axis*

Equator Line   *Longitudes*

자오선

관측자를 중심으로 천정(zenith)에서 천저(nadir)까지 이어지는 선을 자오선, meridian이라 한다. 특히 경도 측정에 기준이 되는 원점(0)에 해당되는 세로선을 본초 자오선prime meridian이라 하는데, 영국의 그리니치 천문대Royal Observatory, Greenwich를 지나는 자오선을 본초 자오선으로 정했다. meridian은 midday정오란 뜻의 라틴어 meridies에서 생겨났다. 같은 어근에서 a.m.ante meridiem 오전과 p.m.post meridiem 오후이 생겨났다.

어원 004 **지도**

160

- **map** 지도 ᐧᐧᐧ 지구 표면의 상태를 일정한 비율로 줄여 그린 것

  ㉐ mappa mundi = map of the world 세상의 지도가 그려진 천

  ★mappa는 지도가 그려진 '천(cloth)'을 가리키며 mundi는 세상이란 뜻의 라틴어 mundus에서 파생함

  ㏄ mundane 세속적인

- **scale** 축척 ᐧᐧᐧ 지도상에 표시되는 지표의 실제 거리에 대한 축소 비율

  ㏄ scale은 일반적으로 '규모', '눈금'이란 의미로 많이 쓰인다.

  ㉐ skælo = split, divide 나누다

| skælo에서 파생한 외국어

(네덜란드어) schaal 축척, 규모, 눈금

- **project** 투영하다 ↢ 반영하여 나타내다

[라] pro = forward 앞으로

[라] iacere = throw 던지다

| iacere에서 파생한 단어

jetty 둑[방파제], 부두 | jet 제트기, 분출

joist 장선, 들보 | jut 돌출하다, 튀어나오다

adjacent 인접한 | subjacent 아래의, 기초[토대]를 이루는

deject ~의 기를 꺾다, 낙담시키다 | eject 쫓아내다

reject 거절하다 | inject 주사하다, 주입하다

interject 말참견을 하다 | interjection 감탄사

abjection 비참한 상태, 비천

projectile 발사체, 발사무기 | trajectory 탄도, 궤적, 궤도

ejaculate 사정하다, 외치다 | conjectural 추측의, 억측하기 좋아하는

adjective 형용사 | gist 요지, 골자

- **latitude** 위도 ↢ 지구 위의 위치를 나타내는 가로 좌표

[라] latus = wide 넓은

- **longitude** 경도 ↢ 지구 위의 위치를 나타내는 세로 좌표

[라] longus = length 길이

- **meridian** 자오선 ↢ 관측자를 중심으로 지평면의 남북점, 천정, 천저를 지나는 선

[라] meridies = noon 정오 (medius = middle 중간의 + dies = day 날)

- **zenith** 천정 ↢ 관측 지점에서 수직선을 위쪽으로 연장했을 때 천구(天球)와 만나는 점

[아랍어] samt (ar-ra's) = path (over the head) (머리 위쪽의) 길

- **nadir** 천저 ↢ 관측 지점에서 수직선을 아래쪽으로 연장했을 때 천구(天球)와 만나는 점

[아랍어] nazir as-samt = opposite direction 반대 방향

시간과
계절
Time &
Seasons

해가 뜨면sunrise 해가 진다sunset.

해가 질 무렵이면 달이 뜨고 밤이 찾아온다.

우리의 하루는 어김없이 그렇게 흘러간다.

24시간 안에…

신기하지 않은가?

어째서 해가 뜨고 해가 지며, 달이 뜨고 달이 지는 것인지,

어째서 우리의 하루는 24시간인 것인지…

그렇게 하루를 대략 365일 정도 지나는 과정에

봄spring, 여름summer, 가을autumn, fall, 겨울winter의 4계절을 지난다.

어떤 나라는 여름만 계속되기도 하고

어떤 나라는 겨울만 계속되기도 한다.

어째서 우리 사는 지구에는 4계절이 나타나며

이 또한 나라마다 다른 것일까?

의아하지 않은가?

당연한 듯 하루를, 계절을 보내고 있지만

생각해보면 정말로 당연한 하루이고 계절인 걸까?

하루 24시간, 1년 365일, 그리고 4계절은

지구상의 시간으로 당연한 듯 영원히 변치 않는 것일까?

시계

해시계
세계 최초의 해시계sundial는 이집트인들과 바빌로니아인들이 기원전 5천년경에 만들었고, 우리나라에선 장영실 등에 의해 조선 세종 때 다양한 해시계들이 만들어졌다.

물시계
해의 그림자를 이용한 해시계sundial란 최초의 시간을 재는 기구가 발명된 이후, 물시계(clepsydra)가 만들어졌다.

괘종시계
그 후 발명된 괘종시계pendulum clock, grandfather clock는 시계추(pendulum)가 양쪽으로 왔다갔다하는(oscillate) 원리를 이용하였다. 괘종시계의 뒤를 이어 오늘날엔 전자시계electronic clock가 주로 사용되고 있다.

손목시계와 벽시계
중세 라틴어 cloccabel 벨에서 파생한 단어 clock은 벽에 걸거나 실내에 두는 시계를 총칭하는 단어이다. 17세기에 발명된 watch는 손목시계나 몸에 지니고 다니는 시계를 가리킨다.

어원 001 **시계**

- **clepsydra** 자격루 ← 물시계
  - *cf.* Clepsydra는 고대 그리스의 물시계를 뜻하였다.
  - 그 kleptein = hide 숨다, steal 훔치다
  - 그 hydor = water 물
  - | kleptein에서 **파생한 단어**
  - kleptomania 병적 도벽
- **pendulum** 추 ← 끈에 매달려 늘어진 물건
  - 라 pendere = hang 걸다

| pendere에서 파생한 단어

pendulous 축 늘어져 대롱거리는 | pendant 펜던트

penchant 취미, 기호 | propensity 경향 (pro = forward 앞으로)

pending 미결인, 계류 중인 | depend 의존하다 (de = down 아래로)

impend 임박하다 | append 첨부하다 (ad = to ~에게)

- **oscillate** **왔다갔다하다, 진동하다** ↔ 흔들려 좌우로 움직이다

[라] oscillare = swing 전후좌후로 흔들리다

| 유의어

swing 전후좌우로 움직이다 | sway 전후좌우로 천천히 흔들리다

rock 전후좌우로 부드럽게 흔들리다

seesaw 아래위[앞뒤]로 번갈아 움직이다

vibrate 진동하다

- **clock** **벽시계, 탁상시계** ↔ 벽에 걸거나 실내에 두는 시계

[라] clocca = bell 벨

[cf.] chronometer 정밀한 시계

- **watch** **손목시계, 회중시계** ↔ 손목에 차거나 몸에 지니고 다니는 작은 시계

[게] wakjan = be awake 깨어 있다

시간

지구가 스스로 한 바퀴를 도는 데, 즉 자전하는 데 걸리는 시간이 지구의 하루이다. 현재는 약 23시간 56분으로 우리는 24시간을 지구의 하루로 규정하고 있다. 또, 지구가 태양 주위를 한 바퀴 도는데, 즉 공전하는 데 걸리는 시간은 지구의 1년이다. 현재는 약 365.25일이 걸리며 우리는 365일을 지구의 1년으로 규정하고 있다.

시간의 단위

지구의 자전주기와 공전주기를 바탕으로 오늘날 시간은 초(second), 분(minute), 시(hour), 더 크게는 일day, 월month, 년year으로 분류

된다. minute는 1시간의 1/60이며, second는 1분의 1/60, 즉 1시간의 1/3,600이다.

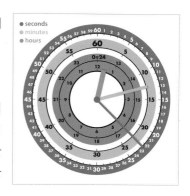

과거, 현재, 미래의 공존을 말하는 이터널리즘
또한 시간은 크게 과거(past), 현재(present), 미래 (future)로 나뉜다. 현재만이 '지금의 시간'이라고 여겨지던 생각과 달리 이터널리즘(eternalism)은 시간도 공간과 비슷하여 과거, 현재, 미래가 모두 공존한다고 주장한다.

어원 002 **시간**

162

- **second** 초 ← 한 시간의 3,600분의 1

  ㉞ secunda pars minuta = second diminished part 두 번째로 줄여진 부분

- **minute** 분 ← 한 시간의 60분의 1

  ㉞ pars minuta prima = first small part 첫 번째 작은 부분

- **hour** 시 ← 하루의 24분의 1

  ㉠ hora = an hour 한 시간 ★더 거슬러 올라가면 인도게르만공통조어 yer(year 년, season 계절)에서 파생되었는데 이 어근에서 year(년) 또한 생겨남

- **past** 과거 ← 현재 이전의 때

  ㉞ passus = step 걸음

  | passus에서 파생한 단어

  passim 여러 곳에 | pace 속도 | compass 나침반

- **present** 현재 ← 지금

  ㉞ prae = before ~의 앞에

  ㉞ esse = be 존재하다

- **future** 미래 ← 현재 이후의 때

  ㉞ futurus = going to be 있을 것인

- **eternalism** 시간공존주의 ← 현재, 과거, 미래가 공존한다는 주의

  ㉞ aeternus = endless 끝이 없는

연월일과 달력

일 년, 한 달, 한 주
일 년(year)이 지구가 태양의 둘레를 한 번 도는 시간인데 비해 한 달 (month)은 달의 공전주기, 즉 달이 지구의 둘레를 한 번 도는 데 걸리는 시간을 토대로 계산한 시간 단위이다. 또한 한 주(week)는 바빌로니아인들이 태양, 달, 수성, 금성, 화성, 목성, 토성 일곱 개의 천체를 관찰하여서 7일이 되었다.

달력
calendar달력의 라틴어 어근인 calendae/kalendae는 로마의 매월 첫날을 가리켰다. 이 어근은 로마 시절 사제가 초하루 달이 뜨는 것을 지켜보다가 초하루calends 달이 뜨면 소리쳐서 알려준 데서 생겨난 라틴 어근 calerecall out 소리치다에서 파생한 단어이다. 초하루는 또한 채무가 만기가 되는 날이라서 라틴어 calendarium은 회계장부란 뜻이 되었다.

윤년
사실 일 년은 365.242189일인데 이것을 365일로 달력을 정리하다 보니 남은 시간들이 합쳐지면 4년마다 거의 하루의 시간이 늘어나는 꼴이 된다. 따라서 4년마다 2월에 하루를 더 더해 29일을 만들었는데 이렇게 2월이 29까지 있는 해를 윤년(leap year)이라고 부른다.

월명의 유래
1월, January는 로마 신화의 시작과 끝의 신이자 출입구gate의 신인 Janus야누스에서 생겨난 단어이다.

2월, February는 라틴어 februapurifications 정화에서 생겨난 단어이다.

3월, March는 로마 전쟁의 신이자 농업의 수호자인 Mars마스에서 생겨난 라틴어 Martius에서 파생한 단어이다. 3월은 농사가 시작되는 달이기 때문에 농업의 수호신인 Mars의 이름을 딴 것이다.

4월, April은 라틴어 aperitopen 열다에서 생겨난 단어이다. aperit에서

apertif식전 반주란 단어도 생겨났다.

5월, May는 로마의 대지와 비옥함의 여신인 Maia마이아에서 생겨났다.

6월, June은 결혼의 여신인 Juno주노에서 생겨났다는 설이 있다.

7월, July는 이 달에 태어난 로마의 황제 율리우스 카이사르Julius Caesar, 영어식 발음은 줄리어스 시저를 기리기 위해 생겨난 단어이다.

8월, August는 로마의 황제 아우구스투스Augustus Caesar를 기리기 위해 생겨난 단어이다.

9월, September는 라틴어 septemseven 7에서 생겨났다. 로마력에선 3월이 1월이었고 9월이 7월이었기 때문에 '7'을 뜻하는 septem에서 유래된 것이다. 10월, 11월, 12월도 마찬가지 이유로 다음과 같은 어근에서 생겨났다.

10월, October는 라틴어 octoeight 8에서 생겨난 단어이다.

11월, November는 라틴어 novemnine 9에서 생겨났다.

12월, December는 라틴어 decemten 10에서 생겨났다.

요일명의 유래

Monday월요일는 고대 영어 monamoon 달와 dægday 일가 합쳐진 단어이다. 라틴어 Lunæ diesmoon day 달의 날에서 생겨난 단어이다. 이 라틴어에서 프랑스어 lundi월요일, 스페인어 lunes월요일, 이탈리아어 lunedi월요일가 파생하였다.

Tuesday화요일는 게르만 신화의 하늘과 전쟁의 신인 Tiu노르웨이 신화에선 Tyr임에서 생겨나서 고대 영어에선 Tīwes dæg(Tiw's Day)가 되었다. 라틴어 dies MartisDay of Mars 로마 신화의 전쟁의 신 마르스의 날를 토대로 생겨난 단어로 로마 신화의 Mars가 Tiu로 대체된 셈이다. 이탈리아어 martedi 화요일와 프랑스어 Mardi화요일는 라틴어에서 파생하였다.

Wednesday수요일는 고대 영어 Wōden's에서 생겨났는데 Wōden보단은 북유럽 신화 최고신이자 지혜, 광기, 전쟁의 신이기도 한 오딘Odin을 가리킨다. 라틴어 dies Mercuriiday of Mercury 로마 신화의 진령의 신이자 상업의 신인 메르크리우스의 날를 토대로 생겨난 단어로 로마 신화의 Mercury가 Wōden으로 대체된 셈이다. 참고로 라틴어 dies Mercurii에서는 수요일을 뜻하는 프랑스어 mercredi, 스페인어 miércoles, 이탈리아어 mercoledì가 생겨났다.

Thursday목요일는 고대 영어 þunresThor's 토르의에서 생겨났는데 북유럽 신화 천둥의 신 토르의 날인 셈이다. 라틴어 Jovis diesday of Jupiter 로마 신화의 천둥의 신 주피터의 날의 뜻을 토대로 생겨난 단어이다. 원래의 라틴어에서 주피터가 토르로 대체된 셈이다. 라틴어에서는 목요일을 뜻하는 프랑스어 jeudi, 스페인어 jueves, 이탈리아어 giovedì가 생겨났다.

Friday금요일는 서게르만어에서 파생한 고대 영어 FrigeFrigg 프리그에서 생겨났으며 북유럽 신화 오딘의 아내이자 결혼과 애정의 여신인 프리그의 날인 셈이다. 이것은 라틴어 dies Venerisday of Venus 로마 신화의 사랑의 여신 비너스의 날를 토대로 생겨난 단어로 비너스가 프리그로 대체된 셈이다. 금요일을 뜻하는 프랑스어 vendredi, 이탈리아어 venerdì, 스페인어 viernes 모두 라틴어에서 파생하였다.

Saturday토요일의 고대 영어 Sæter는 Saturn토성을 가리킨다. 라틴어 Saturni dies Saturn's day 로마 신화의 농업의 신인 사투르누스의 날에서 생겨났다. 참고로 히브리어 shabbathday of rest 휴일에서 독일어 Samstag토요일이 생겨났고 영어 sabbath안식일란 단어도 생겨났다.

Sunday일요일의 Sunnan은 Sun태양을 가리킨다. Sunday는 라틴어 dies solisday of the sun 태양의 날의 뜻을 토대로 생겨난 단어이다.

어원 003 연월일과 달력

163

- **year** 년 ← 지구의 공전주기를 토대로 한 시간 단위

  [게] jēr = year 년

  | jēr에서 파생한 외국어

  (덴마크어) aar 년 | (네덜란드어) jaar 년 | (독일어) Jahr 년
- **month** 월 ← 달의 공전주기를 토대로 한 시간 단위

  [게] menoth = month 월

  | menoth에서 파생한 외국어

  (네덜란드어) maand 월 | (독일어) Monat 월
- **week** 주 ← 7일을 하나로 묶어 표현한 시간 단위

  [게] wikō(n) = turning 선회

  | wikō(n)에서 파생한 외국어

  (독일어) Woche 주
- **calendar** 달력 ← 1년을 월과 일별로 순서대로 표시해놓은 책

  [라] calendae/kalendae = the first day of the Roman month 로마 (매)월의 1일 ★calendae는 calere(call out 소리치다)에서 파생함

| calere에서 파생한 단어

nomenclature 명명법 (nomen = name 이름)

counsel 상담하다, 조언하다 | intercalate 윤달을 넣다[삽입하다]

- **leap year** 윤년 (leap 도약, 높이뛰기) · ‹ 2월이 28일에서 29일로 늘어
나는 해 (4년마다 돌아옴)

  고대영어 hliep = bounce 튀어 오름

- **September** 9월 · ‹ 일 년 중 아홉 번째 달

  라 septem = seven 7

  | septem에서 파생한 단어

  septet 7중주단 | seven 7

- **October** 10월 · ‹ 일 년 중 열 번째 달

  라 octo = eight 8

  | octo에서 파생한 단어

  octopus 문어 (okto(eight 8)와 pous(foot)가 합쳐진 단어임)

  octoroon 백인과 quadroon(흑인의 피가 1/4 섞인 혼혈아) 사이의 혼혈아
  (따라서 octoroon은 흑인의 피가 1/8 섞인 흑백 혼혈아임)

  octogenarian 80대인 사람

  octagon 8각형 | octane 옥탄 (탄소원자 8개가 포함됨)

  octave 옥타브 (원래는 축제 후 8일간의 기간을 가리킴)

  octuplet 8겹의 | eight 8

- **November** 11월 · ‹ 일 년 중 열한 번째 달

  라 novem = nine 9

  | novem에서 파생한 단어

  novena (가톨릭) 9일간의 기도 | nones 가톨릭 제9시과 (과거엔 오후 3시,
  현재엔 정오에 드리는 기도)

- **December** 12월 · ‹ 일 년 중 마지막 달

  라 decem = ten 10

  | decem에서 파생한 단어

  decimal 십진법의, 소수 | decimate 대량으로 죽이다 | decile 십분위 수

  decennial 10년마다의 (decem = ten 10 + annus = year 년)

  decuple 10배 | decussate X자 꼴로 교차하다 | dime 10센트

  dicker 10벌 | dozen 12개의 (duo = two 2 + decem = ten 10)

사계절과 밤낮의 길이

지구가 태양을 공전하는 중심축(axis)이 23.5° 기울어 있기 때문에 그 기울기로 인해 태양 에너지의 분포도가 달라져서 생긴 것이 4계절four seasons이다. season계절은 라틴어 sationemsowing 파종에서 생겨난 단어이다.

봄

spring봄은 봄에 새싹이 돋아나는 모습을 표현하기 위해 spring도약하다에서 14세기에 생겨났다. 라틴어 ver도 '봄'이란 뜻이어서 여기에서 vernal봄의이란 단어가 생겨났다. 참고로, prevernal은 '이른 봄의'를 뜻한다.

spring 이전에는 서게르만어 langitinaz long-days 긴 날들에서 생겨난 lencten이 '봄'과 '사순절의 금식'을 뜻했었다. lencten에서 오늘날의 Lent사순절란 뜻만 남았다.

여름

summer여름는 인도게르만공통조어 semsummer 여름에서 생겨났고 산스크리스어 samaseason 계절도 sem에서 생겨났다. 참고로 serotinal늦여름의은 라틴어 seruslate 늦은에서 생겨난 단어이다.

가을

autumn가을은 라틴어 autumnusautumn 가을에서 생겨난 단어로 낙엽이 떨어지는 것에 빗대어 fall이라고도 한다.

겨울

winter겨울은 게르만조어 wintruzwinter 겨울에서 생겨났고 더 거슬러 올라가면 인도게르만공통조어 wedwet 젖은에서 파생되었다. 참고로 water물도 wed에서 파생한 단어이다.

하지와 동지

solstice는 태양이 적도로부터 북 또는 남으로 가장 멀어진 지점, 즉 극점을 가리킨다. 태양이 적도에서 북으로 가장 멀어진 지점인 고도 23.5도를 하지점, summer solstice라 하고 이 절기를 우리는 하지라고 부른다. 하지는 일 년 중 낮이 가장 길고 밤이 가장 짧다.

반면, 태양이 적도에서 남으로 가장 멀어진 지점인 고도 −23.5도를 동지점, winter solstice라 하고 이 절기를 우리는 동지라고 부른다. 동지는 일 년 중 낮이 가장 짧고 밤이 가장 길다.

참고로, summer solstice는 estival여름의 solstice라고도 하며 winter solstice는 hiemal겨울의 solstice라고도 한다.

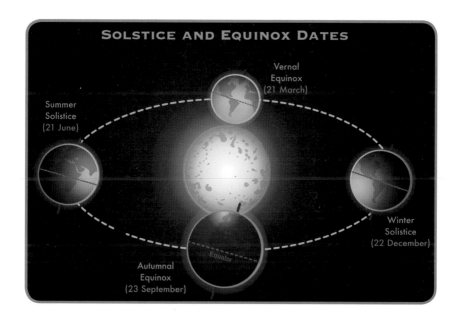

일식과 월식, 춘분과 추분

solar eclipse, 즉 일식은 달이 태양을 가리는 현상이다. 특히 달이 태양을 완전히 가리는 현상은 total solar eclipse, 즉 개기일식이라고 하며 이때 태양 주변이 백색으로 빛나는 부분은 코로나(corona)라고 한다. 또한, 달이 태양 중심만 가려서 태양 가장자리가 고리처럼 빛나는 일식은 annular eclipseannular 고리 모양의, 즉 금환식이라고 한다. 만월일 때만 발생하는 lunar eclipse, 즉 월식은 지구가 태양과 달

사이를 지나면서 지구의 그림자에 달이 가려질 때 발생하며 total lunar eclipse, 즉 개기월식은 지구의 그림자에 달이 완전히 가려지는 현상이다.

참고로, 보니 타일러Bonnie Tylor가 부른 *Total Eclipse of the Heart*는 사랑하는 사람에게 상처를 받았지만 여전히 그 사람을 사랑하며 혼자 남아 외롭고 힘든 마음을 '마음의 개기일식'이라고 표현한 팝송이다.

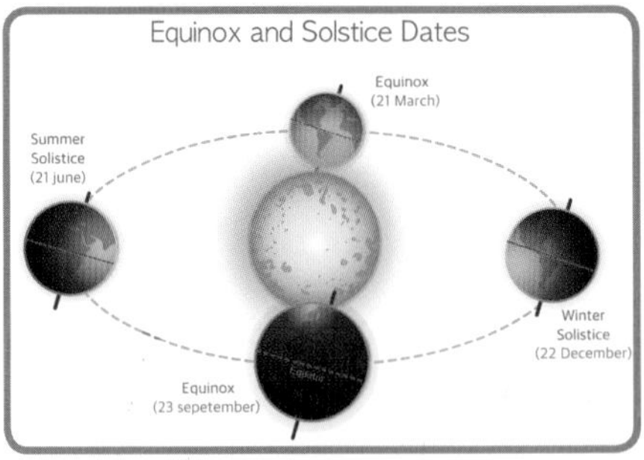

한편, 일 년에 두 번 낮과 밤의 길이가 같아지는 날이 있는데 이때 태양이 지나가는 점을 분점 또는 주야 평분점(equinox)이라고 한다. 봄에 한 번, 가을에 한 번 낮과 밤의 길이가 같아지는데 이를 각각 춘분, 추분이라고 한다. 춘분은 the Spring/Vernal Equinox Day라고 하며 추분은 the Autumnal Equinox Day라고 한다.

어원 004 사계절과 밤낮의 길이

164

- **axis** 축 ← 회전의 중심

  [라] axis = axle 차축, pivot 중심점
- **season** 계절 ← 기후 특징에 따라 일 년을 봄/여름/가을/겨울로 나눈 것

  [라] sationem = sowing 파종
- **spring** 봄 ← 겨울과 여름 사이 계절

  [cf.] spring에는 '샘물', '도약하다'라는 뜻도 있다.

  [14세기] spring 도약하다

  [cf.] 라틴어 ver(the spring 봄)에서 vernal(봄의)이란 영어단어가 생겨났다.
- **summer** 여름 ← 봄과 가을 사이 계절

  [인] sem = summer 여름
- **serotinal** 늦여름의 ← 여름이 끝나가는 무렵의

  [라] serus = late 늦은

  | **serus에서 파생한 단어**

  serotine 철 늦게 피는
- **autumn** 가을 ← 여름과 겨울 사이 계절

  [라] autumnus = autumn 가을

| **autumnus에서 파생한 외국어**

(이탈리아어) autunno 가을 | (스페인어) otono 가을

(포르투갈어) outono 가을

- **winter 겨울** ↔ 가을과 봄 사이 계절

[게] wintruz = winter 겨울

| **wintruz에서 파생한 외국어**

(독일어) Winter 겨울 | (덴마크어)(스웨덴어) vinter 겨울

[cf.] 라틴어 hiems(winter 겨울)에서 hibernation(동면)이란 단어가 생겨났다.

- **solstice (하지와 동지 등의) 지점** ↔ 태양이 적도로부터 북 또는 남으로 가장 멀어져 있는 점

[라] sol = sun 태양

[라] sistere = come to a stop 멈추다

- **eclipse (일식, 월식의) 식** ↔ 한 천체가 다른 천체에 의하여 가려지는 것

[그] ek = out 밖으로

[그] leipein = leave 떠나다

- **lunar 달의** ↔ 달에 관한 또는 달과 관련된

[라] luna = moon 달

- **corona 코로나** ↔ 개기일식 때 눈에 보이는 태양 대기의 가장 바깥층의 가스층

[라] corona = crown 왕관

| **corona에서 파생한 단어**

coronation 대관식 | coronet 귀족이 쓰는 작은 관 | corolla 화관

coroner 검시관 (처음에는 왕족의 재산을 보호하는 경관을 가리켰는데 그 경관의 역할이 후에 주로 사인을 결정하는 것이어서 '검시관'이란 뜻이 됨)

coronary 관상동맥의 (심장을 왕관처럼 둘러싼 혈관구조에서 비롯된 용어)

- **equinox 분점, 주야 평분점** ↔ 일 년에 두 번 낮과 밤의 길이가 같아지는데 이때 태양이 지나가는 점

[라] aequus = equal 같은

[라] nox = night 밤

♪그 밖의 시간 관련 표현들♪

- **시계 및 시간 관련 표현들**

  clock face 시계 문자판 | hour hand (시계) 시침

  minute hand (시계) 분침

  hourglass 모래시계 | chronometer 항해 때 사용하는 정밀 시계

  analogue 아날로그식인 | time zone 표준시간대

  time-keeper 시간 기록원 | timetable 시간표 | timing 시기조절, 타이밍

- **time을 이용한 생활영어 표현들**

  any time 언제라도

  at a time 한 번에 | at one time 한꺼번에, 동시에, 일찍이

  at the same time 동시에 | at times 때때로

  behind the times 시대에 뒤처진, 구식인

  timeworn 낡아빠진 | for the time being 당분간

  from time to time 때때로 | time after time 거듭해서

  time and again 거듭해서 | in good time 일찍이

  ill-timed 시기가 좋지 않은 | high time 무르익은 때

  in time (늦지 않고) 시간 내에 | on time (약속시간에) 딱 맞춰, 제때

  timely 시의적절한 | in no time 당장에, 곧

  keep time 시간을 지키다 | kill time 시간을 때우다

  lifetime 평생, 일생 | time of one's life 매우 즐거운 경험

  daytime 주간 | bedtime 취침시간 | mealtime 식사시간

  pastime 여가시간 (*cf.* pass time 시간을 보내다)

  overtime 잔업, 초과근무 | time out 중간 휴식, 타임아웃

  make time to do ～할 짬을 내다 | make time 서두르다

  have no time 시간이 없다 | have some time to spare 시간이 좀 있다

  Long time no see. 오랜만이야.

황도 별자리

천체 별자리를 연구하여 인간의 운명을 예측하는 것이 점성술(astrology)이다. 이 점성술에 이용되는 것이 바로 황도 별자리, 황도 12궁(zodiac). 1년에 걸쳐 태양이 천체를 지나는 황도 경도를 따라 별자리를 12개로 나눈 것이다. 또한, 점성술의 내용을 그림과 표로 나타낸 것을 천궁도(horoscope)라고 한다.

황도 별자리❶ 양자리

춘분일을 기점으로 3월 21일~4월 19일에 해당하는 별자리가 Aeries 양자리이다. Aeries는 라틴어 airesram 양에서 생겨났다.

황도 별자리❷ 황소자리

4월 20일~5월 20일에 해당하는 별자리인 Taurus황소자리는 라틴어 taurusbull 황소에서 생겨난 명칭이다. 재미있는 점은 동물의 담즙에 들어 있는 물질인 타우린이 황소 담즙bile에서 발견되었기에 taurine이라 불리게 되었다는 것이다.

황도 별자리❸ 쌍둥이자리

5월 21일~6월 21일에 해당하는 별자리인 Gemini쌍둥이자리는 가장 밝은 별인 Pollux폴룩스와 그 다음으로 밝은 Castor카스토르를 포함하고 있다. 그리스 신화에 따르면 이 둘은 쌍둥이지만 Castor는 스파르타 왕과 그 부인 Leda레다 사이에서 생겨난 인간의 아이인 반면, Pollux는 제우스와의 사이에서 생긴 신과의 아이이다. Castor가 죽었을 때 Pollux는 자신의 불멸성을 나눠주고 나란히 쌍둥이 별자리인 Gemini가 되었다.

황도 별자리❹ 게자리

6월 22일~7월 22일에 해당하는 별자리는 Cancer게자리이다. Cancer 는 라틴어로 big crab큰 게을 뜻한다. 암 덩어리 모양이 흡사 게와 비슷하다 하여 질병 이름인 '암'도 cancer라고 하게 되었다.

황도 별자리❺ 사자자리

7월 23일~8월 22일에 해당하는 별자리는 Leo사자자리이다. 라틴어 leolion 사자에서 생겨난 명칭이다. 그리스 신화에서 허큘리스Hercules가 죽인 네메아Nemea 고대 그리스의 한 지역의 사나운 사자에서 유래한다. 사람이름 중 Leonard레오나드는 라틴어 leo에 harthard 강한를 붙여 만든 이름으로, 따라서 이 이름에는 '사자처럼 강한'이란 뜻이 내포되어 있다.

황도 별자리❻ 처녀자리

8월 23일~9월 22일에 해당하는 별자리가 Virgo처녀자리이다. 라틴어 virgovirgin 처녀에서 생겨났다.

황도 별자리❼ 천칭자리

9월 23일~10월 23일에 해당하는 별자리가 Libra천칭자리이다. 라틴어 libra는 pair of scales천칭을 가리킨다. 천칭자리는 별자리 중에서 유일하게 동물 이름을 사용하지 않은 별자리이다. 저울의 상징은 그리스 신화의 법률과 정의의 여신인 Themis테미스가 들고 있는 정의의 저울을 토대로 한다.

황도 별자리❽ 전갈자리

10월 24일~11월 22일에 해당하는 별자리는 Scorpio전갈자리이다. scorpioscorpion 전갈는 그리스 신화의 힘센 사냥꾼 오리온Orion을 죽였는데 이 둘의 별자리(constellation)는 서로 반대편에 놓여 있다.

황도 별자리❾ 궁수자리

11월 23일~12월 21일에 해당하는 아홉 번째 별자리인 Sagittarius 궁수자리는 라틴어 sagittalarrow 화살에서 생겨난 명칭이다. 그리스 신화의 반인반마인 Cantaur켄타우로스와 동일시되곤 한다.

황도 별자리❿ 염소자리

12월 22일~1월 19일에 해당하는 별자리인 Capricorn염소자리은 염소 goat란 뜻의 라틴어 capri와 뿔horn이란 뜻의 cornu가 합쳐진 단어이다.

황도 별자리⓫ 물병자리

1월 20일~2월 18일에 해당하는 별자리는 Aquarius물병자리이다. 라틴어로 물을 운반하는 사람water carrier이란 뜻의 aquarius에서 생겨난 명칭이다.

황도 별자리⓬ 물고기자리

2월 19일~3월 20일에 해당하는 마지막 12번째 별자리는 Pisces물고기자리이다. 물고기fish를 뜻하는 라틴어 pisces에서 생겨난 명칭이다.

별자리와 불, 공기, 흙, 물의 성질

점성술에 따르면 양자리Aries, 사자자리Leo, 궁수자리Sagittarius는 불의 성질을 갖고 있어서 열정적이며, 쌍둥이 자리Gemini, 천칭자리Libra, 물병자리Aquarius는 공기의 성질을 갖고 있어서 사회성이 뛰어나다고 한다. 황소자리Taurus, 처녀자리Virgo, 염소자리Capricorn는 흙의 성질을 갖고 있어서 현실적이며 물질을 중요시하고, 게자리Cancer, 전갈자리 Scorpio, 물고기 자리Pisces는 물의 성질을 갖고 있어서 감수성이 예민하다고 한다.

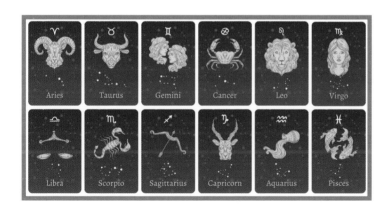

165

어원 005 황도 별자리

- **astrology** 점성술 ← 별의 빛이나 위치 등을 보고 점치는 것

  [그] astron = star 별

  | astron에서 파생한 단어

  astronomy 천문학

- **zodiac** 황도 12궁(도) ← 황도대에 있는 12 별자리

  [그] zoion = animal 동물

- **horoscope** 천궁도 ← 점성술의 도표

  [그] hōra = hour 시간, season 계절

  [그] skopos = watcher 관찰자

- **Aeries** 양자리 ← 3월 21일에서 4월 19일에 해당하는 별자리

  [라] aires = ram 양

- **Taurus** 황소자리 ← 4월 20일에서 5월 20일에 해당하는 별자리

  [라] taurus = bull 황소

- **Gemini** 쌍둥이자리 ← 5월 21일에서 6월 21일에 해당하는 별자리

  [라] gemini = twins 쌍둥이

  | gemini에서 파생한 단어

  geminate 이중자음의 | gimbal 짐벌 (나침반 · 크로노미터를 수평으로 유지하는 장치)

- **Cancer** 게자리 ← 6월 22일에서 7월 22일에 해당하는 별자리

  [라] cancer = big crab 큰 게

  | cancer에서 파생한 단어

  cancrivorous 게와 다른 갑각류를 먹는 | cancerous 암에 걸린

  chancre 경성하감 (성병에 의해 성기 주위에 생기는 통증이 없는 궤양)

  carcinoma 상피성 암, 암종 | canker 동고병, 궤양, 병폐

  carcinogen 발암물질 (karkinos = crab 게)

- **Leo** 사자자리 ← 7월 23일에서 8월 22일에 해당하는 별자리

  [라] leo = lion 사자

  | leo에서 파생한 단어

  lion 사자 | leonard 표범 | leonine 사자 같은

- **Virgo** 처녀자리 ← 8월 23일에서 9월 22일에 해당하는 별자리

  [라] virgo = virgin 처녀

| virgo에서 파생한 단어

virgin 처녀 | virginity 처녀성

- **Libra** 천칭자리 ⊷ 9월 23일에서 10월 22일에 해당하는 별자리

[라] libra = pair of scales 천칭

- **Scorpio** 전갈자리 ⊷ 10월 23일에서 11월 22일에 해당하는 별자리

[라] scorpio = scorpion 전갈

- **constellation** 별자리 ⊷ 별들이 모여 있는 위치와 모양에 따라 밝은 별을 중심으로 천구를 나눈 것

[라] com = with 함께

[라] stella = star 별

- **Sagittarius** 궁수자리 ⊷ 11월 23일에서 12월 21일에 해당하는 별자리

[라] sagittal = arrow 화살

| sagittal에서 파생한 단어

sagittal 화살 모양의, 시상 봉합의, 두개골의

- **Capricorn** 염소자리 ⊷ 12월 22일에서 1월 19일에 해당하는 별자리

[라] capri = goat 염소

[라] cornu = horn 뿔

| cornu에서 파생한 단어

cornucopia 풍요의 뿔, 보고 | cornichon 식초에 절인 작은 오이

corn 티눈 | cornea 각막 | cornet 코넷, 코넷 연주자

- **Aquarius** 물병자리 ⊷ 1월 20일에서 2월 18일에 해당하는 별자리

[라] aquarius = water carrier 물을 운반하는 사람

| aquarius에서 파생한 단어

aquarian 물자리의 | aquarium 수족관

- **Pisces** 물고기자리 ⊷ 2월 19일에서 3월 20일에 해당하는 별자리

[라] pisces = fish 물고기 ★더 거슬러 올라가면 인도게르만공통조어 pisk(fish 물고기)에서 파생함

| pisk에서 파생한 단어

fish 물고기 | piscine 물고기의 | porpoise 알락돌고래 (porc = pig 돼지)

22

날씨와 자연

Weather & Nature

하늘의 표정은 매일 바뀐다.
계절별, 시기별로 약속이나 한 듯 나타나는 표정도 있다.
화창한 하늘도 그 표정의 색과 기운은 매일이 다르다.

먹구름이 끼는가 싶더니 비rain가 오는 날도 있다.
가끔은 천둥번개thunder and lightning를 동반한
폭풍storm을 마주하기도 하고,
태풍typhoon이라는 반갑지 않은 손님을 마주하기도 한다.
그리고 겨울이면 아이들은 눈snow을 기다린다.
비나 눈이 너무 심하게 와도 문제지만
비나 눈이 너무 안 와도 가뭄drought으로 힘들어진다.

한편, 과학의 발달로 각종 연료를 맘껏 사용하며
난방, 차량 등 온갖 물질의 이기와 편리함을 누리는 사이
대기는 미세먼지fine dust와 온실효과greenhouse effect 등으로
몸살을 앓고 있다.
지구 온난화로 인한 전 지구적 기후변화climate change가 심화되고 있다.

지금 당신이 바라보는 하늘과
당신이 느끼는 대기의 공기는 어떠한가?
날씨weather와 기후climate는 지구의 건강을 방증한다.
지금 우리의 지구는 건강할까?

날씨와 기온

날씨와 기후

태양, 비, 바람, 구름, 기온(temperature) 등의 상태와 변화, 한 마디로 대기의 상태를 날씨(weather)라고 한다. 특정 지역에서 오랫동안 반복되는 기상 상태는 기후(climate)라고 한다

기온, 섭씨와 화씨

기온은 '도degree'로 표시하는데 섭씨(centigrade)는 물의 어는점을 0도, 끓는점을 100도로 하는 온도의 눈금scale이다. 섭씨 온도 눈금을 발명한 스웨덴의 천문학자 Anders Celsius안데르스 셀시우스의 이름을 따서 Celsius라고도 일컫는다.

화씨(Fahrenheit)는 물의 어는점을 32도, 끓는점을 212도로 정하고 이를 180등분한 온도의 눈금이다. 그 발명가인 프로이센의 물리학자physicist Gabriel Daniel Fahrenheit가브리엘 다니엘 파렌하이트의 이름을 따서 Fahrenheit라고 일컫는다. 참고로, Kelvin켈빈은 절대온도의 단위로 섭씨 0도는 273.15K와 같다. Kelvin은 영국의 물리학자 Lord Kelvin켈빈 경의 이름을 딴 것이다.

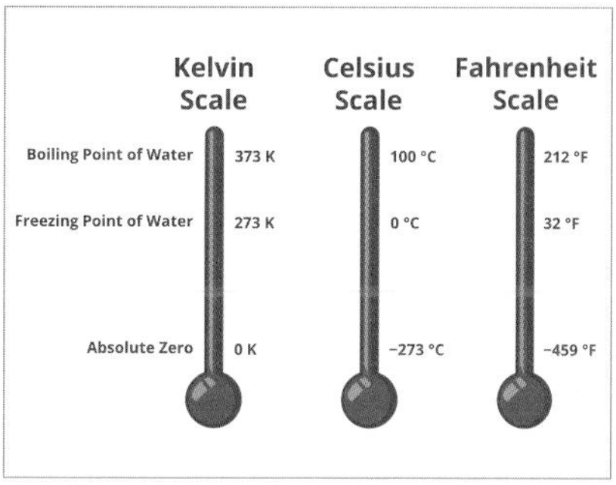

[어원 001] 날씨와 기온

166

- **temperature** 기온 ↞ 대기의 온도
  [라] temperare = blend 섞다
- **weather** 날씨 ↞ 태양, 비, 바람, 구름, 기온 등과 같은 대기의 상태
  [게] wedram = wind 바람, weather 날씨
  | **wedram에서 파생한 외국어**
  (네덜란드어) weder 날씨 | (독일어) Wetter 날씨
- **climate** 기후 ↞ 특정 지역에서 오랫동안 반복되는 기상 상태
  [라] clima = region 지역, slope of the Earth 지구의 경사면

| clima에서 파생한 단어

climax 절정 (klinein = slop 경사지다) | anticlimax 실망스러운 결말
acclimate 새 풍토에 순응하다

- **centigrade** 섭씨 ᐟᐟᐟ 물의 어는점을 0도, 끓는점을 100도로 하고, 그 사이
  를 백등분해서 정한 온도의 눈금
    - ㉡ centum = hundred 100
    - ㉡ gradi = go 가다, walk 걷다
- **Celsius** 섭씨 ᐟᐟᐟ 물의 어는점을 0도, 끓는점을 100도로 하고, 그 사이를 백
  등분해서 정한 온도의 눈금
    - ★스웨덴의 천문학자 Anders Celsius의 이름을 따서 Celsius라고 함
- **Fahrenheit** 화씨 ᐟᐟᐟ 물의 어는점을 32도, 끓는점을 212도로 하고, 그 사
  이를 180등분한 온도의 눈금
    - ★프로이센의 물리학자 Gabriel Daniel Fahrenheit의 이름을 따서
      Fahrenheit라고 함

비

상승기류와 강수

지표가 가열되면 물은 수증기가 되어 열과 함께 대기atmosphere 위쪽으
로 상승하게 된다. 이때 이런 공기의 흐름을 상승기류(ascending air
current)라고 한다. 이렇게 상승기류를 타고 증발된 물방울, 즉 수증
기는 응축되어 구름을 형성하는 데 일조한다. 수증기의 양이 많아지
고 대기의 온도가 높으면 응축된 수증기는 다시 빗방울raindrop이 되어
지상으로 떨어지는데 이런 현상을 우리는 비(rain)라고 한다. 대기의
온도가 충분히 높지 않으면 눈이나 진눈개비(sleet), 우박(hail)의 형
태로 지상에 떨어진다. 이렇게 하늘에서 비나 눈, 우박 등의 형태로
떨어지는 물을 전문용어로 '강수(precipitation)'라고 한다.

비와 무지개

무지개, rainbow는 비가 내린 후 공기 중의 작은 물방울이 햇빛을

받아 여러 색으로 분산되어 나타나는 현상이다. 그리스 신화에서 무지개의 여신은 Iris이리스인데 신들 간의 사자messenger일뿐 아니라 인간과 신을 연결하는 역할을 한다. 그리스 신화의 최고신인 제우스Zeus는 천둥, 번개, 구름과 비의 신이기도 하다.

이슬과 안개
기온이 차가워지면 수증기가 뭉쳐 생기는 물방울이 이슬(dew)이다. 대기 중 수증기가 응결(condensation)하여 작은 물방울이 떠 있는 것은 안개(fog)라고 한다.

가뭄과 홍수
강수가 축적되고accumulate 그 결과 범람하게 되면(inundate) 발생하는 것이 홍수(flood)다. 반대로 강수가 적어서 물이 마르게 되는 현상을 가뭄(drought)이라고 한다.

어원 002 비

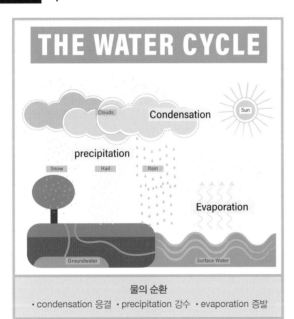

167

THE WATER CYCLE

Clouds
Condensation
Sun
precipitation
Snow
Hail
Rain
Evaporation
Groundwater
Surface Water

물의 순환
· condensation 응결 · precipitation 강수 · evaporation 증발

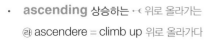

- **ascending** 상승하는 ·◁ 위로 올라가는
  ㉥ ascendere = climb up 위로 올라가다

- **rain 비** ↞ 대기 중의 응축된 수증기가 빗방울이 되어 지상으로 떨어지는 것

  [게] regna = rain 비

  | **regna에서 파생한 외국어**

  (네덜란드어) regen 비 | (독일어) Regen 비

- **sleet 진눈개비** ↞ 비가 섞여 내리는 눈

  [게] slautjan = sleet 진눈개비

  | **slautjan에서 파생한 외국어**

  (덴마크어) slud 진눈개비 | (스웨덴어) sloud 진눈개비

- **hail 우박** ↞ 큰 물방울이 공중에서 찬 기운을 만나 얼어 떨어지게 되는 덩어리

  [게] haglaz = hail 우박

  | **haglaz에서 파생한 외국어**

  (독일어) Hagel 우박

- **precipitation 강수, 강수량** ↞ 비, 눈, 우박 등의 형태로 지상으로 떨어지는 물 또는 그 물의 총량

  [라] praeceps = steep 가파른, precipice 벼랑

- **dew 이슬** ↞ 기온이 내려가면 수증기가 엉겨서 생기는 물방울

  [게] dawwaz = dew 이슬

  | **dawwaz에서 파생한 외국어**

  (독일어) Tau 이슬

- **condensation 응결** ↞ 포화(saturation) 상태의 기체가 온도가 내려가거나 압력을 받아 액체로 변하는 것

  [라] condensare = make dense 조밀하게 만들다

- **fog 안개** ↞ 지표면 근처에 아주 작은 물방울이 부옇게 떠 있는 현상

  ★스칸디나비아어에서 생겨난 단어라고 추정

  [cf.] 덴마크어 fog는 spray(물보라)를 뜻한다.

- **inundate 범람시키다** ↞ 큰물이 흘러 넘치게 하다

  [라] inundare = overflow 넘쳐흐르다

- **flood 홍수** ↞ 많은 비가 와서 크게 불은 물

  [게] floduz = deluge 폭우

  | **floduz에서 파생한 외국어**

  (네덜란드어) vloed 홍수 | (독일어) Flut 폭우

- **drought 가뭄** ↞ 오랫동안 비가 내리지 않아 메마른 상태

[게] dreug = dry 마른

[cf.] drain 물을 빼내다, 배수시키다

눈

눈(snow)도 비와 마찬가지로 구름에서 내리는 결정체이지만 비와 다른 것은 물이 아니라 얼음 결정체ice crystals가 떨어진다는 점이다. 그리스 신화의 키오네Khione가 눈과 겨울의 여신이다.

눈사태

눈사태는 avalanche라고 한다. 스위스어의 하나인 로만스어 avalantzedescent 하강에서 생겨난 단어인데 스위스가 눈이 많이 내리는 나라이니 '눈사태'란 단어가 거기에서 유래할 법하다.
한편, 산중턱의 돌이나 흙 등이 지진 등으로 인해 떨어져 내리는 산사태는 landslide라고 한다. 선거에서 큰 표 차이로 이기는 '압도적 승리'를 이 표현을 따 landslide victory라고 한다.

[어원 003] 눈

168

- **snow** 눈 ← 대기 중의 수증기가 찬 기운을 만나 얼어서 떨어지는 것
  [게] snaiwaz = snow 눈
  | **snaiwaz에서 파생한 외국어**
  (네덜란드어) sneeuw 눈 | (독일어) Schnee 눈
- **avalanche** 눈사태 ← 많이 쌓였던 눈이 갑자기 무너져 내리는 것
  [로만스어] avalantze = descent 하강
- **landslide** 산사태 ← 산 중턱의 흙 등이 갑자기 무너져 내리는 것
  [게] landja = land 땅
  [게] slidan = slide 미끄러지다
  | **landja에서 파생한 외국어**
  (독일어) Land 땅

| slidan에서 파생한 외국어

(독일어) Schlitten 썰매

바람과 폭풍

바람

그리스 신화의 Zephyrus제피로스는 서풍의 신인데 이로부터 zephyr미풍이란 표현이 생겨났다. 그리스 신화의 산들바람의 여신인 Aura아우라에서 생겨난 단어 aura는 한 사람이 풍기는 독특한 분위기를 가리킨다. 바람을 뜻하는 일반적인 표현 wind는 게르만조어 windaz에서 생겨난 단어이다.

천둥과 번개

그리스 신화의 천둥의 신은 최고신인 제우스Zeus이다. 요즘 영화에 자주 등장하는 천둥의 신 토르Thor는 북유럽 신화의 최고신인 오딘Odin의 아들이다.

천둥(thunder)은 번개 때문에 10,000℃ 이상이나 가열된 공기가 심하게 팽창해서 나는 소리이다. 번개(lightning)는 구름과 구름, 구름과 지표면 사이에서 공중 전기의 방전이 일어나 만들어지는 불꽃이다. 그리스 신화의 극락정토Elysian Fields는 원래 번개를 맞은 사람들이 가는 장소란 뜻이었다가 영혼이 머물게 되는 천국을 가리키게 되었다. 번개 맞는 것을 제우스가 내린 축복이라 여긴 것이다.

영어 표현 중에 a bolt out of blue는 '날벼락'이란 뜻인데 파란 하늘에서 갑자기 비치는 번개bolt를 가리킨다.

폭풍

비바람이나 눈보라를 동반하며 때로는 천둥번개를 동반하기도 하는 궂은 날씨를 일반적으로 폭풍, storm이라고 한다. 그 중에서도 특히 북태평양 남서부에서 발생하여 아시아 대륙 동부로 불어오는 폭풍우를 동반한 열대성 저기압을 태풍, typhoon이라고 한다. 이는

typhonwhirlwind 회오리바람에서 생겨난 단어로, 그리스 신화의 어깨에 100 마리 용이 있는 괴물인 Typhon과 관련이 있어 보인다. 또한, 미국 중남부에서 주로 일어나는 공기의 소용돌이는 토네이도(tornado)라고 한다. 그 밖에 눈보라는 blizzard, 뇌우는 thunderstorm, 용오름은 waterspout라고 한다.

어원 004 바람과 폭풍

169

- **zephyr** 미풍 ← 부드러운 바람

  [그] Zephyrus 제프루스 (그리스 신화의 서풍의 신)
- **aura** (한 사람의 독특한) 분위기 ← 한 사람에게서 풍겨 나오는 느낌

  [그] Aura 아우라 (그리스 신화의 산들바람의 여신)
- **wind** 바람 ← 기압의 변화 등으로 인한 공기의 흐름

  [게] windaz = wind 바람

  | windaz에서 파생한 외국어

  (네덜란드어) wind 바람 | (독일어) Wind 바람
- **thunder** 천둥 ← 번개로 인해 10,000℃ 이상이나 가열된 공기가 심하게 팽창해서 나는 우르릉쾅쾅 소리

  [게] thunraz = thunder 천둥

  | thunraz에서 파생한 외국어

  (네덜란드어) donder 천둥 | (독일어) Donner 천둥
- **lightning** 번개 ← 공중 전기의 방전이 일어나 생기는 불꽃

  [고대영어] lihtan/liehtan = ignite 불을 붙이다
- **typhoon** 태풍 ← 폭풍우를 동반한 열대성 저기압

  [그] typhon = whirlwind 회오리바람
- **tornado** 토네이도 ← 미국 중남부에서 주로 일어나는 공기의 소용돌이

  [라] tonare = thunder 우르렁거리다

  | tonare에서 파생한 단어

  intonate 억양을 넣어 말하다

  detonate 폭발하다

  astonish 놀라게 하다

지진과 쓰나미

지진

지구 내부의 힘에 의해 지진파seismic wave가 발생하며 생기는 지각의 움직임이 지진earthquake이다. 지진을 연구하는 학문은 seismology 라고 한다.

지진이 발생하면 지층이 갈라져 단층(fault)이 생기게 된다. 지진의 세기는 강도magnitude로 표시하고, 지진이 발생하는 중심점 수직 위쪽의 표면은 진원지(epicenter)라고 한다.

쓰나미

지진이 바다 밑에서 일어나 거대한 해파sea wave가 생기는 현상은 쓰나미(tsunami)라고 한다. tsunami는 일본어 tsuharbor 항구와 namiwave 파도에서 생겨난 단어이다.

어원 005 지진과 쓰나미

170

- **seismology 지진학** ← 지진에 대해 연구하는 학문
  [그] seismos = shaking 흔들림
- **fault 단층** ← 지각 변동으로 지층이 갈라져 어긋나는 현상
  [cf.] 일상생활에서 fault는 보통 '실수, 잘못'이란 의미로 쓰인다.
  [라] falsus = deceptive 기만하다
- **epicenter 진원지** ← 최초로 지진파가 발생한 중심점의 수직 위쪽 표면
  [그] epi = above 위에
  [그] kentron = sharp point 뾰족한 점
  | **kentron에서 파생한 단어**
  eccentric 괴짜인
- **tsunami 쓰나미** ← 지진이나 화산 폭발로 발생하는 해일
  [일본어] tsu = harbor 항구
  [일본어] nami = wave 파도

기타 날씨와 자연현상

아지랑이
햇빛이 내리쬘 때 지표면 부근에서 위쪽으로 올라가는 공기를 아지랑이(haze)라고 한다.

신기루
사막 같은 지역에서 빛의 굴절(refraction)로 인해 어떤 물체가 있는 것처럼 보이는 것을 신기루(mirage)라고 한다.

에어로졸
구름은 먼지나 소금 같은 물질들과 태양열에 의해 증발한evaporate 수증기water vapor가 합쳐져 형성된 것이다. 이렇듯 기체 안에 액체나 고체 입자들이 부유하는suspend 것을 에어로졸(aerosol)이라고 한다.

먼지와 황사
공기 중의 모래보다 작은 입자의 고체를 먼지(dust)라고 하며 그 중 입자가 더 작은 미세먼지fine dust가 하늘로 올라갔다 다시 가라앉는 현상을 황사yellow dust라고 한다.

엘니뇨 현상
El Nino, 즉 엘니뇨 현상은 수 년에 한 번씩 남미의 서해안에서 해수면이 따뜻해지는 기후현상이다. 크리스마스 즈음 페루와 에콰도르 해안 주변에 발생하기 때문에 스페인어로 아기 예수를 뜻하는 Nino란 이름이 붙었다.

온실효과
태양열이 지구 대기권 아래쪽에 갇혀 지구 표면의 온도가 상승하는 것을 온실효과, 즉 greenhouse effect라고 한다. 온실가스의 영향으로 태양열이 대기권밖으로 방출되지 못해 일어나는 현상인데, 이에 영향을 주는 온실가스 중 이산화탄소(carbon dioxide) 배출량이 가장 큰 비중을 차지한다.

[어원 006] 기타 날씨와 자연현상

171

- **haze** 아지랑이 ← 지면 부근에서 공기가 아른거리며 위쪽으로 올라가는 것처럼 보이는 것

  ★18세기 초에 생겨난 단어
- **refraction** 굴절 ← 빛이나 음파 등이 어떤 표면에 부딪혀 진행 방향이 꺾이는 현상

  [라] re = back 다시

  [라] frangere = break 깨지다

  | **frangere에서 파생한 단어**

  frangible 부러지기 쉬운, 약한 | fragile 부서지기 쉬운, 취약한

  refrangible (광선 등이) 굴절성의 | anfractuous 굴곡이 많은, 구불구불한

  fragment 조각, 파편 | fracture 골절, 균열

  fraction 부분, 일부, 분수 | diffraction 회절

  infringe 위반하다, 침해하다 | infraction 위반

  refrain 삼가다, 자주 반복되는 말[불평] | defray 돌려주다[갚아주다]
- **mirage** 신기루 ← 빛의 굴절 현상에 의하여 마치 공중이나 땅 위에 뭔가가 있는 것처럼 보이는 것

  [라] mirare = look at ~를 보다

  | **mirare에서 파생한 단어**

  mirror 거울
- **aerosol** 에어로졸 ← 액체 및 고체 등의 미세한 입자가 혼합되어 공기 중에 부유하는 것

  [라] aero = air 공기

  | **aero에서 파생한 단어**

  aerobic 유산소의, 유산소 운동의

  aerospace 항공우주산업 | aeronautics 항공학, 항공술

  aerodynamics 공기역학, 항공역학 | aerodrome 비행장

  aerobatics 곡예비행 | aerophobia 혐기증, 비행 공포증

  aerophyte 기생식물 | anaerophyte 혐기성 식물 (공기 없이 성장하는 식물)
- **dust** 먼지 ← 작고 가벼운 티끌

  [게] dunstaz = dust 먼지

| dunstaz에서 파생한 외국어

(독일어) Dunst 엷은 안개

- **carbon dioxide** 이산화탄소 ← 탄소와 산소의 화합물

  ㈜ carbonem = coal 석탄

  ㈜ di = two 2 ㉄ oxys = sharp 날카로운, acid 산성의

♪그 밖의 날씨와 자연 관련 표현들♪

- 날씨와 기온

  good weather 화창한 날씨 | Queen's weather 아주 쾌청한 날

  bad weather 궂은 날씨 | severe weather 지독하게 궂은 날씨

  dog days 삼복더위 때 | heat wave 무더위, 폭염 | cold wave 한파

  Indian summer 가을에 한동안 비가 오지 않고 날씨가 따스한 기간

  air current 기류 | temperature warmth 온기 | comfort zone 쾌감대

  meteorology 기상학 | climatology 기후학

- 비와 폭풍

  monsoon 동남아시아의 여름철 우기

  rainstorm 폭풍우 | downpour 폭우 | deluge 폭우

  pelter 억수 같은 비 | torrent 급류, 마구 쏟아짐

  cloudburst 소나기, 억수 | rain shower 소나기

  drizzle 보슬비, 가랑비, 보슬보슬 내리다

  pour 비가 퍼붓다 | pelt down on ~에 퍼붓다

  come down in buckets 양동이로 퍼붓듯 쏟아지다

  rain cats and dogs 비가 억수같이 쏟아지다

- 바람과 폭풍

  breeze 미풍 | blast 강한 바람 | blow 강풍

  gale 돌풍 | gust 세찬 바람

  draft 외풍 | flurry 질풍

  tempest 폭풍 | whirlwind 회오리바람

  cyclone 강한 회오리바람을 일으키는 인도양의 열대성 폭풍

  pampero 남미 안데스산맥에서 팜파스로 부는 바람

  chinook 겨울 끝에 로키 산맥 동쪽에 부는 따뜻한 바람

  mistral 프랑스 남부의 거센 겨울바람

  polar easterlies 한대 편동풍 | westerlies 편서풍

  horse latitude 아열대 무풍대 | trade winds 무역풍대

  the doldrums 적도 무풍대 | anabatic wind 활승 바람

  katabatic wind 활강 바람 (kata = down 아래로)

- 눈

  snowball 눈덩이 | snowball fight 눈싸움 | snowman 눈사람

  snowflake 눈송이 | flurry 눈발

  corn snow 싸라기 눈 | heavy snow 폭설

  whiteout 강설로 시계가 하얗게 된 상태

  snow lightly 눈이 약간 내리다 | snow under 눈에 묻히다, 압도하다

  clear away snow 눈을 치우다 | shovel 삽질하다

  frostbitten 동상에 걸린 | frostbite 동상

- 날씨 관련 관용표현

  have one's head in the clouds 공상에 잠기다

  on a cloud (구어) 기분이 삼삼한 | under a cloud 의심받는

  under the weather 컨디션이 나쁜, 몸이 아픈

23

다양한
동식물

Animals &
Plants

지구는 태양계_{solar systme}에서
유일하게 생명체_{living things}가 존재하는 행성_{planet}이다.
지구상의 생명체는 비단 인간만이 아니다.
우리 주변을 둘러싼 모든 곳에
우리 눈에 보이건 보이지 않건
다양한 동식물이 존재하고 있다.

인간을 포함한 다양한 동식물은 서로가 있기에 살아갈 수 있다.
전적으로 유해하기만 한 생명도
전적으로 이롭기만 한 생명도 없다.
겉보기에 해로워 보이는 생명도 하루아침에 멸종해버리면_{become extinct}
지구상의 생태계_{ecosystem}가 망가지고
생태계가 망가지면 인류의 생존도 위협을 받는다.

그러니 어떠한 생명도 소중하지 않은 생명은 없다.

진화와 생물의 다양성

진화론(the theory of evolution)의 선구자인 찰스 다윈Charles Darwin은 지구상의 생물은 모두 공통의 조상ancestor에서 수십억 년에 걸친 진화를 통해 분화되고 다양화(diversity)되었다고 말한다. 즉 생물학적으로 환경에 우세한 개체가 살아남는다고 본 자연선택(Natural Selection)이나 적자생존(the Survival of the Fittest)에 의해 진화가 일어난다는 것이다.
거슬러 올라가고 올라가면 공통의 조상에 뿌리를 두고 있기에 오늘날 지구상의 생물들은 공통점을 갖고 있기도 하고, 또한 수십억 년에 걸쳐 진화에 진화를 거듭하며 다양화되었기에 종별로 각각의 특징이 나타나기도 한다.

어원 001 **진화와 생물의 다양성**

172

- **evolution** **진화** ↔ 생물의 종이 오랜 세월에 걸쳐 생존에 유리한 방향으로 점차 변화하는 것
  ㉣ evolvere = unroll 펼치다, 펴다
- **diversity** **다양성** ↔ 하나에 국한되지 않고 여러 가지 양상을 보이는 성질
  ㉣ divertere = turn aside 벗어나다
- **Natural Selection** **자연선택, 자연도태** ↔ 자연계에서 그 생활 환경에 적응하는 생물만이 살아남고 나머지는 점차 사라져가는 현상
  ㉣ naturalis = by birth 출생에 의해
  ㉣ se = apart 떨어져 ㉣ legere = gather 모이다
- **the Survival of the Fittest** **적자생존** ↔ 환경에 적응하는 생물만이 살아남는 현상
  ㉣ super = over ~이상 ㉣ vivere = live 살다
  (15세기) fit '환경에 적합한'이란 뜻으로 15세기에 생긴 뜻

체온과 동물

온혈동물

우리 인간은 기온이 낮으면 체내 발열을 적게 하여 체온 항상성(homeostasis)을 유지하고 곰처럼 동면hibernation을 하는 동물들은 지방을 축적하여 항상성을 유지한다. 또, 박쥐는 매일 휴면(torpor)을 취하여 에너지를 비축하는 방식으로 항상성을 유지한다. 이처럼 신진대사를 조절하여 체온을 유지하는 동물을 온혈동물이라고 하며, 영어로는 endotherm그리스어 endon = within 안에서 + therm = heat 열 또는 **warm-blooded animal**이라고 한다. 참고로 온혈동물인 인간은 약 37도의 체온을 유지한다.

변온동물

온혈동물과는 반대로 스스로 체온을 조절할 수 없어 외부 환경에 따라 온도가 변하는 동물을 변온동물이라고 하며, 영어로는 ectotherm 또는 cold-blooded animal이라고 한다. 포유류와 조류를 제외한 모든 동물이 변온동물에 속한다.

어원 002 체온과 동물

173

- **homeostasis** **항상성** ↔ 신체가 일정 상태를 유지하는 것
  [그] homio = like 같은
  [그] stasis = standing still 가만히 있음, position 위치
- **torpor** **휴면** ↔ 활동을 하지 않고 쉬는 상태
  [라] torpere = be numb 감각이 없어지다
- **endotherm** **온혈동물** ↔ 일정한 체온을 유지하는 동물
  [그] endon = within 안에서 [그] therm = heat 열
  | **therm에서 파생한 단어**
  isotherm 등하온선 | thermal 온도의 | thermometer 온도계
  thermostat 온도조절장치 | thermodynamic 열역학의
- **ectotherm** **변온동물** ↔ 주변 온도에 따라 체온이 변하는 동물
  [그] ectos = outside 밖에서 [그] therm = heat 열

척추동물

수십억 년에 걸쳐 진화된 생물계는 공통점과 다양성을 동시에 갖고 있는데, 이러한 특징에 기초해 생물을 일정한 규칙에 따라 분류하고 연구하는 학문을 분류학(taxonomy)이라고 한다. 이러한 분류학에 따르면 동물은 크게 척추동물과 무척추동물로 나뉜다.

먼저, 척추동물은 영어로 vertebrate라틴어 vertebra = joint 마디라고 한다. 고래, 코끼리, 소 같은 포유류(mammal), 도마뱀, 뱀, 악어 같은 파충류(reptile), 도롱뇽과 개구리 같은 양서류(amphibian), 독수리와 갈매기 같은 조류(birds), 고등어, 꽁치, 가자미 같은 어류(fish)가 척추동물에 속한다.

어원 003 **척추동물**

174

- **taxonomy** 분류학 ‣‹ 생물계를 일정한 규칙에 따라 분류하고 연구하는 학문

  ⊃ taxis = arrangement 배열

  ⊃ nomia = method 방법

  cf. 동식물 분류 단위

  species 종 〈 genus 속 〈 family 과 〈 order 목 〈 class 강 〈 phylum 문 〈 kingdom 계

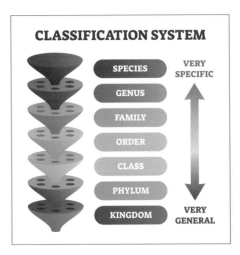

- **vertebrate** 척추동물 ↞ 척추, 즉 등뼈가 있는 동물

  [라] vertebra = joint of the spine 척추의 연결 부위
- **mammal** 포유류 ↞ 동물 가운데 가장 고등한 척추동물

  [라] mamma = breast 가슴
- **reptile** 파충류 ↞ 거북이, 뱀, 악어 등의 척추동물 부류

  [라] reptilis = crawling 기는
- **amphibian** 양서류 ↞ 물이나 땅에서 모두 생활하는 척추동물

  [그] amphi = of both kinds 두 종류의

  [그] bios = life 생명
- **bird** 새, 조류 ↞ 하늘을 나는 동물의 부류 [cf.] fowl 가금류

  [고대영어] bridd = chick 새끼 새
- **fish** 물고기, 어류 ↞ 지느러미가 있고 아가미로 호흡하며 수중생활을 하는 척추동물

  [게] fiskaz = fish 물고기

  | **fiskaz에서 파생한 외국어**

  (네덜란드어) vis 물고기 | (독일어) Fisch 물고기

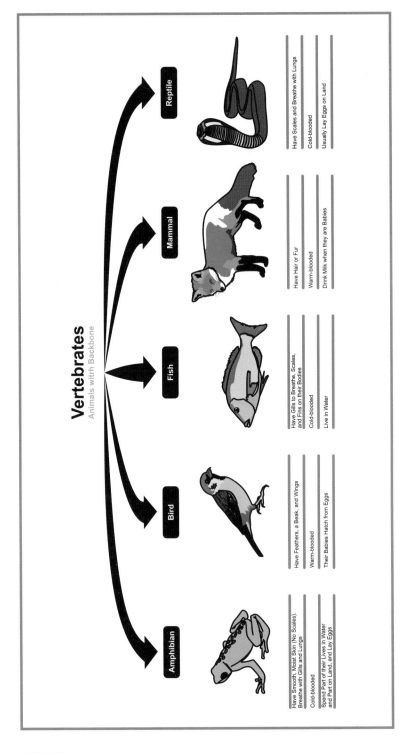

무척추동물

말 그대로 척추가 없는 동물, 즉 무척추동물은 영어로 invertebrate 라고 한다. 조개, 굴, 오징어 등을 포함한 연체동물(mollusk), 게, 새우, 가재 등의 갑각류(crustacean)와 거미류(arachnid)를 포함한 절지동물(arthropod), 스폰지 같은 해면동물(sponge), 지렁이 같은 환형동물(annelid), 말미잘, 산호초 등의 자포동물(cnidarian)이 무척추동물에 속한다.

어원 004 **무척추동물**

175

* **invertebrate 무척추동물** ‹ 척추가 없는 동물

  ⑭ in = not 없는 ⑭ vertebra = joint 마디

* **mollusk 연체동물** ‹ 뼈가 없고 몸이 연한 무척추동물 (몸이 껍질로 덮여

  있는 것들이 많음)

  ⑭ mollis = soft 부드러운

* **crustacean 갑각류** ‹ 딱딱한 껍질이 있는 물에 사는 무척추동물

  ⑭ crusta = bark 외피

  | crusta에서 파생한 단어

  encrust 외피로 덮다

  crouton 크루톤 (수프나 샐러드에 넣는 바삭하게 튀긴 작은 빵 조각)

  custard 커스터드 소스 (우유, 설탕, 계란, 밀가루를 섞어 만든 것)

* **arachnid 거미류** ‹ 거미, 전갈, 진드기 같은 무척추동물

  ⑭ aranea = spider 거미

* **arthropod 절지동물** ‹ 몸 마디가 있고 껍질이 딱딱한 동물 문(phylum)

  ㉭ arthron = joint 마디 ㉭ pous = foot 발

  | arthron에서 파생한 단어

  arthritis 관절염 | arthralgia 관절통

* **sponge 해면동물** ‹ 후생동물의 하나

  ⑭ spongia = sponge 해면

* **annelid 환형동물** ‹ 몸이 몇 개의 부분으로 나뉜 벌레류

  ⑭ anulus = little ring 작은 고리

★anulus는 anus(고리)에서 생겨남 **cf.** anus 항문

- **cnidarian** 자포동물 ‥ ‹ 많은 자세포가 있는 촉수를 가진 동물

  ⓖ knidē = nettle 쐐기풀

포유류

포유류, mammal은 그 라틴어원 mamma breast 가슴가 말해주듯이, 새끼에게 모유를 먹이는 동물이다. 포유류는 또한 폐로 호흡을 하는 온혈동물로, 동물들 중 가장 지능이 높다.

포유류인 물고기
고래는 바다에 살지만 포유류로 분류되는데 위에 언급한 포유류의 특성을 모두 공유하고 있기 때문이다. 오리너구리(platypus)는 포유류이지만 예외적으로 새끼를 낳지 않고 알eggs을 낳는다. 고래뿐 아니라 돌고래(dolphin), 바다표범(seal), 바다코끼리(walrus)도 포유류로 분류된다. 특히 dolphin돌고래은 새끼를 뱃속에 임신하는 특성 때문에 자궁womb이란 뜻의 어근을 사용했을 것이라고 추정된다.

포유류의 종류
포유류 중 새끼를 주머니에 넣어가지고 다니는 동물은 유대동물(marsupial)이라고 한다. 쥐나 고슴도치 같은 포유동물은 설치류(rodent)라 한다. 개, 늑대, 코요테 등의 개과 동물dog family은 canine이라고 하며 호랑이, 사자, 표범, 고양이 등의 고양이과 동물cat family은 feline이라고 한다.

가축과 반려동물
소와 말 같은 집에서 키우는 일반 가축은 livestock이라 하고, 닭과 오리 같은 가금류는 poultry라고 부른다. 고양이와 개처럼 인간에게 친구가 되는 반려동물은 companion animal이라 하는데, 또 다른 표현으로는 pet애완동물이라고 한다. pet은 16세기 초 스코틀랜드와 영국 북부에서 사용되던 방언이다.

고양이와 개

Schrödinger's cat

라틴어 feles_{cat 고양이}에서 파생한 feline은 '고양잇과 동물' 혹은 '고양이 같은'이란 뜻이다. 참고로 양자역학에서 널리 알려진 '슈뢰딩거의 고양이_{Schrödinger's cat}'는 오스트리아의 물리학자인 슈뢰딩거의 실험을 가리킨다. 고양이를 방사성 물질 _{radioactive substance} 및 독가스와 함께 상자에 넣고 봉했을 때 방사성 물질이 붕괴되어 그 결과 고양이가 죽었는지 아니면 붕괴되지 않아 살아 있는지는 상자를 열어봐야 알 수 있다. 그 이전의 양자중첩(superposition)_{두 개 이상의 양자 상태가 합쳐진 것} 이론에 따르면 고양이는 '죽었으면서 동시에_{simultaneoulsy} 살아 있기도' 해야 하는데 그런 고양이는 존재하지 않는다는 것이다.

라틴어 canis_{dog 개}에서 파생한 canine은 '개, 갯과 동물' 혹은 '개의'라는 뜻이다. '송곳니'란 뜻도 있다. 라틴어 canis는 더 거슬러 올라가면 인도게르만공통조어 kwon_{dog 개}에서 생겨났는데 kwon에서 파생한 게르만조어 hundaz에선 hound_{사냥개}란 단어도 생겨났다. 게르만조어 hundaz에서 독일어 Hund_개란 단어도 생겨났다. kwon이란 어원에서 라틴어 Insula Canaria_{island of dogs 개들의 섬}란 표현이 생겨났고, 여기에서 canary_{카나리아 새}란 단어도 파생하였다.

어원 005 포유류

176

- **platypus** 오리너구리 ‥‹ 오리 부리처럼 주둥이가 긴 포유동물
  - ⓖ platys = flat 평평한 ⓖ pous = foot 발
- **dolphin** 돌고래 ‥‹ 작은 이빨이 있는 작은 고래
  - ⓖ delphis = dolphin 돌고래 ★delphis는 delphys(womb 자궁)와 연관됨
- **seal** 바다표범 ‥‹ 머리가 둥글고 땅에선 기어다니는 물범과의 바다짐승
  - 【고대영어】 seolh = seal 바다표범
- **walrus** 바다코끼리 ‥‹ 송곳니가 길어 코끼리처럼 보이는 포유동물
  - 【네덜란드어】 walrus 바다코끼리
- **marsupial** 유대동물 ‥‹ 새끼를 육아낭에 넣어 기르는 포유동물
  - ⓖ marsippos = bag 가방
- **rodent** 설치류 ‥‹ 한 쌍의 날카로운 앞니로 먹이를 갉아먹는 포유동물
  - ⓛ rodere = gnaw 갉아먹다

| rodere에서 파생한 단어

corrosion 부식 | erode 침식되다, 부식되다 | rostrum 연단, 지휘대

- **canine 개과 동물** ↔ 개, 여우, 늑대, 코요테 등의 동물

[라] canis = dog 개 ★canis는 인도게르만공통조어 kwon(dog 개)에서 파생함

| kwon에서 파생한 단어

canary 카나리아 새 | canicular 천랑성의

canid 개과의 동물 | canivorous 개를 먹는 | canaille 하층민, 폭도

cynic 냉소가 | hound 사냥개 | kennel 개집

Procyon 프로키온 (작은개자리의 일등성) (pro = before ~ 전에) ★천랑성(Sirius)이 뜨기 직전에 뜨는 별이라 붙여진 이름

quinsy 편도선염 (kyōn = dog 개 + ankhein = strangle 목을 조이다)

- **feline 고양이과 동물** ↔ 하이에나, 호랑이, 사자, 치타 등의 동물

[라] feles = cat 고양이 [cf.] felicide 고양이 죽이는 약

- **poultry 가금류** ↔ 집에서 기르는 날짐승

[고대프랑스어] poulet = young fowl 새끼 가금

- **superposition 중첩** ↔ 겹거나 포개진 상태

[라] super = over 위에 [라] ponere = place 놓다, put 두다

| ponere에서 파생한 단어

posit 사실로 받아들이다 | deposit 특정한 곳에 두다, 침전시키다, 보증금

dispose 배치하다 | expose 노출시키다, 폭로하다

impose 도입하다, 부과하다 | suppose 가정하다

repose 특정 장소에 있다, 휴식 | transpose 뒤바꾸다

propound 제기하다 | expound 자세히 설명하다

postpone 연기하다 (post = after 나중에)

posture 자세 | position 위치, 두다

apposition (문법) 동격 | preposition 전치사

composition 구성요소들, 작품 | exposition 전시회, 박람회

contraposition 대치, 대립 | interposition 사이에 넣음, 중재

opposition 반대 | opponent 상대, 반대자 | deponent 선서 증인

component 구성성분 | compound 복합물 | composite 합성물

post 초소, 주둔지 | compost 퇴비, 퇴비를 주다 | imposter 사기꾼

opposite 반대의 | positive 긍정적인

파충류

악어, 도마뱀, 거북이, 뱀 같은 냉혈동물cold-blooded animal인 파충류는 대부분이 알을 낳는(oviparous) 난생동물이며 곤충이나 육류를 먹는다.

파충류의 특성
파충류는 양서류와는 달리 유충(larva)의 단계를 거치지 않는다. 파충류는 폐로 숨을 쉬며 포유류에 비해 피부가 얇긴 해도 피부가 딱딱하여 물이 스며들진 않는다. 대부분의 파충류는 낮에 활동하는 주행성(diurnal) 동물이다. 파충류는 주변 환경과 비슷한 보호색으로 위장(camouflage)하여 포식자(predator)로부터 자신들을 보호한다.

거북이
거북이는 파충류지만 초식성(herbivorous)이다. turtle은 주로 해양에 사는 거북이를 가리키며 tortoise는 육지에 사는 거북이를 가리킨다. 거북이가 30년에서 200년까지 장수를 하는 이유 중 하나가 건강에 좋은 식물들을 섭취하기 때문일 것이다. 거북이의 등딱지는 carapace라고 한다.

뱀, 도마뱀, 악어
대부분의 뱀들은 독이 있어서 독(venom)으로 상대를 공격하며 배의 비늘(scale)을 이용해 이동한다. '뱀'을 뜻하는 단어로, snake는 인도게르만공통조어 snegcrawl 기다에서 생겨났고, serpent는 인도게르만공통조어 serpcrawl 기다에서 생겨났다. 둘 다 뱀의 배로 기어다니는 특성을 잘 나타내고 있다.
도마뱀은 lizard라고 하고, 열대 아메리카산 대형 도마뱀은 iguana이구아나라고 한다. 뱀은 배의 비늘scale을 이용해 이동하지만 도마뱀은 네 다리를 이용해 이동한다. 도마뱀은 위기에 처하면 꼬리를 스스로 절단해 버린다.
파충류 중 악어 crocodile과 alligator는 서로 다른 과family의 악어들로 외모상 crocodile은 주둥이가 뾰족한 반면 alligator는 둥근 형태이다. 주둥이에 나타나듯이 전자는 사납고 후자는 순하다.

177

어원 006 **파충류**

- **oviparous** 난생동물의 ·‹ 알에서 깨어 나와 자라는 동물의

  ㉿ ovum = egg 알

  | ovum에서 파생한 단어들

  ovate 달걀모양의 | ovoid 타원형의 | oval 타원형의

- **larva** 유충 ·‹ 알에서 갓 나온 애벌레

  ㉿ larua = ghost 귀신

- **diurnal** 주행성의 ·‹ 주로 낮에 활동하는

  ㉿ dies = day 날

  ㏄ nocturnal 야행성의 ★라틴어 nox(= night 밤)에서 파생함

- **camouflage** 위장(하다) ·‹ 본래의 정체를 숨기는 것

  [이탈리아어] camuffare = disguise 위장하다

  ㏄ 전투 중에 피우는 연막은 smokescreen이라고 한다.

- **predator** 포식자 ·‹ 다른 동물을 잡아먹는 동물

  ㉿ praedari = rob 강탈하다

- **herbivorous** 초식동물 ·‹ 식물을 먹고 사는 동물

  ㉿ herba = plant 식물

- **carapace** 거북이의 등딱지 ·‹ 등을 이룬 단단한 껍데기

  [스페인어] carapacho 등껍질 / [포르투갈어] carapaça 등껍질

  ㏄ shell (조개 등의) 껍질

- **venom** 독 ·‹ 생명에 해가 되는 성분

  ㉿ venenum = poison 독

  | venenum에서 파생한 단어

  venomous 독이 있는 | antivenin 사독 혈청

- **scale** 비늘 ·‹ 뱀이나 물고기의 표피를 덮고 있는 얇은 조각

  ㉞ skæla = split 나뉘다

  | skæla에서 파생한 외국어

  (네덜란드어) schaal 눈금, 저울, 껍질

- **lizard** 도마뱀 ·‹ 네 발이 짧고 온 몸이 비늘로 덮인 파충류

  ㉿ lacertus = lizard 도마뱀

- **iguana** 이구아나 ·‹ 목 밑에 큰 주머니가 달린 미 중남부 등에 사는 파충류

  [아라와크족] iguana 도마뱀

- **crocodile** 크로코다일 ← 주둥이가 뾰족한 열대나 아열대의 악어

  [그] krokodilos = lizard 도마뱀
- **alligator** 앨리게이터 ← 주둥이가 둥근 미시시피나 양쯔강의 악어

  [라] lacertus = lizard 도마뱀 ★스페인어 el lagarto로 파생되었다가 변형된 단어임

양서류

물속과 육지 두 곳에서 살 수 있는 양서류amphibian는 변온(ectothermic) 동물이기 때문에 몸이 차가워 소화를 포함한 신진대사율이 늦다.

유충

대부분의 양서류들은 물속에 알을 낳으며 물속의 유충larva에서 변태(metamorphosis)를 거친 후에 육지로 나간다. 개구리의 유충도 물속에 부화되면 올챙이(tadpole)가 되었다가 개구리로 변태된다.

허물벗기

양서류의 피부는 물이 스며들 수 있으며 주기적으로 허물벗기(moulting)를 하게 된다.

개구리와 두꺼비의 다리

개구리는 앞다리보다 뒷다리가 더 길어서 점프하기에 좋은 반면 두꺼비(toad)는 앞, 뒤 다리의 길이가 같다.

어원 007 양서류

- **ectothermic** 변온성의 ← 외부 온도에 따라 체온이 변하는

  [그] ectos = outside 밖에서

  [그] therme = heat 열

  [cf] endothermic 온혈의
- **metamorphosis** 변태 ← 유생에서 성체로의 변화

178

[그] meta = change 변화

[그] morphe = form 형태

- **tadpole** 올챙이 ↔ 개구리의 어린 상태

[고대영어] tadde = toad 두꺼비

[고대영어] pol = head 머리 ★같은 어근 pol에서 머릿수를 세어 찬반을 결정하는 poll(여론조사)이라는 단어가 생겨남

- **moulting** 허물벗기 ↔ 껍질을 벗는 것

[라] mutare = change 변하다

| **mutare에서 파생한 단어**

mutable 잘 변하는

- **toad** 두꺼비 ↔ 개구리보다 큰 양서류

[고대영어] tadige/tadie = toad 두꺼비

조류

부리와 날개, 깃털을 가진 조류birds는 공룡dinosaur에서 진화하였다고 여겨지는데 펭귄과 같은 극소수의 예를 제외하곤 날 수 있다. 생물학의 여러 분야 중 특히 새를 연구하는 학자는 ornithologist조류학자라고 한다. 참고로, 조류에 감염되는 바이러스성 전염병인 조류독감은 avian flu라고 한다.

부리

맹금류의 갈고리 같은 부리는 beak라 하고, 길고 납작한 부리는 bill이라 한다. 새들은 부리를 이용해 새끼들 입에 먹이를 넣어줄 뿐 아니라 자기 몸에 붙은 더러운 이물질들도 떼어낸다. 참고로 개나 말의 주둥이는 muzzle, 돼지의 주둥이는 snout라고 한다.

깃털

새의 작은 깃털가지는 barbule이라고 하며, 이 깃가지들의 총체인 깃털(feather, plumage)을 고르는 행위는 preening깃털 고르기이라고

한다. preening이 새의 깃털 고르기를 의미한다면 grooming은 말과 같은 동물의 털 고르기를 뜻한다. 새 꼬리 끝의uropygial 선gland을 미지선이라고 하는데 새들은 이곳에 저장된 깃털 치장용 기름preen oil을 부리로 모아 몸에 바른다.
한편, 새의 뼈는 가볍다. 그 가벼운 뼈와 깃털로 인해 새들은 공중을 날 수 있다. 깃털은 또한 절연(insulation) 역할도 한다.

비행 속도

새들은 평균 시속 30킬로미터에서 50킬로미터 정도의 속도로 난다. 그러나 새들 중 매(hawk)는 인간보다 시력이 10배 이상 좋아 공중에서 멀리 있는 먹이prey를 보고 시속 250킬로미터 이상의 속도velocity로 수직 하강한다.

날지 않는 새

새들은 떼를 지어flocking 날아다니는데 펭귄(penguin)과 타조(ostrich)는 날지 않는다. 펭귄의 날개는 차라리 물고기의 물갈퀴flipper 같은 기능을 한다. 세상에서 가장 거대한 새인 타조는 머리는 작지만 몸집이 육중해 날 수가 없다. 그들은 흙속에 얕은 구멍을 파서 알을 숨겨 놓고 가끔씩 알을 들여다본다. 이런 모습이 멀리서 보면 마치 타조가 모래 속에 머리를 파묻고 있는 것처럼 보인다. 하지만 인간과 마찬가지로 모래에 머리를 파묻는다면 질식사하고 말 것이다.

어원 008 조류

179

- **ornithologist** 조류학자 ← 새를 연구하는 학자
  [그] ornis = bird 새
- **avian** 새의 ← 두 다리를 갖고 있으며 날개로 하늘을 나는 동물의
  [라] avis = bird 새
  | avis에서 파생한 단어
  aviation 항공
- **beak** 부리 ← 새의 갈고리 같은 부리
  [라] beccus = beak 부리
- **bill** 부리 ← 새의 납작한 부리
  [게] bili = cutting or chopping weapons 자르는 무기

- **muzzle** (개나 말의) 주둥이 ·‹ 동물의 뾰족하게 나온 코나 입 주위의 부분

  (갈로로망스어) musa = snout 주둥이

  | musa에서 파생한 외국어

  (이탈리아어) muso 주둥이

- **snout** (돼지의) 주둥이 ·‹ 돼지같은 동물의 주둥이

  (게) snut = snout 주둥이

  | snut에서 파생한 외국어

  (독일어) Schnauze 주둥이 | (노르웨이어) snut 주둥이

  (덴마크어) snude 주둥이

- **barbule** 작은 깃털가지 ·‹ 새의 깃털 하나하나를 가리키는 표현

  (라) barbule = little beard 작은 수염

- **feather** 깃털 ·‹ 새의 몸을 뒤덮은 털

  (게) fethro = feather 깃털

  | fethro에서 파생한 외국어

  (스웨덴어) fjader 깃털 | (네덜란드어) veder 깃털 | (독일어) Feder 깃털

- **plumage** 깃털 ·‹ 조류의 몸을 뒤덮은 털

  (라) pluma = feather 깃털

  cf. nuptial plumage 혼인 색 (새가 구애(求愛) 기간에 화려해지는 깃털)

- **preening** 깃털 고르기 ·‹ 부리를 이용해 깃털을 다듬고 가지런히 하는 것

  (중세영어) proynen/proinen = trim the feather with the beak 부리로
  깃털을 다듬다

- **grooming** 털 고르기 ·‹ 털을 손질하여 깨끗이 하기

  (1200년대) grome = male child 남자아이, male servant 남자하인

  ★male servant who attends to horses(말을 돌보는 남자하인)란 뜻은
  17세기 중반에 생겼고 여기에서 동사 '(동물을) 손질하다'란 뜻이 생김

- **insulation** 절연 ·‹ 전류나 열이 통하지 못하게 하는 것

  (라) insula = island 섬

  | insula에서 파생한 단어

  peninsula 반도 (pæne = almost 거의) | isle 섬

  insulin 인슐린 ★참고로 췌장 속에서 인슐린을 분비하는 내분비 세포군인
  랑게르한스섬(the islets of Langerhans)으로 인해 인슐린이란 단어 속에
  섬을 뜻하는 어근 insula가 포함된 것

- **hawk** 매 ·‹ 갈고리 모양의 부리와 발톱을 가진 독수리보다 작은 새

[게] habukaz = hawk 매

| habukaz에서 파생한 외국어

(독일어) Habicht = hawk 매

- **penguin** 펭귄 ↢ 등이 검고 배가 하얀 펭귄과의 새

  [웨일스어] pen = head 머리

  [웨일스어] gwyn = white 하얀

- **ostrich** 타조 ↢ 조류 중에 가장 큰 새

  [라] avis = bird 새 [라] struthio = ostrich 타조

  ★avis struthio는 그리스어 strouthos(sparrow/ostrich 참새/타조)에서 생겨남

어류

fish물고기, 어류는 원래 게르만조어 fiskazfish 물고기에서 발전한 단어로 라틴어 piscis와도 어원이 같다. piscis에서 물고기자리 태생인 사람생일이 2월 19일 ~ 3월 20일 사이인 사람을 뜻하는 pisces란 단어가 생겨났다. 함께 헤엄쳐 다니는 물고기의 떼는 흔히 school이나 shoal이라 표현한다. 물고기를 연구하는 어류학자는 ichthyologist라고 한다.

어류의 특성

물고기는 지느러미(fin)가 있고 아가미(gill)로 호흡한다. 물고기는 물속에 녹아 있는 산소를 이용하여 아가미로 호흡하며 아가미의 수는 어류 종에 따라 1쌍에서 7쌍에 이른다. 대부분의 물고기는 변온 동물로 유선형의(streamlined) 외형을 지녔다. 물고기는 대부분 어미가 몸 밖으로 알을 배출하는 난생oviparous으로 한꺼번에 많은 알을 낳는다.

어원 009 어류

180

- **school** 떼 ↢ 물고기나 고래 등이 무리 지어 있는 모습을 일컫는 표현

  [중세네덜란드어] schole = group of fish 물고기 떼

- **shoal** 떼 ↢ 물고기가 무리 지어 있는 모습을 일컫는 표현

[중세네덜란드어] schōle = troop 무리, 부대

- **ichthyologist** 어류학자 ↔ 물고기를 연구하는 사람

  [그] ikhthys = fish 물고기

- **fin** 지느러미 ↔ 물고기가 헤엄치는 데 쓰는 몸의 일부분

  [게] finno = fin 지느러미

  | **finno에서 파생한 외국어**

  (네덜란드어) vin 지느러미

- **gill** 아가미 ↔ 물고기의 호흡기관

  ★스칸디나비아어에서 파생한 것으로 추정됨

- **streamlined** 유선형의 ↔ 물고기나 비행기 등과 같이 위아래 곡선이 앞부분에서 뒷부분으로 갈수록 좁혀들어가는 형태인 (공기나 물속에서 저항을 적게 받아 움직이기 용이한 형태임)

  [게] strauma = stream 개울, 시내 [라] linea = string 줄

  | **strauma에서 파생한 외국어**

  (덴마크어) strøm 폭포처럼 쏟아지는 물 | (스웨덴어) ström 강, 조류

  (네덜란드어) stroom 물의 흐름, 큰 물 | (독일어) Strom 강, 조류

식물

광합성

빛을 이용하여 양분을 합성해내는 과정을 광합성(photosynthesis)이라고 하며, 광합성에 필요한 가장 중요한 색소가 엽록소(chlorophyl)이다. 동물은 생존에 필요한 에너지를 얻기 위해 먹이를 먹지만, 식물은 광합성을 통해 직접 양분을 합성해 생존에 필요한 에너지를 얻는다.

나무와 꽃

arbor나무는 라틴어 herbagrass 풀에서 생겨났고 마찬가지로 약초 herb도 같은 어근에서 생겨났다. flower꽃는 로마 신화에서 꽃의 여신인 Flora플로라에서 생겨났다. 여기에서 '식물상(相)'을 뜻하는 flora란 단어가 생겨났다. 참고로, 라틴어로 꽃은 florem이다.

그리스 신화의 꽃의 여신은 Chloris클로리스이며, 나무와 숲의 요정은 Dryad드라이어드, 자연의 정령은 Nymph님프, 삼림지대의 신은 Satyrs사티로스이다. 로마 신화의 숲의 신인 Faunus파우누스의 처 풍요의 여신 Fauna파우나에서 '동물상(相)'을 뜻하는 fauna란 단어가 생겨났다. Pomona포모나는 로마 신화의 과일나무의 여신이다.

꽃의 구성

꽃은 암술(pistil), 수술(stamen), 꽃가루(pollen), 꽃잎(petal), 꽃받침(calyx) 등으로 구성된다. 곤충들이 수술이 갖고 있는 꽃가루를 암술로 운반하는 것을 수분(pollination)이라고 한다.

Pollination

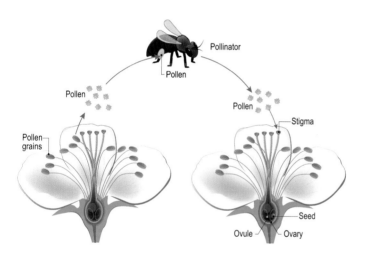

분재

분재는 bonsai라고 하는데 일본어 bonpot 항아리과 saiplant 심다가 합쳐진 단어이다. 일부에서는 고대의 중국여자들이 발을 작게 만들기 위해 전족foot-binding을 한 것과 마찬가지로 식물의 에너지를 억압하는 행위라고 주장한다.

어원 010 **식물**

- **photosynthesis** 광합성 ◂ 녹색식물이 빛 에너지를 이용하여 유기물을 합성하는 작용

ⓐ photo = light 빛 ⓐ synthesis = putting together 합성

- **chlorophyl** 엽록소 ·‹ 빛 에너지를 화학 에너지로 전환시키는 녹색 색소
  ⓕ chlorophyle 19세기 초반 프랑스 화학자들이 만들어낸(coin) 단어로 '엽록소'를 뜻함 (ⓐ khloros = pale green 담록색 + ⓐ phyllon = leaf 잎)

- **arbor** 나무, 나무 그늘의 쉼터 ·‹ 살아 있는 나무
  ⓡ herba = grass 풀
  ⓒ grove 작은 숲 | shrub 관목 (= bush)

- **flora** 식물상 ·‹ 특정한 지역에서 자라나는 모든 종류의 식물들
  [로마신화] Flora 플로라 (로마 신화의 꽃의 여신)

- **fauna** 동물상 ·‹ 특정한 지역에 서식하는 모든 종류의 동물들
  [로마신화] Fauna 파우나 (로마 신화의 숲의 신 Faunus의 처로, 풍요의 여신)

- **pistil** 암술 ·‹ 암술머리(stigma), 암술대(style), 씨방(ovary)의 세 부분으로 구성된 꽃의 부분
  ⓡ pistillum = pestle 절굿공이 ★암술의 모양이 절굿공이 같음

- **stamen** 수술 ·‹ 꽃실(filament)과 꽃밥(anther)의 두 부분으로 구성된 꽃의 부분
  ⓡ stamen = stamen 수술

- **pollen** 꽃가루 ·‹ 수술의 화분낭(pollen sac) 속에 들어 있는 꽃의 가루
  ⓡ pollen = mill dust 제분 분진

- **petal** 꽃잎 ·‹ 낱낱의 꽃의 잎
  ⓐ petalon = leaf 잎

- **calyx** 꽃받침 ·‹ 가장 바깥쪽에 꽃잎을 받치고 있는 꽃의 부분
  ⓐ kalyx = seed pod 꼬투리

- **pollination** 수분 ·‹ 수술의 화분(pollen)이 암술머리에 옮겨 붙는 것
  ⓡ pollen = mill dust 제분 분진 ⓡ ation 명사 접미사

나무

나무의 구성
나무는 뿌리(root), 몸통(trunk), 가지(branch), 잎(foliage)으로

구성된다. 이외에 잔가지 twig, 가는 뿌리 radicle, 그루터기 stump, 새순 shoot 등의 용어도 함께 알아두자.

침엽수

침엽수(conifer, coniferous tree)는 원뿔형 열매가 달려 있고 잎이 뾰족하며 혹독한 기후에서 생존해낼 수 있다는 특징을 갖고 있다. 소나무pine tree, 전나무fir, 잣나무nut pine, 가문비나무spruce 등이 침엽수의 예이다.

활엽수

활엽수(broadleaf tree)는 잎이 넓은 나무들이다. 활엽수는 대부분 참나무oak와 벚나무cherry tree처럼 잎이 떨어지지만, 동백나무camellia처럼 잎이 떨어지지 않는 활엽수도 있다.

낙엽수

낙엽수(deciduous tree)는 매년 잎이 떨어지는 나무들을 가리킨다.

어원 011 나무

182

- **root** 뿌리 ← 식물을 떠받치는 땅속에 있는 부분
  [게] wrot = plow up 갈아엎다 / [스웨덴어] rota = dig out 파내다
  | wrot에서 파생한 외국어
  (독일어) Wurz 식물, 풀, 잎
- **trunk** (나무의) 몸통 ← 뿌리에서 지상으로 뻗어 나온 나무의 원줄기
  [라] truncus = trunk of a tree 나무 줄기
- **branch** 가지 ← 나무의 원줄기에서 사방으로 뻗어 나온 줄기
  [라] branca = footprint 발자국
- **foliage** 잎 ← 식물의 줄기 끝이나 가지에 붙어 있는 부분
  [고대프랑스어] feuille = leaf 잎
- **conifer** 침엽수 ← 겉씨식물(gymnosperm) 중에서 방울열매가 열리는 수목
  [라] conus = cone 원뿔형 방울 [라] ferre = bear 지니다
- **broadleaf** 활엽수 ← 떡갈나무(oak)처럼 잎이 넓은 나무
  [게] braidi = wide 넓은

[게] lauba = foliage 잎

| lauba에서 파생한 외국어

(네덜란드어) loof 잎 | (독일어) Laub 잎

- **deciduous** 낙엽성의 ↔ 잎이 떨어지는

[라] de = down아래로

[라] cadere = fall 떨어지다

그 밖의 동물 관련 표현들

- 척추동물

tetrapod 사지동물 | shark 상어 | ray 가오리

ratfish 은상어 | hagfish 먹장어

cartilaginous fish 연골어류

boa 보아뱀 | cobra 코브라 | chameleon 카멜레온

gavial 인도 악어 | salamander 도롱뇽

newt 영원 (소형 도롱뇽의 총칭)

- 무척추동물

fly 파리 | moth 나방 | wasp 말벌 | beetle 풍뎅이

cockroach 바퀴벌레 | mosquito 모기 | spider 거미

scorpion 전갈 | centipede 지네

tick/mite 진드기 | millipede 노래기

crab 게 | lobster 가재 | shrimp 새우

barnacle 따개비 | squid 오징어 | cuttlefish 갑오징어

octopus 문어 | snail 달팽이 | slug 민달팽이

ragworm 참갯지렁이 | earthworm 지렁이 | leech 거머리

starfish 불가사리 | sea urchin 성게 | sea cucumber 해삼

- 야행성 동물

  nocturnal animal 야행성 동물 | owl 올빼미 | hedgehog 고슴도치

  moth 나방 | bat 박쥐 | badger 오소리

- 동물의 새끼

  pigling/piglet 새끼돼지 (pig 돼지) | duckling 새끼오리 (duck 오리)

  gosling 거위새끼 (goose 거위) | whale calf 고래새끼 (whale 고래)

  cub 곰, 사자, 여우 등의 새끼 | puppy 강아지 | catling/kitten 새끼고양이

  calf 송아지 | foal 망아지

  colt 수망아지 | filly 암망아지

  lamb/hogling 새끼양 | yeanling 새끼염소

  chick 새끼새, 병아리

- 동물의 집

  nest 새의 둥지 | | hive 벌집

  drey 다람쥐집 | rabbit burrow 토끼굴

  den 야생동물이 사는 소굴 | hole 짐승이 사는 구멍

  lair 야생동물의 굴

- 가축 및 반려동물의 집

  pigpen 돼지우리 | stable 마구간 | barn 외양간

  horse breeding farm 말의 사육장 | chicken coop 닭장 | cage 새장

  rabbit warren 토끼 사육장 | dog hutch / kennel 개집

- 새의 몸짓

  fly 날다 | flit 휙 스치다 | flutter 퍼덕이다

  circle 빙빙 돌다 | swirl 빙빙 돌다 | hover 맴돌다

  whisk 휙 채가다 | whoosh 휙 하고 지나가다

  swoop 위에서 덮치다 | dart 쏜살같이 움직이다

aviate 비행하다 | glide 활공하다

peck 부리로 쪼다 | perch 가지나 횃대 등에 앉다

• 동물의 행동

flick out 혀를 날름거리다 | crawl 엉금엉금 기어가다

prowl 어슬렁거리다 | forage 먹이를 찾아다니다

roar 포효하다 | growl/gnarl 으르렁거리다 | bark 짖다

trumpet 코끼리가 울다 | attack 공격하다

coil 뱀이 똬리를 틀다 | hop 깡충깡충 뛰다 | roar 날아오르다

gnaw 갉다 | bite 물다 | chew 씹다 | lick 핥다

gobble up 삼키다 | swallow 통째로 삼키다

snatch 잡아채다 | prey on ~을 먹이로 하다

prey 잡아먹다 (명사로 육식동물의 '먹이, 먹잇감'이라는 뜻도 있음)

feed 먹이다 (보살핌의 일환으로 주는 '먹이'라는 뜻도 있음)

• 동물의 울음소리

croak (개구리) 개골개골하다, 개골개골

bow-wow (개) 멍멍 | mew (고양이) 야옹(하고 울다)

oink (돼지) 꿀꿀 | mow (소) 음매

hee-haw (당나귀) 히히힝 | neigh (말이) 히힝힝(하고 울다)

snort 코를 힝힝 거리다. (말이) 힝힝 거리는 소리

cackling (닭) 꼬꼬댁 | caw (까마귀) 까악 까악

tweet tweet (새) 짹짹 | cheep cheep (병아리) 삐약 삐약

chirp (새가) 지저귀다 | buzz (벌이) 윙윙거리다, 윙윙거림

screech 끽 하는 소리를 내다, 끼익, 꽥

scream 날카로운 소리를 내다, 비명

quack (오리) 꽥꽥거리다, 꽥꽥 우는 소리

gobble (칠면조 수컷이) 골골 울다

warble 지저귀다 | bellow (황소가) 우렁찬 소리를 내다

질량mass, 무게weight, 부피volume, 길이length 등의
성질을 파악하는 것으로
우리는 자연과 우주를 관찰하고 그 원리를 이해한다.
따라서 과학적으로 이를 측정하고 기록할 단위 기준이 필요하다.

무엇보다도 이러한 계량단위는
예부터 우리의 일상생활 속에서도 매일같이 활용되었다.
우리 선조들은 손바닥 한 뼘에 해당되는 길이를
'한 자'라고 칭하며 길이 기준을 잡았다면
서양 사람들은 엄지손가락을 기준으로
'인치inch'라는 단위를 사용했고 아직도 사용하는 나라가 있다.
지금은 미터법metric system을 쓰는 나라가 대부분이지만 말이다.

과학자들은 보편타당한 단위 기준을 마련하기 위해
끊임없이 연구를 거듭했으며 지금도 연구하고 있다.
실용적available이면서도 어떠한 환경에서도 변하지 않을invariable
그런 기준을 말이다.
이를 바탕으로 현재 국제적으로 통용되는 단위 기준이
바로 미터법metric system이다.

계량
단위
Measuring
System

고대 계량단위와 야드파운드법

고대의 계량단위

이집트인들과 메소포타미아인들은 팔꿈치에서 가운데 손가락 끝까지의 길이인 cubit큐빗: 오늘날 18인치을 길이length를 측정하는 단위로 사용하였고, 로마인들과 그리스인들은 발바닥 길이인 foot/feet12인치, 30.48센티미터. 1야드의 1/3을 길이 단위로 사용하였다.

이 중 로마인들은 foot을 12개의 uncia로 나누었는데 uncia는 고대 로마의 청동화의 명칭이자 로마 파운드인 libra리브라의 1/12에 해당하는 단위로, 오늘날 야드파운드법의 무게 단위인 ounce1/16파운드, 28.35그램가 여기에서 유래하였다. 재미있는 점은 철자와 발음이 전혀 다른 inch도 ounce와 마찬가지로 uncia에서 발전했다는 점이다.

야드파운드법

야드파운드법을 imperial system of measurement라고 하는데 이 표현을 글자 그대로 옮겨보면 '(대영)제국의 측정 시스템'이다. 이 표현에서 알 수 있듯 야드파운드법은 1824년 대영제국에서 정한 고유의 도량형 단위계이다.

기준 단위로 길이를 yard야드, 무게를 pound파운드(기호는 lb로 표시), 부피를 gallon갤론, 온도를 Fahrenheit화씨 등으로 한다. 위에서 언급한 foot/feet피트, ounce온스(약자는 oz), inch인치 등도 바로 이 야드파운드법의 단위에 해당된다.

어원 001　고대 계량단위와 야드파운드법

183

- **foot** 피트 ‹ 야드파운드법에 의한 길이의 단위

  ㉠ fōts = foot 발, 피트

  ★fōts는 인도게르만공통조어 ped(foot 발)에서 유래

  ★피트는 현재 1야드의 1/3로, 약 12인치 혹은 30.48센티미터에 해당

  | fōts에서 파생한 외국어

  (덴마크어) fod 발 | (스웨덴어) fot 발 | (네덜란드어) voet 발 | (독일어) Fuß 발

- **ounce** 온스 ‹ 야드파운드법에 의한 무게의 단위

  ㉵ uncia = one-twelfth part of a pound, foot, etc. 파운드나 피트 등의 1/12

  ★온스는 현재 1파운드의 16분의 1로 28.35그램

- **imperial** 야드파운드법에 의한, 제국의 ‹ 1824년 대영제국에서 정한 고유의 도량형 단위계인

  ㉵ imperium = empire 제국

미터법

CONVERSION TABLE

LENGTH		
INCHES	DECIMAL	MM
1/16	0,06	1,59
1/8	0,13	3,18
3/16	0,19	4,76
1/4	0,25	6,35
5/16	0,31	7,94
3/8	0,38	9,53
7/16	0,44	11,11
1/2	0,50	12,70
9/16	0,56	14,29
5/8	0,63	15,88
11/16	0,69	17,46
3/4	0,75	19,05
13/16	0,81	20,64
7/8	0,88	22,23
15/16	0,94	23,81
1	1,00	25,40

WEIGHT	
IMPERIAL	METRIC
1/2 oz	15 g
1 oz	29 g
2 oz	57 g
3 oz	85 g
4 oz	113 g
5 oz	141 g
6 oz	170 g
8 oz	227 g
10 oz	283 g
12 oz	340 g
13 oz	369 g
14 oz	397 g
15 oz	425 g
1 lb	453 g
1½ lb	680 g
2,2 lb	1 kg

TEMPERATURE	
FAHRENHEIT	CELSIUS
5	-15
10	-12
25	-4
50	10
100	37
150	65
200	93
250	121
300	150
325	160
350	180
375	190
400	200
425	220
450	230
500	260

$$^{\circ}C = (^{\circ}F - 32) \times 5/9$$
$$^{\circ}F = (^{\circ}C \times 9/5) + 32$$

SPEED											
MPH	5	10	15	20	25	35	50	65	80	100	125	150
KM/H	8	16	24	32	40	56	80	105	128	160	200	241

야드파운드법에서 길이를 재는 단위인 foot은 발바닥 길이를 기준으로 한다. 그런데 이 발바닥 길이라는 게 사람마다 차이가 있다. 야드파운드법의 계량단위는 다 이런 식이다. 따라서 어떤 상황과 조건에서도 변하지 않는invariable 단위에 대한 연구와 논의가 적극적으로 이

루어졌으며 그렇게 해서 현재 국제적으로 통용되고 있는 표준계량단위가 바로 미터법(metric system)이다.

이미 우리 일상에 깊숙이 박혀 있는 거리 단위 meter미터, 무게 단위 kilogram킬로그램, 부피 단위 liter리터 등이 바로 미터법에 해당하는 계량단위이다. liter는 유럽의 옛 부피 단위인 litron에서 유래하였고, litron은 무게의 단위인 그리스어 litra에서 유래하였다.

미터법과 기타 여러 단위

미터법에서 시간은 초(second) 단위로, 온도는 섭씨 ~도(degree Celsius) 단위로, 전력은 와트(watt) 단위로, 압력은 파스칼(pascal) 단위로 표시한다.

watt는 James Watt제임스 와트의 이름을 딴 것이며, pascal은 프랑스의 수학자 Pascal의 이름을 딴 것이다.

Celsius섭씨는 섭씨의 발명자 스웨덴 천문학자 Anders Celsius안데르스 셀시우스의 이름을 딴 것이다. 참고로, Fahrenheit화씨는 프로이센의 물리학자인 Gabriel Daniel Fahrenheit가브리엘 다니엘 파렌하이트의 이름을 딴 것이다.

단위의 세분

미터법에서는 접두사prefix를 이용해 단위를 세분화할 수 있다. 이 중 우리에게 가장 친숙한 접두사는 centi-(10^{-2}), milli-(10^{-3}), kilo-(10^3)이다.

예를 들어 meter나 gram 앞에 1천을 뜻하는 그리스어 khilioi에서 생겨난 kilo-를 붙여보자. 1 kilometer는 1천 미터이고 1 kilogram은 1천 그램이다. 1백이란 뜻의 라틴어 centum에서 생겨난 centi를 붙이면 1미터는 100 centimeter이고 1그램은 100 centigram이다.

184

어원 002 미터법

- **metric** 미터의 ··◁ 미터법에 의한

  ⓐ metron = measure 측정
- **meter** 미터 ··◁ 미터법에 의한 길이 단위

  ⓐ metron = meter 미터, measure 측정

  ★1미터는 100센티미터

- **kilogram** 킬로그램 ·◁ 미터법에 의한 무게 및 질량 단위

  ㉪ khilioi = thousand 1천 ㉪ gramma = small weight 적은 무게

  ★1킬로그램은 1그램의 1,000배
- **liter** 리터 ·◁ 미터법에 의한 부피 단위

  ㉪ litra = pound 파운드

  ★1리터는 1,000c.c.에 해당되며 이때 c.c.는 cubic centimeter의 약자임
- **second** 초 ·◁ 한 시간의 3,600분의 1이 되는 시간을 세는 단위

  ㉥ secunda pars minuta = second diminished part 두 번째로 줄여진 부분
- **degree Celsius** 섭씨 ~도 ·◁ 얼음의 녹는점을 0℃, 물의 끓는점을 100℃로 하여 그 사이를 100등분 한 온도 단위

  ㉥ degradus = step 걸음
- **watt** 와트 ·◁ 1볼트의 전압으로 1암페어의 전류가 흐를 때의 전력의 크기

  [스코틀랜드] James Watt 제임스 와트 (19세기 후반 스코틀랜드의 공학자이자 발명가)
- **pascal** 파스칼 ·◁ 제곱미터당 1뉴턴에 해당하는 압력의 단위

  ㉫ Pascal 파스칼 (프랑스의 수학자)

야드파운드법: 길이 및 거리 단위

인치와 야드

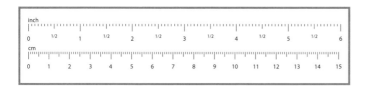

foot이 발의 길이를 토대로 생겨난 치수라면 오늘날 2.54cm에 해당하는 1인치(inch)는 엄지손가락thumb을 떠올리면 된다. 프랑스어 pouce엄지, 인치에서 알 수 있듯이 한 단어가 엄지와 인치란 두 가지 뜻을 지니는데 엄지의 폭이 1인치 정도이기 때문이다. 영국의 왕 에드

워드 2세는 보리 세 알을 합친 크기가 1인치에 해당한다고 규정하였고, 영국의 왕 헨리 1세는 팔을 옆으로 뻗어서 손가락 끝에서 코까지의 길이가 1 yard 오늘날의 3 feet와 같음에 해당한다고 규정하기도 하였다.

손과 치수

이외에도 '한 뼘'인 span은 손가락을 펼쳤을 때의 길이로 9인치에 해당하며 손바닥의 넓이인 hand는 과거에는 5인치였지만 오늘날엔 4인치에 해당한다. 엄지손가락과 발과 코와 손 모두가 과거 단위 설정에 도움을 준 신체부위인 셈이다.

마일

로마 시대에는 한 번의 보폭을 5피트로, 천 번의 보폭(pace)을 1마일로 여겼다. 특히 1천 걸음, 즉 1마일을 당시 행군 거리를 재는 기준으로 삼았는데, 이를 나타내는 표현이 바로 라틴어 mille passus one thousand paces 1천 걸음였다. 여기에서 mile 1760야드, 약 1.6km이 유래했다.

해리

해상의 거리를 나타내는 해리(nautical mile)는 일반 길이 단위인 마일 1609.344미터과 달리 국제적으로 1852미터에 해당한다고 규정하고 있다.

어원 003 **야드파운드법: 길이 및 거리 단위**

185

- **inch** 인치 ↤ 야드파운드법에 의한 길이의 단위
  [라] uncia = twelfth part of a pound, foot, etc. 파운드나 피트 등의 1/12
  ★12인치가 1피트가 됨
  ★1인치는 1피트의 1/12로 약 2.54센티미터임
- **yard** 야드 ↤ 야드파운드법에 의한 길이의 단위
  [게] gazdjo = stick 막대기, rod 막대기
  ★1야드는 1피트의 세 배, 91.44센티미터임
  | **gazdjo에서 파생한 외국어**
  (네덜란드어) gard 가늘고 긴 막대 | (독일어) Gerte 나뭇가지

- **span** 한 뼘 ← 엄지손가락과 다른 손가락을 완전히 펴서 벌렸을 때의 거리

  고대영어 span = distance between the thumb and little finger of an extended hand 뻗은 손의 엄지와 새끼손가락 간의 길이

- **pace** 보폭 ← 한 걸음을 내딛을 때 앞발 뒤축에서 뒷발 뒤축까지의 거리

  라 passus, passum = step 걸음, pace 보폭

- **mile** 마일 ← 야드파운드법에 의한 거리의 단위

  라 mille passus = one thousand paces 1천 걸음 ★로마 시대의 행군 단위인 1천구보에서 유래

  ★1마일은 약 1.6킬로미터임

- **nautical** 해양의 ← 넓고 큰 바다와 관련된

  그 naus = ship 배

야드파운드법: 무게와 부피 단위

온스와 파운드

야드파운드법에서 주로 쓰이는 무게 단위는 ounce온스와 pound파운드이다. 1온스는 앞서 언급한 바와 같이 1/16파운드, 28.35그램에 해당되며, 1파운드는 16온스, 약 453.592그램에 해당된다.

참고로, 셰익스피어의 ≪베니스의 상인The Merchant of Venice≫은 1파운드의 살a pound of flesh을 담보로 돈을 빌린 이야기를 다루고 있다.

갤론

야드파운드법에서 주로 쓰는 부피 단위, 즉 액량 단위는 gallon갤론인데, 그 단위량이 미국과 영국이 다르다. 미터법인 liter리터로 변환했을 때 1갤론이 미국에서는 3.785리터이고, 영국에서는 4.545리터이다. gallon은 원래 와인이나 에일 맥주와 같은 액체를 측정하던 단위였으며 기존에 액량 단위로 gallon을 사용하던 많은 국가들이 현재엔 미터법인 liter로 대체하였고 그래서 점차 세계 원유 거래의 단위도 gallon에서 liter로 바뀌게 되었다.

186

어원 004 야드파운드법: 무게와 부피 단위

· **pound** 파운드 (기호는 lb) ··◦ 야드파운드법에 의한 무게의 단위

  ㉤ pondus = weight 무게 ★pondus에서 파생한 게르만조어

  punda(pound 파운드)에서 독일어 Pfund(파운드)가 생겨남

  ★1파운드는 1온스의 16배로 약 453.592그램임

· **gallon** 갤론 ··◦ 야드파운드법에 의한 부피의 단위

  ㉤ galleta = measure of wine 와인의 단위

  ★1갤론은 미국에서는 약 3.785리터이고, 영국에서는 약 4.545리터임

🎵 야드파운드법과 미터법 비교 🎵

United States

1760
(off screen)

12

3

16

inches to a foot

feet to a yard

yards to a mile

ounces to a pound

The Rest Of The World

1000

mm to a metre

metres to a km

grams to a kilogram

kg to a tonne

32 **Fahrenheit** 212

← 180 →

water freezes   water boils

0 **Celsius** 100

← 100 →

water freezes   water boils

* metre = meter

- 길이

  1 inch ≈ 2.54 cm

  1 foot ≈ 30.48 cm

  1 mile ≈ 1,609 m

  cf. **1 foot** ≈ 12 inch

      1 yard ≈ 3 feet = 36 inch

      1 mile ≈ 1760 yards

      1 hand ≈ 4 inches

- 무게

  1 ounce ≈ 28.349 gram

  1 pound ≈ 0.453 kilogram

- 부피

  1 gallon ≈ 3.785 liter

  1 barrel ≈ 158.9 liter

- 면적

  1 acre ≈ 0.4047 hectare

* '≈' 기호는 '근사값'을 뜻함

INDEX